CULPADOS *ou* INOCENTES?

Culpados ou Inocentes?
Pelo espírito Luís Fernando (Pai Miguel de Angola)
Psicografia de Maria Nazareth Dória
Copyright © 2018 by
Lúmen Editorial Ltda.

1ª edição - agosto de 2018.
1-9-18-10.200

Coordenação editorial: *Ronaldo A. Sperdutti*
Revisão: *Alessandra Miranda de Sá*
Projeto gráfico e arte da capa: *Juliana Mollinari*
Imagem da capa: *Shutterstock*
Diagramação: *Juliana Mollinari*
Assistente editorial: *Ana Maria Rael Gambarini*

Dados Internacionais de Catalogação na Publicação (CIP)
(Câmara Brasileira do Livro, SP, Brasil)

```
Luís Fernando (Pai Miguel de Angola)(Espírito).
   Culpados ou inocentes? / ditado por Luís Fernando
(Pai Miguel de Angola) ; [psicografia de] > Maria
Nazareth Dória. -- São Paulo : Lúmen Editorial, 2018.

   ISBN 978-85-7813-187-6

   1. Espiritismo 2. Psicografia 3. Romance espírita
I. Dória, Maria Nazareth. II. Título.

18-19350                                   CDD-133.9
```

Índices para catálogo sistemático:

1. Romance espírita psicografado : Espiritismo
   133.9

Iolanda Rodrigues Biode - Bibliotecária - CRB-8/10014

LÚMEN
EDITORIAL

Rua dos Ingleses, 150 – Morro dos Ingleses
CEP 01329-000 – São Paulo – SP
Fone: (0xx11) 3207-1353

visite nosso site: www.lumeneditorial.com.br
fale com a Lúmen: atendimento@lumeneditorial.com.br
departamento de vendas: comercial@lumeneditorial.com.br
contato editorial: editorial@lumeneditorial.com.br
siga-nos no twitter: @lumeneditorial

2018
Proibida a reprodução total ou parcial desta
obra sem prévia autorização da editora

Impresso no Brasil – *Printed in Brazil*

CULPADOS ou INOCENTES?

MARIA NAZARETH DÓRIA
ditado por
LUÍS FERNANDO (Pai Miguel de Angola)

LÚMEN
EDITORIAL

Dedicatória

À minha família, às minhas filhas Eliane e Carla, e aos meus netos Lya e Otávio.

Gratidão à Lúmen Editorial por valorizar as obras da espiritualidade, ajudando a divulgar a Doutrina Espírita por meio da publicação de livros de vários autores.

Apresentação

Com alegria recebi o convite para deixar uma mensagem na abertura deste livro. Confesso que, por serem tantas as experiências boas que tenho com a espiritualidade, tive dificuldade em saber o que escrever.

Concluí que falar um pouco sobre a fé, na certeza do amparo de nossos amigos espirituais e também na de que a vida não acaba em nossa existência, seria o mais indicado.

Há 25 anos, fui apresentado à umbanda e às entidades que regem os trabalhos no Templo de Iansã e Cacique Tupinambá. De lá para cá, ganhei companheiros que estão ao meu lado no dia a dia, me protegendo e me orientando sobre como agir nas situações mais complicadas e diversas que enfrento.

Como capitão da Polícia Militar do Estado de São Paulo, tendo trabalhado em áreas críticas da periferia, com elevado índice criminal, e também em batalhões específicos de combate à criminalidade, não foram poucas as vezes que precisei de orientação e proteção para enfrentar as adversidades, sempre estando amparado por esses mentores.

Mas 2016 foi um ano atípico. Muito difícil! O ano de minha maior provação. O ano em que meu pai fez sua passagem e nos deixou muitas saudades. O senhor Demétrio Fernandes da Silva nasceu em 29 de maio de 1935 no Estado do Rio de Janeiro e faleceu em 27 de agosto de 2016, com 81 anos. Deixou esposa e quatro filhos criados, formados, cheios de saúde e orgulhosos por ele ter sido quem foi. O senhor Demétrio sempre teve uma amizade de causar inveja com Pai Miguel de Angola, o mentor desta obra. Conversavam como se fossem muito íntimos, amigos de vidas passadas que se encontravam para bater papo. Sobre um dos livros de Pai Miguel, que meu pai fazia questão de ler e reler, ele dizia: "Tenho a impressão de ter vivido tudo isso". E Pai Miguel sorria e passava a chamá-lo de Tibúrcio (um dos personagens do livro).

Foi nesse momento de maior provação que também pude ter certeza de que o amparo espiritual é excepcional. Estava no hospital ao lado do meu pai no momento de seu desencarne e pude sentir a presença de todos os nossos mentores ao nosso lado. Passados alguns dias, percebi sua energia próximo a mim, ou seja, apesar da saudade das conversas com meu pai, sinto a presença dele constantemente no meu dia a dia e tenho plena convicção de que ganhei mais um amigo para me acompanhar.

O que quero deixar de mensagem com esse meu relato é que a fé em Deus e em nossos mentores espirituais nos faz suportar qualquer dificuldade e atravessar qualquer obstáculo. As histórias de Pai Miguel de Angola e de nossos amigos espirituais nos trazem ensinamentos para que possamos tocar a vida. Se nossos amigos passaram pelo que passaram e hoje estão bem, fazendo o bem em um plano superior, cada um de nós também pode vencer na vida e retornar ao mundo espiritual com o dever cumprido.

Vendo a vida assim, finalizo minha mensagem aos amigos leitores com uma simples e conhecida lei em que creio muito: "Mantenha a fé e faça o bem sem olhar a quem". Acredito que desta forma você terá sucesso em sua missão na Terra, sendo sempre amparado por nossos amigos da espiritualidade.

São Paulo, 25 de fevereiro de 2017.

Antonio Emanuel Andrade e Silva
Capitão da Polícia Militar do Estado de São Paulo. Médium há mais de quinze anos no Templo de Iansã e Cacique Tupinambá.

Palavra da médium

Em cada obra trazida por nossos mentores, sentimos no coração o quanto a espiritualidade se preocupa em nos ajudar a encontrar o ponto de equilíbrio entre a matéria e o espírito.

Nesta obra, nosso querido Pai Miguel chama a nossa atenção mostrando-nos que a vaidade, o orgulho e o preconceito são ferramentas traiçoeiras em nossas mãos, sendo capazes de destruir toda a riqueza de nossa alma. Muitas vezes somos iludidos pelos bens materiais que juntamos na terra, pela beleza física, pelos títulos e poderes que conquistamos em determinados períodos da vida.

Nem todos os espíritos encarnados conseguem lidar com as facilidades que a vida física lhes oferece. Levados pela soberba de ter muito, acreditam que podem ter tudo aos seus pés, desde bens materiais a pessoas que estão a sua volta. E, como o mundo gira dia e noite, o tempo vai levando devagar essas mesmas pessoas, que seguem semeando o sofrimento,

MARIA NAZARETH DÓRIA ditado por LUÍS FERNANDO (Pai Miguel de Angola)

a maioria delas começando a colher aqui mesmo em terra os frutos amargos que plantou, pois o plantio é sempre livre, mas a colheita é cem por cento obrigatória.

Nesta obra, colocamo-nos por diversas vezes no lugar de alguns personagens e nos perguntamos se, caso estivéssemos lá, não teríamos feito a mesma coisa que eles fizeram em sua passagem de vida, ou se teríamos feito algo diferente. Cabe-nos avaliar as condições de vida de cada um, seu tempo e sua geração, as oportunidades de escolha, as leis a que eram submetidos nossos irmãos ilustrados nesta obra, ficando sempre a dúvida: teríamos feito a mesma coisa, ou não?

Uma verdade entre esse tempo passado e nosso presente é: nunca deixará de existir, de geração a geração, passe o tempo que passar, a força da Luz, que gera amor nos corações endurecidos, abrindo espaços, guiando mentes e corações aos caminhos do Pai.

É tão reconfortante para os encarnados saber, por meio de outros irmãos desencarnados, que Deus não castiga seus filhos, apenas os livra dos caminhos sem volta. Todo sofrimento que os atinge foi criado pelo livre-arbítrio, mas sempre podemos recomeçar em uma nova jornada. Fazer o bem ou fazer o mal é uma opção nossa, porém, devemos lembrar que nossas ações serão respondidas com reações diversas – é a Lei do Retorno.

Quando criamos o hábito de analisar e refletir sobre os resultados de nossas ações, vamos descobrindo por nós mesmos que somos ligados a uma força maior que nos inspira a fazer coisas boas, tornando-nos diferentes, e, assim, temos a oportunidade de inspirar outros a seguirem nossos costumes, praticando o bem.

Em uma família equilibrada e bem estruturada, geralmente todos os membros seguem pelos mesmos caminhos que seguiram seus antepassados. É comum classificarmos essas pessoas como de boa família, ou então dizemos que pelo fruto sabemos que tal pessoa vem de uma árvore sadia.

CULPADOS *ou* INOCENTES?

Esta obra oferece lições para reflexões sobre o preconceito e a fé que perduram até os dias de hoje – o amor atravessando o tempo, o medo afastando e atrasando irmãos em sua caminhada, a ganância destruindo sonhos, a maldade provocando vingança, a humildade oferecendo oportunidades.

Espero que todos os leitores aproveitem bem a leitura deste singelo livro, obra da espiritualidade que bondosamente nos inspira a prática do amor entre todos os povos.

Maria Nazareth Dória

Sumário

Apresentação 7

Palavra da médium 11

Capítulo 1
Jogo de interesses... 17

Capítulo 2
Sonhos e pesadelos.. 55

Capítulo 3
Grandes mudanças... 79

Capítulo 4
Novas mudanças 107

Capítulo 5
A grande surpresa de Frederick 141

Capítulo 6
Entre o dever e o amor.. 191

Capítulo 7
O casamento de Silviano.. 245

Capítulo 8
O fim de um império... 303

Capítulo 9
A grande revelação.. 343

CAPÍTULO 1

Jogo de interesses

O senhor Adalberto, administrador da fazenda, andava de um lado para o outro, observando o que estava a sua volta. Sua preocupação era visível. Os armazéns estavam abarrotados de sacas de café, empilhadas de uma extremidade a outra. Ele parou e olhou em direção ao segundo pavilhão. Suspirando fundo, pensou: *O algodão estava até o teto, a safra daquele ano foi boa demais.*

Apesar de todas as providências tomadas em volta dos depósitos, era preciso que ele fiscalizasse tudo pessoalmente. Tinha de tomar cuidado, muito cuidado. O descuido da faísca de um cigarro de um fumante ou vinda de uma queimada, e a tragédia seria grande. Além do prejuízo, muitas vidas entrariam no jogo do fogo.

Também havia pilhas e pilhas de esterco de gado; o cheiro era insuportável! Todos os dias, os escravos reviravam as pilhas de estrume de um lado para o outro. Precisavam ser

MARIA NAZARETH DÓRIA ditado por LUÍS FERNANDO (Pai Miguel de Angola)

trabalhadas para virar esterco a fim de abastecer as hortas e os pomares que cercavam a fazenda. Era necessário colocar fogo nessas pilhas de esterco e eliminar o gás; porém, enquanto não esvaziasse os pavilhões, não poderia fazer esse trabalho.

As reclamações maiores sobre o mau cheiro e a quantidade de moscas vinham da casa-grande, mas ele não podia fazer nada! Graças a Deus fora uma safra e tanto! Feijão em abundância, milho, mandioca, amendoim, fumo... os pastos estavam fartos. Fora um ano e tanto para a agricultura. Seu emprego estava garantido; ele atingira todas as metas estipuladas pelo senhor.

Tenso, o administrador andava rumo à casa-grande. *Meu Deus!*, pensava ele, *tomara que o senhor negocie logo esses produtos*. Não estava conseguindo dormir de tanta preocupação. Chegara a ter pesadelos com o algodão sendo queimado. Sentiu alívio no coração quando o capataz foi chamá-lo dizendo que o senhor queria vê-lo. Certamente era para pedir que preparasse o processo para pesagem e contagem das valiosas mercadorias. Graças a Deus, ficaria livre daquele peso! E também encheria o bolso.

Chegando mais perto do alpendre da casa caiada de branco, avistou o senhor. Estava debruçado no parapeito da sacada com um copo na mão. Isso era normal; nos últimos tempos, quando o senhor estava na fazenda, era sempre visto com um copo em uma das mãos e um caderno na outra, além de um charuto na boca.

Aproximando-se, retirou o chapéu da cabeça, fazendo referência ao senhor e dando boa-tarde.

O senhor deixou a sacada e, sentando-se em uma confortável cadeira de balanço, respondeu ao "boa-tarde". Depois, convidou-o a se sentar em uma das cadeiras que estavam próximas.

Pedindo licença, o administrador sentou-se, esperando suas ordens.

– Adalberto, mandei chamá-lo aqui para comunicar que daqui a dois dias você deve estar com tudo em mãos. O algodão vai ser pesado, conferido e despachado. A companhia virá com suas balanças e seus homens, e eu quero as minhas balanças e você no comando, fazendo como sempre fez. Para cada cem quilos, cinco quilos a menos! O processo é o mesmo, entendeu? Enquanto você se entende com o administrador da companhia, eu me entendo com o proprietário da companhia, combinado?

– Sim senhor, entendi. Só quero ter certeza de se a oferta para o administrador será mantida ou se mudou alguma coisa.

– Não mudou nada. Continua a mesma coisa. Para cada cinco quilos a menos, um será dele, e meio será seu. Ou seja: ficarei apenas com três quilos e meio. Confio em você e sei que jamais e por nada me trairia, não é mesmo?

– Claro que não, senhor! Está fechado, e o senhor bem sabe que pode confiar em mim cem por cento. Sou um homem de palavra, e também de sorte por trabalhar com alguém como o senhor. E o café, senhor, tem alguma previsão?

– Tenho. Estou aguardando uma resposta, uma oferta melhor. Meu café é de primeira e vai sair daqui para o porto, viajará mar afora e será servido nas mesas da realeza. Portanto, não posso entregá-lo a preço de banana. O café é da semana que vem em diante!

– Mais alguma ordem, senhor? – perguntou o administrador.

– Reforce a vigilância em volta dos armazéns. Sabe como são esses negros... Não enxergam perigo em nada! E, para fazerem uma besteira, é num piscar de olho.

– Fique tranquilo, senhor. Os capatazes estão atentos e vigilantes a tudo, e eu pessoalmente tenho ficado até tarde da noite acompanhando o movimento nas proximidades dos armazéns.

– Você pode ir, Adalberto. Passe no curral e mande o Silviano vir falar comigo o mais rápido possível. Preciso saber o que aconteceu com a queda do leite este mês. Os dados que você me passou acusam uma queda, e eu quero saber o que houve. Os pastos estão lotados de comida, há água em abundância.

MARIA NAZARETH DÓRIA ditado por LUÍS FERNANDO (Pai Miguel de Angola)

Ele precisa me explicar o que está acontecendo. Você sabe de alguma coisa?

– Acho que esse assunto deverá ser tratado diretamente com ele, mas posso lhe garantir que o boiadeiro, além de confiável, é muito competente. O senhor vai ter uma explicação dele mesmo.

– Assim espero! – respondeu o senhor, acrescentando: – Não pago um administrador e um boiadeiro para me darem prejuízos!

O senhor permaneceu sentado, e não demorou muito tempo chegava um homem jovem, barbudo, de olhos verdes e cabelos ruivos, vestido em uma roupa de couro de boi. Ele tirou o chapéu de couro e, pedindo licença, aproximou-se do local onde estava o senhor.

– Com licença, senhor. Mandou me chamar? Estou às suas ordens.

– Senta aqui, Silviano – disse o senhor apontando uma das cadeiras. Depois, bateu uma sineta e, correndo, uma negra muito jovem chegou de cabeça baixa e permaneceu em silêncio, aguardando a ordem do senhor. – Severina, vai me pegar uma maleta preta que está no aparador da sala de estar. Traga ela até aqui.

Em segundos, a moça entregava a maleta preta para o senhor, e ele a dispensou dizendo:

– Volte aos seus afazeres! – E, voltando-se para Silviano, prosseguiu: – Vamos lá. Aqui estão os relatórios que me foram entregues pelo administrador. Notei que este mês houve uma queda nos lucros dos produtos derivados de leite. Quero saber o que está havendo. Se os pastos estão fartos, se há água em abundância, era para aumentarem os lucros, e não para diminuírem! Pode me explicar isso?

– Sim, senhor. Posso e vou explicar. Neste mês, a entrega do leite, atendendo à freguesia da fazenda, não sofreu nenhum prejuízo; nenhum dos seus compradores de leite recebeu um litro a menos! Agora, a quantidade de manteiga e queijos produzidos na vossa fazenda teve uma queda, assim como foi reduzida a quantidade de leite aqui na fazenda. As negras doceiras e boleiras reclamaram comigo dia e noite! Vou justificar o que houve; tenho uma explicação para o fenômeno! Seu novo touro, aquele que o senhor batizou como "Brilhante", encheu todas as vacas leiteiras desta fazenda, senhor, e ao mesmo tempo! Neste mês nasceram muitos bezerros, e quase todos na mesma semana. É aí que está a grandeza, e não o prejuízo! Pelos meus cálculos, a gente ainda nem chegou à metade do mês e já ultrapassamos a meta da fazenda. O senhor sabe que o leite dos primeiros sete dias de uma vaca parida, além de vir com gosto de sal, se a gente forçar, também vai rachar os peitos das vacas. Sai mais sangue do que leite, e aí demoram a sarar as rachaduras, que viram feridas. É bem pior, porque ninguém consegue tirar o leite, nem o bezerro consegue mamar, e então não cresce nem engorda, e as vacas ficam doentes. Estou falando isso por falar, porque o senhor sabe tanto ou mais que eu! Aqui está anotada, senhor, a quantidade dos seus novos bezerros, e a quantidade de litros de leite colhido dentro do mês, que está na metade mas já cobriu o prejuízo do mês passado.

O senhor pegou a folha de papel e, lendo as anotações, falou:

– Ufa! Estava preocupado. Para minha surpresa, em três anos vamos dobrar o rebanho! Esse touro foi aquele garrote preto que você me convenceu a comprar na fazenda da viúva?

– Sim, senhor! É ele mesmo! Ela não tinha ideia da preciosidade que tinha na fazenda. Segundo uma das mulheres com quem tive um chamego por lá, o pai daquele garrote foi morto, virou um belo churrasco pelas mãos do filho dela, um rapazote que não entende nada de fazenda. Senhor, é boi de raça! Vale uma fortuna! E agora lhe pertence.

– Muito bem, Silviano. Não abra a boca para espalhar por aí o que aconteceu aqui na minha fazenda, entendeu? Aproveite esse chamego lá na fazenda da viúva para colher informações da situação por lá. Pega manteiga, queijo, doce, o diabo a quatro, junte o que puder pegar e leve como mimo

MARIA NAZARETH DÓRIA ditado por LUÍS FERNANDO (Pai Miguel de Angola)

para a viúva. Marque uma visita para depois de amanhã na fazenda dela e diga-lhe que estou precisando comprar algumas cabeças de gado; que meu interesse é ajudar os vizinhos e que a prezo muito. Vá também até a casa da madame Lyly e compre um corte de seda pura e um frasco de perfume importado. Peça para colocar na minha conta. Solicite ajuda da ruiva para escolher o tecido e o perfume, e diga-lhe que é para uma mulher muito especial, mas que guarde segredo! Falo isso por falar... Você já viu mulher guardar segredo? Depois que tudo estiver concluído, vejo o que você merece ganhar. Sabe que sou sempre grato a quem trabalha direito comigo.

– Sim, senhor, fique sossegado! Eu agradeço de coração ao senhor por tantas coisas boas que já fez por mim. Amanhã mesmo lhe trago todas as informações. Ah! Os objetos eu guardo comigo, senhor?

– Naturalmente que sim! E que ninguém veja. Você vai me acompanhar e me ajudar a escolher as cabeças de gado que preciso comprar. Os presentes vão amolecer o coração da viúva; se fosse solteiro, eu me casaria com ela.

O boiadeiro saiu sorrindo sozinho. Não podia negar que o senhor era bondoso com ele. Já possuía seu pedaço de terra, suas sementes de gado, seus cavalos e algumas regalias que lhe davam prestígio. Se soubesse investir direitinho nestes próximos cinco anos, estaria independente e viraria patrão de verdade. Por enquanto, tinha um casal de escravos de meia-idade como seus empregados; eles tinham recebido a bendita carta de alforria, assim como havia muitos outros escravos nas mesmas condições: deixavam as fazendas dos senhores e não tinham para onde ir. Assim, se sujeitavam a ir trabalhar nas pequenas propriedades dos pequenos senhores. Em relação às condições de vida, às vezes passavam a viver em situações bem piores quando livres. Mas, enfim, era a vida; ele também tivera de lutar muito para alcançar o que já possuía. Era filho de um senhor com uma escrava liberta; sua mãe morrera jovem e seu pai biológico nunca o reconhecera, tendo se mudado para o estrangeiro, sua terra natal. Tivera uma vida boa; aprendera a ler e escrever, frequentara a escola dos brancos, tivera direito a esse benefício, e aprendera a lidar com gado, sua paixão.

O senhor o aceitara na fazenda e lhe oferecera um bom trabalho. Era um homem livre e tinha muitos sonhos. Sempre fora bem tratado por todos ali, inclusive pelo senhor. Ainda era jovem e queria se casar com uma mulher livre; não queria sofrer as consequências da sociedade e não pretendia se aventurar a viver apenas de amor.

Enquanto se afastava da casa do senhor, uma imagem lhe veio à cabeça: a viúva... Ela não era tão jovem, mas muito bonita e cobiçada. Qualquer um que tivesse a sorte de ganhar o coração dela estaria feito na vida. De repente, sentiu um estalo dentro dele: por que não eu? Não sou feio, estou apenas malcuidado. Porém, se tratar este cabelo, aparar bem a barba, trocar esta roupa de couro por uma roupa mais apresentável e com um perfume agradável, e lançar um olhar cativante para viúva... Quem sabe?

Foi até um casebre à beira do rio e gritou na entrada chamando por Sebastião. Logo apareceu diante dele um preto velho de cabelos brancos como a neve, respondendo:

– Quem é que me chama?

– Sou eu, o Silviano!

– Entra, menino! Venha cá – respondeu o preto velho.

Ele sentou-se no banco perto da janela e pediu:

– O senhor pode cortar meus cabelos e aparar esta barba?

– Nossa Senhora da Piedade! O que deu em você, menino? Nunca cortou esse cabelo e nunca fez barba. O que está por trás dessa decisão? Só pode ser mulher! Homem quando resolve ficar bonito não é para se olhar no espelho, é para chamar a atenção de alguém. Senta aqui e me diga como quer o seu cabelo e sua barba.

O preto velho colocou uma toalha de saco em volta do pescoço dele e disse:

MARIA NAZARETH DÓRIA ditado por LUÍS FERNANDO (Pai Miguel de Angola)

– Vamos ver como vai ficar! Depois que te deixar outro homem, vou pegar um pedaço de espelho que ganhei da sinhá. Guardo com todo o cuidado, porque é muito precioso para quem quer se ver.

Enquanto cortava cuidadosamente os cabelos do rapaz, este começou a falar:

– Para o senhor eu posso contar: estou interessado em uma mulher sim! Não foi à toa que coloquei a minha cabeça nas suas mãos. E olha, Sebastião, se tudo der certo como eu imagino, não vou me esquecer de você não!

– Menino, você é muito bom com a velharia desta fazenda! Todo dia não faltam o leite, a coalhada, o mingau e o sossego; eu e minha velha lhe agradecemos por tudo, você é um anjo de Deus em nossas vidas. Quero que você encontre nesse coração feminino um apoio para seu coração, para ser feliz, assentar-se como homem, ter filhos e ser feliz. Quanto a mim, não preciso de nada não, meu filho! Tudo o que já alcancei nesta vida é suficiente para esperar minha hora grande em paz e sem qualquer revolta.

Barba e cabelos bem aparados, o preto velho pegou um espelho quebrado e, colocando na frente do rapaz, disse:

– Agora até você mesmo pode se achar bonito!

– Sebastião! Se eu fosse uma mulher, iria prestar atenção em mim! Não é que fiquei bonito? Já sei o que vou lhe dar de presente: vou comprar um espelho novo para o senhor. Do que mais está precisando? Peça que eu lhe trago.

– Nada não, filho! E acho que um espelho novo custa muito dinheiro, não gaste seu dinheiro, não.

– Amanhã à tarde eu passo por aqui. Obrigado, e fica com Deus, meu velho. Dá um beijo em vó Zulmira. Onde é que ela está?

– Foi ao rio lavar umas roupas sujas; daqui a pouco está de volta – respondeu o preto velho Sebastião.

Silviano montou seu cavalo e saiu coberto com sua capa de couro cru; o preto velho o seguia com o olhar. *Deus te proteja, menino! Quem será essa dama que está fazendo a cabeça de Silviano? Escrava é que não é. Mas Deus seja por ele.*

Em casa, Silviano verificou que não tinha nem roupas nem sapatos adequados, então resolveu: *Vou pegar algumas economias e comprar o que puder lá na casa da madame Lyly. Eu me troco lá mesmo e sigo para a fazenda da viúva. Resolvo os pedidos do meu senhor e, se Deus permitir, resolvo as minhas próprias questões. Quero ser o vizinho do senhor, andar lado a lado com ele, como um senhor de negócios e seu amigo particular.*

O senhor estava muito satisfeito com os bons resultados apresentados por Silviano. Colocou o copo na mesinha e foi procurar a esposa. Ela dava ordens aos serviçais da casa; quando o viu, veio correndo, os olhos brilhando de alegria. Ela o amava muito.

Ele a pegou pela mão, e os dois saíram juntos pelo corredor. As escravas então levantaram a cabeça, e uma delas comentou:

— É tão lindo vê-los assim!

O senhor convidou a esposa para darem uma volta:

— Vamos andar um pouco, assim olhamos se está tudo em ordem nos jardins e nas senzalas.

— Então, meu marido, eu recebi um pedido de um dos barracões das mulheres: estão faltando alguns reparos por lá. Precisamos mandar arrumar o chão, o telhado e consertar as paredes. Se puder me acompanhar, será ótimo, porque vamos juntos verificar.

— Ótimo, vamos verificar isso.

Abraçados, eles deixaram a casa, sendo seguidos a certa distância pelas mucamas da sinhá, que levavam sombrinhas, água e lenços perfumados, caso ela suasse no caminho.

O senhor, abraçado à esposa, disse-lhe:

— Querida, nos próximos três dias preciso ir até a capital vender nosso café. Vou ficar cerca de três ou quatro dias por lá. Negócios, meu amor, simplesmente negócios! Não quero que fique pensando bobagens; você bem sabe que para mim

MARIA NAZARETH DÓRIA ditado por LUÍS FERNANDO (Pai Miguel de Angola)

nesta vida só existem você e nossos filhos. Acho que sou uma exceção de homem por aqui; sou motivo até de brincadeiras entre meus amigos. Eles comentam por aí que, se dependesse de mim, na minha fazenda todas as escravas eram virgens! E seriam mesmo. Você sabe disso, não é, meu amor?

Ela ficou embevecida pela declaração do marido. Realmente, nunca tivera nenhum motivo para desconfiar dele; de fato, era uma exceção, por tudo o que via e ouvia de outras mulheres. Abraçou-se a ele dizendo:

– Sou a mulher mais feliz deste mundo por ter encontrado o melhor homem que existe neste planeta. Morro de saudades dos nossos filhos, mas sei que eles estão bem, e você preenche o meu coração de alegria.

Andaram pelos barracões das senzalas e tomaram nota de tudo o que precisava ser restaurado.

As crianças brincavam correndo no terreiro de terra batida. A sinhá viu uma menina de cabelos anelados, com cachos da cor de ouro, que brilhavam ao sol. Parou e perguntou para uma preta velha que cuidava da criançada:

– De quem é esta menina tão linda?

– É filha de Rosário com o senhor capitão da mata, senhora. Ela puxou só para o pai; no meio dos outros nem parece um dos nossos.

– Chame-a até aqui – pediu a sinhá.

A menina chegou perto da sinhá toda encabulada.

– Olhe para mim e me fale como é o seu nome.

– Meu nome é Luzia, senhora. Eu juro que não fiz nada!

A sinhá começou a rir e respondeu:

– Eu sei, Luzia, que você não fez nada! Só queria vê-la mais de perto, porque você é muito bonita!

Assim que se afastaram, a sinhá comentou com o marido:

– Não sei o que você pensa a respeito, mas precisamos começar a nos preocupar com o que vamos fazer com essas crianças nascidas no cativeiro e que são filhos de homens livres com cativas. Sabemos de muitas histórias que são espalhadas por aí, de meninas e meninos que são vendidos e levados para fora do país, e não para serem escravos, e sim com outras intenções mórbidas. Tenho medo, porque ultimamente estão sumindo crianças, ninguém sabe dizer o paradeiro delas, e acaba ficando por isso mesmo. Fiquei sabendo que muitos padres levam essas crianças para educá-las e várias desaparecem sem explicação. Tem ouvido isso por aí?

– Querida, temos alguns casos sim, mas não fique preocupada não! Aqui em nossa fazenda nunca aconteceu isso, nem no tempo do meu avô, nem com o meu pai, nem acontecerá comigo! Procuramos tratar nossos escravos da melhor forma possível. Muitos filhos de homens livres com cativas se tornam homens livres também; essa é a tendência. Temos muitos casos aqui na fazenda. Olha só o Silviano! Trabalha conosco, é um homem confiável, livre e que junta recursos para formar uma família com liberdade.

– É verdade, meu amor. É que me dá um medo... Você viu que menina linda? Deve ter doze anos mais ou menos, logo vai estar uma mocinha. O que vamos fazer com ela?

– Isso é com a senhora! Tem toda a liberdade de fiscalizar as senzalas e recolher suas protegidas para trabalharem na casa-grande. Eu direciono os garotos, tanto dou oportunidades para exercer funções diferenciadas aqui na fazenda como facilito a saída deles para outras fazendas. Financio a liberdade deles, você sabe disso. Tenho seis negros trabalhando fora da minha fazenda, me pagando suas parcelas e trabalhando para o seu senhor não como escravos, mas como homens livres. Eles recebem, me pagam, ficam com uma boa parte do dinheiro e, quando terminarem de me pagar, vamos lavrar a carta de alforria deles. Aí poderão muito bem começar sua vida independente. Bem sabe que sou a favor da lei que quer libertar os escravos, mas não posso abraçar abertamente a causa. Contudo, contribuo como posso para que um dia isso venha a acontecer.

MARIA NAZARETH DÓRIA ditado por LUÍS FERNANDO (Pai Miguel de Angola)

Enquanto os senhores deixavam as imediações das senzalas em direção à casa-grande, um preto velho falava a outro preto velho:

– Mané, essa menina vai sofrer muito! Não sei se foi felicidade para ela nascer dessa cor e crescer entre nós. Vai crescer com os nossos costumes, mas não sei se vai viver entre nós.

– O mais triste, Bené, é saber que Luzia tem sangue da senzala e da casa-grande... Você acha que a sinhá não desconfiou de nada? Nós sabemos que essa garota é filha do senhor e da Rosário, e quem paga o "pato" é um capitão do mato que nem existe!

– A sinhá acredita que o senhor é o homem mais fiel e correto que existe no mundo! E para ela, realmente, ele é perfeito. Damos graças a Deus por isso; ele a trata com muito carinho e amor, e nós não temos o que reclamar dele não! Sabemos que ele não é quem a sinhá pensa que ele é, mas cada um vive sua história dentro deste nosso mundo. A menina é filha dele! E, por falar nisso, por onde anda Rosário? Ouvi falar que está na fazenda de um primo do senhor que fica aqui perto. E pode ter certeza de que logo essa menina vai estar dentro da casa-grande, e o senhor vai casá-la com algum capataz de sua confiança. É sempre assim que acontece.

Enquanto conversavam, uma outra menina veio correndo juntar-se às outras crianças. O negro velho, sério e pensativo, comentou:

– Dá uma olhada naquela menina mulata de olhos azuis! Aquela vai trazer lágrimas para a senzala, pode crer no que estou te falando!

O outro preto velho, fazendo o sinal da cruz, respondeu:

– Quando você abre essa sua boca, dá medo! Por que fala isso?

– Não sei o que vai acontecer com essa menina, mas sinto que está ligado a uma tristeza que não é só para ela, e sim para todos nós.

Os dois foram se distanciando e continuaram conversando entre si sobre o destino das meninas da senzala.

Aquela noite, Silviano não quis sair para se divertir com as moças livres da fazenda do senhor; preferiu ficar em casa e apagou o candeeiro para não ser molestado por ninguém.

No outro dia se levantou cedo e foi cuidar de suas tarefas, dando ordens aos companheiros de jornada sobre como deveriam proceder com o gado. Precisava sair da fazenda para atender algumas ordens do senhor e na volta iria conferir as tarefas de cada um, e que tudo estivesse melhor do que estava deixando.

Assim que saiu, os companheiros de curral comentaram rindo:

– Silviano se preparou todo... Será que há mulher à vista?

– Se tiver, não é da fazenda não, é das imediações – um outro acrescentou. – Fiquei sabendo que ele andou tendo um chamego com uma mulata de olhos verdes e bem torneada, uma escrava da fazenda da viúva.

– Então está explicado: ele logo, logo vai trazer uma mulher para dividir a choupana com ele. E faz muito bem! Já é um homem feito, tem meios para bancar uma família. Vamos desejar a ele tudo de bom mesmo!

Um dos jovens, brincando, comentou:

– Tomara que essa mulata tenha uma irmã mulata de olhos verdes e bem torneada, e que ela goste de mim. Também estou preparado para bancar uma mulher! Mas duvido de que ele se case com uma escrava, mesmo sendo uma mulata de olhos verdes!

O outro perguntou:

– O que você quer dizer com isso?

– Que Silviano é mais esperto do que vocês imaginam! Ele vai se casar com uma mulher branca, livre e de preferência rica. Vocês verão o que estou dizendo. Eu, no lugar dele, faria o mesmo.

MARIA NAZARETH DÓRIA ditado por LUÍS FERNANDO (Pai Miguel de Angola)

Silviano chegou à fazenda e foi recebido pelo administrador, que lhe informou que o clima não estava propício para visitas, mas que veria o que poderia ser feito.

Enquanto aguardava o administrador, um rapazinho franzino saiu da casa-grande, as faces vermelhas e esfregando as mãos. Silviano foi ao encontro dele e perguntou:

– Posso ajudá-lo, meu rapaz?

O jovem o olhou de cima a baixo e pensou: *Quem será este homem?* Resolveu responder:

– Pode sim, meu caro. Diga-me o que você faria na minha situação: estou preso a este lugar, não por minha vontade, mas por falta de opção mesmo! Meu pai resolveu morrer e deixar minha mãe amarrada com os contratos com os quais ele se comprometeu por três anos. Minha mãe fica me chantageando, dizendo que não pode ficar sozinha e que agora tenho de assumir o lugar do meu pai. Quero voltar a estudar! Não nasci para cuidar de fazenda; minha vida não está ligada a esta terra. Se ficar aqui vou enlouquecer! Quero que ela entregue tudo isso aqui e pegue o mínimo possível, para irmos logo embora. Podemos morar com meus avós. Minha irmã está com eles, e eu neste inferno sem saída! Vou acabar morrendo! Vou fazer uma besteira!

– Calma, meu rapaz! Você não tem ninguém de sua família no Brasil, nem por parte de mãe nem de pai?

– Não, não tenho. Até hoje não entendi o que o meu pai veio fazer neste fim de mundo. Complicou a vida de minha mãe e a nossa, quer dizer, a minha em especial!

O administrador chegou convidando o Silviano para segui-lo. Ele virou-se para o jovem dizendo:

– Por favor, antes de me retirar de sua fazenda gostaria de trocar mais duas palavras contigo. Pode ser?

– Pode sim. Parece que encontrei alguém que entende o que falo! – respondeu em voz alta, olhando para o administrador.

Silviano estava bem apresentável; a madame o arrumara com rigor. Camisa e calça social, sapatos bem lustrados. Usava um perfume marcante, e os cabelos estavam bem penteados.

Ela o instruíra sobre como deveria tratar uma mulher fina: que ele falasse suavemente e curvasse a cabeça diante dela, beijando-lhe a mão delicadamente. Em seguida, que lhe entregasse a caixa que continha finos bombons. E assim ele fez.

A viúva estava perturbada diante daquele cavalheiro bonito, elegante e educado; seu perfume mexia com suas emoções de mulher. Ele disse que estava ali por conta do seu senhor, sendo ele alguém de sua extrema confiança. Cuidava na verdade de sua boiada; ele não era um escravo, era um boiadeiro da fazenda do senhor e, por entender de gado, estava ali como intermediário da compra. Entregou-lhe os presentes com as recomendações de seu senhor.

Após uma hora de conversa, regada a suco, queijos de coalho e finos doces preparados na fazenda, tudo isso com os elogios do rapaz quando ela dizia ser receita sua, Silviano levantou-se dizendo que precisava ir embora, mas que voltaria no outro dia, juntamente com o senhor, para fecharem negócios. A viúva, se pudesse, não o deixaria partir. Estava hipnotizada diante dele; a carência e a fragilidade de mulher a haviam deixado sensível.

Ele se despediu dela beijando suas mãos e agradecendo a boa acolhida. Enquanto ele se dirigia à saída da casa-grande acompanhado do administrador, a viúva suspirava profundamente, sentindo seu perfume nas mãos. *Meu Deus!*, suspirou ela. *Será carência, loucura ou o que está acontecendo comigo? E se ele não voltar amanhã? Preciso vê-lo novamente.*

Josef estava sentado em um banco próximo ao jardim. Quando viu Silviano, aproximou-se dele e perguntou:

— E então? O que resolveu com a minha mãe? Ela vai vender o gado? Se vender tudo, dá para pagar o que precisa e quem sabe irmos embora.

— Amanhã estarei aqui novamente para acertarmos algumas coisas com a sua mãe. Fique calmo, rapaz. Acredito que em breve você vai embarcar e realizar os seus sonhos; se depender de mim, isso vai acontecer!

– Por favor, convença a minha mãe a ir embora comigo ou a me deixar partir?

– Pode ter certeza de que, se depender de mim, meu amigo, você vai partir em breve, e sua mãe vai ficar muito bem.

Assim que Silviano se despediu, o rapaz voltou ao seu banco e pensou: *Bem que ela poderia se apaixonar por este sujeito, e, é claro, ele por ela! Pareceu-me gente boa. Ficaria feliz, pois partiria sabendo que ela estaria bem. Gostei dele.*

A viúva foi aos seus aposentos e deitou-se sobre os macios lençóis de seda. O perfume do rapaz estava ali, os seus olhos, o seu cheiro. Ela virou-se de um lado para o outro; estava inquieta e se perguntava: *Será que ele virá mesmo amanhã?*

No caminho de volta, Silviano aproveitou a estrada e se trocou. Colocou a roupa de couro e guardou bem a outra camisa, reservada para usar no outro dia, conforme lhe recomendara madame Lyly. Não podia usar a mesma camisa; a calça, o sapato e o perfume, sim. Colocou o chapéu de boiadeiro e foi à procura do seu senhor.

Ao chegar à entrada da casa-grande, tirou o chapéu, e o senhor, olhando-o, disse:

– Silviano! Que mudança é esta? E que perfume é este, rapaz? Vai me dizer que você já se entendeu com a viúva?

Silviano ficou vermelho e respondeu embaraçado:

– Já acertei tudo, senhor. Amanhã ela nos espera. E pode ter certeza de que vou escolher as melhores cabeças de gado para sua fazenda. Conforme o senhor me pediu, a madame embrulhou em pacotes especiais suas encomendas. Aproveitei

CULPADOS *ou* INOCENTES?

que nunca tinha comprado nada para mim e, a conselho dela, adquiri um perfume, uma calça e duas camisas. Paguei certinho o que ela me vendeu, e ela me disse que o senhor pode verificar que ela não me cobrou nem um tostão a mais que o valor merecido.

– É, Silviano, você é mais esperto do que eu imaginava. Tenho certeza de que está de olho na viúva! Mas, cá entre nós, se estivesse no seu lugar, faria a mesma coisa. É sua chance de tornar-se senhor! E quer saber de uma coisa? Vou lhe dar uma ajuda para que isso se torne realidade. Amanhã falarei a ela sobre as suas qualidades; vou dar um empurrão no destino, mas com uma condição.

– Qual, senhor? – antecipou-se Silviano em saber.

– Que a cerca que divide o rio seja retirada, pois a fazenda da viúva leva vantagem em relação à minha porque o rio cruza pelos dois lados, e eu preciso que essa parte do rio permaneça em minhas terras. Tentei várias vezes negociar com o falecido marido dela, mas não teve acordo. Já prevendo que de repente você se torne o novo proprietário, e sendo meu vizinho, antes de acontecer o que eu posso contribuir para acontecer vamos fechar negócio antecipado. Para a fazenda da viúva ter água em abundância, a minha é que padece, e você sabe disso.

– Senhor, isso é um sonho, porém, se esse sonho se concretizar, prometo que o rio do lado direito vai pertencer à sua fazenda!

– E vamos continuar fazendo bons negócios! Conto com a sua experiência para preparar alguém tão bom quanto você para cuidar do meu rebanho. Eu o ajudarei a administrar bem aquela fazenda.

– Pode ter certeza disso, senhor! Ingratidão nunca foi meu perfil, e o senhor sempre me ajudou a alcançar aquilo que sou hoje.

Assim que Silviano se retirou, o senhor, engolindo devagar um gole do seu conhaque, pensou: *Este aí não nega mesmo de quem é filho! Vou negociar esse casamento e resolver* definitivamente o meu problema com a água, e ainda tirar algumas vantagens futuras. Para colocar Silviano no mercado, meu preço será alto! Aquele idiota do falecido nunca imaginou que houvesse uma riqueza em volta desse rio que será meu. Ali é o local ideal para a plantação de café, no alto, e arroz nas áreas alagadas. E sou eu quem vai fazer isso!

Naquela noite, a viúva não dormiu. Não via a hora de ver o clarão do dia. Não estava interessada em vender gado; ela queria mesmo era rever Silviano e se perguntava se ele fora apenas gentil ou se sentira mesmo alguma coisa por ela. Levantou-se e pediu que a mucama preparasse uma banheira com água morna e óleo de rosas – um segredo que conservava para ocasiões especiais.

Ficou muito tempo na banheira, depois tomou seu café no quarto e começou a se arrumar. A mucama estranhou o fato de ela colocar uma roupa um tanto ousada para uma viúva. Maquiou-se e estava ansiosa, enquanto a mucama se perguntava: *O que aconteceu com ela? Foi a visita de ontem?* Ela ouvira que ele voltaria no dia seguinte, então deduziu que sua sinhá se arrumara para recebê-lo. No fundo, estava mesmo torcendo para que a sinhá arrumasse alguém que cuidasse dela e da fazenda, assim nenhum escravo correria o risco de ser vendido.

Já passava das onze horas da manhã quando a mucama veio correndo aos aposentos da sinhá dizendo que chegavam alguns cavalheiros e, entre eles, o moço do dia anterior. Com o coração saltando dentro do peito, ela se olhou mais uma vez no espelho e pediu que a mucama fosse ajudar a recebê-los e acomodasse as visitas. Era elegante dar esse tempo para que eles se limpassem do pó da estrada, fossem ao toalete se assim desejassem, e que só depois é que ela deveria vir buscá-la.

CULPADOS *ou* INOCENTES?

O senhor, elegante e altivo como sempre, acompanhado por Silviano e mais dois escravos de sua confiança, foi levado ao quarto de banho pelos serviçais da fazenda, e Silviano foi convidado pelo senhor a acompanhá-lo. A sós, enquanto lavavam o rosto e as mãos, o senhor lembrou a Silviano que ele seguisse à risca os seus conselhos.

– Vamos recordar – pediu ele. – Você curva a cabeça para cumprimentá-la, beija sua mão com delicadeza e entrega o presente; aliás, aprenda como conquistar uma mulher: seja sempre cavalheiro e bondoso. Nenhuma mulher resiste ao cavalheirismo e aos belos agrados, como perfumes, sedas, joias, bombons e outros. Quando descobrimos do que gostam, aí fica ainda mais fácil agradá-las.

Ele prometeu a Silviano que iria financiar o namoro, o noivado, as alianças, a festa de casamento e tudo o mais. Depois de casado com a viúva, ele começaria a pagar os seus débitos.

Meia hora depois, a viúva, ricamente vestida, perfumada e com os olhos brilhantes, apareceu. Parecia ter rejuvenescido uns dez anos, observou sua mucama.

O senhor a cumprimentou com toda a sua classe e elegância, e em seguida foi a vez de Silviano, que fez exatamente o que lhe sugeriu o senhor. Conversaram alguns minutos, e a viúva pediu que a mucama fosse chamar seu filho para fazer parte da conversa.

O rapaz a princípio gritou que não iria, mas a mucama lhe disse:

– É aquele rapaz de ontem acompanhado pelo seu senhor. Acho que estão aí para fazer negócios com a sua mãe, é interessante que você esteja presente, senhorzinho Josef!

Ele pensou rapidamente: *Ah! Acho que é bom mesmo eu participar dessa conversa.*

O rapaz entrou na sala, e a mãe o apresentou ao senhor dizendo:

– Este é meu filho mais velho. Tenho uma filha que está na França com os meus pais. Josef quer ir embora, mas não fiz

– 35 –

MARIA NAZARETH DÓRIA ditado por LUÍS FERNANDO (Pai Miguel de Angola)

isso porque temos contratos a cumprir e não posso pagar as multas, que são altas. Já expliquei isso para ele; temos que honrar nossos contratos por mais três anos.

– Sem querer me intrometer na vida de vocês, por que ele não vai dar continuidade aos estudos enquanto a senhora administra a fazenda? Nesse ínterim, pode visitá-lo. Quem sabe não viajará conosco? Eu e minha esposa vamos uma vez por ano à França; temos dois filhos estudando lá. Daqui a dois anos, o meu filho mais velho deve retornar. Vai terminar seus estudos e vem ocupar uma cadeira pública na capital.

A viúva ficou ruborizada e respondeu:

– Tenho pavor em pensar que ficarei sem ninguém da minha família aqui. Não sei se conseguirei me manter longe de todos. – Os seus olhos se encontraram com os de Silviano, que falava o que estava dentro de sua mente: *Você pode ficar comigo!*

– Peço perdão ao seu filho, mas devo lembrá-la de que é muito jovem, bonita e cheia de vida. Deve pensar em refazer a sua vida se casando de novo! Naturalmente que tendo muita cautela, para não cair nas mãos de qualquer um. Existem dezenas de bons homens querendo construir sua vida com mulheres feitas como a senhora – falou o senhor.

O filho da viúva aproveitou a oportunidade e respondeu:

– Estou de pleno acordo, senhor! Quero ver minha mãe feliz! E quero ser feliz também! Pretendo voltar à França para continuar meus estudos. Naturalmente que, mesmo longe dela, vou dar toda a atenção no que for preciso. Pretendo voltar um dia para ficar mais próximo dela quando estiver formado e, como seu filho, puder ocupar um cargo público. Falo isso porque sei que ela ama o Brasil! Se voltasse para a França, iria sofrer muito, porque ela afiliou-se tanto a este país que é mais brasileira que francesa!

O senhor, olhando para o rapaz e para a viúva, respondeu:

– Acho que você sabe o que quer da vida, meu rapaz! Eu o ajudarei no retorno ao Brasil para assumir um cargo público. E, quando retornar à França, quero que conheça os meus filhos e façam boas amizades, afinal, somos bons vizinhos.

– Obrigado, senhor! É tudo o que eu quero – respondeu o rapaz.

A viúva, trocando um olhar apaixonado com Silviano, e em tom de brincadeira, disse:

– O difícil é onde vou encontrar esse homem que queira casar comigo e me fazer feliz!

O senhor respondeu:

– Mais perto do que a senhora imagina!

Josef, animado com a conversa e percebendo o interesse do rapaz pela mãe, viu naquele momento uma chance de se libertar. Então, virando-se para a mãe, pediu:

– Vamos convidá-los para o almoço, não é mesmo, mamãe?

– Naturalmente que sim! Já pedi que providenciassem algo especial e espero que gostem da comida. Podemos ver o gado que o senhor está interessado em comprar e, na volta, podemos almoçar.

– Não se preocupe conosco! Não viemos com essa intenção. Do pasto onde se encontra sua boiada partiremos. Para ser sincero, tenho um compromisso hoje à tarde; não posso me atrasar.

O rapaz quase implorou:

– Dariam muita alegria a nós se almoçassem conosco. Além disso, tenho algumas coisas que gostaria de mostrar ao Silviano; ficamos amigos.

– Sendo assim, tenho uma ideia melhor: vamos logo olhar as reses que estou procurando e sugiro que você, Silviano, retorne com eles. Almoce com a família e volte mais tarde. Agradeço sinceramente o convite e lamento de verdade não poder ficar com vocês. Deixo um convite em aberto para que possam ir nos visitar no próximo fim de semana. O Silviano pode vir buscá-los e trazê-los de volta; minha esposa vai adorar a visita de vocês.

– Se minha mãe aceitar, por mim estaremos lá! Sinto falta de sair um pouco e conversar com pessoas civilizadas como vocês dois.

MARIA NAZARETH DÓRIA ditado por LUÍS FERNANDO (Pai Miguel de Angola)

Silviano ajudou a viúva a montar seu belo alazão, tocando em sua cintura com malícia e delicadeza. A viúva ficou arrepiada, o coração batendo forte.

O rebanho foi trazido, e o senhor pediu a Silviano que escolhesse a dedo e que não levasse sua paixão pela viúva em consideração ali dentro do curral.

Silviano escolheu as melhores novilhas e alguns garrotes que notou serem cruzados com o pai de Brilhante, o touro de raça do seu senhor. O negócio foi fechado, e o senhor se comprometeu com a viúva dizendo que Silviano viria buscar o gado dali a três dias.

Um tanto afastado do filho, que conversava com a mãe, Silviano perguntou ao senhor:

— Como vou ficar para almoçar com eles se não sei me portar à mesa?

— Preste atenção em tudo o que eles fazem. Mantenha a calma e, se vir que não vai conseguir usar todos os talheres, não coma. É mais bonito dizer que está sem fome do que fazer besteiras! Coloque pouca comida na boca, não fale de boca cheia e não coma muito! Sente-se com cabeça erguida e sem encostar à mesa; não coloque os braços sobre a mesa. Olhe para o jovem; deixe que ele comece e vá acompanhando, entendeu? Não aceite tudo o que lhe oferecerem.

E assim foi feito. O senhor retornou com os seus escravos, e Silviano veio acompanhando a viúva e seu filho. Já na casa-grande, a viúva foi arrumar os últimos detalhes da mesa e Josef ficou conversando com Silviano, convidando-o para ir até seu quarto pois queria lhe mostrar algumas coisas que tinham vindo da França, segundo o rapaz informou, pedindo licença à mãe.

A sós com Silviano, no entanto, o rapaz desabafou:

— Preciso de sua ajuda. Quero retornar aos meus estudos e poder um dia voltar, mas não para ficar como faço neste momento. Só como e durmo; todo domingo eu mando matar um boi, faço um churrasco e como carne a semana toda. Distribuo com os negros; não me importo com nada mesmo. Acho que estou dando prejuízo para minha mãe.

CULPADOS ou INOCENTES?

– É verdade que você mandou matar e fez um churrasco com um boi preto malhado de branco que era o maior de todos na sua fazenda? – perguntou Silviano.

– É verdade sim! Peguei raiva dele; não podia me ver que vinha com tudo para cima de mim. Fiz um bom churrasco dele!

– Você tem ideia de quanto valia aquele boi?

– Não tenho a menor ideia! – respondeu o rapaz.

– Era um boi de raça; talvez ele valesse a metade do seu rebanho.

– Pelo amor de Deus, não fale isso para a minha mãe. Ela vai ficar triste comigo. Como poderia saber que ele era tão valioso? E os nossos escravos que cuidam do gado, por que não me falaram? O imbecil do administrador não me falou uma palavra.

– Com certeza eles não sabiam; se você me permitir, vou ensinar a eles como cuidar do rebanho e em pouco tempo sua boiada vai triplicar. É só saber como tratar bem os animais.

Josef parou e, olhando para Silviano, pediu:

– Por favor, me ajude a sair deste lugar! Serei grato a você por toda a minha vida. Vamos falar desse assunto com a minha mãe. Você fala, e eu realço suas palavras. Tenho certeza de que você vai fazer o melhor por esta fazenda. Eu não nasci para ser fazendeiro, nem plantar café, nem criar bois, e pior ainda ser senhor de escravos, entendeu? Se insistirem em que eu fique por aqui, a minha mãe vai à falência! Você viu o que fiz, não é mesmo? Comi uma fortuna assada na brasa! Pelo amor de Deus, nunca conte para minha mãe que comi um boi tão valioso.

– Vou te ajudar, sim! E, como você está sendo tão sincero e direto comigo, eu também vou ser sincero e direto com você. Estou pedindo a mão de sua mãe em casamento. Ainda não sei se ela quer se casar comigo, mas, se ela me falar sim, já marco nosso casamento. O que você acha? Quero o seu aval. Gostei de verdade de sua mãe; ela é a mulher que sempre desejei, e eu sou um homem honesto e trabalhador, e pretendo fazê-la feliz. Não tenho riqueza, mas tenho o suficiente para não passar fome e sei trabalhar como qualquer senhor.

– 39 –

MARIA NAZARETH DÓRIA ditado por LUÍS FERNANDO (Pai Miguel de Angola)

O rapaz respirou fundo e respondeu:

– Eu sou muito jovem, ainda falta muito para entender certas coisas. Porém, uma coisa eu posso lhe adiantar: se for para ver a minha mãe feliz, faço e aceito qualquer coisa! E você não me parece qualquer coisa, e sim um bom sujeito. Se ela aceitar, eu estou de acordo e me encarrego de transmitir aos nossos familiares a decisão de minha mãe. Se ela aceitar se casar com você, por favor, casem-se logo! O mais rápido possível! Porque eu não aguento mais esperar pelo dia em que vou pegar minhas malas, beijar minha mãe, olhar para os lados e sair correndo ao encontro da minha própria vida!

Animado, Josef prosseguiu:

– Logo após o almoço vou dar um jeito de me retirar e deixar vocês dois a sós. Faça o seu pedido de casamento; não fale em namoro, fale em casamento! Assim, hoje mesmo, antes de sua partida, já teremos uma data prevista. Ela não vai precisar fazer enxoval, não precisa repetir muitas coisas que as noivas de primeira viagem fazem, então não há por que prolongar quando os dois querem.

Silviano, abraçando o rapaz, respondeu:

– É a primeira vez que o filho de uma noiva não vê a hora do casamento da mãe! Se depender de mim, caso hoje, amanhã, quando ela quiser.

A mucama bateu de leve à porta do quarto de Josef avisando que o almoço estava servido e que sua mãe os aguardava.

Silviano seguiu o que lhe ensinou o senhor e se saiu muito bem; até ele ficou surpreso com a facilidade que teve em manejar talheres e copos. Ele e a viúva trocavam olhares apaixonados, notou Josef. Estava tão ansioso, ou até mais que o candidato a marido de sua mãe.

Assim, terminaram o almoço, e a viúva convidou Silviano para acompanhá-la à sala de estar. Pediu um licor e perguntou ao filho se queria algo para beber, um suco, por exemplo. Ele agradeceu e perguntou à mãe se poderia sair por alguns instantes.

Era tudo o que ela queria!

– 40 –

CULPADOS *ou* INOCENTES?

– Vai, meu amor. Não se preocupe, está tudo bem. Você não vai sair da fazenda, vai?

– Absolutamente não, mamãe. Vou até o meu quarto; na verdade, esqueci-me de arrumar algumas correspondências que recebi ontem, lembra?

Quando o casal estava a sós, Silviano se aproximou mais da viúva e, pegando suas mãos, perguntou:

– Pode me julgar ousado, mas preciso ter certeza de que não estou ficando louco. Não paro de pensar um segundo na senhora e por isso preciso saber; meu coração precisa saber: este sentimento é só meu ou é seu também?

Trêmula, ela respondeu:

– Esse sentimento não me deixou dormir esta noite. De repente, não sei o que acontece aqui dentro do meu peito. Não consigo deter os meus pensamentos; só tenho você dentro deles.

Ele puxou-a de encontro ao peito, beijando-a com paixão. Ela não resistiu aos seus beijos nem às suas carícias. Ficaram envolvidos nesse clima de amor e paixão por muito tempo. De súbito, ela se afastou, arrumando o vestido, e disse:

– Nossa, esqueci-me por completo do tempo!

Silviano a puxou pela mão e perguntou:

– Eu preciso voltar à fazenda, mas quero saber de você uma coisa: quer se casar comigo? Não tenho nenhuma riqueza, não tenho luxo e não conheço nada de etiquetas nem como me portar em sociedade, mas tenho amor e caráter, Se isso lhe bastar, me fale agora: quer se casar comigo?

Ela abraçou-se a ele com o coração batendo forte e respondeu:

– Sim! Eu quero me casar com você! – e no íntimo dizia para si mesma: *Seja o que Deus quiser! Nunca senti pelo meu marido o que estou sentindo por ele.*

– Nesse caso, peço que chame seu filho. Vamos comunicá-lo a respeito de nossa decisão – pediu Silviano.

– Acho que preciso falar a sós e com cuidado com ele; não sei qual será sua reação. Ele pode opor-se ao casamento e

– 41 –

MARIA NAZARETH DÓRIA ditado por LUÍS FERNANDO (Pai Miguel de Angola)

nos criar um problema. Meu filho anda rebelde ultimamente, com a ideia fixa de que quer ir embora. Então, prefiro falar com ele com muita cautela.

– E se eu lhe falar que ele já sabe? Seu filho é um homem e percebeu meus sentimentos por você, e não tive dúvidas: antes de falar com você, me antecipei e fui até ele. Abri o jogo e conversamos a respeito. Gosto muito do seu filho, nos tornamos amigos – respondeu Silviano.

– Nesse caso, vou pedir para chamá-lo. Confesso que estou encabulada por dizer a meu filho que desejo me casar com outro homem. – Ela chamou pela mucama e pediu que trouxesse o filho até eles.

Josef não escondia a alegria que invadia sua alma ao receber a notícia. Silviano ficou de providenciar os papéis para lavrar o casamento o mais rápido possível. O futuro enteado pulou na frente dele e pediu:

– Posso acompanhá-lo até a cidade?

A mãe consentiu, e assim ficou determinado que eles fossem à cidade para resolver a documentação no começo da semana.

Silviano se despediu e, antes de deixar o alpendre da fazenda, Josef cochichou no ouvido dele:

– As mulheres gostam de receber alianças antes do casamento. Pegue a medida do dedo de sua noiva!

Silviano, piscando um olho, agradeceu e retornou à viúva pedindo:

– Preciso da medida do seu dedo, assim já vou providenciar nossas alianças. Tem alguma preferência?

– Leve este anel. É a medida ideal para a minha aliança. E usarei com muito amor aquela que escolher para nós dois.

Josef acompanhou o futuro padrasto até a saída da fazenda e no caminho ele confessou por que queria ir com ele à cidade:

– Vou levantar valores e datas de embarque. Vocês se casam em um dia e no outro estarei viajando. Agradeço-lhe de coração o que está fazendo por mim e peço que cuide de minha mãe com muito amor. Confio tudo o que é meu em suas mãos e sei que vai multiplicar meus bens! Assim que puder, venho visitá-los. Prometo que trago a minha irmã, talvez no próximo ano. Você me ajuda a ver as passagens?

– Você pode viajar sozinho? Não entendo bem dessas coisas! – disse Silviano.

– Posso sim! Já completei a idade exigida por lei. Estou atrasado em meus estudos; não sou tão novinho assim como você pensa.

– Nesse caso, comece a separar o que deseja levar para a sua França! Farei tudo para ajudá-lo a ser feliz e prometo que sua mãe será a mulher mais feliz dessas bandas. Ela é a pessoa que eu buscava para me casar. Não é por ela ser rica, não! É porque quero construir uma família sólida e bem estruturada; nunca tive família, você entende?

– Claro! E acredito que você seja um sujeito do bem. Quanto a ser ambicioso, acho que não é crime! Se a minha mãe fosse a viúva de um capataz que deixou dois filhos ainda em crescimento, você não iria pedi-la em casamento, mas não o recrimino por isso. Em seu lugar, e com os seus anseios, eu também faria a mesma coisa. Quero que você a faça feliz e que seja feliz também. Não estou abandonando minha mãe; vou deixar isso bem claro a ela e a você. Sou jovem, não tenho a sua experiência de vida, mas não sou ingrato nem estúpido a ponto de não me importar com minha mãe. Nas minhas férias, eu venho ver e sentir como estão as coisas por aqui.

Silviano, apertando a mão do rapaz, respondeu:

– Pode ter certeza de que não vai se decepcionar! Não tenho as mesmas riquezas que a sua mãe tem, mas tenho uma riqueza chamada caráter.

– É por isso que estou apostando em você. Senti isso desde o nosso primeiro encontro; não sei explicar, mas senti no coração que você é uma pessoa de bem – respondeu o rapaz.

– Então fica combinado assim: domingo venho buscá-los para o almoço na fazenda do senhor e à tarde volto com vocês, pernoito aqui e no outro dia vamos à cidade resolver a documentação para o meu casamento com sua mãe, está bem assim? – perguntou Silviano ao jovem.

MARIA NAZARETH DÓRIA ditado por LUÍS FERNANDO (Pai Miguel de Angola)

– Você vem buscar o gado quando?

– Depois de amanhã. Por isso já deixo tudo acertado com você, porque não vamos ter tempo de conversar. Venho com os vaqueiros da fazenda do senhor e, do pasto onde se encontra o gado adquirido pelo senhor meu patrão, já volto. Não virei até aqui; vou ficar com o coração apertado, mas trabalho é trabalho, dever é dever, independentemente dos nossos sentimentos.

Josef retornou e entrou bem devagar na sala onde a mãe ainda estava em estado de transe. *Meu Deus!, pensava ela, como a vida da gente muda em um minuto! Estou totalmente apaixonada por esse homem!* Assustou-se quando deparou com o filho observando-a.

Ele aproximou-se e, pegando suas mãos, disse-lhe:

– Mãe, tenho certeza de que esse rapaz gosta de você de verdade e está bem-intencionado. Ele sabe que você tem uma família e, mesmo longe, estaremos juntos, entendeu? Quero que me escreva, que me conte tudo o que estiver acontecendo por aqui; não é para me esconder nada! Assim como vou para a França, voltarei para o Brasil. Só estou indo porque quero continuar estudando e não sabemos o dia de amanhã; posso retornar para o Brasil e a minha irmã também, não sabemos.

– Oh, meu filho! Você não imagina a minha felicidade ouvindo isso de sua boca. Por favor, fale com papai e mamãe, e também com Josephine, sobre o meu casamento com Silviano. Não sei se eles vão entender... Você acha que devo escrever hoje e já comunicar a eles sobre o meu casamento? Estou tão atônita que nem sei o que fazer!

– Escreva! Mande levar amanhã mesmo sua correspondência. Diga que eu estou de acordo, aliás, vou escrever uma carta também, assim posso relatar que fui eu que consenti sua mão ao Silviano.

– Obrigada, meu filho! Você é mesmo o meu anjo de guarda. Perdoe-me se o prendi tanto tempo comigo; já me sinto culpada por ter feito você se atrasar em seus estudos – disse a mãe abraçando o rapaz.

CULPADOS *ou* INOCENTES?

– Não se atormente por isso! Tudo está se encaminhando para resolvermos nossas vidas. Vou confessar uma coisa: não aguentava mais ouvir as pessoas chamando-a de viúva. Esqueceram seu nome; só se lembravam de sua condição como mulher. Agora, depois de casada, vai ser chamada novamente de sinhá Sophia.

A mãe, rindo, respondeu:

– Isso é uma das coisas que me incomodam muito. Tenho a impressão de que as pessoas falam isso quase me castigando, ou tendo pena de mim, como se eu tivesse escolhido ficar viúva.

– Tenho algo para lhe dizer, mãe – disse o filho. – Não gosto nem confio nesse administrador. Não sei... Sinto que tem algo muito estranho com ele. Tenho certeza de que esconde muitas coisas; ele não é confiável! Não sei o que ele pode aprontar contra Silviano, vou ficar de olho nele.

– Quanto ao administrador, foi seu pai que contratou. Não tenho motivos para desconfiar nem posso dizer que ele seja confiável, porque peguei as coisas andando e caminhando sob o controle dele. Acredito naquilo que ele me passa; não tenho a experiência do seu pai. Aliás, nunca soube de fato como seu pai agia. Vou ficar atenta com ele. Se sente isso no seu coração, vamos prestar mais atenção.

– Mãe? – chamou Josef. – Tive um pressentimento: se você reunir todos da fazenda, feitores, escravos e o administrador, e comunicar o seu casamento, o administrador vai ter tempo de fazer muitas coisas erradas ou se livrar das muitas provas; não sabemos quantas pessoas nesta fazenda estão com ele, também fazendo coisas erradas. Vamos aguardar. Não conte nem para sua mucama. Naturalmente ela não é ingênua e já percebeu que há algo entre você e Silviano, mas deixe-a pensar que é um namoro às escondidas, um romance sem importância.

– Tem razão, Josef. É melhor ficarmos calados! Vamos pedir ao Silviano que não comente com ninguém. Temos escravos livres aqui na fazenda que fazem intercâmbio com os

MARIA NAZARETH DÓRIA ditado por LUÍS FERNANDO (Pai Miguel de Angola)

escravos livres da fazenda do senhor para quem Silviano tra-balha, e aí você já viu o que pode acontecer.

– Exatamente! E vou lhe contar algo, mas não é para a senhora se aborrecer nem perturbar Silviano com essa bo-bagem: uma das nossas cozinheiras veio correndo me per-guntar se esse rapaz que está frequentando a nossa casa não era o mesmo barbudo que já esteve na fazenda e que teve um chamego com uma das mulatas que trabalha na oficina de costura. Eu a coloquei no lugar dela, e a senhora faça o mesmo! Não permita esse tipo de fofoca aqui dentro. Mesmo que tenha sido verdade, que ele tenha tido um chamego com essa tal, isso não vai mudar o que existe entre vocês dois. Você é a sinhá e ele será o seu senhor! Tudo bem?

– Espere aí! Acho que sei de quem você está falando! Meu filho, eu estava tão atônita naquela ocasião em que Silviano esteve aqui, que entreguei tudo para o administrador, mas, pensando bem, acho que era ele mesmo. Foi ele quem fez a compra para o senhor; não liguei a imagem dele àquela em que estava vestido de boiadeiro... Era ele sim. Mas tudo bem; uma coisa não tem nada a ver com a outra! Ele não me co-nhecia. Se aconteceu alguma coisa entre ele e essa mulata, tem uma explicação: é porque essas mulheres da senzala fi-cam correndo atrás de todos os homens livres que passam por aqui, na esperança de que venham tirá-las do cativeiro. Naturalmente que essa fulana sonhou alto! Vendo um rapaz solteiro, bonito e bem situado na vida, jogou o laço para ver se conseguia prender o boiadeiro! Coitada, perdeu o seu tempo...

– Promete que não vai brigar com o Silviano por causa disso? Só lhe contei para ficar atenta a essas mulheres que vivem querendo se dar bem na vida – disse o filho.

– Prometo! Fique tranquilo. No pasto, meu boiadeiro laça os bois e os prende, mas aqui eu vou laçá-lo e prendê-lo co-migo. Nenhuma mulata atrevida vai se meter com ele não, pode deixar. – Ela escondeu apenas o pensamento que to-mou conta de sua mente: *Irei à oficina descobrir quem é essa mulata e darei um jeito de me livrar dela!*

CULPADOS ou INOCENTES?

No caminho de volta para a fazenda, Silviano foi observando o rio que cortava as duas fazendas e entendeu o porquê do interesse do senhor. Em volta do rio, as terras estavam intactas! E as terras eram boas. Com certeza o senhor tinha intenções de plantar alguma coisa; o que seria? Ele entendia de gado, mas não tinha muita intimidade em cuidar de terras e com a agricultura.

Com o seu casamento, em breve ele também seria um senhor, mas para que isso acontecesse precisaria de um senhor de prestígio, como o seu patrão, para ingressar no mundo dos negócios. E ele iria se aliar ao senhor. Sim, todo homem paga um preço alto para alcançar seus objetivos. Não iria competir em agricultura com o seu senhor, mas iria se tornar o rei do gado daquela região! Queria e teria a semente do boi Brilhante de volta ao rebanho da futura esposa, e desse boi faria sua boiada ser respeitada de norte a sul do país. Teria de voltar para buscar o gado adquirido pelo senhor e já sabia o que fazer: traria o boi Brilhante à fazenda de sua noiva e, quando o levasse de volta, sua semente ficaria ali. Escolheria a dedo as novilhas que iriam cruzar com Brilhante. Seria o rei do gado! Satisfeito, esporou o cavalo e apressou a viagem.

Chegando à fazenda, foi procurar o senhor, que o recebeu de bom humor:

– E então, meu futuro vizinho, como estão as coisas para o seu casamento?

Silviano, sorrindo, lhe respondeu:

– Tudo acertado para que aconteça o mais breve possível. E, se não for abusar de sua bondade, preciso ir à cidade acertar a documentação do meu casamento. Se o senhor pudesse redigir uma carta de apresentação, meu casamento sai de um dia para o outro. Serei sempre grato ao senhor por esse empurrão que recebi em minha vida.

– E quem serão os seus padrinhos, já escolheram? – perguntou o senhor com malícia.

MARIA NAZARETH DÓRIA ditado por LUÍS FERNANDO (Pai Miguel de Angola)

– Não tinha nem pensado nisso! Precisa ter padrinhos, não é? Só me preocupei mesmo com o casamento.

– Se vocês aceitarem, seremos os seus padrinhos e, de presente, vou dar as alianças. Pode escolher com a ajuda da madame. E também darei o seu enxoval: roupas novas, terno para casar, tudo o que precisar. Será nosso presente de casamento!

– Não tenho palavras para agradecer – respondeu Silviano emocionado. – Se for possível, gostaria que me ajudasse também a entrar no mundo dos negócios. Vou precisar desse padrinho, especialmente depois do casamento.

– Vou ajudar sim! Aliás, já estou trabalhando para salvar seu patrimônio. E não comente com mais ninguém sobre seu casamento; quero pegar aquele administrador de meia-tigela de calças curtas! Uma fazenda como aquela, se tivesse nas mãos de um administrador honesto, daria o dobro do que ele apresenta. Fiquei sabendo recentemente que ele tem filhos estudando fora do Brasil e fazendas lá para os lados do Nordeste. Vamos investigar. Esse sujeito deve ter roubado essa pobre viúva até as tampas.

– Como o senhor sabe de tudo isso?

– Silviano, você vai descobrir um mundo cão lá fora, longe da fazenda, onde tudo é aberto, onde tudo se compra, se vende e se troca. Por falar em mundo cão, vai trazer o meu gado depois de amanhã? E quero que continue cuidando do meu rebanho como antes; vamos começar a negociar de outra forma, um ajudando o outro.

Silviano prometeu fidelidade ao seu senhor. Graças a sua ajuda ele iria se casar com a mais cobiçada mulher da redondeza; sua fortuna era considerável e não estava mais elevada certamente porque o administrador dividia os lucros com ela. Ficou pensando no que tinha acontecido na boiada: ele ter deixado o rapazote assar o boi que valia uma fortuna para a fazenda. Será que ele não sabia ou também fizera aquilo de propósito? Já sentia o cheiro de encrenca, mas não era homem de temer nada! Não ia permitir que esse sujeito continuasse roubando sua futura esposa.

– Senhor, vou buscar seu lote de novilhas e quero pedir permissão para levar o boi Brilhante comigo, assim ficará mais fácil conduzir as novilhas em segurança até sua fazenda com o dono da boiada tomando conta delas.

– Faça o que achar melhor! Quero minhas novilhas aqui e que você melhore o desempenho do meu rebanho.

Silviano se despediu do seu senhor e foi até o casebre de Sebastião. O espelho estava guardado em seu alforje. Desceu, chamou pelo preto velho e, quando esse apareceu à porta, ele gritou:

– Vim lhe trazer o que prometi! Trouxe-lhe um espelho novo!

– Entre, menino. Senta aí – respondeu o preto velho. – Quer uma cuia de café? Zulmira acabou de passar.

– Quero sim! O cheiro está bom demais!

– Pegue uma broa de milho para acompanhar o café – disse o preto velho estendendo um cestinho de palha na direção dele.

A preta velha com seu lenço alvo amarrado à cabeça apareceu à porta e, abrindo os braços, veio ao encontro do rapaz dizendo:

– Silviano, meu filho! Que bom vê-lo aqui.

Pegando o pacote e abrindo com muito cuidado, Sebastião, admirado, disse:

– Isso deve ter custado muito caro! Não precisava de todo esse luxo. E o que é isso aqui?

Havia outro pacote pequeno junto.

– Este é da avó Zulmira. São dedais, agulhas novas e linhas de todas as cores.

Os dois velhos ficaram maravilhados; não paravam de agradecer.

– Não foi nada que eu não pudesse lhe dar, meu velho. Fico feliz que tenha gostado; foi de coração. E aqui também tem uns produtos finos para o senhor usar em quem merecer. Dá uma olhada! Vou explicar como usar.

MARIA NAZARETH DÓRIA ditado por LUÍS FERNANDO (Pai Miguel de Angola)

O preto velho ficou admirado. Já tinha visto o seu senhor usando aqueles produtos, mas nunca imaginara um dia poder usar aquele luxo em um negro!

O preto velho sentou-se em um banquinho próximo ao rapaz e, tocando sua perna, disse:

– Silviano, meu filho, tenho idade para entender o que se passa no coração de um homem. Você pode confiar nesse preto velho. Está apaixonado ou interessado em alguma mulher? Porque o homem livre e na sua posição sempre tem esses dois lados a escolher: o amor ou o interesse em realizar algum sonho. E, antes de você me responder, meu filho, eu vou lhe dizer uma coisa muito importante: todos nós nascemos para conhecer o amor, para amar e ser amado! Não importa se é um homem livre ou um cativo; o coração não respeita essas posições. Um dia, acontece com todos nós. Portanto, é sempre bom quando nos aproximamos de uma mulher pelos laços do amor e não do interesse em resolver a vida. Porque um dia, sem mandar aviso, chega com força o amor e entra no coração; e aí, meu filho, o sofrimento é grande para quem não soube esperar por esse momento certo.

Silviano tomou o último gole de café e, olhando para o preto velho, respondeu:

– Sua sabedoria é grande demais, meu velho! Não posso mentir para você. Vou me casar em breve e peço sigilo absoluto, porque essa notícia não pode correr por aí. Estou lhe confidenciando; vou me casar com a rica viúva vizinha desta fazenda. Quando vim cortar o cabelo e a barba, já estava com essa intenção: conquistar a viúva e me casar com ela! Não vou dizer ao senhor que foi amor à primeira vista, porque não foi. E realmente o senhor acertou em cheio: sempre quis me casar com uma mulher branca, livre e com posses, e essa foi preparada para mim; é a mulher que eu procurava. Ela não é uma mulher tão jovem nem tão bonita, mas é muito simpática e agradável, e é a pessoa que eu buscava para me casar.

– Meu filho, esse casamento é uma forma de você sair de vez do cativeiro, não é mesmo? Mas será que você vai ser feliz mergulhando nesse mundo de interesses e ganâncias? Pense, meu filho. Ainda é tempo de você sair desse casamento precipitado e sem amor. Você quer uma mulher que o tire da senzala, e ela quer um homem que a sustente na casa-grande. Se for esse o seu destino, que Deus o abençoe, que você se realize. Mas não acredito que esse casamento vai lhe trazer felicidade. Porém, peço a Deus que lhe dê forças e muita sabedoria para conduzir a sua vida. Se até o dia do casamento desejar dar uma acertada na barba e no cabelo, sabe onde me escondo! Depois de casado, você deve fazer cabelo e barba nas barbearias da cidade, como todo cavalheiro da alta sociedade; aqui só vêm os trabalhadores da fazenda e os cativos livres.

– É aí, meu velho, que você está enganado! Vou conhecer e frequentar todos os lugares dos grã-finos; quanto a fazer tudo o que eles fazem, será bem diferente! Eu vou continuar fazendo meu cabelo e minha barba com você; olha a sorte que tive! Fiquei bonito e conheci uma mulher fina, educada e rica, não sei se ela está me amando, mas sei que ela é tudo com que sempre sonhei.

Silviano ficou mais um tempo conversando com o preto velho. Tomou quase um bule de café, comeu as broas e se despediu dele dizendo que voltaria antes do casamento para cuidar da aparência.

O preto velho ficou parado na soleira da porta olhando o boiadeiro se afastar agarrado às rédeas do seu cavalo. Pensando sozinho, o preto velho falou alto:

– Ai, meu filho! Seria tão bom se a gente tivesse as rédeas da vida em nossas mãos! Deus te guie e te defenda das emboscadas dessa estrada de sua vida. Como esse aí, tem muitos homens que não são escravos nem senhores, e fazem qualquer coisa para saírem da história do cativeiro. Esse é um caminho que eles encontram: casarem com mulheres brancas, livres e ricas. São os novos tempos e os jogos de interesses que começam a surgir com essa demanda de filhos de senhores com nossas negras. Mas quem sou eu, Senhor Deus, para

MARIA NAZARETH DÓRIA ditado por LUÍS FERNANDO (Pai Miguel de Angola)

julgar quem quer que seja? Fico preocupado, sim, porque as histórias de abusos contra nossas mulheres aumentam dia a dia. Eles casam com as brancas e não se esquecem das mulatas nem das negras das senzalas; compram essas infelizes e depois as descartam como se fossem lixo. Arrancam-nas das fazendas dos senhores, compram suas cartas de alforria e, quando não as querem mais, jogam as infelizes na vida errante. Elas não podem retornar às fazendas onde se encontram suas famílias e não têm como se manter, e aí acabam pelas estradas da vida, se prostituindo por comida para alimentar os filhos que eles deixam com elas. Os casos estão aumentando cada vez mais. E o que é que nós podemos fazer, se o erro começa por aqueles que têm o poder nas mãos? Meu Deus, prepare um homem branco ou negro com o seu coração; precisamos de paz e de amor entre nossos irmãos. Até quando, meu Criador, a cor da pele vai nos condenar ou nos absolver perante os homens?

Olhava a sua volta e se lembrava de todo o seu sofrimento. Ainda pequeno, devia ter os seus cinco anos, fora separado dos pais. Guardava vagas lembranças de sua mãe e de seu pai; lembrava-se do chapéu e das mãos, quando o pai o suspendia no ar às escondidas dos feitores. Naquela ocasião, negros não podiam trocar carinhos com seus filhos na frente dos senhores. Seus pais foram vendidos e levados da fazenda junto com seus dois irmãos mais velhos, disso ele lembrava perfeitamente, da mãe abraçando-o e pedindo que ele obedecesse a Donana, que iria cuidar muito bem dele. E depois Donana abraçada a sua mãe, dizendo que iria cuidar dele como se fosse seu filho e que ela confiasse em Deus.

Crescera e ficara servindo na casa-grande ao lado de Donana, que o protegia. Tivera uma mulher a quem muito havia amado, e a enterrara no cemitério dos escravos daquela fazenda. Vira seus filhos partindo; sua filha obtivera a carta de alforria para ela e dois irmãos, que a acompanharam. Ele também recebera sua carta de alforria pela nova lei dos homens e por ter alguns dons que Deus lhe dera com bom aproveitamento. Fora-lhe concedido permanecer naquele casebre da fazenda, trabalhando para se manter e servindo ao senhor em tudo o que podia. Cuidava dos doentes, colhia ervas e raízes, preparava os medicamentos e, uma vez por mês, a pedido do senhor, ia cortar cabelos e barbas de alguns trabalhadores da casa-grande. Os que trabalhavam nos campos geralmente tinham barbas e cabelos grandes para se proteger do sol.

Naquele casebre, ele vivia agora com Zulmira, que ficara sozinha. Ela estava livre, mas o que poderia fazer na vida àquela altura dos seus anos? Assim, juntos, um fazia companhia para o outro. Nunca mais tivera notícias dos filhos. Suas visitas eram os animais silvestres que vinham comer restos de frutas e comida; tinha tanta intimidade com eles que muitos dormiam dentro de seu casebre.

Acariciando o pequeno sagui que pulara no seu braço, ele pensava: *Não vou ficar muito tempo por aqui, mas peço a Deus que muitas coisas que penso e sonho venham a acontecer para aqueles que precisam continuar vivendo por aqui.*

CAPÍTULO 2

Sonhos e pesadelos

Na fazenda do senhor, as coisas começavam a tomar seu rumo.

O senhor Adalberto respirou fundo, vendo os armazéns vazios. Graças a Deus, missão cumprida! Fazia as contas dos lucros que tivera com a venda dos produtos do senhor; ele era generoso, o que prometia cumpria. Por isso, era muito grato ao seu senhor. Tinha a vida estabilizada; a família vivia na cidade e ele ia lá de vez em quando; para eles nada faltava, e ele não podia reclamar. Tinha suas prendas fora da fazenda, e sempre pregava aos amigos: "Onde se ganhava o pão não se come a carne". Com tantas mulheres à disposição dele, jamais iria se meter com rabos de saia na fazenda do seu senhor! Olhava para as nuvens que se formavam à distância e pensava: *Tomara que a próxima safra seja tão boa quanto a deste ano...*

MARIA NAZARETH DÓRIA ditado por LUÍS FERNANDO (Pai Miguel de Angola)

O senhor estava na cidade. Fora cuidar dos negócios. Geralmente tirava dois ou três dias quando ia sozinho, e, quando levava a sinhá, às vezes ficavam até duas semanas. Era proprietário de uma das mais belas mansões no centro da cidade, onde se concentrava a alta elite.

Caminhando entre os arvoredos da grande fazenda, pensava o administrador sorrindo: *O senhor deve estar aproveitando como pode!* Lembrava-se das aventuras que seu senhor tinha na cidade; mantinha duas mulheres na mesma casa, e, o mais grave: eram irmãs gêmeas! Mesmo sendo as duas consideradas mulheres "da vida", ninguém se metia com elas. O senhor não era um homem de falar muito, mas tinha prestígio e era respeitado pela forma como agia nos negócios e na vida pessoal. Por ser o homem mais rico e culto daquela região, falava muitas línguas; era ele que negociava produtos de outros senhores com os estrangeiros, sendo respeitado e temido por todos os outros senhores. Derrubava qualquer um que se metesse com ele. As duas beldades, coisas finas vindas de outro país, viviam com luxo e eram vigiadas por homens e mulheres de confiança do senhor.

Andando com esses pensamentos, deparou-se com Silviano, que, paramentado de boiadeiro, junto com três vaqueiros, disse-lhe que retornava da fazenda da viúva com o lote de novilhas adquiridas pelo senhor.

O administrador parabenizou o boiadeiro, elogiando a competência dele com a boiada. Perguntou-lhe se o boi não dera muito trabalho para chegar à fazenda. Silviano lhe respondeu:

– Pelo fato de conhecer o caminho, foi muito fácil. Não tivemos nenhum contratempo. Saímos cedinho, deixamos o boi descansar um pouco, separamos as novilhas e aqui estamos com tudo sob controle.

Boiadeiro e vaqueiros se despediram e seguiram cada um a sua casa. Próximo a sua casa, Silviano encontrou Zélia, que o esperava com as duas mãos na cintura. Quando o avistou, aproximou-se dele falando:

CULPADOS *ou* INOCENTES?

– Então o senhor agora não me conhece mais? Está fugindo de mim? Essa é a prova de que está com outra mulher, não é mesmo?

– E se eu estiver, o que é que você tem a ver com a minha vida? Não tenho nenhum compromisso com você, mulher! O que aconteceu entre nós acontece todos os dias na beira do rio, nas moitas das roças, atrás dos casebres e em todos os lugares escondidos da fazenda! O que você pensa que é?

– Pensei que tivesse mais consideração por mim! Não fui atrás de você; foi você quem me assediou o tempo todo, até que eu caísse na sua conversa. Entreguei-me a você e agora você me deixa aqui, largada como um trapo sujo.

– Insisti mesmo em tê-la, mas nunca lhe prometi nada. Gostei de você, gosto de você, porém, você não é a mulher que procuro para casar. Pretendo me casar, formar uma família, ter filhos e me portar como todo homem. Peço-lhe desculpas, mas acabou.

A moça saiu correndo com as duas mãos no rosto.

Ele ficou olhando-a e pensou: *Se ela estivesse no lugar da viúva, era tudo o que eu queria na minha vida. Não posso mudar o rumo das coisas; já estou com o casamento acertado e em breve tudo vai se transformar em minha vida.*

Silviano esperou o senhor retornar e pediu licença para acompanhar os preparativos na fazenda para o seu casamento com a viúva, que seria dali a dez dias. Estava ansioso e já tinha muitos planos para sua vida. Prometeu que jamais iria abandonar os cuidados com o rebanho do senhor e que queria a sua ajuda para tocar os negócios da fazenda. O senhor lhe respondeu:

– Assim que o seu casamento estiver concluído, após a sua lua de mel, vamos começar a traçar planos para a fazenda dar lucro. Conforme conversamos, a respeito da saída definitiva do administrador da sua futura fazenda, ele vai embora para outro estado, assim será melhor para todos nós, inclusive para ele. Se não aceitar mudar de estado, vai mudar-se para o outro mundo. Em negócios é assim, Silviano: manda quem está no poder e obedece quem quer viver.

MARIA NAZARETH DÓRIA ditado por LUÍS FERNANDO (Pai Miguel de Angola)

Batendo de leve nas costas do rapaz, ele continuou:
– Case-se, aproveite bem o seu tempo com sua mulher e depois vamos sentar e negociar. O que vou lhe propor é negócio para enriquecer qualquer um que saiba lidar com o gado como você! Preciso de terras, e você de gado. O que acha de comprar a minha boiada?
– O senhor fala sério? Não vai mais criar gado? – falou o boiadeiro, alimentando seus sonhos. Já tinha em mente se tornar o rei do gado e agora o senhor adivinhava os seus pensamentos? O senhor tinha os seus planos, e ele também tinha os seus! O senhor não atirava pedras para errar o alvo; fosse o que fosse que o senhor tivesse em mente, ele também iria atirar a sua pedra e acertar!

Josef estava radiante. Acompanhou o futuro padrasto até a cidade para tratarem do casamento e de sua viagem. A sorte estava do seu lado; viajaria acompanhado por uma família nobre que partiria em visita aos filhos que estudavam na França. Sua mãe ficou tranquila. Casamento marcado, a correria com os preparativos, e ele muito feliz. Depois do casamento da mãe, embarcaria de volta à sua vida. Josef contava as horas e os minutos.

O administrador da viúva foi intimado a comparecer em uma reunião presidida pelo senhor de Silviano. O rapaz estava presente e ficou boquiaberto com tudo o que viu e ouviu. O senhor simplesmente o colocou para fora da fazenda e do estado, dizendo-lhe que ele nunca mais trabalharia naquelas terras e que para o próprio bem vendesse tudo o que tinha por ali e desaparecesse em três dias. Ele estava ali oferecendo-se como comprador de suas terras. Caso contrário, iria mudar-se à força para o mundo dos mortos. O administrador aceitou, assinou a venda de terras, cavalos, gado, escravos etc., tudo por um terço do que realmente valiam.

Silviano entendeu que as coisas ali caminhavam segundo a vontade do seu senhor, e que ele era mais perigoso do que imaginava.

O senhor então combinou com Silviano que, até encontrar um novo administrador, ele daria pessoalmente apoio a ele. Seu administrador, que era cem por cento confiável, faria uma auditoria, e ele iria estudar as mudanças que fossem necessárias.

A fazenda estava agitada com a notícia do casamento da sinhá viúva assim tão repentinamente, e as mulheres cochichavam pelos cantos quando estavam a sós.

A sinhá viúva foi à oficina de costura e levantou entre as mulheres quem delas poderia ter enfeitiçado Silviano. Não foi difícil descobrir; a mulata de olhos verdes não baixou os olhos diante dela. Olhando para a moça, ela perguntou:

– Como é o seu nome?

A mulata, olhando-a nos olhos, respondeu:

– Meu nome é Luziara, senhora.

– Você nasceu nesta fazenda ou veio de fora?

– Nasci aqui, senhora.

– E de onde surgiram esses olhos verdes?

– Não posso lhe dizer ao certo, minha senhora. Minha mãe não está mais entre nós; faleceu quando eu era uma menina e nunca me falou quem era o meu pai biológico. Sou fruto da fazenda.

– Quantos anos você tem?

– Eu tenho dezenove anos completos.

– Ainda não se casou por quê?

– Não apareceu ninguém especial; gostaria de me casar com uma pessoa que pudesse garantir a minha liberdade; para ser escrava, continuo solteira.

– É muito corajosa e sabe o quer, Luziara!

MARIA NAZARETH DÓRIA ditado por LUÍS FERNANDO (Pai Miguel de Angola)

– Obrigada, senhora.

Assim que a sinhá viúva deixou a oficina de costura, uma preta velha que examinava as peças lhe chamou a atenção:

– Está maluca, menina? Por que falou desse jeito com a sua sinhá? Sabe o que ela veio fazer? Se não pensou, eu vou lhe falar: ela sabe do seu envolvimento com aquele boiadeiro com quem ela vai se casar depois de amanhã, e uma mulher com trinta e tantos anos não vai deixar uma rival de dezenove à solta por aí. Sabe o que vai acontecer? Ela vai mandar você para outra fazenda; é isso o que vai acontecer!

– Sinceramente? Pouco me importa! Não iria mesmo suportar ver aquele desgraçado andando por aí abraçado com ela. Eu me apaixonei por ele, gosto dele! Sonhei sim que ele estava me amando e que iria comprar a minha liberdade, me levar embora, casar-se comigo e me fazer feliz.

A preta velha, abraçando a moça, respondeu:

– Oh, minha filha! Como seria bom que tudo isso fosse verdade. Infelizmente isso não acontece, minha querida. Mas você tem uma chance de permanecer entre nós, e deve fazer o que vou lhe dizer com muita urgência, antes que seja tarde. As pessoas que se vão desta fazenda não têm as mesmas regalias que temos. Se aqui não vivemos no céu, não podemos dizer que vivemos no inferno. Vá falar hoje mesmo com o Isidoro e peça que ele fale com a sinhá viúva pedindo permissão para o seu casamento com o feitor Vanderlei. Ele é louco por você; só espera o seu sim para se casar. O que é melhor: continuar entre nós ou aventurar-se por aí sem saber o seu destino? Você não vai encontrar ninguém melhor do que ele. Pense bem; na sua idade, já era para ter se arranjado com alguém. Meninas mais jovens já se casaram.

– Tia Laura, a senhora acha que é felicidade pra mim me casar com um viúvo velho, feio e cheio de filhos aqui e acolá?

– E o que é felicidade? Você pensa que de repente vai descer um boiadeiro jovem, bonito e rico, jogar um laço e puxar você pra cima, e que você vai desaparecer com ele? Tome juízo! Vá agora mesmo falar com Isidoro; quanto mais cedo, melhor!

Amanhã pode ser tarde para você. Eu estou velha e cansada, as outras também; agora, se você acha que não vale a pena viver entre nós, seu destino já está traçado, não se engane.

A preta velha saiu e Luziara ficou pensando... *Meu Deus! Tia Laura tem razão. Ela vai me afastar da fazenda para que ele não me veja, e não acredito que vá me mandar para outra fazenda. Ela sabe que ele pode ir até lá me encontrar. Ela vai é me vender ou me trocar por outra escrava. O que fazer, meu Deus? Só tem mesmo esta saída: me casar com aquele velho rabugento e ir morar do outro lado do rio. Vou falar com tio Isidoro agora, abrir o meu coração com ele e pedir ajuda.*

A moça saiu correndo, e a preta velha, que observava de longe, pensou: *É triste, minha filha, arrancar os seus sonhos. A realidade para nós, mulheres cativas, é muito triste; não temos o direito de escolher o que está em nossos corações.*

O preto velho ouviu o relato da menina e depois respondeu:

– Não é certo isso, minha filha. Eu tenho uma ideia melhor para ajudar você.

– Qual é a sua ideia, tio Isidoro?

– Vou procurar a sinhá viúva não para entregar você em um casamento diante do qual, em minha opinião, até a morte seria melhor! Vou dizer a verdade para a sinhá!

– Que verdade, tio Isidoro? Meu namoro com o boiadeiro?

– Não! Vou falar pra ela que você é irmã do boiadeiro com o qual ela vai se casar. E que ela deveria levar você para servir na casa-grande.

– Mas, tio Isidoro, isso não é verdade! Eu namorei com o boiadeiro e sou apaixonada por ele.

– Olhe aqui, Luziara, você não está em situação de escolher coisa nenhuma em sua vida! Você tem os mesmos olhos que ele e é até parecida com ele, embora ele seja mais claro que você. Tem mentiras que até diante de Deus vêm para o bem, e depois eu não estou mentindo tanto assim; sua mãe teve um romance, sim, com o pai do boiadeiro, depois com o senhor marido da sinhá viúva, quando ele ainda era solteiro. Então você é irmã de alguém na casa-grande, dos filhos da sinhá viúva, por isso a única chance de você ficar em paz e melhorar de vida é acreditando mesmo que é irmã do boiadeiro. Vou falar com ele, assim fica o dito pelo não dito! E você vai falar com Tomé para ele fazer um trabalho e tirar esse boiadeiro do seu coração e dos seus pensamentos.

— Tio Isidoro, então eu sou irmã dos filhos da viúva? Mas o senhor nunca olhou pra mim enquanto esteve vivo na fazenda...

— Luziara! Você é uma escrava, e escrava, mesmo sendo filha de senhor, é escrava! Acha que ele ia olhar pra você como uma menina diferente das outras escravas?

A sinhá viúva estava com tudo arquitetado. Iria propor uma troca com o administrador: ele ficaria com Luziara, poderia levá-la para outro estado, assim ele deixaria na fazenda os cavalos de sua propriedade, os que tinham sobrado da venda com o senhor. Ela pagaria a diferença com vinte por cento de desconto. Certamente era um bom negócio para ambas as partes. Se ele não quisesse ficar com a mulata, poderia vendê-la facilmente pelo triplo do que pagara.

Ao cair da tarde, o preto velho se aproximou da casa-grande e pediu ao capataz para falar com a sinhá viúva, dizendo que era algo muito importante. Não podia passar a terceiros, pois era um segredo de família.

O capataz olhou para o preto velho, sabendo que ele era muito sério. Se pedia para falar com a sinhá, a coisa era séria mesmo!

— Espere um pouco, tio Isidoro. — Ele era tratado por todos da fazenda dessa forma carinhosa.

A sinhá deu permissão para ele entrar.

— Vai lá, meu velho. Cuidado aí com as escadas. Suba bem devagar — pediu o capataz.

CULPADOS *ou* INOCENTES?

– Sossega, menino! As pernas ainda me levam aonde preciso fazer alguma coisa boa – respondeu o preto velho sorrindo.

No alpendre da varanda estava a sinhá viúva; parecia mais jovem e muito mais bonita, observou tio Isidoro quando se aproximou.

– Sente-se aí, tio Isidoro – pediu a sinhá viúva, apontando uma cadeira.

– Obrigada, minha sinhá, mas não vou me assentar não! O que me trouxe até aqui é muito sério e importante demais para que eu faça rodeios, então não vou esticar o assunto não, sinhá! Perdoe-me, sinhá, o meu atrevimento, mas há coisas em que é preciso tirar a tampa do tempo. Estou aqui para falar de Luziara e do irmão dela.

– Que irmão, tio Isidoro? Luziara tem irmãos na fazenda?

– Na fazenda ainda não, senhora! Mas logo vai ter, com o seu casamento com aquele moço boiadeiro.

– Irmão de Luziara? – perguntou a sinhá desconfiada.

– É, sim senhora. Eles têm o mesmo pai. Os mesmos olhos, se a senhora reparou, e não teve nenhum chamego entre eles dois, como se fala por aí. O boiadeiro sabe e se aproximou da irmã porque ele queria ter conhecimento com ela, mas não esse conhecimento que se fala por aí.

– Santo Deus! Por favor, tio Isidoro, sente-se aqui. Vamos conversar melhor. Preciso saber toda a verdade; não posso cometer nenhuma injustiça, nem com o Silviano nem com a Luziara!

– Isso mesmo, sinhá. Por isso estou aqui. Não iria nunca deixar que essa menina pagasse por uma coisa que ela não deve. E se possível, sinhá, conhecendo o seu coração, lhe peço: traz essa menina para servir na casa-grande?

– Fique sossegado, tio Isidoro, não vou prejudicar essa menina não! Coitada! Ela sabe de tudo isso e não me disse nada quando a procurei. Então Silviano sabe da irmã? Não entendo por que ele não me falou nada.

– Com certeza iria lhe falar, senhora. Só estou lhe precipitando as coisas porque os cochichos correm de boca em

MARIA NAZARETH DÓRIA ditado por LUÍS FERNANDO (Pai Miguel de Angola)

boca e infelizmente a gente não pode brecar. Caiu no meu ouvido que correm boatos de que a Luziara teve romance com o boiadeiro, e ele vai se casar com a senhora. Eu ando pelos arredores desta casa e nunca vi esse rapaz se abrindo com as mulheres desta fazenda. Peço licença, senhora, para me retirar. Meu coração está muito aliviado – disse o preto velho, descendo bem devagar, degrau por degrau.

A viúva chamou a sua mucama e pediu que fosse chamar Luziara até a casa-grande.

A mucama empalideceu, preocupada com o futuro da moça. *Santo Deus! O que ela vai fazer com a pobre infeliz?*

Luziara se apresentou à casa-grande com as mãos trêmulas e transpirando muito.

A viúva, olhando-a nos olhos, disse:

– Luziara, a partir de amanhã você vai trabalhar aqui. Estará perto de mim e do seu irmão. Por que não me falou? Por que me deixou pensar mal de você? Fiquei possessa de ciúmes quando me deparei com essa morena linda de olhos verdes; jamais poderia suspeitar de suas origens. Estou sabendo pela boca do preto velho Isidoro que você é irmã de Silviano e quero que esteja mais perto dele. Observando você mais de perto, noto sim a semelhança entre vocês dois, especialmente os olhos! Apesar das dificuldades e das diferenças que a nossa sociedade exige de cada um de nós, o mais importante é o que vivemos. Quero tê-la perto de mim. Posso lhe dar um abraço?

Luziara não reagiu e deixou-se abraçar. Agradeceu e saiu com o coração apertado. Como suportaria sobreviver ao lado daquele a quem tanto amava, não como um irmão, pois ele não era seu irmão! Mas como magoar alguém que estava lhe estendendo a mão? Aquela mulher era inocente.

O preto velho esperava por ela e, assim que avistou a moça, se aproximou e disse:

– Feche seus olhos, ouvidos e boca, arrume suas coisas e se mude para a casa da sinhá. Comporte-se como uma irmã de verdade para ambos. É uma chance muito grande que

– 64 –

Deus está lhe oferecendo. Segure com as duas mãos; peço perdão ao meu Deus, mas tive que escolher entre duas mentiras, e espero que esta decisão seja a melhor para todos nós.

A moça, suspirando fundo, respondeu:

– Muita gente aqui sabe que eu estive com ele; como vou desmentir? E não sei se vou conseguir ficar ao lado de Silviano, eu o amo! Sonhei que ele me levaria daqui um dia, e agora vou ter que engolir as minhas lágrimas em silêncio.

– Não se preocupe com os comentários. Você bem sabe que não é a primeira mulher que se envolve com um irmão sem saber, e é isso que vamos abafar. Quantas filhas não se envolvem com os pais sem saber? Então são essas conversas que vão surgir dentro da senzala e que serão esquecidas e proibidas de se falar. Há outros casos de amor para serem comentados, infelizmente, e eu não posso julgar, afinal, esses falatórios são o único passatempo dos negros nas poucas horas de descanso.

No outro dia cedo, Silviano foi barrado antes da entrada da fazenda pelo preto velho Isidoro:

– Meu filho, por favor, eu preciso falar com você e é urgente. Não me castigue por causa disso, mas preciso falar com você antes de chegar à casa-grande.

Silviano saltou do cavalo e perguntou:

– O que está acontecendo, ó meu velho? Parece-me agoniado com alguma coisa. Respire e acalme-se. Fale com calma, não tenho pressa.

O preto velho relatou o que tinha feito, e o boiadeiro perguntou se isso seria correto, se não era melhor falar a verdade para sua noiva.

– Não, meu filho, não será melhor não! Luziara não vai incomodá-lo; ela é uma boa menina e não vai decepcionar a sinhá, que lhe deu uma oportunidade e, quem sabe, com o tempo, ela conheça alguém que a faça feliz. Entre jogar essa menina ao precipício de uma vida com que ela nunca sonhou e guardarmos um segredo sem pecado, vamos guardar esse segredo.

— Tudo bem, meu velho! Você não está mentindo, está omitindo um fato. Prometo que não vou molestar Luziara, e pode ter certeza: no que puder ajudá-la, assim farei; será minha irmã de verdade.

No barracão, Luziara dobrava suas poucas peças de roupa, e as amigas perguntaram o que estava fazendo.

— Você vai deixar a fazenda? A sinhá está te mandando embora por causa do boiadeiro? Fale para nós!

— Calma! Não é nada disso. Vou trabalhar e viver na casa-grande a pedido da sinhá. Ela descobriu que sou irmã do seu futuro marido e me quer lá, vivendo com eles. Lógico que serei uma escrava, e não uma pessoa da família. Mas ela assim decidiu e realmente sou irmã do boiadeiro.

Uma delas se aproximou e perguntou baixinho:

— Você sabia que ele era o seu irmão?

— Não, eu não sabia. Fiquei sabendo hoje. Somos irmãos, Rosário. Esse é o motivo da minha mudança para a casa-grande.

— Mas eu vi vocês dois no rio em intimidades, como homem e mulher!

— Não sou a primeira que passou por isso. Nem eu, nem ele sabíamos! Agora é que ficamos sabendo que somos irmãos e já esquecemos tudo o que aconteceu, e que não se fale mais nisso. Você é minha amiga, por favor, não deixe essas histórias correrem por aí.

— Fique tranquila, não vou deixar ninguém andar falando de vocês. Deus te abençoe e que você seja muito feliz. Espero que a nossa amizade seja sempre a mesma; gosto de você como uma irmã, crescemos juntas.

CULPADOS *ou* INOCENTES?

– Eu também amo você e vamos continuar nossa amizade do mesmo jeito – respondeu a moça.

No trajeto para a casa-grande, Luziara deu de cara com o boiadeiro, que a chamou pelo nome. Ele, parado a sua frente, lhe disse:

– Eu lhe peço perdão se a magoei. Reconheço que errei com você, mas farei o possível para recompensá-la de alguma forma, ajudando-a naquilo que eu puder. Entenda, Luziara: cada um de nós tem um sonho, um desejo, e, quando encontramos essa oportunidade, devemos abraçá-la. Foi o que aconteceu comigo; a sinhá sempre foi a pessoa que procurei para me casar.

– Então, que seja muito feliz com ela. Apesar de que não acredito que você a ame. Vai se casar com ela mais por interesse. Mas não estou aqui para julgá-lo por nada, só quero viver em paz daqui por diante.

– Assim será. Vamos viver todos em paz, irmãzinha – respondeu ele.

A viúva observava os dois a distância e pensava: *Deve ser difícil para dois irmãos conviverem numa situação assim; ele será o senhor, e ela será sua escrava. Se ele resolver oferecer a carta de alforria para ela, não vou me opor. Seria bom; quem sabe ela não encontra um bom rapaz, filho de algum feitor? Já temos muitos deles formados e com cargo público, e ela é tão linda. Silviano não vai deixar que ela se entregue a qualquer um; seja como for, ela é sua irmã.*

Assim que o rapaz se aproximou, a noiva veio correndo ao seu encontro e, abraçando-o, perguntou:

– Por que não me contou a verdade sobre sua irmã? Ela correu o risco de ser injustiçada por mim mesma, que cheguei a pensar em vendê-la, em me livrar dela, meu Deus! Que bom que não fiz nenhum mal para essa menina.

– Eu lhe peço perdão. Ainda não faço parte de sua vida oficialmente; assim que nos casássemos iria lhe contar, embora ela seja sua criada, como outra qualquer.

MARIA NAZARETH DÓRIA ditado por LUÍS FERNANDO (Pai Miguel de Angola)

– Não! Ela virá servir na casa-grande e não quero que ela seja uma cativa qualquer; quero-a me ajudando nos afazeres da casa.

– Não quero que se precipite ou absorva esse problema levando em consideração quem ela é ou deixa de ser para mim. De repente, sou irmão de outras pessoas, de quem nunca vou ficar sabendo, e isso não vai mudar nossas vidas em nada!

– Vamos dar uma chance a ela! Se souber aproveitar, vamos ajudá-la sim. Quem sabe poderá arrumar um bom casamento e viver próxima de nós.

Silviano, pegando-a pela mão, respondeu:

– Deixemos Luziara de lado e vamos falar de nós dois. Estou pronto para me casar, e você?

– Já providenciei tudo o que precisava para nós dois. Venha verificar se o nosso novo quarto está de acordo. Depois de arrumado, tenho a impressão de que é o melhor quarto da casa. Josef está dormindo no quarto de Joseph ine; até ele embarcar, usará o quarto dela.

As mudanças para receber o novo senhor foram concluídas. Os comentários entre os cativos eram diversos; alguns achavam que seria melhor para todos o casamento da sinhá, outros discordavam, comentando que ela estava semeando lágrimas para futuro, mas, enfim, era ela quem decidiria o seu destino e o destino da fazenda.

Os dois senhores acertaram todos os detalhes, e Silviano comentou o quanto o seu senhor e sua esposa estavam ajudando o casal. Eles, como padrinhos de casamento, ofereciam-lhes uma viagem de lua de mel: iriam para a praia, onde o seu senhor tinha uma belíssima casa à beira-mar.

– E outra coisa: vou arrumar brigas com quem te chamar doravante de viúva, entendeu? O seu nome é Soph ia, e vou exigir que todos a chamem pelo nome. Até mesmo os escravos vão te chamar de sinhá Sophia.

Ela, rindo, respondeu:

CULPADOS *ou* INOCENTES?

– E você precisa parar de chamar o coronel Frederick de "meu senhor"! Ele é nosso amigo; você também será o coronel Silviano. Está preparado para isso?

– É um tanto estranho... Não sei como vou me sentir com alguém me chamando de coronel. E ainda não sou um coronel, mas lhe garanto que serei o coronel dos currais; nossos rebanhos serão os melhores, eu prometo!

Ela então comentou que já tinha mandado avisar aos pais, e sabia que eles ficariam espantados por ela resolver se casar assim às pressas, mas o que a preocupava mesmo era sua filha Josephine. Ela era bem diferente de Josef; o filho sempre fora amoroso e preocupado com a família, ao contrário dela, que não demonstrava nenhum interesse por eles. A filha sempre fora muito rebelde e desde bebê demonstrava uma aversão inexplicável por ela. Como mãe, sofria e fazia de tudo para agradá-la, mas sua filhinha não aceitava o seu carinho, repudiava seu abraço e seu beijo maternal.

Seus filhos haviam nascido na fazenda, tendo bons educadores. O pai contratara professores particulares para vir à fazenda dar aulas aos filhos, depois eles foram para a cidade continuar os estudos. Quando o marido adoeceu, ela pediu ajuda aos pais, que vieram e só retornaram após a morte dele. Josephine quis ir embora com eles. Josef ficara a contragosto; queria porque queria ir embora a qualquer custo, levando-a com ele. Agora realmente estava partindo; no fundo, estava triste em vê-lo ir embora, mas era a vontade dele completar seus estudos na França. Falou tudo isso ao noivo, comentando ainda que, após a morte do marido, mudara-se de vez para a fazenda, não tendo a menor noção do que fosse administrar uma propriedade daquele porte e cuidar dos outros negócios deixados pelo marido, e que o administrador realmente fizera o que quisera com o patrimônio dela. Contou da mansão que possuíam e que, depois da morte do marido, fora lá poucas vezes. Tinha escravos libertos e de confiança que cuidavam da propriedade.

Silviano, abraçando-a, disse:

MARIA NAZARETH DÓRIA ditado por LUÍS FERNANDO (Pai Miguel de Angola)

– Tenha calma, sua filha ainda é uma menina! Assim que tiver idade suficiente para compreender o que é a vida, vai lhe dar muito valor. Eu adoro o seu filho Josef; aliás, quero que você me dê um filho parecido com ele! E quero que confie em mim; jamais desviarei um tostão do seu patrimônio e prometo fazer esta fazenda ser conhecida de norte a sul do país. Você será a rainha do curral, pois vou fazer o seu rebanho crescer tanto que esta fazenda vai ser pequena.

Ela o abraçou e respondeu:

– Se for da vontade de Deus que possamos alcançar tudo de bom em nossas vidas, eu confio em você. Estaremos lado a lado daqui para frente, como exemplo de um casal que se uniu para crescer. Quanto a ter filhos, se assim Deus permitir, que eles venham! Quero ter um filho que goste de terra e de bois, e que seja bonito e forte como o pai.

Os escravos mais velhos observam o casal e comentavam entre si:

– Não sei o que virá amanhã, apenas Deus é sabedor, mas será que esse casamento da sinhá é a melhor coisa pra ela? Não sabemos do que é capaz um pássaro que se liberta e alcança a liberdade, o poder, e passa a desfrutar de tantas farturas. Esperamos que esse moço cheio de vida não se perca pelos maus caminhos.

Duas pretas velhas sentadas em um banco de madeira fosca pitavam seus cachimbos e falavam baixinho:

– Hoje à noite vai ter uma sessão lá embaixo do imbuzeiro. Vamos chamar a negrada pra ir lá. É bom a gente pedir proteção por nós e por esses dois aí.

A outra respondeu:

– Todos eles já estão sabendo, inclusive o Isidoro, que se precipitou e tomou uma decisão sem consultar nossos mestres. Essa história com a Luziara pode não acabar bem. Pode ser que a intenção tenha sido a melhor, mas será que está certo? Quantas vezes já ouvimos essa frase, não é mesmo? Não basta ter boas intenções, é necessário se certificar de se amanhã tudo isso não será prejudicial.

– Sei lá o que pensar ou dizer! Já ouviu o ditado que diz: "Se correr o bicho pega e se ficar o bicho come?". É assim que se encontra esta fazenda, nas mãos da pobre sinhá, que não entende é nada de negócios! Se a fazenda ficar nas mãos dela, daqui a uns tempos, vamos todos pedir esmolas por aí. O filho, que podia se interessar em tomar conta do que o pai deixou, é um menino medroso e só pensa em ir embora! Ela, se casando com esse moço, a gente fica com o pé atrás; não sabemos o que virá amanhã. Ele é bonito, jovem, é mais novo do que ela; entre gente como nós, pouco importa se o homem tem trinta anos e a mulher quarenta, mas entre eles não! A coisa é bem diferente! Você já viu um homem rico de trinta anos casado com uma mulher pobre de quarenta?

A outra, jogando a fumaça do seu cachimbo para o alto, como se tentasse ver alguma coisa, respondeu:

– Você tem toda a razão, Quitéria! E, por falar em idade, quantos anos tem esse moço, e quantos anos tem a nossa sinhá? Você tem ideia?

– Pelos meus cálculos, a sinhá está com trinta e oito anos, o Josef fez dezoito anos, a Josephine está com dezesseis anos, e esse rapaz, pelo que me disse Juvenal, que o conhece desde criança, tem vinte e sete anos. Já era para estar casado, mas ele se meteu pelas estradas cuidando de bois e nunca se interessou em montar uma vida com moça nenhuma. Mas o que se fala também é que ele é um caça-dotes! Não queria se casar com uma moça qualquer e ficou esperando a hora certa de dar o bote. Agora achou em quem dar! Isso é o que o povo começa a falar, e nós temos que tomar cuidado, inclusive com a nossa própria língua. O ser humano é um bicho muito difícil. A gente escuta e não consegue ficar sem pensar no assunto, principalmente se é da vida dos outros.

– Deus que me perdoe, mas o que sobra da vida pra gente se não for mesmo falar isso e aquilo deles e de nós mesmos? – respondeu a outra preta velha.

– É melhor a gente ir se adiantando; logo mais temos que nos preparar para nosso trabalho espiritual – disse a outra, levantando-se e ajudando a amiga se levantar.

MARIA NAZARETH DÓRIA ditado por LUÍS FERNANDO (Pai Miguel de Angola)

Ao cruzarem com Luziara, elas pararam, e a preta velha Quitéria pegou no braço da menina dizendo:

– Não falte na sessão e preste bastante atenção aos conselhos que vai receber.

A menina, com os olhos marejados de lágrimas, respondeu:

– Hoje eu queria mesmo era morrer! A minha vida de repente virou um inferno. Eu nunca pensei que fosse passar por isso; ele era tão amoroso, tão carinhoso comigo. E de repente essa bomba! Sonhei tantas coisas bonitas que ia ter ao lado dele, que ele compraria a minha liberdade, casaria comigo e eu iria ter uma família.

– Ele te prometeu isso, Luziara? – perguntou a preta velha.

– Não! Ele nunca me prometeu nada! Eu é que sonhava mesmo. Imaginava que um homem tão carinhoso e bondoso como ele só tivesse um motivo; que me amava! Ah, tia, se eu pudesse, morreria mesmo! Não sei o que vai acontecer comigo não. Sou apaixonada por ele! Jamais vou gostar dele como um irmão, porque ele não é meu irmão e a senhora sabe disso.

– Calma, minha filha, vamos ouvir os conselhos dos nossos protetores? Os caminhos que a gente não encontra eles abrem para nós. Sossegue e confie. Deus é por todos nós; se sofremos essas diferenças aqui em terra, tem algum significado que só vamos descobrir quando formos para o outro lado. Então, não podemos julgar o que Deus permite que aconteça em terra. Ele sabe o que faz e nós devemos obedecer com resignação; certamente precisamos passar por essas provações.

Ao cair da tarde, a beleza da mãe natureza se estendia por todas as partes da fazenda. Os escravos, terminando suas tarefas, se recolhiam ao seu descanso; os feitores trocando de postos se posicionavam em seus pontos de trabalho.

Na casa-grande, o movimento era grande. As cativas da sinhá corriam de um lado para o outro para atender a todos os pedidos dela. O quarto de banho do futuro senhorzinho estava perfumado e pronto para recebê-lo. O senhor iria dormir na casa de sua noiva. O quarto novo do casal cheirava a rosas e era ricamente adornado; as vestimentas da sinhá para aquela noite tinham sido escolhidas a dedo por ela mesma. Suas peças íntimas eram coisas do outro mundo, observou sua mucama. Nunca tinha visto algo tão belo. O jantar era especial; o vinho tinha sido escolhido pela sinhá, tudo estava perfeito.

Josef estava vestido elegantemente para o jantar com a mãe e o futuro padrasto. Já estava com as malas arrumadas; não via a hora de partir.

Tudo estava impecável, observou Sophia. Antes de ir se arrumar, deu ordens de que queria o jantar pontualmente às vinte horas. E que Josef fosse buscar Silviano e ficassem conversando até o seu retorno.

No corredor, a sinhá encontrou sua mucama esfregando as mãos e perguntou o motivo. Ela, gaguejando, pediu:

— Sinhá, assim que a senhora não precisar mais de mim esta noite, posso ir até a sessão do Pai Pedro? Hoje é o dia que ele vem atender o nosso povo; eu queria muito tomar a bênção dele e agradecer.

— Você com sua crença maluca, Zilda! Tudo bem! Assim que terminar o jantar, retirar a mesa e servir o licor, e deixar o meu quarto de banho preparado, sem esquecer de renovar as águas do quarto do senhor, tudo estando em perfeita ordem, pode ir sim. Mas volte cedo para não ficar dormindo em pé amanhã, entendeu?

— Sim senhora, minha sinhá. Deus te abençoe por ser tão generosa conosco.

A sinhá se afastando e rindo sozinha dizia para si mesma: *Eles acreditam que as almas do outro mundo vêm falar com eles e ajudá-los. Ainda bem que aqui estes seres imaginários realmente dão bons conselhos. Ouço falar cada coisa por aí! Seres do outro mundo tentando matar seus senhores... Se a gente proibir esses cultos, aí sim eles começam a fazer besteiras. Não é todo dia mesmo, e pra eles é a única diversão.*

MARIA NAZARETH DÓRIA ditado por LUÍS FERNANDO (Pai Miguel de Angola)

Na cozinha, as mulheres comentavam baixinho:
– Antigamente, as viúvas se comportavam como moças virgens. Só dormiam com seus novos maridos após o casamento; elas ficavam sob a vigilância da família. Olha só o mundo que estamos alcançando, e nem sabemos no futuro como vai estar avançado. Nossa sinhá vai dormir com o futuro senhor é hoje! Vocês viram como estão os preparativos?

Uma cozinheira entrou na conversa e, rindo, falou:
– Como vocês estão atrasadas! Quem disse que hoje é o primeiro dia que a nossa sinhá vai deitar-se com o moço boiadeiro? Eles dois já se deitaram no segundo encontro, suas bobas!

– Mulher de Deus! Como é que você sabe disso se não sai desta cozinha?

– Vocês precisam sair na chuva para saber que está chovendo? Às vezes eu sei de coisas que acontecem dentro e fora desta casa, muito mais do que aqueles que estão circulando por aí! Negros, feitores e até senhores vêm beliscar a minha comida, e não tem nada melhor que uma comida boa e apetitosa para arrancar segredos do povo.

– Nunca tinha pensado nisso – respondeu uma mulher rindo. – Não é à toa que vejo a senhora de tititi com essa gente. Conte pra nós também essa novidade; não tem graça ficar só pra senhora!

– Menina! Segredo não se divide em três, é apenas em dois, e só contei isso pra vocês porque daqui a pouco já não é mais segredo; todo mundo saberá.

– Vamos começar a levar essas iguarias para servir ao nosso futuro senhor, e tomara que ele goste – disse a mulher em tom de brincadeira.

Josef estava sentado na varanda e conversava com o futuro padrasto. Este lhe disse que em três anos pretendia dominar a região criando os melhores rebanhos de todo o país e

CULPADOS *ou* INOCENTES?

que tinha muitos planos para melhorar a fazenda; que ele estudasse e retornasse para assumir o que era dele e da irmã. Uma coisa ele prometia: iria triplicar a fortuna deles.

– Eu tenho certeza de sua competência. Sei que vai administrar bem os negócios de nossa família, porém, o bem mais precioso para mim é a minha mãe; quero que você a faça feliz. Vou terminar os meus estudos e me preparar para ocupar um cargo de importância em nosso estado, conforme me prometeu o coronel, nosso vizinho e amigo.

– Se ele lhe prometeu, pode ter certeza de que você já tem um posto garantido; a palavra do coronel vale mais que um papel escrito. Ele é homem de palavra; o que promete, cumpre! Quanto a cuidar de sua mãe, também lhe dou a minha palavra de homem: vou fazê-la feliz! É meu dever e obrigação. Uma pessoa que me estendeu as mãos, entregou sua vida e seu coração, merece toda a felicidade deste mundo. Darei a minha vida por ela; jamais farei qualquer coisa para machucá-la.

A mucama da sinhá veio chamá-los para jantar, e os dois se encaminharam à sala de jantar sob o olhar dos escravos e feitores que circulavam em frente do casarão.

Tudo correu como havia sido planejado por todas as pessoas que habitavam aquela fazenda: no casarão, nas casas dos feitores e nas senzalas.

Embaixo do pé de imbuzeiro, Pai Pedro, pitando o seu cachimbo, aconselhava a todos dizendo:

– Quando vemos nuvens pesadas se formando no céu, o que devemos fazer? Correr e preparar tudo para a chegada da chuva. E assim todos vocês que estão aqui devem correr, preparar da melhor forma possível a chegada do seu novo senhor. As coisas podem ficar melhores ou piores para vocês, isso vai depender de cada um. Você, Luziara, acalme o seu coração; pare de sofrer por aquilo que nunca foi seu! A única coisa que lhe pertenceu nessa história foram seus sonhos por meio de sua imaginação. Deus não abandona nenhum dos seus filhos e você não será abandonada; Deus vai dar novos rumos para você caminhar, e o que está escrito nas nossas linhas de destino só o Criador pode mudar. Então, reze bastante e não fique remoendo ódio em seu coração. Olhe bem para mim e guarde bem esta frase: "O ódio é uma doença que nos deixa cegos; coloque luz no seu coração e verás que os teus dias serão bem mais claros que essa nebulosa que está te cobrindo".

A moça começou a chorar, e ele trabalhou muito em seu corpo espiritual. Preparou uma poção, deu um pouco pra ela ingerir e o que sobrou pediu que dessem um banho nela e a trouxessem de volta em outra ocasião. Ele pediu também que ela se deitasse em uma esteira de palha que tinha do seu lado (era comum naqueles tempos; substituía os sofás de hoje). Prosseguiu trabalhando, atendendo outros filhos, aconselhando, recomendando banhos, xaropes naturais para tosse, pomadas para coceiras, e todo tipo de doença. Ele era o pai curador, o médico daquelas almas encarnadas e sofredoras.

Luziara adormeceu e logo se viu fora do corpo. Estava em outro lugar muito diferente, cercada por pessoas estranhas. Ela se viu vestida ricamente, e ao seu lado um belo jovem lhe estendia o braço e a convidava para dançar. Músicos tocavam uma música lindíssima! Ela nunca fora tão feliz! Ele, abraçando-a e apertando-a contra o peito, disse:

– Está segura do que vamos fazer? Não será nada fácil pra você. É uma prova e tanto deixarmos essa certeza por uma incerteza. Sabe que corremos o risco de ficarmos separados por muito tempo, não sabe? Só de pensar nisso, sinto um aperto no meu coração. Tenho medo, muito medo de perdê-la.

– Acalme-se, meu querido! O que é uma breve e curta encarnação? E, de alguma forma, estaremos juntos. Pelos caminhos do sofrimento, mas estaremos dividindo experiências e vivências. Eu estou pronta para abraçar a minha missão! Ao seu lado, nunca vou me sentir só.

Aqueles olhos, aqueles braços, aquelas mãos eram tão seguros, que ela nada temia. Rindo, abraçou-o mais forte e lhe disse:

CULPADOS *ou* INOCENTES?

– Vamos aproveitar bem esta noite, porque amanhã você embarca logo cedo! E não precisa ficar temeroso; olha só a nossa volta quantos amigos estarão conosco nesta missão.

– Não será fácil para nenhum de nós... Mas tenho que concordar com você: é a nossa grande chance, e temos que lutar muito para vencer os obstáculos que vamos encontrar pela frente.

Luziara foi voltando devagar; ainda ouvia o som da orquestra. Estremeceu com o toque das mãos de Pai Pedro. Abrindo os olhos, ela perguntou:

– O que aconteceu? Dormi tanto tempo assim? O que houve?

– Não, filha, você ficou pouco tempo em transe, o suficiente para compreender que precisa cumprir sua missão, dando forças àqueles que precisam de sua ajuda.

– Pai Pedro, eu tive um sonho estranho, muito estranho... Acordei ouvindo o som de uma música que nunca ouvi por aqui e outras coisas mais que estou com vergonha de lhe contar.

– A música foi real; tudo o que você viu e viveu foi real, assim como é real este momento de sua vida e o que está por vir! Abra o seu coração e coloque luz, amor e resignação. Aceite a vontade de Deus sem protestar; lembre-se de que todo sofrimento lá adiante será uma bênção em sua vida.

– Estou sentindo uma paz imensa dentro do meu coração. Parece que foi arrancado o espinho que doía aqui dentro; não sei explicar, mas não estou mais sofrendo por causa da minha paixão por Silviano. Acho que acabou de vez e foi preenchido por um novo sentimento. Obrigada, Pai Pedro, pela sua bênção e por toda a sua ajuda.

– Siga com a luz do Senhor na sua sombra, minha filha. Não se envolva com sentimentos negativos e lembre-se deste dia de hoje. Deus lhe deu uma grande oportunidade de se lembrar dos seus compromissos.

Assim, Pai Pedro abençoou e aconselhou os demais filhos presentes, pedindo que eles fossem em silêncio para seus barracões e dormissem bem.

MARIA NAZARETH DÓRIA ditado por LUÍS FERNANDO (Pai Miguel de Angola)

Aquela noite, Luziara entrara na ponta dos pés junto com a mucama da sinhá, saíra com o coração sangrando, mas agora entrava se sentindo totalmente em paz. Pela primeira vez, desejou de coração que sua sinhá e Silviano fossem felizes. Uma presença invisível tomava conta do seu ser; parecia ainda sentir o perfume daquele homem. Ouvia o som da música, e o sentimento de amor e de saudade.

A fazenda silenciou para alguns, que foram vencidos pelo cansaço físico e dormiram. Alguns perderam o sono, preocupados com alguma coisa, e a sinhá com o seu futuro marido, envolvida pelos laços da paixão e dos sonhos, não pensava em mais nada, a não ser em ser feliz.

CAPÍTULO 3

Grandes mudanças

Estava tudo sob controle. A festa de casamento de Silviano com Sophia estava sendo o assunto da fazenda. Um boi foi abatido, e havia leitões, aves e uma variedade de pratos finos, sem contar as sobremesas e as bebidas, tudo com requinte e bom gosto. Um grupo especializado em preparar festas finas foi contratado para vir realizar todo o evento.

A festa foi programada para o final da semana; seriam dois dias de festa. A fazenda estava um luxo, e o padrinho dos noivos foi quem espalhou os convites, assim era certeza de que todos viriam, pois recusar um convite do senhor era o mesmo que fechar uma porta na cara dele. Foram preparadas acomodações para todos descansarem, e os padrinhos combinaram que viriam jantar na sexta-feira com os noivos. Assim foi feito; a sala de jantar estava sendo preparada para os convidados.

MARIA NAZARETH DÓRIA ditado por LUÍS FERNANDO (Pai Miguel de Angola)

Silviano estava lá fora com o senhor, e as duas sinhás conversavam animadas no quarto da noiva. Falavam dos seus filhos, que já tinham trocado endereços e que combinariam de se encontrar na França para se tornarem amigos.

Silviano perguntou ao senhor se queria tomar um aperitivo antes do jantar. Este assentiu, e ele tocou a sineta. Luziara veio correndo atender o senhor. Sentiu as pernas estremecerem ao deparar com aqueles olhos que penetravam seu ser. Era ele! Sim, era ele!

– Vá buscar a garrafa de conhaque e dois copos para nos servir – pediu Silviano desviando o olhar dela.

Assim que ela se afastou, o senhor respirou fundo e perguntou:

– Quem é esta moça?

Silviano respondeu:

– É Luziara. Não é conveniente lhe falar sobre isso agora.

– Por acaso é a sua tal irmã?

– Sim, é ela.

– Cá entre nós, ela nunca foi sua irmã! E eu também vim hoje aqui falar sobre isso com você. Foi um erro muito grande você ceder às conversas de um velho escravo; em vez de resolver o caso, criou um problema maior. Acha que vai dar certo ficar com esta moça dentro de sua casa? Se tem intenções de mantê-la como sua amante, deveria levá-la para longe daqui. Não podemos manter amantes próximas às nossas mulheres! Elas devem acreditar sempre que tiraram a sorte grande ao se casarem conosco. Tenha suas mulheres, quantas puder manter, mas bem longe de casa. Eu tenho meus casos, e não são poucos! Porém, mantenho-os bem longe dos olhos de minha mulher. Em casa, sou o homem que ela sonhou, diferente de todos os outros que existem por aí, e assim tenho uma mulher que me ajuda a cuidar do meu patrimônio e do meu nome em sociedade, e você deve fazer o mesmo!

– Não pretendo ter mais nenhum tipo de relacionamento físico com ela – respondeu Silviano. – Sophia acredita que somos irmãos, e eu não sei o que vou fazer. Essa é a verdade.

CULPADOS *ou* INOCENTES?

Concordo plenamente com o senhor quando diz que ela não pode ficar aqui dentro de casa, mas preciso saber como vou falar isso sem causar nenhuma desconfiança à minha mulher.

– Vamos combinar desde hoje algo importante para o seu bem-estar lá fora em sociedade: pare de me chamar de senhor! Passe a me tratar pelo meu nome: Frederick. E não aja por impulsos; você tem muito que aprender. Tenho uma proposta a lhe fazer... – Parou de falar porque Luziara chegava com a garrafa e os dois copos. Ele pegou um dos copos e pediu:
– Pode me servir?

Seus dedos tocaram as mãos dela, e ele sentiu um calafrio. Não tirou os olhos da moça; algo nela o atraía.

Assim que ela se afastou, Silviano perguntou:
– Tinha uma proposta para me fazer?

– A princípio era outra proposta que iria lhe fazer, mas acabei de mudar de ideia! Tenho algo por que você se interessa muito, e você tem algo que acabou de me interessar muito; podemos fazer uma troca justa, com a qual nós dois vamos ganhar. Troco o meu boi Brilhante por essa mulher de quem você precisa se livrar! Tiro você de uma encrenca das grandes, e você ainda leva o Brilhante. O que acha? É pegar ou largar! Não vou lhe dar tempo para pensar, pois posso me arrepender. Como vou ficar administrando sua fazenda e seus negócios, incluirei a saída da moça da fazenda, com as bênçãos de minha esposa, e tudo ficará apenas entre nós.

Silviano, olhando para ele, respondeu:
– Estou aprendendo a ser rápido no gatilho com você. Negócio fechado! Acho que entendi o seu interesse... E acertou quando disse que me interesso pelo boi Brilhante. Pretende levá-la para sua fazenda?

– Ficou louco? Acha que vou levar uma mulher com esses atributos para a minha senzala? Não! Eu vou levá-la para a cidade. Estou dispensando as duas irmãs gêmeas que mantenho há dois anos; me cansei das duas. No começo era tudo novidade, entende? Já negociei a partida delas para o Nordeste do Brasil. Lá vão fazer fortuna se souberem aproveitar.

– 81 –

MARIA NAZARETH DÓRIA ditado por LUÍS FERNANDO (Pai Miguel de Angola)

Vou dar uma boa quantia para as duas e, no lugar delas, vou colocar esta mulata de olhos verdes. Não fico muito tempo com uma só mulher, me canso logo e as dispenso, mas nunca as deixo largadas ao deus-dará. Mando embora para longe e dou o suficiente para sobreviverem com seus filhos. Não me pergunte quantos filhos bastardos tenho por aí, eu não saberia te responder! Assim que você partir em lua de mel, já vai deixar assinada a venda da mulata, e o seu boi Brilhante será entregue e documentado. Na volta de vocês, direi a sua esposa que ela está na cidade trabalhando em uma das minhas casas, que precisava de uma moça confiável e ela aceitou o convite, mas assim que desejar poderá retornar para a fazenda; eu e minha esposa a traremos de volta. Para Lise, eu direi que ela é de fato sua irmã e que fiz um favor a você; que ela foi levada para a cidade a fim de se aperfeiçoar em atender bem a uma casa como a de vocês. Já que é sua irmã, de alguma forma é um membro da família e de confiança. Deixe comigo! – Encostaram os copos e brindaram dizendo: – Que façamos sempre bons negócios.

O jantar foi servido, e Josef, animado, falava de sua viagem e que iria procurar os filhos do coronel Frederick; tinham se visto algumas vezes quando eram bem pequenos ainda. Sophia comentou discretamente, quase se desculpando, que nunca haviam se visitado porque o pai de Josef não fazia amizades com os vizinhos; era fechado e não tinha muitos amigos.

O coronel orgulhoso comentou:

– Nossa amizade agora é selada como bons vizinhos, e que nossos filhos sejam amigos e amanhã, quando voltarem para assumir o que é deles, que continuem sendo amigos. Meu filho Gilbert, daqui a dois anos, estará de volta para assumir sua cadeira como homem da lei, e você, Josef, quando terminar seus estudos, também vai ocupar uma cadeira pública com a minha ajuda.

Sophia, olhando para Lise, perguntou:

– E sua filha? Volta com o irmão?

CULPADOS *ou* INOCENTES?

– Sim, o pai quer que os dois voltem juntos. Minha filha é muito sensível e delicada; ela não ficaria sem o irmão. Tem dois anos a menos que ele. Ela tem a sua idade, Josef. É uma moça linda e preparada para se tornar uma esposa prendada para o filho de qualquer fidalgo.

O coronel Frederick acrescentou:

– Qualquer fidalgo, não! Ela só será entregue àquele que passar pelo meu crivo. Não será fácil para qualquer um levar a minha filha, não! Não estou educando uma filha para entregá-la de mãos beijadas para um sujeito que não desça na minha garganta. Aliás, já comecei a preparar a minha mansão na cidade para acomodar adequadamente os meus filhos; não quero que Elizabeth sinta falta da França em nada! Quero trazer a França aos pés dela, e aqui ela será uma princesa.

– E sua filha, Sophia? Fale um pouco dela para nós – pediu o coronel.

– Ela sempre foi muito diferente do Josef, bastante inteligente e não se afinava muito com a fazenda. Preferiu sempre a cidade. Ela se dava muito bem com o pai; sofreu muito com a morte dele e quis ir embora com os meus pais. Não sei se ela voltará para o Brasil. Quem sabe com a presença do irmão perto dela comece a pensar melhor e queira voltar um dia.

– Quantos anos ela tem? – perguntou Lise.

– Ela vai completar dezoito anos – respondeu a mãe.

– Ainda é uma menina! Daqui a pouco, ela muda de ideia – respondeu Lise.

– Foi o que eu disse para a Sophia – acrescentou Silviano.

– Não vou me intrometer na vida de vocês, mas precisamos tomar cuidado com quem nossos filhos vão se casar. E, sendo uma menina, creio que ela deveria vir e preparar-se para se casar na casa da mãe. Quem sabe você, Josef, convença aos poucos sua irmã a retornar para casa e fazer um bom casamento – disse o coronel. – E você, Silviano, comece a reforma daquele casarão da família. Assim, quando eles retornarem, a mansão estará ao nível deles.

– Quem sabe não voltaremos os dois juntos! Não pretendo viver na França; quero apenas estudar e me especializar. Não tenho o dom de cuidar de terra nem de bois, mas certamente administrarei o que nos deixou nosso pai. Mas confio tudo isso às mãos de Silviano; inclusive, a minha maior riqueza, que é minha mãe – acrescentou Josef. – Voltarei sim para assumir o que me prometeu o coronel.

– E eu me comprometo, com a ajuda do nosso amigo Frederick, a começar a reforma da mansão de vocês. Assim, quando você e Josephine retornarem, não vão sentir tanta falta do conforto que estão acostumados a ter na França.

Eles ergueram os copos e brindaram os muitos projetos para o futuro, tudo regado a um bom vinho francês naquele jantar especial.

Logo após o jantar, os dois senhores foram para a varanda. O coronel ofereceu um dos seus charutos para Silviano, que não estava acostumado. O coronel começou a rir dizendo para ele:

– Preste atenção em como se prepara um bom charuto. Antes de acender, é necessário cortá-lo ligeiramente e passar os dedos de leve em sua estrutura. Preste atenção; é desta forma que se acende um charuto: com elegância e até chamando atenção de quem repara na qualidade do seu charuto. Se estiver bebendo, tome cuidado para não pegar o copo com o charuto entre os dedos; descanse o charuto em um cinzeiro.

Ele deu uma aula de requinte masculino para Silviano, que ficou encantado. De fato, havia muitas coisas que precisava aprender com o coronel; faziam muita diferença as boas maneiras.

Luziara veio até eles trazendo os licores e, enquanto servia, Frederick a observava. Não sabia explicar o sentimento que ela despertava nele. Ela, por sua vez, tremia diante dele. Aquele perfume penetrava em suas narinas, despertando em seu subconsciente lembranças de amor e saudade.

Assim que ela se afastou, Silviano maliciosamente disse:

– Acho que vou assinar ainda hoje esta venda, pois percebi que o proprietário está ansioso para receber sua encomenda...

– Tenho que reconhecer seu bom gosto por mulheres, boiadeiro! Esta é uma prenda e tanto! Jovem, bonita, e tem algo nela que me fascina. Acho que nessa história eu saí ganhando. E, para que não fique se achando muito esperto, vou lhe dizer uma coisa: sabe aquela mulata que caiu nos seus agrados lá em minha fazenda? Caiu nos meus também. Estou curando a ferida que você abriu no coração dela.

– Que ótimo saber disso! Estou aprendendo com o maior mestre como devo me comportar daqui para frente – respondeu Silviano.

Frederick, rindo, comentou:

– Apenas tome cuidado com uma coisa: não toque no que é meu! Podemos já fechar um acordo de honra. Não toque em minhas mulheres, e eu não tocarei nas suas. Assim não vamos ter motivos nunca de manter segredos sobre elas. Por exemplo: esta mulata que vai comigo, mantenha-se longe dela. Se desejar manter a outra, faremos um novo negócio.

– Estou gostando de negociar com você, já que não quer que o chame mais por *meu senhor*. Não me interessa nenhuma das duas! Confio na minha capacidade de atrair mulheres bonitas; assim que sentir necessidade não me faltará ocasião. E, sinceramente, lhe devo esta! Livrou-me de duas enrascadas – respondeu Silviano.

Dois escravos mais velhos observavam de longe os dois senhores conversando e fumando seus charutos de luxo. Comentavam entre eles o que temiam:

– Acho que este senhor Frederick vai fazer a cabeça do novo senhor e muitas coisas podem mudar nesta fazenda.

Luziara atravessou o pátio da casa-grande; parecia desesperada.

– O que será que está acontecendo? – comentou um dos pretos velhos.

– Só vamos saber indo até lá – respondeu o outro.

MARIA NAZARETH DÓRIA ditado por LUÍS FERNANDO (Pai Miguel de Angola)

Ela enxugava as lágrimas, e o bondoso preto velho lhe perguntou:

– O que houve, minha filha?

– Ai, meu pai! A gente não quer acreditar em certas coisas, mas não temos como fugir delas! Não sei nem como falar, ou se posso falar, ou o que pensar – respondeu a moça.

– Fala de uma vez, menina! O que te aflige?

– Eu encontrei o homem do meu sonho, ou do meu transe enquanto estava sob os cuidados de Pai Pedro. É o grande senhor que está com o Silviano.

– Venha cá, Luziara. Sente aqui neste toco. Ninguém está nos olhando – disse o preto velho.

– Deixe tudo aos cuidados de Deus, não comente isso com mais ninguém. Às vezes, minha filha, tentamos arrastar o rio do seu percurso, mas é impossível e muitas vezes até erramos tentando passar na frente de Deus; tentando encobrir o sol com a peneira. Não adianta, minha filha. O que foi escrito por Deus é sentença para nós. Então, silencie. Reze e não abra essa sua boca, entendeu?

– É que fiquei muito abalada. Meus sentimentos se misturaram dentro de mim de tal forma, que não sei mais afirmar o que é verdadeiro e o que não é. Jurava que iria morrer de amor pelo Silviano e, de repente, parece que a minha alma apagou todos os meus sentimentos por ele. Tem dois olhos que me perseguem e um desejo imenso de olhar para esses dois olhos.

– Lave o rosto e volte às suas tarefas na casa-grande. Aliás, é lá que você mora – disse o preto velho, colocando a mão sobre a fronte da moça.

Luziara retornou à casa-grande, e o coronel pediu a Silviano que inventasse alguma coisa e fizesse com que a moça fosse atendê-lo, levando uma jarra com água fresca para lavar o rosto. Assim foi feito. Silviano saiu e foi até onde Luziara estava de prontidão para o atendimento. Assim que a avistou, pediu:

– Pegue uma jarra de água fresca, bem fria, uma toalha limpa e leve até o lavatório da sala de estar. O senhor quer lavar o rosto.O calor está forte; ele quer se refrescar.

Luziara levou a toalha e jarra de água fria; essa água era guardada em potes de barro em local escuro. Conservava uma temperatura fria, agradável, quase gelada.

O senhor se aproximou dela e, colocando a mão no rosto, pediu:

– Pode dar uma olhada aqui? Veja se caiu algum cisco em meu olho; está me incomodando.

A moça colocou a mão no rosto dele e olhou dentro do olho; sentia suas pernas tremerem e o coração disparado.

– Senhor, não dá pra ver nada. Se tinha, já saiu!

– Mesmo assim, sopre dentro do meu olho – pediu ele.

Ela se aproximou mais e, por alguns segundos, pareceu conhecer aquele perfume; seu coração batia forte.

– Pronto, senhor? Melhorou? – perguntou ela trêmula.

– Ah, sim! Parece que saiu mesmo!

– Aqui está a água que o senhor pediu; posso despejar na bacia?

– Pode sim. Faça isso agora.

Ela despejou a água na bacia prateada, e ele banhou o rosto. Ela pôde sentir seu perfume. Apertando a toalha entre os dedos, olhava aquele homem poderoso, temido e cobiçado por tantas mulheres.

Ele pegou a toalha das mãos dela com delicadeza; percebeu que ela estava com as mãos geladas, e isso aumentou o seu desejo. Então, ela era tímida! Ele apreciava a timidez das mulheres.

– Posso me retirar, senhor? – perguntou a moça.

– Pode sim! Mas antes me deixe olhar o seu rosto. Tem uns olhos lindos. Aliás, menina, você é um oásis no deserto.

Ela levantou os olhos e não conseguiu dizer nada; pegou os pertences usados por ele e, pedindo licença, se retirou, enquanto ele ficou parado observando o movimento do seu corpo.

Chegando à cozinha, encontrou as outras mulheres comentando sobre o jantar. Aproximando-se da mucama da sinhá Sophia, perguntou baixinho:

MARIA NAZARETH DÓRIA ditado por LUÍS FERNANDO (Pai Miguel de Angola)

– Você sabe o que quer dizer "um oásis no deserto"?
– Eu já ouvi falar sobre isso sim, e não perguntei pra sinhá porque fiquei com vergonha. Mas deu a entender que é algo muito bom dentro de algo muito ruim! Mas por que você quer saber? Por acaso eles falaram sobre um oásis?
– Sim, falaram, e fiquei curiosa. Queria saber o que era, e acho que você está certa: deve ser algo muito bonito dentro de algo muito feio.

Antes de se recolher a seus aposentos na nova casa de Silviano, o coronel Frederick já havia negociado o destino de Luziara. Dali a três dias, ela estaria partindo com ele para a cidade. O coronel Frederick já suspirava de desejo pela linda mulata. Disse para Silviano em tom de brincadeira:
– Eu também vou ficar uma semana em lua de mel! Assim que deixarmos sua fazenda, sigo com a minha prenda para a cidade. Tenho que acompanhar Josef, embarcá-lo, e disso a minha fiel e compreensiva esposa já está ciente. Por último, o grande favor ao amigo: levarei sua irmã para cuidarmos dela. Lise volta com os escravos para a fazenda, e eu lhe direi que preciso me ausentar a negócios por uma semana. Assim, vou aproveitar para fazer bons negócios e usufruir a minha prenda.
Silviano então lhe questionou
– E as irmãs, suas prendas da cidade?
– Daqui mesmo já vou despachar a ordem para elas seguirem adiante! Amanhã vou fazer uma carta e mandá-la através do meu mensageiro. Enviarei uma ordem ao meu contador para entregar certa quantia às duas a fim de que sigam seu caminho. Assim, quando chegar à cidade segunda-feira, não há de existir nem um sinal delas por lá. E você pegue isso como exemplo: a todas as mulheres com quem se envolver, deixe claro: "Quando perder o interesse por você, lhe darei o suficiente para deixar a cidade e viver em qualquer lugar que

CULPADOS ou INOCENTES?

desejar, mas não volte nunca para me incomodar". Não me lembro de quantas mulheres já despachei; tenho até notícias de que algumas se deram bem, abriram lojas de moda e fizeram nome e fama; viraram madames, e essas madames de hoje têm histórias semelhantes.

– Não posso deixar de admirá-lo cada vez mais; é inteligente, astucioso e boa gente! Sou um homem de sorte em cair na sua simpatia. Nestes últimos dias aprendi tantas coisas com o senhor – disse Silviano.

– A única coisa que ainda não aprendeu é que agora é um coronel! E não se trata outro coronel por senhor; é um rebaixamento da sua pessoa – respondeu o coronel Frederick.

– Tem razão! Preciso aprender a me lembrar de que agora sou também o coronel Silviano, e como tal devo me portar.

Naquela noite, recolheram-se tarde para descansar, porque poucos foram aqueles que conseguiram fechar os olhos e dormir.

Josef, de malas arrumadas, virava de um lado para o outro. Não via a hora de entrar naquela fina embarcação e pegar rumo mar afora; sonhava com a França, com a escola, com os seus sonhos.

Luziara olhava para o teto, ouvindo os cantos dos pássaros noturnos e sentindo uma inquietação no coração. Os olhos e o perfume do senhor Frederick lhe perturbavam os pensamentos. Já não pensava em Silviano; ela, que imaginara morrer por ele, agora estava ali se queimando por dentro por aquele senhor que, ela sabia, jamais teria a seu lado como um homem a ampará-la e amá-la. Mesmo assim, o seu coração chamava por ele.

Sophia estava ansiosa; sua vida mudara de repente! Ela estava apaixonada por aquele homem e pouco lhe importava se ele não tinha sua cultura. Aquele era o homem de sua vida; queria viver para e por ele.

Silviano estava orgulhoso de si mesmo. Tinha encontrado a pessoa certa para se casar. Deixaria para trás qualquer ligação pessoal com a escravidão; agora fazia parte da sociedade e da elite dos nobres. Havia tirado mesmo a sorte grande quando se unira ao coronel Frederick. Ter a amizade daquele homem era ter portas abertas na terra e no céu!

O coronel, abraçado a sua bela esposa, comentava:

— Uma das coisas de que gosto de fazer nesta vida é poder ajudar as pessoas. Vou acompanhar esse menino até o porto, recomendar a chegada dele e o transporte em segurança até a casa dos familiares. Levarei essa moça que é irmã do Silviano, a pedido dele, e com todo o respeito a entregarei aos cuidados da madame mais honrada da cidade, para transformá-la em uma moça fina e educada. Se é a vontade do irmão, não me custa nada ajudá-los. Talvez ele queira prepará-la pensando na volta da enteada; com a irmã pronta para acompanhar a moça, será uma tranquilidade para o casal. E você, minha prenda, não fique triste nem aborrecida comigo. Pense que hoje sou eu que estou servindo a eles, mas amanhã poderá ser eles a fazer pelos nossos filhos, entendeu? Tenho muitos negócios para fechar na cidade; não vou ter tempo nem de respirar, mas vou ver se encontro algo à sua altura para lhe trazer como mimo. Quer uma joia, um perfume, sedas? O que você gostaria de ganhar, pode pedir. Como sempre, longe de você, morro de saudade. Não vejo a hora de voltar correndo pra você.

Ela o abraçou afetuosamente e lhe disse.

— Meu querido marido, eu não sei o que seria de mim sem você! Sabe que olhando para Sophia pensei: não teria suportado minha vida se estivesse no lugar dela! Fico contando as horas durante o dia e sinto-me feliz quando reparo pela cortina do nosso quarto o clarão de mais um dia, porque sei que a cada dia que amanhece está mais perto de você chegar. Compreendo que você precise ir, meu amor. Mesmo com o coração em pedaços, eu tenho que entender que você deve fazer isso sim! Você é o melhor marido, amigo, pai, senhor de escravos; você é tudo!

CULPADOS *ou* INOCENTES?

O clarão do dia anunciava as grandes mudanças na fazenda; homens e animais se movimentavam de um lado para o outro. Os escravos mais velhos não sabiam explicar o que sentiam no coração; uma nuvem escura parecia baixar sobre eles. A sinhá estaria logo mais se unindo ao moço boiadeiro, comentavam entre eles. Talvez o maior perigo não estivesse no boiadeiro, mas no que viria depois.

Os convidados começavam a chegar. A correria era tamanha, e o coronel Frederick fazia as honras do noivo. Tudo estava dentro do programado.

O padre fez o sermão do casamento para os convidados, lembrando que uma viúva era leal e fiel a Deus, pois só conhecera aquele que desposara e, agora, da mesma forma, só se entregaria ao marido depois de casada. Esse era um dos motivos pelo qual a igreja permitia que as viúvas se casassem de vestido branco, tal como uma virgem.

Os escravos assistiam de longe, mas ouviam o sermão do padre e se entreolhavam pensando: *E quando a viúva dorme com o noivo bem antes do casamento, que cor de vestido deveria usar?*

Uma jovem falou cochichando no ouvido de uma preta velha:

– A sinhá é considerada virgem? Eu vi o senhor Silviano entrando para dormir no quarto dela!

A preta velha pisou no pé da moça, falando baixinho:

– Fique quieta, menina. Os senhores são o que eles quiserem!

Após a cerimônia de casamento, no civil e no religioso, o padre e o juiz comeram e beberam o quanto puderam, e saíram levando as bolsas recheadas, enquanto os convidados bebiam, comiam, dançavam e se divertiam à vontade.

O coronel Frederick aproximou-se de Luziara e pediu discretamente:

– Poderia me levar uma jarra de água para me refrescar?

– Sim, senhor, vou providenciar.

Ele, aproximando-se da esposa, falou em seu ouvido:

– Querida, vou sair cinco minutos para lavar meu rosto; o calor e a poeira estão me incomodando, volto já.

MARIA NAZARETH DÓRIA ditado por LUÍS FERNANDO (Pai Miguel de Angola)

– Quer que eu vá junto, meu amor? – ofereceu ela.

– Não, minha amada. Fique dando atenção aos convidados; voltarei daqui a cinco minutos. – Saiu rápido e foi até o reservado. Luziara estava lá com a toalha branca e a jarra de água.

Ele se aproximou da pia, e ela despejou água em suas mãos. Ele banhou o rosto, e seu perfume penetrante a deixou hipnotizada; ela tremia. Ele então pediu:

– Seque o meu rosto.

Ela pegou a toalha e começou encostando de leve a toalha em seu rosto. O senhor então a puxou para perto de si e beijou-a na boca. Ela não resistiu, entregando-se na troca daquele beijo como um reencontro de amor. Ele, olhando-a dentro dos olhos, disse-lhe:

– Vou ter paciência, mas você já é minha! – Deixou-a parada e suspirando de amor e medo. Luziara passou a mão nos lábios, ainda sentindo a presença dele.

No final da tarde, os convidados começaram a se despedir e foram deixando a fazenda. Os noivos e os padrinhos foram descansar um pouco antes do jantar. Os escravos corriam de um lado para o outro, arrumando e limpando o que sobrara da festa, especialmente porque o senhor dera a ordem de que eles poderiam comer à vontade o que tinha sobrado, exceto as bebidas alcoólicas, que foram recolhidas e guardadas. Os sucos foram liberados aos escravos. Eles se apressavam em colocar tudo em ordem para fazerem a sua festa na senzala.

Já passava das dez da noite quando os noivos e os padrinhos se reuniram na sala de jantar. Logo em seguida chegou Josef demonstrando cansaço, mas interessado no assunto.

O coronel Frederick, fazendo um brinde aos recém-casados, disse:

– Eu e Lise estamos honrados em poder ajudar vocês dois; aliás, vocês três. Josef, você bem sabe o quanto admiro o seu caráter e a sua boa vontade em crescer na vida, voltando à nossa velha França para concluir o seu curso. Dou-lhe minha palavra que, voltando com o seu doutorado, será meu protegido. Vai assumir um cargo de nobreza neste estado. Assim

CULPADOS ou INOCENTES?

que chegar à França, procure os meus filhos e tornem-se amigos, especialmente do meu filho Gilbert. Não arraste as suas asas para a minha filha. Eu estou aqui, mas a minha filha é vigiada vinte e quatro horas. Ai de quem se meter a besta com ela!

– O senhor pode ficar tranquilo; jamais faltaria com o respeito a sua filha. Ela será como minha irmã; não farei diferença entre as duas.

– E você, cuide de sua irmã. É sua obrigação, como homem, tomar conta das amizades dela e não permitir que nenhum engraçadinho se meta com ela. Deixe isso claro ao meu filho Gilbert, que eu não quero que ele se engrace pela sua irmã. Ela deve retornar com você e aqui fazer um bom casamento, assim como a minha filha, que vai se casar aqui e com quem eu aprovar.

As duas mulheres se entreolhavam; falavam de suas filhas, e elas não tinham coragem de dizer nada ao contrário do que ouviam do coronel.

– Quanto a vocês dois, vamos acertar alguns detalhes: vocês seguem amanhã cedo para a lua de mel. Aproveitem bem; eu, Lise, Josef e Luziara partiremos também.

– Não entendi. Luziara vai com vocês? Por quê? – disse Sophia.

– Eu explico, querida – falou Silviano. – Não quis aborrecê-la em meio aos preparativos do nosso casamento, mas tratei de tudo com o nosso amigo coronel Frederick e sua esposa Lise. Vamos encaminhar minha meia-irmã para se aprimorar na cidade em boas maneiras e estudar tudo o que puder, assim ela nos ajudará, e especialmente à sua filha. Quando ela retornar, Luziara poderá acompanhá-la em tudo. Você precisa de alguém de confiança e tenho certeza de que Luziara é uma pessoa que merece essa oportunidade. Fique tranquila que o coronel vai levá-la a lugar seguro, e ela será entregue a uma pessoa confiável.

Lise acrescentou:

– Sophia, não lhe contei antes porque só fiquei sabendo mesmo esta noite. Meu marido me falou, e eu acho que é o

MARIA NAZARETH DÓRIA ditado por LUÍS FERNANDO (Pai Miguel de Angola)

melhor que poderia ser feito por essa moça. Ela é muito bonita e jovem, poderá futuramente arrumar um bom casamento se tornando uma moça fina e educada.

– Sendo assim, olhando por esse ângulo, todos vocês têm razão – respondeu Sophia.

– Então, pessoal, posso concluir o que deixei em aberto? – pediu o coronel.

– Naturalmente que sim; desculpe ter cortado sua conversa – respondeu Sophia.

– Já escalei o meu melhor administrador; ele já está dando suporte aqui na fazenda, fazendo os levantamentos necessários. Fiquem sossegados que ele é de minha inteira confiança; é muito eficiente. Vou permanecer na cidade esta próxima semana. Tenho alguns negócios para fechar, embarcarei nosso herói e, na volta, passarei para ver como estão as coisas por aqui. Quero que vocês aproveitem bem esses dias, porque na volta, meu caro Silviano, prepare-se para muitas e muitas vezes enfrentar reuniões noite adentro, e nossas esposas aqui presentes devem sempre lembrar que estão casadas com homens de negócios, e o mundo dos negócios requer sacrifícios de ambas as partes. Eu odeio ficar longe de Lise, mas, de vez em quando, preciso; os deveres me obrigam. Porém, o mais importante é ela ter certeza de que é apenas ela que carrego nos meus pensamentos e nas minhas vontades. E tenho certeza de que você, Sophia, se casou com um homem honesto, bondoso e apaixonado pela sua pessoa. Aqui entre nós, mais uma vez vale o meu conselho: por favor, esposas queridas, não se atormentem e não nos atormentem com ciúmes e desconfianças. Esposas amadas, confiem em seus maridos e não fiquem ouvindo as histórias que se inventam sobre os coronéis; na maioria das vezes são como histórias de pescadores: fazem tempestade em copo de água. Trabalhamos para fazer de vocês as mulheres mais invejadas e cobiçadas da região, para dar um futuro sustentável aos nossos filhos e, quando a velhice chegar, termos todo o tempo do mundo para ficarmos juntos dia

CULPADOS *ou* INOCENTES?

e noite, sem um reclamar do outro. Pessoas infelizes fazem de tudo para tornar pessoas felizes seres idênticos a eles. Eu procuro afastar a Lise de certas amizades exatamente para proteger nosso casamento. Sabemos de muitos comportamentos errantes de alguns homens em relação às suas esposas. Acredito sinceramente que Lise pode me acusar de qualquer coisa, menos de desrespeito com ela e de falta de amor e atenção; quando não estou mergulhado em meu trabalho, é nos braços dela que realmente vivo e me sinto feliz.

Os olhos da esposa do coronel Frederick se encheram de lágrimas, e ela acariciou o braço dele.

– Meu amor, jamais tive algum motivo para me aborrecer ou me entristecer com você; sempre foi um marido e um pai exemplar. Não saberia viver longe de você, que é meu escudo, minha fortaleza.

Ele, apertando a mão dela, respondeu:

– Eu sou o homem mais feliz deste mundo por ter encontrado essa joia raríssima que é você, meu amor. Não me vejo sem você, que é o estímulo de minha existência.

Silviano, olhando para a esposa, disse:

– Eu me casei para fazer alguém feliz e me sentir feliz também. Se quisesse me divertir aqui e ali, não teria me casado; não me casei por interesse no que você tem, Sophia, porque lhe asseguro: daqui a cinco anos dobrarei sua fortuna e já possuo o meu próprio sustento. Por isso, quero que você guarde bem as palavras do coronel: jamais duvide de mim, não sofra nem me faça sofrer por coisas que jamais existirão em minha vida, como trocar você por quem quer que seja. Prometo-lhe fidelidade pelo resto de minha vida.

Sophia também, com os olhos marejados de lágrimas e ruborizada, respondeu:

– Eu penso que estou sonhando, nunca fui tão feliz em minha vida. Juntos vamos mudar nossas vidas; te amarei por todo o sempre.

Josef, rindo, comentou:

MARIA NAZARETH DÓRIA ditado por LUÍS FERNANDO (Pai Miguel de Angola)

– Meu Deus! Quantas juras de amor! Sejam apenas felizes; não precisam ficar jurando coisas que nem vocês sabem se poderão cumprir.

– Eu posso! – respondeu Silviano. – Jamais trairei sua mãe; ela é a minha vida, e eu estaria traindo a mim mesmo.

Sophia então cortou a conversa e perguntou ao esposo:

– Silviano, já conversaram com Luziara? Ela já arrumou os seus pertences para a viagem?

– Não, ainda não conversamos; depois do jantar podemos fazer isso. Ela tem poucas coisas para levar e não é bom ficar espalhando pela senzala essas notícias. Hoje é contada uma história, amanhã a mesma história estará sendo contada diferente e aí vira um drama entre eles.

Ficaram conversando, acertando os detalhes de suas viagens, e Sophia perguntou se queriam um licor antes de se recolherem. Eles aceitaram, e foi Luziara quem veio servir.

Então Sophia, pedindo licença ao marido, chamou Luziara para perto deles. Ela estremeceu, especialmente diante do olhar do coronel Frederick.

– Queríamos falar com você, Luziara. Amanhã você vai com o coronel Frederick. Ficará sob a sua custódia e irá aprender tudo o que se refere a etiqueta e a cuidar de uma casa como a nossa. Você não está indo como escrava do coronel; está indo como uma pessoa da nossa família. Quero que aproveite essa oportunidade oferecida por seu irmão e que Deus a faça muito feliz. Não conversei ainda com meu marido, mas, assim que for possível, vamos tratar de sua carta de alforria; sei que o seu maior sonho é se tornar uma pessoa livre, então se considere assim. Vou lhe conceder esse presente.

Silviano aproveitou a ocasião e falou:

– Eu e Sophia queremos o seu bem; você vai se preparar para se tornar uma pessoa civilizada, capacitada para exercer uma função nobre em qualquer lugar. É o mínimo que podemos fazer por você, e, se é vontade de minha esposa, vamos lhe conceder sua carta de alforria.

O coronel, imponente como sempre, acrescentou:

CULPADOS *ou* INOCENTES?

– Eu me comprometi com Silviano a encaminhá-la a uma escola e ajudá-la no que for preciso; tudo vai depender de você, ser feliz ou não. – E, enquanto olhava para Luziara cheio de desejo e paixão, pensou: *Esta mulher já me deu sorte! Não vou gastar nada com ela. A cunhada vai oferecer o que ela precisa.*

– O que nos diz, Luziara? – perguntou Sophia.

– Senhora, eu estou sem palavras. Agradeço de coração aos senhores por esta oportunidade que estão me dando. A senhora é uma estrela; eternamente serei grata a sua pessoa. Quando devo partir?

– Amanhã, todos nós vamos embarcar aos nossos novos destinos. Após o desjejum, vamos seguir viagem. Assim que terminar suas funções, arrume seus pertences e se despeça de seus amigos.

A moça se afastou e saiu correndo. Abraçou-se com mãe preta, como ela a chamava, e, chorando muito, contou-lhe que no dia seguinte partiria da fazenda. Iria viver na cidade, estudar e se preparar para acompanhar e servir bem as si-nhás, e que recebera a promessa de que se tornaria uma pessoa livre. Esse era o seu maior sonho, e poderia ser reali-zado em breve.

– Então, minha filha – respondeu a preta velha –, você vai ter uma oportunidade que muitas meninas aqui nunca tiveram: vai aprender a conviver com os fidalgos, ser quase um de-les, porque, mesmo recebendo a tal carta, ainda carrega nas suas veias o nosso sangue e o nosso amor por você. Isso é muito bom. Agradeça a Deus e siga o seu destino; vá arrumar suas coisas e logo mais chegue aos pés de Pai Pedro. Hoje ele vem nos abençoar; uma bênção e um conselho dele é uma ajuda que vem de Deus. Conte a ele as boas novidades de sua vida.

Assim que todos se recolheram, Luziara saiu sorrateira-mente e correu para alcançar Pai Pedro, incorporado em outro preto velho encarnado. Ela se ajoelhou aos seus pés chorando e pediu:

MARIA NAZARETH DÓRIA ditado por LUÍS FERNANDO (Pai Miguel de Angola)

– Ajude-me, pai... Preciso de sua ajuda, de sua bênção e dos seus conselhos.

– Calma, minha filha – respondeu o preto velho. – Deus não faz nada por acaso ou por engano. Já viu o vento soprando ao contrário, minha filha? Se Deus traçou um destino para você e chegou essa ocasião, não duvide Dele. Não lamente o porvir; abrace com serenidade esta chamada e no meio da tempestade não se esqueça de lutar até alcançar um canto seguro. Siga com as minhas bênçãos e, se assim permitido por nosso Pai Maior, vou ao seu encontro de quando em quando. Vá em paz e não se perca pelos caminhos.

O Pai Velho orientou com muita bondade a moça, que saiu agradecida e com o coração radiante de alegria.

Aquela noite voou para alguns moradores da fazenda. Os cativos lamentaram o cantar dos galos; queriam ficar um pouco mais em suas redes e esteiras. Era hora de pegar na lida, a fazenda estava sendo acordada. Porém, havia alguém muito ansioso que não tinha pregado os olhos. Era Josef, que não via a hora de se levantar, arrumar-se, pegar suas malas e deixar a fazenda. Luziara também não conseguira dormir; estava tensa e não pensava em mais nada a não ser no coronel Frederick. Dentro dela, nada mais tinha importância. Se fosse para ficar próxima dele, faria qualquer coisa – essa era a verdade do seu coração.

Após o café da manhã, todos estavam prontos para seguir viagem. O coronel abraçou e beijou a esposa e recomendou os cuidados que seus homens deviam ter com ela. Despediu-se do casal que partia em lua de mel e, acompanhado por Josef e Luziara, o coronel Frederick deu a ordem de partida. Antes de entrar, falou em voz alta com o administrador:

– Cuide de tudo. Até a volta, quero bons resultados.

– Vá tranquilo, senhor! Vou me encarregar de tudo. Prometo que vou fazer o melhor que puder.

Enquanto os viajantes se afastavam, o administrador riu sozinho, dizendo para si mesmo: *Pode me enganar, coronel! Essa morena aí era o sonho de muitos homens desta fazenda, inclusive o meu! Deus me livre de pensar mais nela, ou meu sonho vira pesadelo.*

Na cidade, o coronel deixou Josef na casa da família com a qual ele viajaria no outro dia. Despediram-se com um abraço e as recomendações de que assim que ele chegasse enviasse notícias e que procurasse os filhos dele.

Já acomodado ao lado de Luziara, o coronel puxou a moça para perto de si, dizendo-lhe:

– Não tenha medo de mim, menina. Nunca me senti atraído por alguém como estou por você e, se você compreender o meu coração, vou te fazer feliz. Você vai sim estudar e se preparar para ser uma dama; não foi mentira quando ouviu que não será minha escrava, pois não será; quero você como uma mulher. Exijo de você respeito, fidelidade e discrição; jamais abrirá sua boca para falar sobre nossa relação e, diante dos conhecidos e familiares, você deve manter sua postura, respeitando a minha pessoa e a minha posição. Mas, entre quatro paredes, quero você completa, sem qualquer diferença entre nós dois, entendeu? Seremos um homem e uma mulher.

– Eu vou ficar com o senhor?

– Em uma das minhas casas. É um lugar bonito e agradável, bem discreto. Tenho escravos de minha total confiança que cuidam da casa e vão seguir as minhas ordens em relação a você.

– Serei uma de suas amantes?

– Sim, você já é minha amante, e sei que você queria isso; me disse o tempo todo no olhar e no beijo que trocamos. Estou enganado? E que história é essa de "uma de suas amantes"? Insinuou que tenho outras amantes?

– Perdão, mas um homem rico e lindo como o senhor deve ter muitas mulheres que o queiram. Não falei por mal, apenas porque acho que o senhor é o homem mais lindo do mundo. Meu coração é seu e quero ser sua por toda a minha vida.

Aquela noite, Luziara entendeu que não viveria sem aquele homem e faria tudo o que ele desejasse, mesmo que fosse para ficar com ele algumas horas.

MARIA NAZARETH DÓRIA ditado por LUÍS FERNANDO (Pai Miguel de Angola)

Por outro lado, o coronel Frederick admirava aquela menina. Era uma mulher diferente; tinha algo nela que lhe transmitia um sentimento de paz e tranquilidade. Ele passou a semana resolvendo seus negócios e não via a hora de voltar correndo ao encontro de sua amada. Os amigos estranharam e comentaram entre si sobre o que estaria acontecendo com o coronel. Estando na cidade, ele andava em todas as casas noturnas, mesmo tendo suas amantes; nunca deixava de aparecer nestes locais, pois todos os dias chegavam belas e jovens mulheres de diversos lugares do Brasil e do exterior em busca de uma vida melhor; eram as conhecidas mulheres "da vida".

No terceiro dia de sua estadia na cidade, um coronel que era dono da casa mais badalada dali fez o convite aos amigos dizendo que naquela noite teriam novas garotas, meninas lindas, e ele oferecia uma noite gratuita aos amigos; era só escolher a menina e ter uma noite diferente.

O coronel Frederick agradeceu, deu uma desculpa dizendo que justamente naquela noite tinha um compromisso familiar, um jantar, e portanto não poderia acompanhá-los, mas que não faltaria ocasião. Os outros se entreolharam. O coronel, para dispensar um convite daqueles, tinha algum motivo, e era mulher. Mas quem seria essa mulher? Esposa de algum fidalgo em viagem?

Assim que ele se retirou, os coronéis começaram a discutir entre eles quem era o fidalgo que estava viajando. Vários nomes foram citados, mas as esposas solitárias não tinham os predicados exigidos por Frederick. Então, quem seria? Ele era um homem misterioso; com certeza estava escondendo alguém muito especial, e eles jamais se atreveriam a questioná-lo. Ele era o intermediário entre os coronéis das regiões vizinhas e os fidalgos que vinham de fora negociar no Brasil; falava muitas línguas e era o homem mais respeitado entre todos os coronéis. Além de bem preparado para os negócios, era a ponte para todas as outras negociações; sem ele, ninguém podia fechar nada! E, em todos os negócios, ele levava uma boa quantia.

CULPADOS *ou* INOCENTES?

A sinhá Lise estava muito preocupada. Pediu ao administrador que enviasse dois feitores de sua confiança para saber o que estava acontecendo com o senhor. Ele ficara de voltar no máximo em uma semana e já fazia dez dias que estava afastado da fazenda.

O administrador acalmou a sinhá, lembrando que ele não apenas tratava dos seus negócios pessoais como dava assessoria a todos os coronéis, e que ele estava sabendo que muitos estrangeiros haviam vindo ao Brasil negociar com eles. Que ela tivesse paciência. Ele podia até enviar os dois feitores, mas não via necessidade, pois, se tivesse acontecido alguma coisa, já teriam vindo até a fazenda avisá-la, principalmente sendo um homem como o coronel!

A sinhá respirou fundo e respondeu:

– Você tem razão, não vamos mandar ninguém atrás dele não! Certamente ele deve estar chegando e poderia ficar muito aborrecido comigo. Não posso me descontrolar; meu marido é um homem de negócios.

No final daquele dia, o coronel chegava à sua fazenda. Parecia muito feliz e, ao avistar a esposa, correu e a suspendeu nos braços, dizendo-lhe:

– Meu amor, que saudades de você!

Ao entrarem, ele se desculpou contando que tivera uma semana de cão, começando a trabalhar às seis da manhã e não terminando antes da meia-noite. Nem dera tempo de comprar algo para ela. Pediu-lhe mil perdões, e ela, abraçando-o, respondeu:

– O presente maior é você aqui, meu amor! Eu estava tão preocupada e saudosa que tive vontade de sair correndo atrás de você!

– Nunca pense em fazer uma loucura dessas, Lise! As estradas são perigosas; uma dama não pode andar sem proteção e sem a companhia do marido. No próximo mês, prometo, vou levá-la à cidade. Vamos ficar uma semana, e você vai poder comprar tudo o que quiser para você e para a fazenda, o que acha?

– Acho ótimo! Precisamos de tecidos novos para renovar os lençóis das senzalas, e as roupas para mulheres e crianças. Muitos negros estão precisando também de calçados.

– Pois é, e tem gente que pensa que manter tantos escravos é fácil! Levando em consideração as despesas que temos com eles, botando na balança, muitos só dão prejuízo. Essa criançada, por exemplo, a cada dia fica mais relaxada. Antigamente, a partir dos cinco anos, estavam trabalhando; agora, moleques de nove anos só querem ficar por aí subindo em árvores e aprontando pelas estradas. As coisas ficam difíceis a cada dia; não sei o que será de nós daqui a alguns anos com essa abertura que o Brasil está oferecendo a outros países. As ideias deles já estão se infiltrando entre nós e estamos enfrentando uma guerra de poder.

– Ah, meu amor! Vamos deixar um pouco os problemas de lado? Quero ficar com você; eu não mereço? – disse a sinhá, encostando a cabeça em seu ombro.

– Desculpe, meu amor – respondeu ele, abraçando-a. – Você é meu refúgio; quando estou longe de você, parece que até o ar que respiro me aborrece, me entristece. Vamos descansar um pouco; estou precisando ficar com você para me equilibrar, descansar meu coração, minha alma. Espere só um minutinho; deixe-me falar com o administrador e, depois disso, quero ficar pelo menos duas horas descansando ao seu lado. Aí sim vou tratar dos problemas da fazenda.

Orgulhosa, ela ficou observando o marido dar ordens ao administrador e, em seguida, entraram no casarão. A sinhá pediu à criada de quarto que fosse buscar algo para o senhor beber e comer, e que variasse no que fosse trazer. Podia deixar na mesa, não precisava chamá-la.

CULPADOS ou INOCENTES?

Na cidade, Luziara recebia as primeiras aulas de boas maneiras, para aprender a viver em sociedade na condição em que agora vivia: como amante do coronel, e reconhecida por ele entre quatro paredes, embora fora do aposento fosse apenas a irmã de Silviano.

Uma amiga de confiança do coronel assumiu cuidar, preparar e vigiar Luziara. Ela guardava muitos segredos do seu protegido; sabia muito bem que com ele uma palavra indevida lhe custaria muito, e era graças ao coronel que seu filho estudava em um colégio interno frequentado por filhos de coronéis e fidalgos; alunos como o seu filho, só com um padrinho à altura do coronel. Ela fazia tudo o que ele lhe pedisse e seria fiel até a morte.

No fim da tarde, o administrador veio trazer as boas-novas ao senhor: tudo corria como tinham previsto. A fazenda de Silviano estava sob controle e ele havia retornado da lua de mel naquela manhã e já tinha começado a trabalhar.

— Ótimo! Amanhã mesmo vamos até lá; temos que começar a traçar nossos projetos. Na próxima semana você deve reunir um grupo de homens para iniciar a abertura do rio; a cerca vai desaparecer, e todas as terras banhadas pelo rio serão minhas — explicou ao administrador, que ficou boquiaberto com o projeto inteligente do senhor, já prevendo que receberia uma boa quantia por toda aquela gigantesca obra.

Após acertar muitos detalhes com o administrador, ele retornou à casa-grande. Já escurecia, e era um corre-corre para lá e para cá; os escravos movimentavam-se de um lado para o outro em seus afazeres. Outros chegavam dos campos, corriam para se banhar antes do jantar, e feitores faziam a troca da guarda. A vida ali era muito movimentada.

A noite estava morna, e o suave perfume das flores enchia a sala de jantar com um aroma delicioso. O jantar foi servido, e

MARIA NAZARETH DÓRIA ditado por LUÍS FERNANDO (Pai Miguel de Angola)

Lise, muito feliz, mostrava ao marido as cartas que tinha recebido dos filhos, carinhosamente perguntando-lhe quando iriam visitá-los; ela estava muito saudosa.

– Calma, meu amor. No fim do ano iremos visitar nossos filhos e quem sabe Sophia e Silviano irão conosco? Há quanto tempo Sophia não vê a filha? É uma grande oportunidade de ficarmos juntos com nossos vizinhos e parceiros. Pretendo fazer bons negócios com Silviano; gosto dele e dei minha palavra a Josef de que iria ajudá-los, e pretendo fazer isso.

– Mudando de assunto, querido, como ficou a irmã de Silviano? Ela ficou bem? É uma moça muito bonita; pode fazer um bom casamento com um rapaz de bem. Tomara que Sophia resolva logo a situação dela dando sua carta de alforria, assim ela pode frequentar bons lugares e fazer boas amizades.

– Ela é uma moça bem instruída; mesmo sendo uma escrava, aprendeu muitas coisas boas. É educada e prestativa, e sabe ser agradável. Ela sabe conquistar a confiança das pessoas. Fique tranquila que tudo está como havíamos combinado. Mas agora me fale como estão as coisas por aqui. Quero saber de você, do seu trabalho, se teve algum problema com algum feitor. Com os barracões da senzala está tudo em ordem?

– Graças a Deus correu tudo bem; não tive problemas que me causassem aborrecimentos maiores. Os dias se alongaram sim com sua ausência, pois sabe que, quando não está aqui, tudo fica vazio.

Ele afagou o braço da esposa respondeu:

– Você não imagina o que é o mundo lá fora, minha querida... – Suspirou fundo, pensando em Luziara. – Às vezes sinto inveja dos escravos, que não têm compromisso com nada. Trabalham, comem e vivem os seus bons momentos. Para manter tudo o que somos, eu preciso sacrificar minha vida pessoal; daria tudo para ficar todos os dias do seu lado, mas infelizmente os meus deveres são muitos. Além de cuidar dos nossos interesses, tenho que dar assessoria aos outros coronéis da região. Você sabe disso. Sem contar que agora

CULPADOS *ou* INOCENTES?

tenho que preparar um novo coronel, que é o Silviano. Mas sabe de uma coisa, Lise? Eu me sinto feliz em ajudar as pessoas.

Emocionada, a esposa acariciou o seu rosto. Estava com os olhos marejados de lágrimas.

– Sei, meu amado – disse ela –, que você é o melhor marido deste mundo. E, como amigo, não há outro! Por isso é tão solicitado e querido.

– Vamos jantar que está esfriando – respondeu ele rindo. – Quero aproveitar cada segundo a seu lado, porque depois de uns três dias preciso ir assinar um contrato de alto valor e terei que me ausentar uns dois dias. Sabe que essa é uma ocasião muita boa para fecharmos negócios, pois estamos com muitos comerciantes que vieram de outros países.

– Você mal chegou e já está pensando em viajar? – respondeu ela melindrada.

– Lise? – chamou o marido, suspendendo o queixo dela. – Você é casada com quem? Com um homem de negócios, Lise. Com o coronel Frederick! Não vamos ficar triste por isso, vamos?

E, assim, a esposa, como sempre, se encheu de orgulho ao lembrar que era a esposa do homem mais invejado e respeitado da região.

CAPÍTULO 4

Novas mudanças

Silviano a cada dia se envolvia mais na alta sociedade, e Sophia ia ficando para trás, conformada com o trabalho e as necessidades do marido. Sentia-se tranquila, pois sabia que ele estava amparado pelo coronel Frederick, o grande e respeitável senhor.

As cercas que separavam as duas fazendas foram arrancadas; as águas que banhavam aquele gigantesco rio corriam pelas terras férteis da fazenda do coronel, e sua lavoura triplicou. Por outro lado, o rebanho do coronel Silviano também triplicou, e os dois realmente tinham uma relação de negócios e de respeito um pelo outro que era invejável. O coronel investia em terra, e ele no gado. Silviano alugava os pastos do coronel e sua boiada crescia dia a dia, assim como sua fama. Ele estava exportando couro da melhor qualidade e, com a ajuda do coronel, seus produtos começaram a correr mundo afora, como ele costumava dizer.

– 107 –

MARIA NAZARETH DÓRIA ditado por LUÍS FERNANDO (Pai Miguel de Angola)

Frederick e Silviano mantinham suas amantes em sigilo e ninguém se atrevia a falar nada a respeito dos dois.

Luziara recebera a carta de alforria e o coronel a levara para uma nova fazenda em outro estado vizinho. Uma vez por mês ficavam juntos dois ou três dias; essa era a vida dela. Para todos, ela havia se casado e deixado o estado, e estava muito feliz e bem resolvida. Apenas os mais velhos da fazenda de Silviano sabiam o que se passava com Luziara, que se tornara amante e escrava do coronel, pois ela vivia distanciada de tudo e de todos. O Pai espiritual dela sempre orava e pedia aos irmãos mais velhos que também orassem por ela, pois o destino de cada um não pode ser cortado por ninguém. Ela vivia longe, sozinha, mas se sentia feliz com o homem que preenchia o seu coração. Ele ia visitá-la de vez em quando, mas era o suficiente para alegrar sua alma.

Silviano, por outro lado, vivia rodeado de mulheres. Elas disputavam entre si quem passaria a noite com ele. Bonito e sedutor, esbanjava dinheiro e presentes às suas escolhidas; era conhecido como o rei das boiadas. Daquele jovem de antigamente, nascido de uma escrava e um sinhô, pouco restava. Bem-vestido, elegante e muito fino, era admirado e respeitado por todos.

O filho do coronel Frederick confessou em uma de suas cartas que estava completamente apaixonado por Josephine; que os dois estavam se entendendo muito bem, e com a aprovação de Josef e dos avós. Que ela era a escolhida do seu coração e que voltariam no tempo certo, assim que ele concluísse os seus estudos, para celebrar o casamento. Ele queria que o pai preparasse a mansão na cidade com todo o requinte que ela merecia e estava acostumada.

O coronel não gostou da ideia e comentou com a esposa:

– Não vejo essa união como sendo benéfica para nossa família! Não me importaria se fosse o contrário: Josef com a nossa filha.

A esposa não compreendeu e perguntou:

– Que diferença faz ser Josephine e nosso filho ou nossa filha e Josef? Explique, porque não estou entendendo. Pensei que você fosse ficar feliz e vejo que não gostou nem um pouco da decisão do nosso filho.

– Lise, para o nosso filho, o filho do coronel Frederick, o homem mais importante desta terra, um casamento entre esses dois nada pesaria entre nossas famílias. Quero que ele se case com a filha de alguém que tenha um sobrenome nobre; fiz amizades com um conde italiano que tem duas filhas lindas, e tanto eu quanto ele temos intenções de uma aliança entre nossos filhos. Por outro lado, se Josef e nossa filha se cassassem, juntaríamos nossos patrimônios e manteríamos nosso nome em alta.

– Mas, meu querido, é Gilbert e Josephine que estão apaixonados! Não devemos interferir na escolha do nosso filho.

O coronel se levantou e, olhando para a esposa, perguntou:

– Você conhece Josephine? Todas as vezes em que estivemos na França eu vi uma pessoa enrolada em lãs, que não tirava as luvas nem para nos cumprimentar! Fiquei indignado com o que ela fez, inclusive com o Silviano. Estendeu a mão com meio metro de distância, sem tirar as luvas! Você viu o rosto dela alguma vez? Eu nunca vi. Não sei como meu filho foi se apaixonar por uma múmia! Esse casamento jamais vai acontecer, Lise. Fique tranquila que sei como conduzir essa história. Vou enviar um mensageiro à fazenda de Sophia e convidá-la para passar conosco este fim de semana. Preciso ouvi-la; só assim decidirei o que fazer.

E assim foi feito. Silviano e a esposa vieram atender o convite do coronel. O almoço foi servido. Sentados em volta da rica mesa, o coronel se dirigiu a Sophia perguntando com naturalidade:

– Tem notícias dos seus filhos?

Ela, se armando de coragem, respondeu:

– Tenho sim! Recebi uma carta, e Josef me confessou algo que não sei como o senhor vai receber. Mas preciso informar a vocês.

– Então fale logo, Sophia! – falou o coronel.

– Ele está apaixonado por Elizabeth, e ela lhe corresponde. Estão criando coragem para pedir o seu consentimento. E

MARIA NAZARETH DÓRIA ditado por LUÍS FERNANDO (Pai Miguel de Angola)

seu filho Gilbert também está apaixonado por Josephine, e eles pensam em se casar.

– Bem, Sophia, sobre o Gilbert eu já estava sabendo, foi por isso que convidei vocês aqui, para discutirmos o assunto. Agora, sobre a minha filha, foi de fato uma surpresa. Em se tratando de Elizabeth, vou buscá-la imediatamente. Ela já concluiu os estudos e está na hora de retornar. Se você ou Silviano quiserem me acompanhar, terei muito prazer em tê-los comigo. Acredito que você, Sophia, também queira trazer sua filha para ser preparada para o casamento.

Lise empalideceu e perguntou ao marido:

– Você disse que vai logo? Posso saber se vou junto, ou você vai sozinho?

– Se desejar me acompanhar, não me oporei. Porém, não aconselho, porque a minha viagem vai ser apenas chegar lá e retornar com Elizabeth. Não vou ficar muito tempo.

– O senhor acha que devo trazer minha filha também? – perguntou Sophia.

– É o correto! Uma moça de família deve ser preparada para o casamento e esperar a volta do futuro marido.

Lise não entendia mais nada! Ele não queria o casamento, e agora mudara de ideia?

Acertaram os detalhes da viagem. Ele viajaria dali a dez dias, e Silviano, de acordo com Sophia, pediu ao coronel para trazer Josephine com ele e sua filha. A mãe iria escrever uma carta e exigir da filha que retornasse com o coronel, assim seria preparada para o casamento com o seu escolhido.

Após o almoço, o coronel convidou Silviano para dar uma volta pela fazenda, e as mulheres ficaram fazendo planos para receberem suas filhas.

A sós com Silviano, o coronel foi logo falando:

– Entre nós nunca houve segredos e não é agora que nascerá um! Meu filho não vai desposar a filha de Sophia, mas Josef vai se casar com Elizabeth com a minha permissão.

– Poderia me explicar por que um pode e o outro não?

– Por um motivo óbvio! Você acha que aquela múmia que vive enrolada em cachecóis, mostrando apenas os olhos

CULPADOS *ou* INOCENTES?

debaixo daquela touca preta, com aquelas botinas e casacão de couro, será a esposa ideal para um futuro embaixador do Brasil?

– Sinceramente? Não! Ela não é a pessoa que o senhor deseja para o seu filho; ela não será uma dama a ser copiada e invejada por outras mulheres. Já sua filha, sim, é uma moça instruída, tem classe e postura para acompanhar Josef e fazer dele um grande homem!

– É por isso que gosto de você! É coerente em seus pensamentos e tem a visão aberta para o futuro. Quero sua ajuda para resolvermos esse problema. Vou viajar e farei de tudo, nem que seja à força, para trazer a filha de Sophia. Ela receberá todo o conforto que sempre teve. Enquanto eu estiver fora, peça a ajuda das nossas esposas e faça com que ela seja recebida como uma princesa, assim como a minha filha também será tratada. Não comente absolutamente nada com Sophia. Deixe que eu vou cuidar de tudo com naturalidade. E você fique de olho na minha fazenda e nos meus administradores; deixarei algumas anotações e não ficarei muito tempo fora. Pretendo ir à cidade visitar Luziara. Sabe, já estou me cansando dela... Depois que teve o filho, ficou insuportável! Ela me cobra atenção, chora, implora que a traga de volta para a fazenda, é um inferno! Vou lhe dar uma boa quantia, o suficiente para se estabelecer e montar um negócio como escrava livre, para criar o filho dela bem longe daqui.

– Eu também vou confessar algo, coronel: ando procurando motivos para ficar longe de Sophia. Não aguento mais o ciúme dela, e olhe que nem me envolvo com mulheres da fazenda! Para mim está se tornando um sacrifício dormir ao seu lado.

– Cuidado, Silviano! Talvez você esteja deixando de fazer o que todo marido que deseja se estabelecer em família faz. Tem agradado sua esposa com prendas e elogios? Mesmo quando quiser fugir de perto dela, fale o contrário! Leve-a para a cidade, coloque alguém de sua confiança para acompanhá-la em compras e passeios com outras mulheres do

MARIA NAZARETH DÓRIA ditado por LUÍS FERNANDO (Pai Miguel de Angola)

nosso meio, deixe-a afastada dos lugares onde temos nossos casos.

– Talvez eu tenha falhado mesmo! Agora, com a chegada da filha, quem sabe ela ocupa a cabeça e me deixa em paz? – respondeu Silviano.

– Mas o meu passeio pela fazenda não é apenas para tratar do assunto dos casamentos dos meus filhos; é também para lhe propor um grande negócio. O que vou lhe propor requer coragem e, como sei que você é corajoso em negócios, quero fazer a proposta.

– Estou pronto para ouvi-lo! E, vindo de você, sei que é sucesso!

– Muito bem, Silviano, recebi uma proposta de um latifundiário da Colômbia. A Colômbia é um país enorme! As terras por lá estão sendo vendidas a preço de banana, e ele me disse que está mudando de ramo: quer vender suas fazendas e migrar para os Estados Unidos. O foco das fazendas é a criação de gado; ninguém melhor que você para fazer boi virar ouro em pouco tempo. Fiquei de analisar com cuidado antes de voltar a falar com ele.

– Onde fica essa Colômbia, coronel?

– Não tão longe que não possamos chegar lá, nem tão perto que dê para ir a pé! Mas distância para nós, que somos negociantes, não interfere em nada! O que vale é o que queremos alcançar. E, preste bem atenção, nem o vento pode ouvir o que vamos combinar, entendeu? O vento passa correndo e não pode testemunhar nada, e em você eu confio cem por cento. No dia que desconfiar e tiver certeza de que você me traiu, faço como costumo fazer com quem se atreve a me desafiar: enviarei uma cruz certificando-o de sua morte, pois o portador que leva essa conhecida cruz nunca volta sem novidade.

Silviano respondeu:

– Deus me livre de ter essa coragem de traí-lo, e não é por medo, não! É por respeito, gratidão e amor pela sua pessoa, coronel Frederick. Mas estou pronto e ansioso em ouvi-lo; desafios me atraem, o senhor sabe disso.

CULPADOS *ou* INOCENTES?

– Eu comprarei as terras, que são três fazendas em regiões privilegiadas, todas apropriadas para a criação de gado. Vamos fazer uma parceria: você fica com o gado, me pagará o arrendamento das terras e me passará quinze por cento de todos os lucros que saírem de dentro das fazendas, a partir do segundo ano em que estiver estabelecido por lá.

– Coronel, eu confio plenamente no senhor, mas como posso fechar um negócio assim no escuro? Lá estão as terras, mas e o gado? Vou levar daqui?

– Silviano, já é tempo de você ter um pouco mais de malícia! Vou fechar o negócio com as fazendas, inclusive as fazendas são conhecidas por terem os melhores rebanhos da Colômbia. Você vai usar sua varinha mágica e fazer o rebanho dobrar, como sabe fazer! E, para sua informação, o que fiquei sabendo é que essas terras ficam nas montanhas, próprias para o plantio do café, o que já acontece. São colhidas toneladas e toneladas de café e fumo, e a criação desse gado acostumado com as montanhas é comprovada, sendo o couro mais resistente e macio do mundo.

– Bom, sendo assim, já podemos começar a traçar planos. Se o senhor está me propondo uma parceria dessas é porque sabe que não vamos ter prejuízo. Que tal fecharmos dez por cento a partir do segundo ano, e no quarto ano podemos reajustar para quinze por cento?

– Não vamos fechar nada! Você vai fiscalizar, farejar as possibilidades do que estamos investindo e aí voltamos a conversar. Não quero ter prejuízo, e você não vai querer tirar vantagem de mim, não é mesmo?

– Jamais, coronel Frederick! Sinceramente, trabalharia de graça para sua pessoa, devo tudo a você. E quando é que o senhor pensa em fechar negócio? – perguntou Silviano ansioso.

– Bem, eu vou viajar, conforme já conversamos. Você ficará no comando de nossos negócios e, assim que retornarmos com as moças, você aproveita e segue viagem. Creio que precisará de mais de trinta dias para concluir tudo.

Silviano avisou ao coronel que iria até suas terras; queria saber como estava o casal de pretos velhos que ele deixara como moradores e pediu que o coronel avisasse a esposa. Não queria ouvir o que já sabia: ela iria implicar com ele que não tinha mais sentido ele se preocupar com dois negros velhos que viviam em suas terras.

Silviano seguiu pela estrada, que estava florida e perfumada. Sentiu um aperto no coração. Que saudades daquele cheiro, da sua liberdade... Sua preocupação era apenas em tratar bem o gado; não tinha nenhum compromisso que lhe tirasse uma noite de sono. Como sua vida tinha mudado! Agora se sentia preso em uma armadilha que ele mesmo preparara. O pomar estava repleto de árvores frutíferas. Silviano ficou admirando. Parece que foi ontem que estive aqui, olha só como isso aqui está mudado...

Desceu do seu belo cavalo e, puxando o cabresto, amarrou-o no murão que ficava em frente do casebre. Não precisou bater palmas, pois foi recebido por dois belos perdigueiros que lamberam suas mãos, latindo com alegria.

– E aí, meus velhos amigos, como estão? – disse Silviano, acariciando os animais. Na porta do casebre apareceu curvado o velho Sebastião com sua cabeleira alva como algodão.

Silviano correu ao seu encontro e, segurando suas mãos, falou:

– Meu velho, que saudades! – Abraçou-se ao preto velho, e duas lágrimas rolaram de seus olhos. Sua voz ficou embargada pela emoção.

– É você mesmo, meu filho? – respondeu o preto velho, abraçando com força o rapaz e deixando que as lágrimas escorressem livremente por sua barba branca.

– Vamos entrar, meu filho, vamos entrar! – pediu o preto velho Sebastião. – Ó Zulmira, vem cá, vem ver quem veio nos visitar. – Arrastando os chinelos de corda, uma preta velha que cheirava a ervas apareceu na porta com sua toalha de saco alvejado amarrada na cabeça.

– Meu Deus! É Silviano! Quanto tempo que não aparecia. Nós achávamos que você nunca mais pisaria aqui neste casebre, que não iríamos ter tempo de te agradecer por tudo o que tem feito por nós.

CULPADOS *ou* INOCENTES?

O rapaz abraçou a preta velha respondendo:

– Como aprendi com vocês, mesmo não estando fisicamente presente, jamais deixei de pensar nos dois. Estão recebendo os cuidados que tenho encaminhado a vocês?

– Pode verificar pessoalmente! Nada falta pra gente nem para os nossos bichinhos de estimação. Tudo aqui sobra de tanta fartura; dividimos com os filhos mais necessitados – respondeu o preto velho.

– Vou passar aquele café que eu sei que você gosta, ou mudou de gosto? Ah! Também fiz umas broas de milho, bolo de fubá e pé de moleque na palha da bananeira, além de beiju de coco. Também tenho doce de leite, de goiaba, jabuticabas e cidra, tudo fresquinho e colhido da vaca e do pé da fruta. Mais uma coisa: vou buscar uma roupa limpinha do Sebastião; você retira essa roupa de luxo para não amassar e, quando for embora, se veste, assim pode se deitar na rede ou na esteira e prosear melhor.

– Não precisa, vó Zulmira! – respondeu o rapaz.

– Precisa sim! Você não vai ficar bem acomodado dentro de uma rede com esses trajes finos; arranca também esses sapatos de luxo. Vou ferver um cozinhado de folhas para você colocar os pés e vou passar os ramos em você, meu filho. Tenho rezado muito a distância, mas aqui presente é bem melhor.

– Olha aqui, filho, se troca e se ajeite aí na rede, que eu vou ajudar a Zulmira a colocar em cima dos tamboretes tudo o que eu quero que você experimente. Coma um pouquinho de cada coisa, que não pesa no estômago.

Deitado na rede, Silviano respirou fundo, olhando a roupa de saco branca e perfumada que vô Sebastião lhe emprestara. A sensação era de liberdade e paz.

– E então, meu filho, vamos beliscando e conversando, enquanto Zulmira vai escolher e preparar os seus banhos. Estou aqui para te ouvir. Aproveite os ouvidos deste negro velho, que não falta muito para silenciar sua voz neste mundo, mas estarei me abrindo no mundo de Deus e para a luz. Conta

MARIA NAZARETH DÓRIA ditado por LUÍS FERNANDO (Pai Miguel de Angola)

para mim como está a sua vida além do que sei: que você é o homem que mais tem bois por estas estradas e que manda couro para o estrangeiro. Mas não é isso o que quero saber; o que quero ouvir é o seu coração. Está feliz?

Silviano respirou fundo antes de responder:

– Ah! Meu velho pai e amigo, eu estou em um mundo que posso descrever como o inferno em terra... O mundo do crime, da mentira e da falsidade. Não posso mais retroceder, seria o meu fim, embora já tenha passado pela minha cabeça que o único caminho que tenho para escapar deste mundo em que me meti é a morte. Hoje tenho tudo e não tenho é nada! Não tenho paz, vivo cercado de pessoas traiçoeiras e, mesmo que eu quisesse, não teria como fazer o bem a ninguém. No casamento, não encontro paz nem vontade de voltar para casa. Eu me envolvo com dezenas de mulheres e continuo vazio; sinceramente, se pudesse começar hoje a minha vida, jamais teria mergulhado nesse mundo de ilusões.

O preto velho, em silêncio, apenas ouvia os desabafos de Silviano. Quando este respirou fundo, fazendo uma pausa da própria história de vida, o velho Sebastião então falou:

– Pois é, meu filho, Deus lhe concedeu liberdade e você fez sua opção; queria fechar a porta do cativeiro e conseguiu. Entrou neste mundo de que agora é senhor e não se sente feliz. Voltar atrás seria impossível, pois, como um pássaro que deixou a gaiola e conheceu a liberdade, você não é mais o mesmo; descobriu outros caminhos, porém, encontrar a paz e o amor nesse caminho escolhido por você é possível. Não teve nenhum filho com sua sinhá, disso eu tive notícias, e me pergunto: não procurou um doutor do mundo de vocês ou uma das nossas curandeiras com suas garrafadas para ajudar a sinhá a engravidar por quê?

– Sinceramente? Acho que nem eu, nem ela gostaríamos de ter filhos! Ela já tem dois filhos criados, a filha vai chegar daqui a pouco e logo vai se casar. Então virão os netos, que vão preencher a vida de Sophia de alegria.

A preta velha chegava com os braços repletos de folhas, e o perfume se espalhava no ar.

CULPADOS *ou* INOCENTES?

– Vou colocar na panela de barro essas folhas e essas raízes e volto para lhe passar o ramo. Pode comer sossegado. E você, Sebastião, vê se não enche o menino de perguntas. Ele veio aqui para descansar.

– Fica tranquila, Zulmira, só estamos conversando. Prepara lá os banhos dele e vem fazer as suas rezas antes de o sol cair.

Silviano tomou o último gole de café na cuia, como ele havia pedido, e se preparou para ajudar a tirar o que ficara das iguarias servidas. O preto velho segurou a mão dele dizendo:

– Nem pense em fazer isso! Fique aí sentado na rede; eu e a Zulmira fazemos isso. Ficamos o dia todo procurando o que fazer e, quando chega alguma coisa boa para fazer, você quer impedir?

Logo a preta velha pedia para Silviano sentar-se de frente para onde o sol iria se pôr e que colocasse os pés no chão. O preto velho trazia uma vasilha com água e pedras de carvão em brasa. Cruzando sobre a cabeça dele a água e o fogo, colocou-os a sua frente. A preta velha começou a fazer suas rezas e a jogar uma brasa de cada vez na vasilha de água. Quando ela terminou de rezar, as folhas estavam dobradas, murchas. Havia algumas brasas no fundo da água e outras boiando sobre a água. Ela jogou as brasas em chamas, que se apagaram na água, e pediu que o preto velho jogasse tudo do outro lado, onde o sol iria desaparecer. Pediu que Silviano acompanhasse vô Sebastião, que o ajudou com um banho delicioso, morno e perfumado. Silviano se sentiu leve e tranquilo.

– Eu sei que a senhora vê muita coisa nessas águas e nesses ramos. Poderia me dizer algo?

– Posso sim, e vou lhe dizer: vi um homem perdido dentro de si mesmo e que precisa se encontrar, e esse caminho chama-se Deus! Você precisa rezar; olhar um pouco mais a sua volta para enxergar a presença de Deus em sua vida, meu filho. Tudo o que acontece conosco é com a permissão do Criador; aproveite a oportunidade que recebeu e transforme sua vida e a de outras pessoas em dias melhores.

MARIA NAZARETH DÓRIA ditado por LUÍS FERNANDO (Pai Miguel de Angola)

– Mas, vó, eu faço muitas doações e não nego nenhuma esmola aos pobres que encontro pelas ruas. Isso não é bom aos olhos de Deus? E olha o que vou dizer a vocês: Deus que me perdoe, mas não sei por que Ele ajuda a libertar os escravos, pois esses infelizes são jogados na rua e acabam morrendo de fome, sem ter para onde ir! Encontro muitos deles perambulando por aí, apanhando das autoridades, sendo chutados, humilhados e tratados como cães sem dono. A situação está tão difícil que há muitos escravos velhos se matando de trabalhar para não dar motivos aos senhores de se livrarem deles.

– Muito bom, meu filho; dividir o pão com outros irmãos é dividir com o próprio Deus. Porém, vou te lembrar de algo que talvez você não esteja lembrando: tempos atrás, você sonhava em se casar com uma moça branca, rica e instruída, e que não tivesse o pé no cativeiro. Deus atendeu o seu pedido, você se casou com alguém muito especial, do jeito que sempre sonhou. Agora, eu te pergunto: está realizando o sonho dela? Ela queria encontrar alguém que a amasse e a fizesse feliz.

Silviano suspirou fundo e respondeu:

– De fato, realizei o meu sonho, mas não acredito que tenha realizado o de Sophia. Não tenho como fazê-la feliz; trato-a bem, cuido de tudo, tripliquei sua riqueza, mas o principal, que seria o amor, eu não posso oferecer; não está dentro de mim.

– Aí é que está o trabalho que necessita fazer dentro de você, chamado renúncia! Quando se casou com ela, não lhe ofereceu amor porque você nunca a amou, mas prometeu ficar ao lado dela e, se tivesse ficado, talvez não estivesse tão perdido como se encontra agora.

As sombras das árvores já faziam sombras em volta do casebre, que ficava escuro. Silviano estava em paz. Parecia que vó Zulmira havia tirado uma carga pesada de suas costas. Ele abraçou o preto velho com os olhos cheios de lágrimas e beijou as mãos enrugadas de vó Zulmira. Olhou para os dois e disse:

– Em breve vou fazer uma viagem; talvez demore um pouco para retornar. Assim que voltar, porque voltarei, venho visitá-los. Vó Zulmira, quando eu voltar, a senhora vai rezar por mim e verá coisas novas em meu caminho, pode ter certeza! – Enfiou a mão no bolso e estendeu uma certa quantia de dinheiro ao preto velho, dizendo que era uma reserva para suas necessidades.

O preto velho respondeu:

– Meu filho, nós não precisamos de dinheiro, fique tranquilo. Acho que você precisa mais do que nós, que não saímos do nosso casebre e somos abençoados com tanta fartura. Do que dois velhos precisam nesta vida? Leve seu dinheiro, filho!

– Sairia daqui muito triste com os dois se me fizessem essa desfeita! Eu tenho certeza de que o senhor é muito mais rico do que eu. Eu só tenho muito dinheiro... e o senhor tem as riquezas do céu.

– Deus te abençoe, meu filho. Não faça nenhuma loucura na sua vida, nem com a vida de outras pessoas. Sossega teu coração, não machuque a sinhá, que lhe estendeu as mãos. Não podemos ter tudo, mas por aquilo que Deus nos concedeu devemos zelar com muito amor – disse vô Sebastião.

Ele montou seu belo cavalo e, antes de encobrir-se na estrada, virou-se para trás, acenando para os dois pretos velhos que estavam parados, acompanhando sua saída.

O preto velho então perguntou:

– Zulmira, o que você viu de fato nos trabalhos que fez pra esse menino? Eu fiquei preocupado com o que ouvi.

– Olha, meu velho, esse menino vai passar por algo profundamente sério e doloroso, e o mais triste é o que vai acontecer com a sinhá, porque vi ele indo embora sem deixar rastro. E como vai ficar essa pobre mulher? Temos que rezar e pedir aos nossos protetores que abençoe os caminhos dele.

– Mas, Zulmira, ele mesmo disse que vai fazer uma viagem. Será que não volta?

– Volta sim! Mas algo muito sério espera por ele nesse caminho; é terra longe, meu velho. Vamos aguardar; nós não podemos fazer nada, a não ser rezar.

Pelas estradas Silviano foi galopando bem devagar. Observava os pássaros que voavam de um lado para o outro

MARIA NAZARETH DÓRIA ditado por LUÍS FERNANDO (Pai Miguel de Angola)

buscando abrigo para dormir. *Felizes são vocês, meus ami-guinhos, que têm toda essa mata como casa e podem escolher onde quer ficar.* O gado, sua paixão, procurava abrigo aqui e ali; a noite estava chegando. Ele olhou para o céu, e a luz aparecia do outro lado do morro, brilhando e iluminando toda a vegetação. Como era lindo observar a natureza. As palavras de vó Zulmira vinham forte em sua mente: *Sophia realizou o seu sonho. E você, realizou o dela?*

Ele era infeliz e fazia uma mulher infeliz, uma moça que sonhara com a felicidade e que vivia silenciosa ou se alterava facilmente, cobrando dele algo que ele não podia lhe ofere-cer: AMOR. *Vou fazer o que pede o meu coração, vou me sepa-rar de Sophia. Quem sabe ela não encontra alguém que a faça feliz; vou simplesmente desaparecer para sempre da vida dela.*

Assim que chegou à fazenda, encontrou a esposa no al-pendre da casa-grande. Ela estava com o semblante de quem andara chorando.

– Aconteceu alguma coisa, Sophia? Por que está assim?

– Não aconteceu nada; apenas estava aqui refletindo e pensando em minha vida. Sonhei que teríamos um filho e fa-ríamos tantas coisas juntos, e o tempo passou tão depressa, e esse filho não chegou... Não desenvolvi nada! Você sim tra-balhou muito e multiplicou nossos bens. Estava pensando se o dinheiro compra a felicidade, porque eu não o faço feliz e me sinto culpada por isso.

Silviano abraçou a esposa e disse:

– Perdoe-me, Sophia, eu falhei muito com você. Acho que não devia ter me precipitado, arrastando-a para um casa-mento para o qual eu não estava preparado. Acho que sou eu que nunca a fiz feliz; você merecia muito mais.

– Não estou me lamentando, Silviano, apenas avaliando o que fizemos de nossas vidas. Passo os meus dias e minhas noites sonhando com o momento em que você vai chegar, mas você demora tanto e, quando chega, está sempre tão distante de mim. Vamos tentar ficar mais juntos; agora que

Josephine vem morar conosco poderíamos aproveitar mais a nossa casa na cidade, fazer pequenas viagens, como ir à praia, a festas, bailes. Sinto saudades disso.

O coronel apareceu na sacada chamando por Silviano. Esse deu graças a Deus, pois não encontrara uma resposta adequada para dar à esposa. Passando o braço em torno dos seus ombros, pediu-lhe:

– Vamos entrar, Sophia? Por favor, não fique assim. Vou lhe falar algo do fundo do meu coração: não existe nenhuma outra pessoa neste mundo que mereça mais o meu respeito e minha gratidão do que você. Conversaremos logo mais, vamos atender o coronel.

Os dois homens sentaram-se na varanda, e a criada já preparava os drinques para os dois senhores. Assim que ficaram a sós, Silviano então desabafou:

– Voltando da visita que fiz aos meus velhos amigos Sebastião e Zulmira, tomei uma decisão e gostaria de comunicá-lo: vou aproveitar essa viagem para a Colômbia e vou ficar por lá. Vou me separar de Sophia; acredito que ela ficará bem, a filha vai chegar e ocupar o tempo e os pensamentos dela. Logo o Josef também retorna e aos poucos ela refaz sua vida. Não posso mais continuar na vida que estou levando, fugindo das minhas obrigações como marido. Não estou honrando o que prometi a ela e a Josef. Não vou tirar nada dela; quero reconstruir a minha vida longe daqui e ter o que de fato seja meu. Se o coronel acreditar e confiar em meu trabalho, compre as fazendas e eu vou administrá-las. Serão suas, e eu trabalharei como o seu feitor recebendo comissões.

O coronel, se servindo de um pouco mais de conhaque, olhou sério para Silviano e perguntou:

– Acha mesmo que essa é uma boa solução para você? Largar o barco cheio de peixes em alto-mar à mercê dos abutres? É o que dá ir ao encontro dos seus antepassados. Quer consertar o mundo? Preste atenção no que eu vou te falar: será que todos nós, coronéis desse mundo, nunca pensamos em fazer isso? Fugir das responsabilidades assumidas à custa

MARIA NAZARETH DÓRIA ditado por LUÍS FERNANDO (Pai Miguel de Angola)

de casamentos negociados? E quantos senhores renunciaram a uma grande fortuna por um amor? Nenhum! O tempo ajuda a consertar tudo; temos nossos divertimentos, podemos ter quantas mulheres quisermos, mas devemos manter a ordem familiar, que é a sustentação para qualquer homem que deseje ser respeitado e honrado neste país. Nossas mulheres precisam e devem ser bem tratadas, porém, o lugar delas é cuidando de nossas casas, filhos e de nossa honra. Daqui a pouco, Sophia não vai mais lhe cobrar nada, e você precisa contribuir para que isso aconteça. Deixe de bobagem, Silviano! Você tem compromissos e responsabilidades fora de sua casa; não se deixe levar por suas fraquezas pessoais. E, por falar em responsabilidades, logo após o jantar temos que fechar um contrato de trabalho. Os italianos querem comprar os lotes de couro que você tem para pronta-entrega; consegui um bom preço. Beba mais um conhaque e vá tomar um bom banho para tirar o pó da estrada e esfriar suas ideias. Eu o aguardo na sala de jantar; vou falar com o administrador, pegar o relatório de hoje.

Enquanto se arrumava para o jantar, Silviano entrou na vibração dos amigos sofredores que o influenciavam negativamente: *O coronel tem toda razão! Eu lutei tanto para chegar aonde estou. Por que jogar tudo para o alto? Ela se casou comigo porque quis, eu não a obriguei, e ela não era nenhuma mocinha inocente, sabia muito bem que eu não estava morrendo de amores por ela; foi um casamento como é o de todo coronel: um acordo. Então, não posso me sentir culpado de nada! Que bom que tenho o coronel para desabafar; não sou obrigado a dar a essa mulher o que ela quer! Com a chegada da filha, ela que ocupe o seu tempo e não fique me cobrando mais nada.*

No jantar, os dois fizeram questão de frisar o quanto trabalhavam e se preocupavam com o bem-estar da família. O coronel Frederick lembrou a Sophia que Silviano tinha conquistado em pouco tempo o respeito e a admiração de todos os cidadãos de bem, e que sua fortuna triplicara. Disse que ele fazia tudo aquilo pelo bem dela e dos filhos. E acrescentou:

– 122 –

CULPADOS ou INOCENTES?

– Agora que nossos filhos vão se unir, nossos bens vão se unir também. No futuro, nossos netos herdarão os nossos bens e certamente serão os homens mais bem-sucedidos da região.

Sophia agradeceu muito ao coronel por ele ser esse amigo leal e bondoso, dizendo-lhe que era muito grata por tudo. As duas mulheres estavam emocionadas; seus maridos eram os melhores do mundo!

O coronel aproveitou e informou para a esposa que estaria se ausentando por uns três dias. Voltaria e embarcaria para trazer as duas moças herdeiras daquelas terras, e que ela e Sophia não economizassem, mas que apenas pesquisassem e pechinchassem, porém ele queria uma festa de luxo e que toda a alta sociedade estivesse presente. Queria apresentar as duas moças aos nobres do seu estado e a outros estados vizinhos. No tempo em que estivesse ausente, elas contariam com a ajuda de Silviano. O tempo voava; era necessário que não perdessem tempo. As duas mulheres começaram ali mesmo a traçar planos para a grande festa; suas filhas seriam apresentadas à alta elite e, sendo filha e futura nora do coronel, todos os convidados certamente estariam presentes.

Assim que os dois estavam a sós, o coronel disse:

– Amanhã vamos dar o primeiro sinal na negociação das terras colombianas. Assim, na minha volta, você embarca e fica por lá o tempo que for necessário. Estou animado com tudo isso; vamos formar os melhores rebanhos de gado das Américas! Assim como olho para as estrelas e não tenho como contá-las, também assim serão os meus pastos: lotados pelos seus bois da melhor qualidade.

– Combinado! Pode ter certeza que, se depender de mim, suas terras terão a cada metro um boi! Pode apostar nisso! E quanto ao casamento do seu filho, como vai proceder? Já tem algo em mente?

– Sim! Meu filho vai poder escolher entre as duas filhas do conde: moças finas, bonitas e portadoras de uma herança invejável, embora o que mais me interesse seja o título de

MARIA NAZARETH DÓRIA ditado por LUÍS FERNANDO (Pai Miguel de Angola)

nobreza. Meu filho está empolgado por essa moça, a filha de Sophia, mas ela não tem classe nenhuma. Josephine não passa de uma menina mimada e sem graça! Basta ele sair desse meio de burocracia e diplomacia, e logo vai entender que a vida não é feita de sonhos, e sim de vontades e ambições. Ele será um embaixador; vai precisar ter ao lado dele alguém como as filhas do meu amigo italiano, interligando nossos bens com a nobreza. Vou ter netos com títulos de nobreza. Já o casamento do seu enteado com a minha filha será benéfico para nós dois; eu não ficaria tranquilo em entregar a minha filha a outro sujeito bem diferente do Josef, que de alguma forma ficará sob a minha liderança. Somaremos nossas fortunas e, como você e Sophia não tiveram filhos, naturalmente os seus herdeiros serão os meus netos, concorda?

Acertaram todos os detalhes das viagens e assim começariam uma nova etapa em suas vidas. Cada vez mais Silviano e o coronel ficavam enlaçados por seres mal-intencionados com suas vidas espirituais.

O coronel, suspirando fundo, comentou:

– Amanhã vou até a fazenda acertar a transferência de Luziara para a cidade e do menino para o colégio dos padres. Já tenho três filhos sob a responsabilidade deles: dois meninos e uma menina. Cá entre nós, se eu não fosse o coronel Frederick, iria ser padre! O negócio é bom; a cada dia aumentam os filhos de coronéis, que pagam uma quantia alta para eles educarem e prepararem as crianças a fim de nos servirem e devolver o que investimos neles. Olha o meu exemplo: gasto com esses bastardos uma alta quantia e espero ter um bom retorno, mas nem sempre isso é garantido. Agora estou levando mais um; quando nasce um filho de coronel na senzala, sempre tem os traços da mãe, e estes não pesam tanto no nosso bolso. São criados ali mesmo. Mas, quando é filho de mulheres do nosso meio, aí sim é problema na certa.

– E o que o senhor pretende propor a ela? – indagou Silviano.

– Que ela vá viver bem longe dos meus olhos. Na verdade, já arrumei uma casa na cidade onde ela vai servir como

acompanhante de uma dama da noite, e daí para frente se manter por si mesma.
— O senhor deu a liberdade a ela?
— A liberdade de viver por si mesma, sim; de fazer o que quer, não! Nunca devemos abrir a porta da gaiola e deixar nossos pássaros voarem por aí como se não tivessem donos. Ela vai continuar sendo minha escrava em cartório, assim como o boi Brilhante continua sendo seu.
— Prometemos dar-lhe a liberdade, lembra?
— Silviano, em promessas, nem os santos acreditam, imagine nós! Tratamos tudo no papel porque sabemos que as palavras com o tempo são esquecidas e as promessas, graças a Deus, são feitas por meio de palavras. Enfim, amanhã vou encerrar esta história, porque já comecei a viver uma outra! Sabe aquela ruiva de olhos cor de mel? — comentou o coronel, bebericando o seu conhaque.
— Não vai me dizer que vocês estão tendo um caso? Olhe que ela está sendo disputada por todos os coronéis!
— Eu sei. Principalmente por você! Por isso já estou lhe comunicando que procure outra; chegaram frutas novas e apetitosas, mas essa já reservei para mim. Até mandei instalá-la na casa onde todas as mulheres escolhidas por mim fazem estágio.
— Então Luziara vai para uma casa de mulheres da vida?
— Sim! Não como uma mulher fácil; ela será dama de companhia da madame. Agora, se quiser virar para a vida fácil, terá que me pagar pedágio, pois sou seu dono.

Na fazenda do coronel Frederick, onde vivia Luziara e seu filho, acontecia uma situação bem diferente: ela vinha tendo pesadelos constantes. Morria de saudades de sua gente, e todo o amor que um dia a fizera deixar tudo para trás agora se transformara em um vazio. Não tinha amigos, perdera todo o contato com o mundo a sua volta.

De sua vida na fazenda onde nascera, agora só lhe restavam as lembranças. Nunca mais vira ou tivera notícias de ninguém; o coronel a afastara de tudo e de todos. Ele não a tratava mais como antes; pouco aparecia e, quando vinha, parecia ansioso para ir embora. Ela tivera um filho lindo, de olhos verdes e cabelos anelados da cor do sol. Estava mais uma vez esperando um filho do seu amor, no sétimo mês de gestação, e ele ainda não sabia que seria pai novamente. Da última vez que estivera na fazenda onde ela morava com alguns escravos mais velhos e de confiança dele, ela já estava no terceiro mês, mas não contara nada. Ele estava ansioso e preocupado; não era a melhor ocasião. Ele sempre dizia que, quando nascia um escravo, qualquer coronel tinha motivos para se alegrar, mas, quando nascia um filho bastardo, era só preocupação e aborrecimentos. Na sua próxima visita, que ela nunca ficava sabendo quando seria, contaria. Alisando a barriga, pensava: nem precisaria contar; não dava mais para esconder, pois a barriga já estava à vista. Sua vida havia passado a ser esperar, esperar e esperar...

Ela observava um canteiro de margaridas que se abriam e atraíam beija-flores e borboletas, quando viu o velho escravo se aproximar, tentando chegar o mais rápido possível. Ele andava com muita dificuldade; mancava de um pé.

– Senhora, o coronel está chegando! Me avisaram que ele está entrando na fazenda, então vim avisar à senhora para não ser pega de surpresa.

– Obrigada, Durvalino, chame o meu filho, por favor! Sim, senhora. Vou buscá-lo. Está brincando na casa de farinha.

Ela correu, foi até o espelho e arrumou os cabelos. Depois, ajeitou a roupa e foi até a sacada da varanda. De lá, avistou o coronel, acompanhado como sempre de seus feitores de confiança. Ele desceu ajudado por um dos feitores e subiu as escadarias que o levariam até a sacada onde estava Luziara. Ele a olhou e, tocando seu rosto, perguntou:

– Estou enganado ou você engordou um pouco?

Ela, abrindo os braços, respondeu:

CULPADOS *ou* INOCENTES?

– Não está enganado, não! Eu engordei mesmo, mas por uma boa causa; veja a minha barriga! Não gostou da surpresa?

– Não é questão de gostar ou não gostar! É preocupação mesmo. Vamos entrar; preciso me limpar do pó da estrada e beber alguma coisa. Estou com a garganta seca.

Nisso chegava o garoto; curioso, não escondia a ansiedade diante daquele homem temido. Ele causava medo e respeito em todos da fazenda, e aquele homem era seu pai.

– Vem até aqui – chamou o coronel, passando a mão na cabeça do garoto. Então perguntou: – Tem se comportado bem?

– Sim, senhor. Tenho obedecido a minha a mãe e já sei o nome de todas as cores, quer ver? O seu chapéu é preto, sua bota também, sua calça é marrom e sua camisa é branca. Acertei?

– Sim, acertou, parabéns! Estou orgulhoso de você. Logo, logo vai para uma escola de verdade para aprender a ler e escrever.

– O senhor já sabe que vou ganhar um irmão ou uma irmã? – disse o menino orgulhoso.

– Estou sabendo sim, sua mãe me contou. É muito bom a gente ter um irmão ou irmã. Vá até o feitor e peça que ele entregue a você algumas coisas que eu lhe trouxe.

O menino saiu pulando de alegria, sendo observado pelo coronel.

Luziara então o convidou para ir se banhar e trocar de roupa, enquanto o velho escravo da fazenda atendia os acompanhantes do coronel e cuidava também das montarias.

A negra velha Zoraide, arrastando os chinelos, apressava as outras escravas:

– Vamos depressa com isso! Logo temos que servir o senhor e os feitores, e vocês, meninas, não fiquem assanhadas com esses feitores do senhor. Sabem muito bem o que é que eles querem com vocês. O senhor não obriga nenhuma de vocês a se deitar com eles; se forem, é porque querem, e depois não vão se arrepender nem choramingar pelos cantos.

– 127 –

MARIA NAZARETH DÓRIA ditado por LUÍS FERNANDO (Pai Miguel de Angola)

– Ó tia Zó, a gente só estava olhando! Tem um tão bonito, que nem a senhora pode negar a beleza dele! Vem olhar, tia Zó! – falou uma das moças olhando pela fresta da janela.

– Ó menina desmiolada, acha que eu enxergo daqui onde ele está? – respondeu ela puxando a menina e levando-a para a bancada do fogão. – Vamos arrumando as bandejas; capriche na arrumação.

O coronel foi servido e logo após foi sentar-se à varanda junto com Luziara. Observava o menino brincando no terreiro de terra batida; estava com três garotos de sua idade. Jogavam o peão que acabara de ganhar e se divertiam.

– Luziara, na próxima semana vou viajar para a França. Preciso ir buscar a minha filha e gostaria de lhe propor algo que vai ser muito bom para você e seus filhos. Ouça o que lhe proponho: me preocupa vê-los aqui na fazenda sem ter nenhum contato com a cidade. O menino está crescendo, e as amizades dele são nesse círculo fechado entre os escravos. Quero que você vá morar na cidade, onde tenha recursos, uma boa criação para seus filhos e também que tenha a oportunidade de fazer alguma coisa que lhe renda algum dinheiro e lhe dê satisfação.

A moça, pálida e trêmula, respondeu:

– Mas foi você que me trouxe para viver aqui; por mim, eu voltaria para a fazenda de Silviano. É lá que se encontra o meu povo.

– Já conversamos sobre isso, Luziara! Eu jamais levarei você de volta ao seu povo! Adquiri uma excelente propriedade em uma cidade próxima à nossa e vou liberar dois escravos para acompanhá-la. Montei também algo que será rentável para vocês. Logo vou enviar o menino aos cuidados dos padres, onde vai receber uma educação boa, e você poderá vê-lo todos os fins de semana, pois é próximo onde vão morar, e com todos os recursos.

Luziara sentiu como se fosse enfiada uma faca em seu coração. O amor de sua vida estava ali dispensando-a da vida dele e querendo lhe tirar o seu único bem: seu filho. As

– 128 –

CULPADOS *ou* INOCENTES?

palavras não saíam de sua garganta; sua boca ficou amarga, e de repente sua cabeça girou e ela desmaiou.

Foi levada para o quarto, e a preta velha que cuidava dela disse ao senhor fora o excesso de emoção.

– Vamos fazer tudo para que ela volte logo desse desmaio, para não prejudicar a criança.

– Então faça tudo o que você sabe fazer para ajudá-la! – respondeu o coronel com rispidez, deixando o quarto.

Ele se dirigiu à casa de administração e falava consigo mesmo: *Como fui me meter numa encrenca dessa! Odeio ser chantageado por mulher; queria que ela saísse daqui de acordo, mas, já que é assim, vai sair o mais rápido possível, e com mudanças no que tinha planejado para ela.*

Após se inteirar de todos os assuntos da fazenda com o seu administrador, quando o sol já se encobria, entrou em sua casa e logo a preta velha veio lhe comunicar que a criança não se mexia mais e que a barriga de Luziara estava caída; provavelmente a criança estava morta. Nesse caso, as parteiras esperavam apenas algumas horas e já tratavam de fazer os chás abortivos para a expulsão da criança, mas precisavam da autorização dele.

Ele entrou no quarto e olhou para Luziara, que estava pálida.

– O que você está sentindo? – perguntou ele.

– Uma fraqueza muito grande; alguma coisa aconteceu com o meu filho. Ele não está se mexendo e de repente, olha só, minha barriga está mole.

– Tenha calma. A preta velha está cuidando de você e tem experiência em lidar com mulheres grávidas. Por que não se alimenta um pouco? Tente relaxar e pense positivamente! Acho que o que lhe propus pegou você de surpresa, mas não é nada ruim para você e seu filho; pelo contrário, é para o bem de todos, e também não é tão já que o menino vai para a escola. Vamos esperar ele ter idade de compreender bem as coisas. Foi por isso que você passou mal?

– Eu não esperava que você fosse um dia me dispensar de sua vida; vivemos momentos de tantas alegrias; você me fez tantas juras de amor!

MARIA NAZARETH DÓRIA ditado por LUÍS FERNANDO (Pai Miguel de Angola)

– Quem lhe disse que estou dispensando você de minha vida? Pelo contrário, quero protegê-la, colocando vocês em um lugar mais seguro e com mais recursos. O meu tempo está escasso; agora, com a minha filha de volta e os meus negócios que triplicaram, não posso vir com tanta frequência até aqui, e na cidade onde quero instalar você fica mais fácil encontrá-la.
– Perdoe-me! – disse ela segurando a mão dele. – Achei que você estava me mandando embora de sua vida, e, se for isso, eu peço a Deus que me leve mesmo. Não vivo sem você, e o que me sustenta é o meu filho. Quando disse que iria tirá-lo de mim e o entregaria aos padres, vi a morte diante de mim.
A preta velha trouxe uma canja e ela tomou. Estava mais animada. Então o seu amado só queria lhe oferecer o melhor! Se fosse para ficar mais próxima dele, iria de bom grado para qualquer lugar, pensou Luziara.

Já se aproximava das oito horas da noite quando a preta velha veio chamar o senhor dizendo que o jantar estava servido e que dona Luziara o esperava na sala de jantar.
Assim que ele entrou, viu o menino agarrado com a mãe. Logo veio até ele e agradeceu pelos presentes, dizendo que estava indo para seu quarto dormir, pois já tinha jantado.
O coronel acariciou os cabelos encaracolados dele e disse:
– Boa noite, durma bem. Amanhã nos veremos.
Sentaram-se à mesa. Luziara comeu pouco; estava sentindo umas pontadas no ventre, e o coronel percebeu que ela não estava bem. Perguntou-lhe o que estava acontecendo.
– Não se preocupe, vou ficar bem – respondeu ela, esforçando-se.
A preta velha, atenta, notou que ela estava se segurando; foi até a cozinha e orientou uma das moças sobre o que devia fazer para oferecer a Luziara.

CULPADOS *ou* INOCENTES?

Após o jantar, a moça correu e colocou tudo o que tinha comido para fora. Apertando o ventre, pediu ajuda da preta velha, que a levou para o seu quarto e a fez engolir o chá.

A preta velha pediu que uma das moças ficasse com Luziara no quarto e foi procurar o coronel, comunicando-lhe que o filho de Luziara realmente estava morto e que ela já estava iniciando o processo para a expulsão da criança.

– Faça o que for necessário; se precisar de um médico, os feitores estão aí, mandamos buscar. O que é que você acha?

– Por enquanto, podemos esperar mais um pouco. Pela minha experiência, está tudo correndo bem. Vamos aguardar o tempo que o corpo exige para trabalhar; se for preciso, informo ao senhor.

O coronel respondeu:

– Qualquer novidade, mande me avisar; estarei na casa de administração da fazenda.

Ele se retirou, indo até o escritório examinar o que lhe entregou o administrador. E, enquanto examinava a papelada, pensava: *Vou me livrar dessa mulher! Entregarei o menino aos cuidados dos padres, e ela que faça o que bem quiser de sua vida! Cansei! Ela já não me atrai em nada.* Os seus algozes espirituais sopravam em seus ouvidos: *É isso mesmo! Afaste-se dela! Existem dezenas de belas mulheres a sua espera...* Ele se envolveu no trabalho; apenas as cifras e os números lhe interessavam.

Já passava da meia-noite quando o feitor bateu de leve à porta do escritório. Logo ouviu a voz forte do senhor mandando-o entrar. O feitor abriu a porta e respeitosamente, tirando o chapéu – todos eles faziam isso diante de seus senhores –, pediu licença e entrou na sala.

– Senhor – disse ele –, tia Zoraide está aí fora querendo lhe dar uma informação.

– Mande-a entrar! – respondeu o coronel, sem levantar os olhos dos papéis.

A negra velha, pedindo licença, entrou e, sem levantar os olhos para o coronel, disse:

MARIA NAZARETH DÓRIA ditado por LUÍS FERNANDO (Pai Miguel de Angola)

– Senhor, a senhora Luziara está bem; seria uma menina. Queremos saber se o senhor deseja ver o corpinho ou autoriza o Durvalino a fazer o que é necessário.

– O feitor vai ajudá-los nisso. Diga ao Durvalino que, antes de clarear o dia e dos outros escravos se levantarem, ele deve estar no cemitério dos escravos fazendo o que deve ser feito. Não quero comentários sobre isso; deixe a mãe repousar, e você fique com ela esta noite. Amanhã passo por lá para vê-la.

O feitor que estava ao lado da negra velha pediu licença para se retirar e acrescentou:

– Fique tranquilo, senhor, eu me encarregarei de tudo. Boa noite.

A sós, o coronel se serviu de um conhaque, sua bebida preferida, acendeu um charuto e disse para si mesmo: *Melhor assim! Um problema a menos. Agora posso enviá-la ao seu futuro destino e está encerrado qualquer vínculo entre nós. O menino será entregue aos padres; no futuro posso aproveitá-lo em alguma tarefa de minhas fazendas.*

Luziara sentia-se muito fraca. Abraçada ao corpinho de sua pequena filha, derramava suas lágrimas em silêncio. *Meu Deus! Minha pequena se foi. Por quê? Será que fui culpada pela sua morte? Será que fiz algo errado?*

A negra velha entrou e pediu:

– Senhora, entregue-me a criança. Vamos prepará-la, por favor. Procure descansar um pouco; a senhora está cansada.

– Zoraide, você avisou ao coronel? – perguntou Luziara, cheia de esperança de que ele viria ver sua filha e lhe dar apoio.

– Sim, senhora. O coronel já foi avisado; ele pediu que cuidássemos de tudo e que a senhora descansasse, que ele virá amanhã logo cedo.

Entregando o corpinho sem vida da filha, Luziara se encolheu em silêncio. Com o coração angustiado pela dor, pensava: *Ele*

CULPADOS *ou* INOCENTES?

não quer ver a filha nem me quer mais em sua vida! O que será de mim e do meu pobre filho? Se pudesse retornar para a fazenda, ainda haveria um pouco de esperança. Nos seus sonhos de liberdade, estava inclusa a felicidade ao lado de alguém que a amasse; agora, nada mais lhe restava a não ser o sofrimento e as lembranças daqueles que tinham feito parte de sua história.

Vencida pelo cansaço, fechou os olhos e logo se viu fora do corpo. Desesperada, foi ao encontro do seu amado. Encontrou-o sentado em frente de uma pilha de papel, bebendo e fumando. Ela o abraçou e gritava para ele:

– Meu amor, olhe para mim! Sou eu! O que aconteceu, meu amor? Por que está se distanciando de mim? Trabalhamos tanto para ficarmos juntos, e Deus nos concedeu, entre pedras e espinhos, uma chance de ficarmos próximos. Não me mande embora, por favor! Eu renuncio ao seu amor carnal, mas não me abandone; quero ficar perto de você.

O coronel se levantou e disse para si mesmo: *Está esfriando, que arrepio estranho!* Fechou sua escrivaninha e saiu sem dar atenção aos rogos de Luziara, que retornava ao corpo gritando.

A preta velha chegou perto dela e, tocando seu rosto, disse:

– Calma, senhora, está tudo bem; descanse.

Enquanto isso, o coronel chamava o feitor e ordenava que, no dia seguinte, após o desjejum, eles iriam retornar à cidade. Já tinha resolvido o que fora fazer naquela fazenda e iria antecipar sua viagem de volta.

O feitor achou estranho, mas nada disse; foi alertar os demais de que deveriam aprontar-se para seguir viagem logo após o café da manhã.

O coronel recolheu-se em um quarto de hóspedes, completamente aborrecido e arrependido de ter vindo ao encontro de Luziara. A única coisa boa tinha sido saber que estava livre de uma responsabilidade com ela. Deitou-se e ficou se virando de um lado para o outro sem conseguir dormir.

Luziara, por sua vez, passou a noite dormindo e acordando. Tendo pesadelos, gritava por Frederick e queria a filha; assim o dia amanheceu. Os primeiros raios de sol entravam

MARIA NAZARETH DÓRIA ditado por LUÍS FERNANDO (Pai Miguel de Angola)

pelas frestas da janela, e Luziara despertou com o preto velho segurando uma caixa coberta de flores. Entristecido, ele aproximou-se dela dizendo:

– Trouxe a pequena para a senhora abençoar, pois já é hora de levá-la ao seu lugar entre todos os nossos que se foram. A sua alma não está presa a esse corpo; abençoe sua filhinha.

Luziara, amparada pela preta velha, abraçou a caixa com o corpinho de sua pequena e logo o preto velho carinhosamente a tirava dos seus braços e saía devagar, sem fazer barulho.

– Onde está o coronel? – perguntou Luziara entre lágrimas.

– Senhora, ele ainda está no quarto de dormir – respondeu a preta velha –, mas fique calma que ele virá vê-la logo mais.

Quando passava das oito da manhã, o coronel mandou chamar o menino. Esse se apresentou timidamente, olhando para o coronel e esperando pela pergunta.

– Você já tomou café? – indagou o coronel.

– Sim, senhor. A tia Luzia já cuidou de mim e me mandou ficar bonzinho para te ver.

– Vamos até o quarto de sua mãe, precisamos vê-la. Eu quero que você fique perto dela, entendeu? Ela está um pouco doente e não poderá sair hoje da cama. Fique brincando aqui dentro, para não deixar sua mãe preocupada.

– Está bem! Mas a minha mãe não estava doente! O que aconteceu? Ela caiu?

– Vamos, não faça perguntas – respondeu o coronel, pegando o menino pela mão.

Bateu de leve à porta e entrou. Ao vê-lo de mãos dadas com o filho, Luziara sentiu um aperto no coração. O menino correu e beijou a mãe perguntando:

– Por que você está doente?

Ela, abraçando o filho, respondeu:

– A mamãe vai ficar bem; foi só uma dor de barriga, entende?

O coronel, passando a mão nos cabelos cacheados do menino, pediu:

CULPADOS *ou* INOCENTES?

– Vá brincar onde combinamos. Quero ficar a sós com sua mãe, e vocês também podem se retirar – disse, olhando para as duas negras velhas que tinham passado a noite de vigília no dormitório de Luziara.

Ele puxou uma cadeira e sentou-se ao lado dela. Passando a mão pelo rosto da moça, disse:

– Eu sinto muito pelo que aconteceu; não quis ver a menina. Não quero guardar lembranças tristes, mas quero que você fique tranquila e procure se cuidar. Você tem um filho que precisa muito de você e ainda é muito jovem; poderá ter outros filhos. Estou retornando daqui a pouco e, como já lhe disse, vou viajar. Estou indo buscar a minha filha e, assim que retornar e colocar as coisas no lugar, voltarei aqui. Não se preocupe com o que conversamos; acho que o menino ainda está muito pequeno para ir para um colégio, e você precisa se recuperar dessa perda. Já dei ordens ao feitor para atendê-la em todas as suas necessidades e olhar pelo menino.

Luziara apenas ouvia; duas lágrimas escorriam dos seus belos olhos verdes. Ela sabia que aquele era o fim de sua relação com o coronel.

Ele beijou a testa de Luziara e se retirou; seu perfume ainda estava no quarto, o mesmo perfume que um dia mexera tanto com ela. A negra velha entrou e pediu que ela se acalmasse e tomasse o chá que havia preparado. Que pensasse que tinha um filho para cuidar e que esse pobre menino, além dela, não tinha mais ninguém por ele.

Luziara olhava o vazio; suspirando fundo, respondeu:

– Deus me castigou me obrigando a continuar viva! Entreguei a Frederick não apenas o meu corpo, mas a minha alma. Estou me sentindo perdida na escuridão; eu ainda guardava um fio de esperança em meu coração de que ele iria entrar por essa porta e, com os olhos cheios de saudade, me diria muitas palavras bonitas, como antigamente. Ele simplesmente veio aqui para me dizer que quer me ver longe de sua vida, e ficou satisfeito por eu ter perdido minha filha. Como lutar pelo meu filho? Nossas vidas dependem dele, e sei que

– 135 –

MARIA NAZARETH DÓRIA ditado por LUÍS FERNANDO (Pai Miguel de Angola)

ele vai tirar o meu filho e entregá-lo aos padres. E, como todos os jovens criados por eles, meu filho virá a ser um bom feitor ou trabalhar ajudando na administração de suas fazendas. Quer levar logo o meu filho, para que ele se esqueça da mãe; quanto mais novo, melhor. Eu mesma não me lembro de minha mãe. Quanto a mim, pouco lhe interessa o meu destino; é quase certo que terei o mesmo destino que todas as outras mulheres em minhas condições: serei vendida e levada embora para outro estado, uma vez que a minha carta de alforria ficou apenas na palavra. Ele pode me vender ou mesmo presentear qualquer outro senhor de terras distantes. Prometa, tia Zoraide, que vai procurar ter notícias do meu filho e, se for possível, um dia lhe contar que eu o amo muito.

– Minha senhora, reaja! Não sofra antecipadamente! O que estiver escrito na sua estrada de vida, se foi escrito por Deus, minha filha, nada nem ninguém pode apagar. Mas a senhora não sabe nem conhece o seu amanhã, então procure ter forças; honre o nosso sangue que corre pelas suas veias! É sangue de um povo forte, que tem fé e nada teme! Não pense no amanhã; pense neste momento que a senhora precisa reagir para se levantar desta cama e cuidar do seu filho e de si mesma. Agora vamos; tome este mingau. Vai ajudá-la a recobrar as forças, e não se revolte com Deus por Ele ter levado sua menina. Se Deus a levou, tem seus motivos. Acho que ela só precisava vir em terra ficar abraçada um pouquinho com a mãe e lhe deixar no coração a essência do seu amor. Não é fácil, minha filha; eu sei que não é fácil. Pense na dor de tantas mães que viram seus filhos nascerem fortes e saudáveis, e não tiveram a oportunidade de ver eles crescerem do seu lado. Quantas mães como você enterraram seus filhos e derramaram suas lágrimas, mas mesmo assim agradeceram a Deus por ter seus pequenos nos braços do Pai verdadeiro. Vamos rezar, senhora! Acredite no poder do nosso Deus; pediremos em nossas orações e aos nossos anjos de luz que nos ajudam a caminhar nesse mundo que abençoem o coração do senhor Frederick e que ele mude de ideia em levar seu menino ainda tão pequeno. Quando ele tiver de sete para oito anos, pode ir estudar e voltar para casa nos fins de semana; já tem muito senhor fazendo isso.

– Ó Zoraide, como eu quero acreditar e sonhar com isso! Daria tudo, trocaria a minha vida por essa possibilidade. Ter o meu filho perto de mim, vê-lo crescer, seria o grande prêmio da minha infeliz existência.

– Então, se anime! Não vamos ficar paradas diante de uma porta que ainda não se abriu. Ande, viva, tenha fé.

– Por favor, traga o meu filho aqui, meu pobre menino rejeitado pelo pai! Quando eu engravidei, ele disse que estava feliz e que iria amar nosso filho, mas, logo que o menino nasceu, ele foi se distanciando de nós. Você também percebeu isso?

– Calma, senhora, talvez o jeito dele de amar os seus filhos seja diferente do nosso. Mas acredito que ele ama e se preocupa com o filho; sempre reparei que ele olha para o menino com muito carinho. Está sempre agradando ele, trazendo doces e brinquedos, então penso eu que ele se preocupa com o filho, e que essa ideia de levar o menino para educar nas escolas dos brancos é pensando no futuro dele, e não para castigá-lo; quero acreditar nisso.

O menino chegava com as bochechas vermelhas; estava brincando lá fora, e o sol já se levantava. Aproximando-se da mãe, disse:

– Meu pai pediu que eu cuide bem de você e disse que ele gosta muito de nós! Disse que vai levar nós dois para uma cidade linda, onde eu vou poder ter bons amigos e aprender a ler e escrever, e ficar junto de você. Eu estou muito feliz! Nós vamos pra cidade! Lá tem muitas coisas bonitas. – Passando a mão na barriga da mãe, perguntou: – Cadê o bebê que estava na sua barriga?

Luziara, sentindo um aperto no coração, forçou naturalidade na voz e respondeu:

– Foi para o céu! O Papai do Céu resolveu levá-la de volta, porque ela não estava muito bem.

– O que aconteceu com ela? E quando vai voltar?

MARIA NAZARETH DÓRIA ditado por LUÍS FERNANDO (Pai Miguel de Angola)

– Eu não quero que você se preocupe, está bem? Vamos ficar aqui abraçadinhos; Papai do Céu vai cuidar dela muito bem.

– Está bem! Vou cuidar de você até o meu pai voltar para nos levar para a cidade! Prometo que vou me comportar.

Luziara fechou os olhos e, abraçada com o filho, orava e pedia a ajuda do seu amigo espiritual. Ela sabia que dificilmente falaria novamente com ele, mas sentia em seu coração sua presença perto dela. Ele tinha dito que jamais a abandonaria. *Por que, meu pai? Por quê? Que destino é esse meu?* Quando encontrara esse senhor, sua alma parecia ter virado do avesso; ele lhe prometera que jamais a abandonaria; que ela era diferente de todas as mulheres que haviam passado por sua vida; entre eles tinha algo que não era apenas físico, Luziara tinha certeza. O que teria acontecido no mundo da espiritualidade, que tudo mudara sem que ela pudesse fazer nada?

Olhando para o filho tão puro e inocente, implorava às forças sagradas que um dia lhe tinham inspirado a seguir aquele homem que não a abandonassem; faria qualquer coisa para ficar perto do seu filho, renunciaria ao grande amor de sua vida, mas não resistiria ficar longe do seu menino.

Lá fora, os pretos velhos comentavam o destino daquela menina: tão jovem e bonita, e com um futuro incerto. O que seria dela e do filho?

A preta velha Zoraide respondeu:

– Vai se repetir a mesma história que nós já sabemos: ele vai levá-la para uma nova fazenda, ou para uma casa dessas mulheres de vida difícil, eu chamo assim, porque de fácil não tem é nada! E o menino vai para a tal escola dos padres; ele jamais verá a mãe, e aos poucos vai se habituando ao novo mundo e esquecendo o que deixou para trás. Os padres são especialistas em criar um novo mundo para esses meninos;

CULPADOS *ou* INOCENTES?

ele vai ser preparado para servir o pai dele como um bom feitor, administrador etc., e, se ela sobreviver, vai ter que se adaptar a uma vida de renúncias e sofrimentos, e assim cumprir a sua sina. As histórias de amor entre os senhores e suas cativas terminam sempre com o maior castigo que se possa aplicar: o castigo na alma.

– Vamos rezar, minha gente, vamos rezar! – disse um preto velho. – Quem sabe desta vez podemos ver essa história tomando um rumo diferente. Seria tão bom que o senhor levasse essa menina com o filho para a cidade e ele desse a liberdade a ela e ao menino! Tenho certeza de que ela lutaria para educar o filho e fazer dele um doutor.

– Capacidade e conhecimentos ela tem – respondeu a preta velha. – Resta-nos rezar e aguardar a vontade de Deus! Não adianta nada a gente se rebelar, rezar todas as nossas rezas, praticar todas as boas simpatias que conhecemos, se a vontade de Deus for diferente da nossa. Observem, minha gente, o céu que está acima de nós: que domínio temos sobre ele aqui embaixo? Só podemos admirá-lo e humildemente respeitar o seu Criador.

– É verdade – respondeu outro preto velho pitando seu cachimbo e observando as nuvens que iam de um lado para o outro. – Você tem razão, Zoraide. Nós às vezes queremos de alguma forma receber ajuda do Altíssimo, baseados apenas nas causas que imaginamos serem justas para nós, nunca pensando e analisando nossos débitos anteriores. Certamente nenhum de nós nesta vida é injustiçado por Deus; pelo contrário, somos pecadores beneficiados por Ele.

– Pois é, Joaquim... Você se recorda tanto quanto eu das histórias que ouvimos na nossa infância. Nossa tia-avó nos dizia que éramos descendentes de reis, e olha só onde nos encontramos hoje?

– É verdade. Segundo ele, nosso tataravô era um rei que possuía sacos de diamantes, morava em um palácio e era amado e respeitado por todos. Naqueles tempos, ouvíamos e ficávamos sonhando que de repente chegaria um exército

MARIA NAZARETH DÓRIA ditado por LUÍS FERNANDO (Pai Miguel de Angola)

e nos tiraria do cativeiro. Mas o tempo passou e nós estamos aqui de cabelos brancos, arrastando os pés calejados, e continuamos no cativeiro... Hoje sonho em reencontrar meus ancestrais no reino da luz, e não mais com os diamantes da terra.

Assim os pretos velhos ficaram mais um tempo relembrando suas histórias enquanto descansavam os pés.

CAPÍTULO 5

A grande surpresa de Frederick

O coronel aproveitou e ficou na cidade fechando novos contratos e dando assessoria a alguns coronéis que fechavam seus negócios com estrangeiros, pois ele falava várias línguas. À noite aproveitou bem sua estadia ao lado da ruiva de olhos cor de mel, cobiçada por tantos outros senhores, inclusive por Silviano. Mas, se o coronel a tomara para si, nenhum outro se atreveria mais a olhar para aquela mulher.

Na fazenda, Lise preparou a mala de viagem do marido e colocou os mimos para os seus filhos. Estava orgulhosa e muito ansiosa. Comentava com Sophia:

— Temos muita sorte de ter maridos como os nossos! Eles trabalham muito para não deixar faltar nada aos nossos filhos.

MARIA NAZARETH DÓRIA ditado por LUÍS FERNANDO (Pai Miguel de Angola)

Se não ficam mais tempo conosco não é porque não queiram; é porque não podem. Nós, mulheres, precisamos ser compreensivas com eles e não ficar fazendo perguntas que os aborreçam. Devemos apenas ouvi-los! O meu marido adora conversar comigo sobre todos os assuntos relacionados aos nossos filhos, os deveres da fazenda e das senzalas, mas não toca em assuntos de negócios. Eu não entendo nada de negócios nem almejo entender; isso é coisa de homem. Eu lá sei quanto custa um cavalo, um boi, um escravo, um saco de café? E a coisa mais importante de nossa vida: eles nos dão valor! Eu ouço cada história de mulheres que vivem situações absurdas impostas pelos maridos e permanecem caladas, carregando o seu sofrimento. Vão reclamar a quem? Vamos levantar sempre as mãos para o céu e agradecer por nossos maridos.

Sophia então respondeu:

– Eu acho que você tem toda razão. Vou abrir o meu coração com você: ultimamente ando muito perturbada; cobro muito do Silviano, pois ele fica longe de mim o tempo todo. Mesmo na fazenda, está sempre ocupado e, quando entra em casa, está sempre cansado; não é mais como antes. Eu tenho muito ciúmes dele, procuro vigiá-lo o tempo todo e acho que isso o irrita. Ele já me disse várias vezes que sente vontade de ir embora e não retornar mais. Outro dia, muito aborrecido pela cena de ciúmes que fiz, ele disse que só estava comigo porque deu a palavra dele a Josef e, que assim que ele retornasse à fazenda, iria desaparecer da minha vida. Fiquei desesperada e me agarrei a ele jurando que nunca mais faria aquilo, mas é difícil para mim; ele é jovem, cada dia está mais bonito, enquanto eu estou enrugando. Não lhe dei um filho e acho que isso também o decepcionou muito. Ele trabalha feito um louco; já disse a ele que não precisa se matar de tanto trabalhar. Ele multiplicou nossos bens, temos muito dinheiro e pouca felicidade. Por favor, não comente com o Frederick; entre eles não há segredos, e eu não quero que esse desabafo chegue aos ouvidos do meu marido.

CULPADOS ou INOCENTES?

– Fique tranquila! Não vou falar nada com o meu marido, mas acho que posso lhe dar um conselho, como mulher e amiga. Pare e repense sua vida: assim como eu, você não pode contar com mais ninguém a não ser com seu marido. Então, minha amiga, não jogue fora sua felicidade, expulsando do seu caminho o único ser que pode fazê-la feliz. Não importa se ele vai ficar muito ou pouco tempo com você; o tempo que ele ficar, faça com que ele sinta saudade quando estiver longe. Trate-o como um rei, lhe dê sempre razão, mesmo quando tiver certeza de que ele está errado. Se quiser consertar o erro dele, faça de conta que não o percebeu. Use suas manobras como mulher, que todo homem tem os seus pontos fracos e acaba cedendo quando sabemos agir. Acha que a minha vida também é um mar de rosas? Que o meu marido fica ao meu lado o tempo que eu gostaria que ficasse? Simplesmente, minha amiga, aprendi a lidar com a ausência dele, e aproveito o pouco tempo que fica comigo. Pego o rosário todos os dias e rezo por ele e por meus filhos, e tudo o que peço a Deus é que os traga em segurança para casa. Meu coração se aperta cada vez que vejo meu marido montar o seu cavalo e sair me acenando; e, quando o vejo chegando, meu coração fica acelerado, batendo forte de alegria, porque ele está de volta. Nunca pergunto o que ele fez na cidade ou com quem esteve; apenas abro os meus braços e o recebo com um beijo e todos os cuidados e caprichos que sei que ele aprecia. Ouço o que ele me conta sobre suas andanças; está sempre relacionado a trabalho e dificuldades, traições e ingratidão que ele sofre por parte de alguns coronéis.

A amiga de Sophia prosseguiu:

– Coloque na balança o que é mais importante para você: ter seu marido ao seu lado, ou viver amargurada, sofrendo com os seus pensamentos negativos? Então mude sua atitude; em vez de ficar sofrendo e repassando o seu sofrimento para ele, passe a sorrir mais, a agradá-lo mais, a não interrogá-lo sobre suas andanças. Se ele quiser falar, ouça mas não opine; não demonstre seu ciúme; aprenda a engolir esse veneno

– 143 –

MARIA NAZARETH DÓRIA ditado por LUÍS FERNANDO (Pai Miguel de Angola)

mortal sem se contaminar; valorize-se mais! Ele se casou com você porque quis, ninguém o obrigou. Seja sua senhora, sua esposa, sua amante; seja amada pelos escravos e invejada pelas mulheres! E não sofra imaginando cenas do seu marido nos braços de outras mulheres ou você enlouquecerá; pense em você nos braços dele e no que vai fazer.

— Obrigada, Lise. Vou fazer o possível para melhorar a forma como trato o meu marido. Realmente, eu sou a culpada de muitas vezes dormirmos de costas um para o outro sem nem ao menos trocar um boa-noite. Eu tenho consciência de que o aborreço com minhas cobranças; quero que ele me beije, me abrace, me fale de amor, como fazia antes. Ele mudou tanto, Lise, tanto! Você também passou por essa mudança?

— Sophia, todo homem é assim mesmo! Quando casamos, eles não têm mais por que ficar nos olhando dentro dos olhos, pegar nossa mão e beijá-la, nos carregar no colo, colocar comida em nossa boca e coisas assim. Já nos têm de todas formas, então eles mudam mesmo! Não é só com você; é com todas nós! E com o seu ex-marido, era diferente?

— Não — respondeu Sophia. — Ele sempre foi frio comigo, mas eu não me importava com ele. Deus que me perdoe, eu rezava que ele se demorasse fora de casa. Sentia-me livre e em paz longe dele. Com Silviano é diferente; nunca amei meu ex-marido, mas Silviano eu amo muito e sofro quando estou longe dele; quero estar perto dele o tempo todo.

— Então pense muito na nossa conversa. Se está ruim com ele, não ficará pior sem ele? Mude enquanto pode; ainda dá tempo de reverter seu comportamento. O que aconteceria com você se amanhã ele arrumasse as malas e desaparecesse de sua vida? O que iria fazer sem ele para cuidar de seus negócios, que é o futuro dos seus filhos?

— Deus me livre! Só de pensar nisso tenho calafrios! — respondeu a moça.

— Não se vive só de beijos e abraços, Sophia. A vida é muito mais que isso, especialmente quando temos filhos.

CULPADOS *ou* INOCENTES?

– Obrigada, Lise. Você nem imagina como foi bom ouvir os seus conselhos; de coração, eu agradeço por me ouvir e me orientar. Estava sem rumo, perdida.

– Olha lá quem está chegando: é o seu marido! – disse Lise.

Sophia fez menção de se levantar, mas Lise a deteve pelo braço e falou baixinho:

– Deixe ele chegar, mulher! Deixe ele descer do cavalo, jogar a poeira da estrada; deixe ele vir até você. Aí sim abra os braços e o receba com alegria.

Silviano desceu, foi até o reservado, se banhou e trocou a camisa suada. Estranhou que a mulher não veio correndo e cercando o cavalo, se agarrando ao seu pescoço antes de ele tocar no chão. *O que será que aconteceu? Milagre? Não! Ela certamente não o vira chegando.* Foi até a sala onde estavam as mulheres. Dando boa-tarde e se aproximando de Sophia, perguntou:

– Você me viu chegar?

– Não! Nem ouvimos! Estávamos tão entretidas com os preparativos para a festa das moças que nem percebemos. Nossa! Você já trocou até de roupa? Sente aqui perto da janela que está mais fresquinho. Quer tomar um suco? Comer algo? – perguntou Sophia.

– Um suco, sim. E vocês me acompanham?

– Ó sim – respondeu Lise. – Com esse calor, um suquinho fresco vai bem. – Ela tocou a sineta e apareceu a sua mucama, solícita como sempre. – Silviano e Sophia, suco do quê? Temos graviola, manga, maracujá, melancia, melão, goiaba, abacaxi, laranja e limão. Nesta abençoada terra, nos damos o luxo de escolher.

– Eu adoro suco de maracujá, mas tomo qualquer outro que vocês escolherem – respondeu Silviano.

– Então vamos todos tomar suco de maracujá! Traga também a ambrosia! Acredito que esteja muito bom; é um doce que todo mundo aprecia e sei que você gosta, não é, Silviano?

– Olha, eu não dispenso não. O coronel Frederick também, não é mesmo?

MARIA NAZARETH DÓRIA ditado por LUÍS FERNANDO (Pai Miguel de Angola)

– É verdade! Não fico sem algumas guloseimas que ele aprecia, mesmo porque o tempo de vocês, maridos, com suas esposas é escasso; mas nós entendemos, não é mesmo, Sophia? Sabemos que a luta de vocês não é fácil, que trabalham para dar segurança à família.

– Lise, você é uma mulher admirável! Não é por acaso que o coronel Frederick é o homem mais respeitado deste lugar e sempre bem-sucedido em tudo o que faz. Basta conhecer a esposa que ele tem!

Sophia ficou corada, tentando disfarçar o mal-estar causado pelas palavras do marido.

– Vamos provar o doce e falar sobre os preparativos da festa de nossas filhas? – disse Sophia.

Lise começou a detalhar para Silviano o que estavam planejando e, como Frederick estaria viajando, contavam com ele para ajudá-las.

– É claro que podem contar comigo! Já acertei isso com o coronel Frederick; vou fazer o meu tempo se multiplicar. Vão me passando o que querem que eu faça – respondeu Silviano.

Já escurecia quando um escravo veio correndo avisar a sinhá de que o coronel estava chegando.

Ela se levantou e foi correndo ao seu dormitório, arrumou-se às pressas, perfumou-se e ficou preocupada com o retorno antecipado do marido. Ela o esperava no dia seguinte. *O que será que aconteceu?*

O marido, que já estava banhado e sorridente, veio ao encontro dela. Lise abriu os braços e o recebeu com um beijo e um abraço; estava sendo observada por *Sofia*.

– Que surpresa maravilhosa! Não o esperava hoje! – disse a mulher.

– Se não gostou de me ver, volto agora mesmo! – respondeu o coronel brincando, abraçado a ela.

– Para mim foi um presente, meu marido! Sua chegada bem de saúde e feliz é sempre um prêmio para mim – disse a esposa sorrindo.

Voltando-se para Silviano, o coronel então falou:

CULPADOS *ou* INOCENTES?

– Vou descansar um pouco o meu corpo; andar por essas estradas não é fácil, mesmo tendo um alazão que pisa macio como é o meu. Depois do jantar quero me sentar com você para informá-lo do que foi decidido a respeito dos nossos negócios na cidade e sobre a minha viagem à França.

Sophia ficou observando e admirando o comportamento de Lise; era bem diferente do dela. Realmente, estava totalmente errada em relação ao tratamento dado ao marido; iria se esforçar para salvar seu casamento. Aproximou-se do marido e gentilmente perguntou:

– E você, Silviano, gostaria de descansar um pouco?

Ele se levantou e, olhando-a, respondeu:

– Vou dar uma volta pela fazenda, adiantar o trabalho de Frederick. Se você desejar, pode ir descansar; até o escurecer estarei fora.

O feitor chegou em frente à casa-grande, e Silviano saiu a passos largos ao encontro dele, sem nem ao menos dar até logo à esposa.

A mucama observava de longe e pensava: *Essa aí é uma infeliz que pensou ter ganhado um prêmio do céu! Um homem novo, bonito, cheio de vida vai ficar parado olhando para uma boneca de cera branca e sem graça como é essa sinhá? A minha sinhá pelo menos é mais corada, pega sol, caminha, anda pra lá e pra cá. Essa aí só vive na sombra e não tem voz pra nada! Até eu, se fosse mais nova, daria em cima do marido dela! Essas mulheres pensam que podem comprar maridos como se compram cavalos! O dinheiro pode comprar tudo, menos o que ela realmente precisava.*

Foram quebrados os seus pensamentos pela tia Chica, que a chamava, lembrando-a de que deveria buscar as roupas brancas dos seus senhores, que já estavam prontas para ser guardadas na mala de viagem. E, como sempre alertava:

– Cuidado com as camisas do senhor. Estão todas engomadas e bem dobradas; a sinhá recomendou que fossem bem transportadas, que já havia deixado lugar na mala para acomodá-las.

MARIA NAZARETH DÓRIA ditado por LUÍS FERNANDO (Pai Miguel de Angola)

– Já estou indo, tia Chica! Fique tranquila que vou trazer com todo o cuidado. Estava aqui pensando e reparando na vida dos outros, sim. Não sei quem é mais infeliz: se somos nós, em nossas condições como escravas, ou essas pobres mulheres, que vivem enganadas com uma venda nos olhos, acreditando que são superiores a todas as outras mulheres.

– Ó Analú, você andou bebendo alguma coisa com os feitores no almoço?

– Credo! Eu nem saí da casa-grande. Por que pergunta isso, tia Chica?

– Porque você está falando bobagens, mulher! Preste atenção no que vou lhe dizer: tem muitas coisas que a gente pensa e devemos soprar o pensamento pra longe, ouviu? Porque, se a gente pensa e conserva no pensamento, uma hora a gente solta pela boca, se prejudicando por nada, e isso eu tenho visto acontecer todos os dias aqui mesmo. Nem quero saber o que se passou pela sua mente, mas aconselho que sopre, apague e esqueça, seja lá o que tenha sido!

– A senhora está certa! Estou indo e já apaguei os meus pensamentos!

O sol já tinha se escondido no horizonte, e a sombra da noite cobria a fazenda. Escravos e feitores circulavam de um lado para o outro; as mulheres corriam levando roupas aos barracões, e outras servindo a refeição dos negros que chegavam do campo. Todos eles se banhavam quando voltavam para a fazenda. Sob a custódia dos feitores, entravam no rio, tomavam um banho de meia hora, nadavam, brincavam, relaxavam. Eles mesmos esfregavam suas roupas, tirando o excesso de terra, e voltavam com as roupas molhadas, indo aos barracões se trocar antes de receberem os pratos feitos pelas mulheres que cuidavam dessa tarefa na fazenda.

Os feitores conferiam se todos estavam presentes e anotavam no seu relatório diário, entregando-o ao feitor da noite. Nesse relatório constava o histórico de cada escravo, assim o feitor da fazenda iria repassar ao administrador se voltara algum negro machucado, mordido por cobras etc.

CULPADOS *ou* INOCENTES?

Às sete da noite, a escuridão tomava conta da fazenda. Os feitores circulavam com seus faroletes à base de querosene e seus cães de caça. Os negros deveriam se recolher em seus barracões logo após o jantar; no fundo desses barracões masculinos e femininos, geralmente cercado por árvores frondosas, era preparado o que os escravos chamavam de "monturos" (local de terra batida onde os escravos faziam suas necessidades fisiológicas ou despejavam os dejetos dos pinicos de barro). Todos os dias, logo cedo, um escravo ia aos "monturos, revolvia a terra e cobria os excrementos para não levantar cheiro. Quando estava muito cheio, colocavam-se folhas secas e o queimavam, fazendo assim sua manutenção,

O coronel Frederick era exigente com horário. Pontualmente às sete horas da noite, estava sentado em sua cadeira de balanço no alpendre da casa, a mucama servia seu drinque e o administrador lhe trazia todos os dias os relatórios para serem analisados. Quando havia alguma divergência, ele mandava buscar o feitor responsável.

Naquela noite, Silviano dividia com o coronel o ritual que não era novidade para ele. Após receber os relatórios, os dois senhores ficaram a sós. Frederick comentou as dificuldades que vinham tendo com dois escravos que não estavam rendendo o que era esperado deles; estava pensando em vendê-los, era a melhor coisa. Escravos eram como cavalos, bois; quando começavam a dar muito trabalho, a melhor coisa era passar adiante, e era o que ele ia fazer: ia dar ordem ao administrador para negociar a venda dos dois.

Aproveitou para contar como fora sua viagem à fazenda onde vivia Luziara e seu filho. Relatou os acontecimentos, acrescentando o que já tinha determinado para o futuro dos dois. Assim que retornasse da França, e seria em breve, iria livrar-se dela, como fizera com todas as outras. Estava pensando em entregar o menino aos padres e encaminhá-la para trabalhar em uma de suas casas, atendendo os estrangeiros, mesmo que fosse inicialmente apenas ajudando com a administração da casa. Com o passar do tempo, ela iria se habituar às outras funções.

MARIA NAZARETH DÓRIA ditado por LUÍS FERNANDO (Pai Miguel de Angola)

Silviano ficou apenas ouvindo e relembrando aquela moça linda e ingênua que trabalhava na fazenda de sua mulher, ajudando na oficina de costura. Ficara encantado quando a vira; era diferente das outras moças. Ela sonhava que iria se apaixonar por alguém e seria correspondida, e que teria sua liberdade. Ele contribuíra com o destino dela. Sentiu um aperto no coração; no fundo, não esperava que Frederick um dia jogaria Luziara nos caminhos de uma vida sem retorno.

– O que você acha? – perguntou o coronel.

– Sinceramente? Acho que você deve fazer sua viagem e refletir um pouco mais sobre o que vai fazer com a Luziara. Lembre-se de que Sophia e Lise vivem me cobrando: elas querem ver Luziara. Já passou todo esse tempo, e venho enrolando a minha mulher e a sua. Uma hora elas vão cismar e exigir de nós notícias mais verdadeiras sobre o paradeiro de minha suposta irmã. Por isso não se apresse; pense com cuidado se não seria melhor ela ir embora para outro estado levando o filho e abrindo qualquer negócio para se manter. Ela tem condições e conhecimento para fazer isso; eu ajudarei com uma boa quantia em dinheiro. O que você acha?

– Isso me passou pela cabeça, mas pensei no menino. Ele é uma graça e sabe que sou pai dele; tenho medo de que ela não eduque o garoto e ele se torne um nada na vida. Ele é bem loirinho; lembra meu filho Gilbert quando pequeno.

– Luziara é uma mulher inteligente; tenho certeza de que ela vai fazer o melhor pelo filho. Ela pode abrir um restaurante, sabe cozinhar bem; ou uma loja de moda. Ou outra coisa qualquer que lhe renda dinheiro para se sustentar com o filho. É uma questão de negociarmos. Eu pago a carta de alforria dela; dê-lhe a liberdade e exija que cuide bem do garoto, e que nós vamos mandar investigar; qualquer coisa ao contrário, o menino lhe pertence. Vamos dar liberdade apenas a ela; pela segurança do garoto, ele continua lhe pertencendo.

– Estou sentindo um pouco de remorso em você. Se arrependeu de ter trocado Luziara pelo Brilhante?

– Não! Absolutamente não! A questão é que envolvemos nossas mulheres nesta história, e eu também quero me livrar definitivamente de qualquer suspeita a respeito de Luziara.

– Então me fale o que diremos a nossas esposas após Luziara partir para outro estado e nunca mais aparecer, porque, se isso vier a acontecer, vou mandá-la para o norte do Brasil.

– Luziara sabe escrever! E Sophia conhece a letra dela. Obrigaremos ela a escrever uma carta de despedida dizendo que está muito, mas muito feliz, e que deixa o Brasil em companhia do grande amor de sua vida etc.

– Você é mais tinhoso do que eu imaginava! – respondeu o coronel. – Mas vamos avaliar bem se vale a pena; quanto a ajudar com a partida dela, não precisa se preocupar. Mas tenho uma exigência a lhe fazer.

– E qual é a exigência?

– O menino passa a ser propriedade sua e não minha, e vou explicar o porquê: não sabemos o dia de amanhã. Caso esse menino venha a ser bem-criado, futuramente posso contratá-lo como um feitor ou para outra atividade que seja em uma de minhas fazendas, e não posso tê-lo como propriedade minha. Mas gostei de sua ideia em libertar a mãe para trabalhar livremente e conservarmos o garoto, pelo bem dele mesmo. Gosto do menino, embora não possa negar que quero me livrar dele. Mas, de todos os filhos que tive fora do casamento e que andam por aí, esse é o único que me cativou; ele lembra a mim mesmo quando garoto.

Nisso a mucama apareceu dando sinal e pedindo licença. Avisou que o jantar seria servido e que as sinhás já os aguardavam.

Durante o jantar, eles traçaram planos para a chegada das garotas. Elas seriam apresentadas à alta sociedade, e as mães deveriam se revezar na cidade cuidando das moças.

Três dias depois, Silviano estava acompanhando o coronel Frederick enquanto as duas sinhás ficaram chorando. Ansiosas, não viam a hora de ver as filhas retornando.

MARIA NAZARETH DÓRIA ditado por LUÍS FERNANDO (Pai Miguel de Angola)

Longe das mulheres, Frederick comentou com Silviano:

– Prepare-se para sua viagem à Colômbia; já deixei tudo acertado. Vamos ampliar nossos negócios fora do Brasil, e você será um dos maiores pecuaristas do mundo! Quero ter as terras férteis que não existem no Brasil! Juntos vamos aumentar nossas fortunas em pouco tempo. E não se esqueça do que já acertamos: a minha filha vai se casar com o seu enteado; gosto do Josef e sei que vamos ter uma família unida em nossos costumes. Mas, quanto a Josephine, jamais se casará com o meu filho, que já está destinado à filha do conde italiano. Para todos os efeitos, estou indo buscar minha filha e a noiva do meu filho; sustente isso o tempo todo, faça a sua parte que farei a minha.

– Fique tranquilo. Já estou ansioso pela sua volta; assim que você assentar a poeira da viagem e acomodar as moças em suas mansões, partirei para a Colômbia e prometo que não voltarei de lá de mãos vazias, mas sim carregadas da certeza do que vamos fazer por lá.

Após a partida de Frederick, as mulheres se empenharam em preparar o que tinha de melhor para receber as duas moças. Requinte e bom gosto não faltaram, e Silviano se desdobrou para ajudá-las. O noticiário que corria na alta sociedade era a chegada das duas sinhazinhas, filhas das mais ilustres famílias da região. Um convite da família do coronel Frederick e do rei do gado era um dos maiores privilégios para quem o recebesse.

Por outro lado, o coronel se deparou com uma surpresa que ele jamais imaginou que um dia fosse acontecer.

Três dias depois que tinham chegado, o filho avisou que Josephine viria visitá-los. O coronel já tinha ouvido do filho todas as qualidades que um homem poderia enxergar em uma mulher – para o seu filho, Josephine era uma deusa! Já estava a ponto de explodir com o filho. Passava das três da tarde no horário local; era primavera, e a temperatura estava morna. Fazia tempo que ele não via como a França era linda na primavera: flores e perfumes exalavam pelo ar, mulheres

CULPADOS *ou* INOCENTES?

lindas usavam trajes esvoaçantes, muita seda, muita leveza. Ele apreciava o jardim do casarão onde viviam os seus filhos, rindo sozinho ao lembrar que os escravos que colocara para cuidar dos filhos estavam falando francês fluentemente e tinham aprendido as boas maneiras e todo o requinte que a França oferecia. Já estava gostando da ideia de eles, ao retornarem ao Brasil, continuarem servindo e se comportando daquela maneira.

De repente, ele ficou parado ao avistar no calçadão uma moça de cabelos loiros e longos, que esvoaçavam no ar da primavera. A seda azul-claro da roupa brilhava ao sol, dando a impressão de que era ouro, prata; prendeu a respiração, pois nunca vira algo tão belo assim. Parecia mais um anjo que uma mulher.

A moça parou em frente ao portão e tocou a sineta. O negro velho Sebastião foi abrir e receber a moça, que entrou sem cerimônia.

O coronel rapidamente desceu as escadas, indo ao encontro da mulher sem nem saber o que pensar dela! Quem seria? Nem parecia um ser deste mundo, tamanha era sua beleza, pensou ele.

O preto velho, que usava luvas brancas e uniforme azul, abriu o velho portão de ferro e a moça adentrou. Um perfume inebriante irradiava por toda parte do jardim; vinha da moça, é claro!

Frente a frente com a moça, que lhe abriu um sorriso, mostrando dentes perfeitos e brilhantes, ele estremeceu. Ela estendeu a mão fina e delicada dizendo:

– O senhor não está me reconhecendo? Sou Josephine!

– Mas é claro que a reconheci, menina! É que estava tão absorto em meus pensamentos, e não a esperava tão cedo. Vamos entrar, por favor! Trago muitas novidades de sua mãe. E Josef, por que não veio com você?

– Ele virá com Gilbert e Elizabeth; daqui a pouco devem estar chegando! Até pensei que já estivessem aqui. Marcamos às três da tarde. Olha lá, eles estão chegando – disse a moça,

MARIA NAZARETH DÓRIA ditado por LUÍS FERNANDO (Pai Miguel de Angola)

apontando para uma fina carruagem que parava em frente à mansão onde eles viviam.

Os três vieram correndo. Elizabeth atirou-se nos braços do pai, Gilbert e Josef o abraçaram ao mesmo tempo.

– Vamos entrar, papai? – convidou Elizabeth. – Tenho saudade de quando era criança e você viajava; quando voltava eu fazia questão de ser sempre a primeira a abraçá-lo. Gilbert ficava com ciúme e você dizia a ele que eu era sua menina e ele era o homem da casa, lembra-se?

– É claro que me lembro! Vamos entrar; preciso entregar as encomendas de Sophia e transmitir as recomendações. E assim aproveitamos para tratar de nossa viagem; não posso me demorar. Vocês precisam se apressar, porque logo estaremos embarcando para o Brasil.

– Eu já estou com quase tudo pronto, papai!

– E você, Josephine? – perguntou o coronel.

– Não arrumei quase nada! E também não quero levar muitas coisas, não! Vou levar apenas o básico, porque, conforme for me adaptando por lá, vou comprando. Nunca gostei de arrumar malas; vou levar algumas roupas, sapatos, minhas joias, perfumes, minha ama e outras coisinhas.

Foi servido um requintado lanche, e o coronel observava a moça. Em nada ela lembrava aquela garota enrolada em lãs, botas, touca e luvas que ele conhecera. Era a imagem que ele guardava dela, e agora estava diante de uma verdadeira deusa, bela e provocante. Continuava geniosa e arrogante; ela sabia do fascínio que possuía sobre as pessoas. Gilbert fazia o que ela sugeria; era um cordeiro nas mãos dela. Agora, mais do que nunca, precisava livrar o filho dessa emboscada. A única coisa que ela possuía era beleza; se casasse com o seu filho, o levaria à destruição. Ele não era homem de engolir certas coisas, mas, por seu filho, e especialmente por ele mesmo, iria se controlar. Em breve esse anjo mau estaria sendo conduzido por outros caminhos, e ele teria o prazer de colocar um cabresto nela.

Acertou com os rapazes o retorno deles ao Brasil para o próximo ano; voltariam juntos, e que ficassem sossegados, que ele cuidaria das moças, inclusive relatou que as mães deles ficaram preparando a maior e mais fina e requintada festa dos últimos tempos na região. Elas seriam apresentadas à alta sociedade e esperariam seus noivos para oficializar noivado e casamento.

À noite, pai e filhos jantavam a sós, e Gilbert, com o coração pulando de alegria, queria saber a opinião de seu pai em relação a sua escolhida. O coronel, levando a taça de vinho à boca, fez uma pausa e respondeu, olhando dentro dos olhos do seu filho:

– Estranharia muito se você, vivendo ao lado de Josephine, não estivesse assim, apaixonado, perdido dentro dos olhos dela. Vou ser sincero com você, filho, jamais conheci uma mulher com tanta beleza! Ela não tem culpa de ser tão bela, mas tem consciência de que é sedutora. Ela tem domínio total sobre você, ou estou enganado?

– Não! O senhor não está enganado! Eu morreria sem ela; sou capaz de fazer qualquer coisa para tê-la do meu lado. Não imagino a minha vida longe dela; só concordei com essa separação de um ano porque sei que o senhor vai cuidar dela tanto quanto da minha irmã; é o único homem a quem vou confiar a minha amada.

– E viver ao lado de uma mulher tão bela como é Josephine não vai lhe trazer aborrecimentos e desgostos? Já consultou o seu coração? Sabe quantos olhares vão cair em cima dela quando for sua esposa? Não sofre de ciúmes? – perguntou o coronel.

– Sofro! Se pudesse, cegaria todos os homens que olham para ela na minha frente; nem disfarçam, e eu não posso culpá-los, pois a beleza dela obriga homens e mulheres a parar para observá-la – respondeu Gilbert com as faces coradas.

Elizabeth percebeu o clima ao qual aquela conversa conduzia e perguntou:

– Papai, o senhor só viu beleza na Josephine. E eu? Não melhorei nada, não mudei nada?

MARIA NAZARETH DÓRIA ditado por LUÍS FERNANDO (Pai Miguel de Angola)

– Desculpe, filha. Você é a minha princesa, a mais linda do meu coração! – respondeu o pai.

– Então vamos mudar de assunto! Vamos falar de nossa viagem, da festa que a minha mãe está preparando para nos receber, de como está a nossa casa na cidade, e como vamos fazer em relação a levar a minha ama e ficar o Sebastião para cuidar do Gilbert. Vamos ter que separá-los por um ano, mas passará logo, não é mesmo? Eu não abro mão de minha Nana; ela sabe tudo sobre mim, do que gosto, do que não gosto; não seria fácil me acostumar com outra pessoa.

– Fique tranquila. Ela voltará com você sim. Um ano passa voando; se não correr depressa atrás de tudo o que preciso para nomear Gilbert como embaixador, teremos problemas com o pouco tempo.

– E quanto ao Josef, o que o senhor resolveu com ele? – quis saber Elizabeth.

– Ele assumirá um posto importante, fique sossegada. Afinal, será o meu genro, e eu preciso de alguém não só para cuidar de minha filha, mas também dos nossos negócios, e ele está qualificado para isso.

– Vamos nos apressar que ainda temos que passar na casa de Josephine para apanhá-la, e ela não gosta de atrasos. A peça teatral começa às dez da noite; é o que mais se fala aqui em Paris – disse Gilbert.

Pontualmente, às 21h30, estavam em frente da mansão onde moravam Josef e a irmã. O velho criado perguntou se não queriam descer, e o coronel disse que esperaria na carruagem. Gilbert desceu e logo apareceu Josef, sorridente e como sempre muito prestativo. Brincalhão, ele disse:

– Se Gilbert chegasse depois das 21h30, seria briga na certa. Mas se prepare que, antes das dez da noite, minha irmã não sai do quarto. Ainda bem que já estamos com as reservas.

O coronel ficou observando Josef e sua filha; de fato, ele era o genro ideal. Quanto a Josephine, jamais poderia casar com o seu filho, ou a vida dele estaria destruída.

CULPADOS *ou* INOCENTES?

Já passava das dez da noite quando Josephine apareceu de braços dados com Gilbert; estava simplesmente encantadora. O perfume dela era tão marcante quanto sua própria existência.

– A peça começa às vinte e duas horas, mana. Não levaremos menos que quinze minutos para chegar até lá. Por que você se atrasa tanto? Pessoas bonitas como você não precisam ficar tanto tempo em frente a um espelho –disse o irmão.

– E você acha que a peça começa às dez e meia da noite? Detesto chegar antes do espetáculo e ter que ficar olhando aquele bando de velhos gordos e aquelas marmotas invejosas me encarando de cima a baixo!

Gilbert, beijando a mão da moça, disse:

– Agora vamos colocar um sorriso nesse rosto lindo; até a lua que brilha ali no céu tem inveja de você. Olha que lua bonita!

– Ah! Não sei o que será de nós, Elizabeth, sem um teatro de classe aonde possamos ir assistir a uma peça, um recital... Vamos nos deparar com escravos tocando tambores e índios tocando aqueles instrumentos horrendos no meio das ruas – falou Josephine suspirando.

– Calma, Josephine! Nós vamos para a capital e lá vivem pessoas nobres e civilizadas. Tenho certeza de que vamos ter muitas alegrias e começar bem nossa vida. Vamos casar, ter nossos filhos e viver com o mesmo conforto que temos aqui – respondeu Elizabeth.

– Eu não guardo boas recordações do Brasil. Infelizmente nasci lá, mas nunca gostei dos costumes selvagens aos quais os nobres se habituaram; a minha mãe ama! Adora morar na fazenda! Eu vou passar por lá correndo; não gosto do mato, não gosto do cheiro dos bichos, e agora ela deve estar mais acostumada com o mato, depois que se casou com o boiadeiro! – disse a moça.

Entraram no luxuoso camarote, sendo recebidos pelo mordomo elegantemente trajado. Josephine reclamou que fazia muita luminosidade, vindo de encontro ao seu rosto, e que não estava confortável para ela. O mordomo correu solícito

MARIA NAZARETH DÓRIA ditado por LUÍS FERNANDO (Pai Miguel de Angola)

em atender às suas exigências. Licores, sucos, finos doces e outras guloseimas foram servidos nos camarotes. Josephine reclamou de tudo; não gostou de nada. E, no final do espetáculo, ela estava aborrecida com alguns artistas que vieram cumprimentá-la. Sua beleza e requinte chamavam atenção de todos, em qualquer ambiente em que estivesse. Ela era sedutora, jogava olhares maliciosos carregados de inocência, fingia não ter notado que chamara atenção de quem ela queria fazer sofrer. Um dos principais atores ficou hipnotizado por sua beleza e, ao terminar a peça, veio correndo ao seu encontro, causando um mal-estar a Gilbert, que educadamente dispensou o rapaz.

Tudo acertado, chegou o dia do retorno do coronel trazendo as duas valiosas joias, deixando os dois rapazes com os olhos marejados de lágrimas. O coronel suspirou fundo, vendo a fraqueza do seu filho. Teve que ficar ouvindo por horas ele implorando que cuidasse bem de Josephine, que ela era delicada, sensível e tantas outras coisas que não cabiam nela. No navio parecia que tinha entrado um furacão! Os marinheiros enlouqueceram com a presença de Josephine, e ela, sabendo do seu fascínio, agia de propósito. O coronel a chamou e deu um alerta:

– Estamos em alto-mar; procure não usar roupas provocantes e seja mais discreta com o seu perfume e nos seus trajes; sei que não é proposital, mas está causando um tumulto no navio.

– O senhor sugere que eu fique presa no meu quarto em alto-mar? Que não respire ar puro nem veja as pessoas?

– Não disse isso. Estou lhe pedindo que seja discreta em seu comportamento. E, para o bem de todos, é melhor que você me ouça! – disse o coronel.

Ela se levantou e, dando-lhe as costas, foi para o camarote. Elizabeth foi correndo atrás dela e a encontrou debruçada na cama em prantos.

– Calma, Josephine! Meu pai não quis ofendê-la! É que os marinheiros e outros homens do navio estavam cercando

CULPADOS *ou* INOCENTES?

você com olhares maliciosos, e meu pai, lógico, não gostou, mas não pode arrumar discórdia cercado de água por todos os lados.

– Começo a me perguntar se fiz bem em acompanhá-los! O seu pai fica me observando o tempo todo! Ele não gosta de mim. E, se pensa que vou me rebaixar diante dele, ele está muito enganado! Quanto tempo falta para chegarmos? Não vejo a hora de pisar em terra firme; vou ficar na cidade com a minha mucama e não sei se vou querer ir a essa festa que nossas mães estão preparando.

– Relaxe, vou ficar com você. Não vai demorar, nós estaremos chegando e aí as coisas vão melhorar, você vai ver. Não fique brava com o meu pai; ele é assim mesmo. Não é de falar muito; é um homem de negócios, bem diferente de nós.

– Acho que vou dormir, assim o tempo passa mais depressa – respondeu Josephine.

– Nós fomos convidados para jantar com o capitão esta noite. Isso é praxe, então não fique melancólica com essa bobagem. Vamos nos preparar e acompanhar papai, tudo bem?

– Tudo bem, fique tranquila. Vamos acompanhar o seu pai; não quero causar nenhum contratempo para o coronel Frederick, que está sendo tão gentil e atencioso comigo – respondeu Josephine.

– Tem certeza de que não quer mesmo dar uma volta por aí? – perguntou Elizabeth.

– Tenho sim! Vou dormir um pouco, mas, no jantar, estarei pronta para acompanhá-los.

Elizabeth procurou o pai e relatou que a moça ficara aborrecida com a forma com que ele a tratara e que ele tivesse paciência; ela era um tanto infantil, sabia sim que causava tumulto, mas não era com maldade. Pai e filha ficaram conversando, e o coronel como sempre fazendo bons negócios; fechou vários negócios com alguns comerciantes que procuravam o que ele oferecia.

Um pouco antes das oito da noite, Elizabeth bateu de leve à porta da cabine onde Josephine estava instalada confortavelmente.

– Pode entrar! – gritou a moça.

Josephine estava com o cabelo penteado em um coque, e um véu preto cobria sua cabeça. Vestia uma blusa cinza de mangas compridas, uma túnica larga, sandália rasteira, e na portava nenhuma joia nem usava maquiagem.

– Enquanto estiver no navio, vou me vestir assim. O que você acha?

– Acho que está se comportando como uma menina de dez anos! Solte o seu cabelo e vista-se adequadamente. Meu pai vai ficar enfurecido se aparecer desse jeito! Vamos jantar com o capitão do navio e outras pessoas importantes. Posso ajudá-la a escolher um traje ideal?

Quando ela terminou de falar, ouviu-se o toque à porta; era o coronel Frederick. Ao avistar a moça, ele suspirou fundo. Pedindo licença, entrou e sentou-se em uma poltrona. Olhando para a moça, disse:

– Josephine, me desculpe. Acho que tomei o lugar do meu filho querendo zelar por você e acabei magoando-a. Vou esperar você e Elizabeth na entrada do salão de gala. Vista o seu melhor vestido, coloque sua maquiagem e se perfume como sempre; apareça como você é: uma deusa!

Ele saiu sem esperar resposta. As duas moças entreolharam-se.

– Vamos, vou te ajudar, assim não precisam esperar tanto por nós. Apesar de que esperar por duas deusas como nós não é castigo para ninguém; é privilégio! – disse Elizabeth rindo.

Enquanto andava pelo corredor, o coronel pensava: *Eu realmente sou um homem de sorte! Deus nem pode me culpar por isso; nunca me passou pela cabeça que algo assim pudesse acontecer... Além de fechar um contrato milionário na venda da produção de café, esse barão ainda vai me ajudar na colocação do meu filho e do meu futuro genro, e Sophia vai me agradecer por fazer da filha dela uma baronesa.*

Após o mal-estar com Josephine, ele foi tomar um drinque, e qual não foi sua surpresa ao receber um convite trazido pelo

CULPADOS *ou* INOCENTES?

secretário do barão. Aliás, dono daquela luxuosa embarcação, ele estava na suíte presidencial e convidava o coronel para tomar um drinque com ele.

Conversa vai, conversa vem, falaram sobre negócios, investimentos e, por fim, o barão expressou o que de fato lhe interessava: Josephine! Quis saber qual era o parentesco dele com a moça.

O coronel, com toda a sua malícia, respondeu:

– Ela é como minha filha! Tanto que assumi com a mãe dela a sua guarda, vim buscá-la, e ela vai ficar com a minha filha, sendo eu seu tutor. Conheço Josephine desde que nasceu; somos uma família, o pai dela era como um irmão para mim. Antes de falecer, pediu-me que cuidasse e protegesse sua família, e faço isso com muito gosto. O barão me pergunta isso por quê?

O barão respeitosamente respondeu:

– Vou ser direto e sincero com o senhor. Nenhuma mulher me cativou tanto quanto essa menina. Já fui casado, fiquei viúvo e tive outros envolvimentos amorosos; bem sabe o senhor que a nossa situação financeira nos facilita muitas coisas, mas nunca mais pensei em me casar. Porém, se essa moça me aceitasse, eu me casaria com ela imediatamente.

– Vamos ter calma. Primeiro quero apresentá-la ao senhor; jamais obrigaria Josephine a se casar sem amor. Acredito que conquistamos as pessoas oferecendo a elas o que temos de melhor; esse é o caminho do amor. O senhor vai estar no jantar de gala oferecido pelo capitão?

– Oferecido pelo capitão, não! Oferecido por mim – respondeu o barão em tom de brincadeira. – Já dei ordens para que hoje seja aberta a melhor champanhe que temos de reserva nesta embarcação e naturalmente o que tiver de melhor será oferecido esta noite. A orquestra vai animar nossa noite, e eu espero que sua protegida, vamos chamá-la assim, comece a gostar um pouquinho de mim. Farei dela uma rainha; será a baronesa Josephine, a Senhora dos Sete Mares. Estou construindo algo fantástico, que vai revolucionar a Marinha;

MARIA NAZARETH DÓRIA ditado por LUÍS FERNANDO (Pai Miguel de Angola)

quero reduzir o tempo das longas viagens, e vou batizar esse projeto de Baronesa Josephine. Naturalmente, se assim ela me aceitar como seu futuro marido. Josephine é a própria sereia descrita pelos marinheiros no mundo inteiro; quero fazer dela a Rainha dos Sete Mares e conto com a sua ajuda. Tenho a melhor das intenções com ela e o senhor. Futuramente precisaremos pensar em um título de nobreza para o senhor. Um homem na sua posição, culto, ocupando um espaço de tanta importância na sociedade, com uma fortuna considerável, merece ter um brasão com sua honra de nobre.

Isso foi o que mais tocou o ego do coronel. Sempre sonhara em ter um título, um brasão, um anel e um selo com o seu nome. E ali estava uma grande oportunidade! E seria por meio de Josephine.

Quando as moças apareceram no salão, o coronel veio ao encontro das duas. Josephine realmente era a Rainha do Mar! Estava linda e radiante, e todos os olhares se voltaram para ela. O coronel estendeu os dois braços, levando as duas moças à mesa, onde já se encontravam os ilustres convidados. O capitão pediu licença e, levantando-se, fez as apresentações. Dirigindo-se ao barão, disse:

– Este é o nosso chefe! Graças a ele e sua engenharia, estamos usufruindo este momento, pois ele é o dono deste e de tantos outros navios que cortam esses mares afora.

O barão se levantou. Estava elegantemente vestido e demonstrava toda a sua nobreza. Olhando para Josephine, respondeu:

– Realmente, capitão, esta noite é muito especial. Aliás, eu diria que definitiva. Nunca vivi momentos tão agradáveis, quase mágicos, como este dia de hoje. Estou encantado em conhecer pessoas tão especiais e, entre essas pessoas, você, Josephine. Convido todos a brindarmos este encontro, e lhes desejo bons negócios e boas amizades. E a você, Josephine, um brinde a sua beleza e a sua nobre pessoa!

Após o jantar, o barão pediu licença ao coronel e convidou Josephine para acompanhá-lo à pista de dança. A moça parecia uma bailarina dessas que encantam as caixinhas de joias. Os olhares voltaram-se para o casal.

Elizabeth ficou indignada e perguntou para o pai:

— O que está acontecendo? O senhor está facilitando as coisas entre Josephine e o barão? Ela é namorada oficial e quase noiva do seu filho! O senhor prometeu cuidar dela para ele, e não é isso o que estou sentindo. Estou chocada com o que estou vendo.

O pai a pegou pelo braço e levou a filha para a pista de dança. Enquanto dançavam, ele disse baixinho no ouvido dela:

— Acalme-se e não demonstre qualquer aborrecimento. Com calma vou lhe explicar o que está acontecendo. Josephine não é a noiva do seu irmão e jamais será sua esposa! E eu sempre soube disso. O que aconteceu entre eles ficou para trás, como você pode verificar com os próprios olhos. Ela não se prepara para Gilbert, e sim para ela mesma. Quero a felicidade do meu filho e a dela também! E, se o barão não tem a juventude de Gilbert, tem o dinheiro que o meu filho ainda precisa trabalhar muitos anos para adquirir. Neste momento, o melhor que tenho a fazer é não arrumar confusão com o dono desta embarcação que me leva para casa em terra firme. Você, sim, será preparada para se casar com Josef; ele é um bom rapaz, bem diferente da irmã.

Já passava das duas horas da manhã. A lua brilhava nas águas claras do oceano, que parecia um tapete. Os cardumes que atravessavam próximo à embarcação se estendiam como um tapete de luz, enquanto o coronel e o barão fumavam seus charutos e faziam acordos. O que acha, Frederick, de se tornar um marquês? Este título o agrada? Isso se estende a sua esposa também; serão os senhores marqueses de sua terra, e futuramente essa será a herança para seus descendentes. Uma vez entronado na nobreza, toda a família se torna nobre. Já recebi muitas propostas, milionários do mundo inteiro interessados em adquirir este título. Nunca me interessei em repassá-lo. Primeiro, não preciso de dinheiro, e sempre me deu prazer pensar que muitas pessoas me seguem interessadas no título. Agora a situação é diferente. Você não me pediu; eu é que o estou oferecendo por uma troca muita justa. Quero Josephine, e você pode fazer isso por mim.

Frederick, já sentindo o gostinho da ostentação com que sempre havia sonhado, respondeu:

– Está perfeito! Marque a data em que quer se casar e o que deseja fazer em seu casamento. Seu pedido será uma ordem.

– Estou indo ao Brasil e pretendo retornar daqui a vinte e um dias. Quero voltar com Josephine a meu lado. Sei que você tem muita influência e conhecimentos; faça com que tudo aconteça, quero uma festa soberba! Não economize, cobrirei todas as despesas.

– Considere seu pedido realizado! Voltará com sua esposa e seremos amigos em todos os tempos.

– Vou mandar encaminhar o processo; este título pertenceu a minha família; na verdade pertenceu ao meu irmão caçula. Ele faleceu e não deixou herdeiros, voltando para a pasta de família. Não é um processo demorado; não precisa de aprovação, uma vez que me pertence por direito. Posso vendê-lo ou doá-lo a quem desejar. Vamos combinar o seguinte: no dia do meu casamento com Josephine, você receberá das minhas mãos, diante de toda a sociedade, esse brasão que lhe concede o título de marquês.

– Posso lhe fazer uma pergunta? É que ainda tenho dúvidas e desculpe desde já a minha ignorância; nunca tive títulos de nobreza. Como marquês, quais são as portas que posso abrir sem as dificuldades das leis do meu país? Ou seja: quais serão as minhas vantagens, além do título de nobreza?

– Poderá abrir todas as portas, em qualquer lugar do planeta. Quanto à vantagem em ser nobre, dependerá de suas manobras com as leis e com a política de cada país. A partir do

CULPADOS *ou* INOCENTES?

momento que transferir esse título a você, não responderei mais por ele; caberá a você toda e qualquer responsabilidade – respondeu o barão.

– Entendi. Pode ter certeza de que o honrarei com muita dignidade e selaremos nossa amizade de família. Quero manter sempre contato com Josephine e me encarregarei de cuidar da família dela, da mãe e do irmão, que por sinal a minha filha Elizabeth irá desposar no próximo ano.

– Isso é muito bom! Vejo que ainda temos muitas coisas em comum a tratarmos – respondeu o barão.

– E tem algo que quero lhe dizer; nada que tenha sido sério ou carregue qualquer preocupação. Os meus filhos conviveram e cresceram juntos. Elizabeth, minha filha, e Josef, irmão de Josephine, começaram a namorar, com o meu consentimento. Confio no rapaz; ele é como um filho para mim. Inspirada com o namoro dos dois, Josephine e Gilbert, meu filho, começaram a brincadeira de que também estavam namorando e que ela viria ao Brasil se preparar para se casar com ele. Tudo isso entre eles não passou de fogo de palha; já foi apagado. Meu filho volta no próximo ano e pretendo vê-lo fazendo carreira no Ministério Público; seremos da mesma família, e não quero que pense que fica alguma coisa escondida sobre Josephine, que é uma filha de coração.

– Não se preocupe, fez bem em me contar. Não quero constrangê-la com essas bobagens; realmente, se ela fosse apaixonada por seu filho, não estaria se envolvendo comigo nem você estaria facilitando nosso envolvimento.

E assim o barão e o coronel, embaixo da luz das estrelas e iluminados pela lua cheia, traçaram o destino de Josephine.

Por outro lado, a ambição da moça lhe cegou por completo qualquer sentimento; Gilbert foi esquecido no balanço do mar.

Antes de se recolher, o coronel quis falar com Josephine e alertou a moça:

– Você já escolheu seu caminho, e eu vou ajudá-la a seguir seu destino. Você jamais faria o meu filho feliz e não seria feliz ao lado dele. O barão veio ao seu encontro como

MARIA NAZARETH DÓRIA ditado por LUÍS FERNANDO (Pai Miguel de Angola)

um farol na escuridão; aceite o seu pedido de casamento, e não pense duas vezes em ser o que você já é: a Rainha dos Sete Mares! Uma coisa que vou lhe pedir: não comente com o barão o seu envolvimento com Gilbert; se ele lhe perguntar algo, diga que tudo não passou de uma brincadeira, o que não é mentira de sua parte. Gilbert, sim, apaixonou-se, e não posso culpá-la por isso; eu também teria me apaixonado por você. Ainda não sei como vou dizer ao meu filho que ele não vai se casar com você. Quero que passe a me ver como seu pai; passe ao barão essa ideia. Isso vai protegê-la de muitas coisas no futuro. Se souber cativar a minha amizade, terá em mim um grande amigo, e prometo que vou cuidar de sua mãe e de seu irmão. Ele será meu genro e por isso ainda vamos nos encontrar em família muitas e muitas vezes, compreendeu?

– Claro que compreendi! O senhor é de unir o útil ao agradável, e isso me agrada muito. Não nego, não! Sou ambiciosa, sim. Não gosto do Brasil, nunca escondi isso de ninguém; não me dou bem com a minha mãe, e também nunca escondi isso, nem dela nem de ninguém. E, agora, não vou esconder do senhor nem de ninguém: nunca amei Gilbert; fiquei com ele porque era a única pessoa que me tratava bem, atendia aos meus caprichos, e estou feliz porque o senhor me entendeu. Quero que ele seja feliz; eu jamais o faria feliz nem seria feliz ao lado dele! Obrigada de coração por sua amizade e sua compreensão; nunca vou esquecer o que fez por mim neste navio, que logo será meu! Na lista dos meus amigos em comum com meu futuro marido, o senhor será o número um! O senhor tem toda a razão, é como um pai para mim. Tenho muitas coisas em comum contigo: sou ambiciosa, gosto do poder. Por favor, coronel, converse com cuidado com Elizabeth; não gostaria que ela ficasse magoada. Gosto muito dela e sei o quanto ela é boa; é bem diferente de mim e sei que será uma boa esposa para meu irmão. Eu amo Josef; para o senhor, não posso mentir, nem tenho por quê: as únicas pessoas que amo são meu pai, já falecido, e meu irmão.

– Não se preocupe; sei que não vai ser fácil lidar com os sentimentos de revolta de Gilbert; talvez a amizade dele com

CULPADOS ou INOCENTES?

o meu filho vá ficar estremecida por conta disso, mas saberei conduzir e tudo será ajustado no seu tempo certo. E agora, ouça-me: a festa que Lise e Sophia estão organizando para apresentá-las à sociedade terá atenção; vamos estendê-la, e faremos também o seu casamento, o que acha? Temos que resolver isso com urgência; não sei se o seu noivo vai aceitar, cabe a você convencê-lo. E, como seu pai, você mesma disse me considerar como tal, ouça o que vou lhe dizer: vou sondar o barão sobre a questão de não ter filhos; se houver qualquer problema relacionado a ele em não gerar filhos, futuramente estudaremos uma fórmula de você se tornar a única herdeira dele. Caso ele possa ter filhos, após o encanto de sua lua de mel, comece a pensar em engravidar, assim o barão terá herdeiros e você estará segura por toda a vida. Vou conversar com ele e depois te falo; você é muito jovem, não tem experiência de vida, por isso não tome nenhuma decisão sem me consultar. Fale sobre sua vida o mínimo possível e não lhe conte particularidades de sua família, por exemplo, as diferenças entre você e sua mãe, entendeu? Você é uma filha perfeita.

– Sim, senhor. Agradeço de verdade os seus conselhos e vou contar com as suas orientações sobre como devo proceder e me comportar. Quero sim me tornar a baronesa Josephine, Rainha dos Sete Mares. Ajude-me com a minha mãe; ela deve estar preparando o meu enxoval para casar-me com Gilbert. Conto com a sua proteção e jamais vou esquecer quem me fez baronesa.

– Vá ao encontro de Elizabeth e conte a ela toda a verdade: que não iria fazer Gilbert feliz, e que também seria uma pessoa infeliz. Minha filha tem um imenso coração; ela vai compreendê-la. Depois disso, conversarei com muito jeito com Elizabeth – disse o coronel.

MARIA NAZARETH DÓRIA ditado por LUÍS FERNANDO (Pai Miguel de Angola)

Josephine sentou-se ao lado de Elizabeth, que tinha os olhos vermelhos de choro. Elas se olharam por alguns minutos em silêncio, e foi Josephine quem falou primeiro:

– Por favor, Elizabeth, ouça o que tenho a lhe dizer: eu tomei uma decisão em minha vida. Não ficarei no Brasil, você sabe que não gosto dessa terra; não tenho nada que me prenda nesse país. De repente, encontrei alguém que poderá me fazer de fato feliz; vou andar pelo mundo, sem ter compromisso com casa, com família. Eu gosto de Gilbert; ele foi a única pessoa que me deu um pouco de paz, porém, descobri que jamais o faria feliz e seria uma pessoa infeliz e até perigosa. Seu irmão vai encontrar alguém que o ame de verdade; ele merece ser feliz. Eu já decidi meu destino; seu pai, como um homem de muita experiência e bondade, compreendeu a minha decisão e se encarregou de cuidar de Gilbert. Faça meu irmão feliz e seja feliz. Perdoe-me; não me odeie por ser sincera com você. A festa que está sendo preparada para nós duas será também a festa do meu casamento e de despedida, pois vou embarcar com meu marido e não sei quando, ou se vou voltar ao Brasil algum dia.

– Josephine, que loucura é essa? Não será o mal-estar em alto-mar que mexeu com você? Não está preocupada com Josef nem com meu irmão? Eles ficaram sonhando que voltarão para nos receber no altar e de repente você enlouquece e leva o meu pai à loucura! Estou arrasada! Nunca imaginei que iria passar por uma situação como esta; o que dizer para nossas mães? Não pensa em sua mãe? Ainda é tempo de consertar esse erro, não chegamos ainda; caso não desista dessa loucura, eu não sei como me comportar diante de nossas mães – desabafou a moça chorando.

– Elizabeth, olhe para mim, por favor! – pediu Josephine. – Não vou desistir do meu casamento; não é algo inusitado não! É bem pensado e bem planejado! É o que quero para minha vida. Seu pai entendeu, por ter experiência de vida, o que será o melhor para mim e para Gilbert, aliás, para todos nós. Não fique magoada comigo, tente me entender! Nossas

– 168 –

CULPADOS *ou* INOCENTES?

mães vão entender a minha decisão; seu pai vai falar com elas, e Josef e Gilbert vão se magoar sim, por um tempo, mas depois tudo passará. O que é melhor: ser honesta com o seu irmão ou me casar com ele e torná-lo infeliz? Com você e Josef é diferente! Você ama meu irmão, será feliz ao lado dele e o fará feliz. Agradeço a você por isso e não quero tê-la como inimiga jamais! Vamos, me dê um abraço!

Elizabeth secou as lágrimas e, estendendo os braços para moça, disse:

– Se essa é a sua vontade e a de Deus, que assim seja! Saiba que amo muito o seu irmão; jamais teria coragem de magoá-lo. Mas, se você não ama meu irmão, realmente é melhor seguir seu caminho. Não guardarei mágoas de você; estou rezando e pedindo a Deus que não nos desampare.

Três dias depois dessa conversa, outros assuntos e acertos surgiram entre o barão e o coronel. Josephine, aconselhada por Frederick, não cedeu aos desejos do barão; mantinha-se virgem, e convenceu o noivo de que tinha prometido à mãe que só se entregaria ao marido quando estivesse casada. Era juramento de família, e ela era fiel aos seus juramentos.

O barão alegrou-se porque acreditava que Josephine tivesse uma ligação de amor com a mãe. O barão levava o seu escritório nas viagens, e providenciou os documentos necessários com os quais o coronel se tornaria um respeitável marquês; só não tinha assinado. Isso seria feito no dia do seu casamento. Eles foram os primeiros a desembarcar com toda a pompa; as bagagens seguiriam logo após o desembarque de todos os outros passageiros.

Elizabeth e Josephine foram para a mansão de Frederick e ficou acertado que logo mais à noite o barão viria jantar com eles para conhecer os outros membros da família e acertarem os detalhes para o casamento, que agora era a prioridade do momento. Ficou combinado que a noiva não levaria nada de enxoval, pois o noivo tinha casas espalhadas por muitos países e não ficava muito tempo em um local só. Assim seria a vida Josephine dali em diante: viagens e mais viagens.

MARIA NAZARETH DÓRIA ditado por LUÍS FERNANDO (Pai Miguel de Angola)

O coronel agora tinha pressa em resolver tudo da melhor forma possível; contava com seu amigo e parceiro nos negócios, Silviano! Tinham combinado a viagem para a Colômbia assim que ele chegasse, mas a história havia mudado, e também era favorável a ele. Teria que esperar até o casamento da enteada.

As mães, ao receberem suas filhas, desmancharam-se em lágrimas de alegria.

– Estamos com tudo pronto para a grande festa de vocês! Só precisamos acertar os últimos detalhes com Frederick – disse Lise, abraçando a filha.

Sophia aproximou-se de Josephine, e esta, friamente, sorriu para mãe e se deixou abraçar.

– Você está linda, filha! Mesmo cansada, porque essa viagem cansa! Mas você me parece ótima.

– Estou melhor agora do que quando deixei a França. Logo mais vamos ter muitos assuntos a tratar, especialmente com a senhora. O coronel Frederick assumiu na minha vida o papel de pai; devo a ele tudo de bom que está acontecendo – respondeu a moça.

O coronel aproximou-se das duas mulheres e pediu:

– Vamos deixar as moças descansarem umas duas horas e depois almoçaremos juntos. Tenho um assunto de muita importância para tratar em família; trata-se da felicidade e do futuro dos nossos filhos. Eu e você, Silviano, também precisamos conversar para tratarmos de nossos assuntos, não apenas familiares, mas também os comerciais. Ah! Lise e Sophia, por favor, providenciem o melhor jantar que puderem oferecer. Vamos receber hoje, neste jantar, um amigo valioso. É o barão dono da maior frota de navios do planeta; tivemos a felicidade e o merecimento de encontrá-lo nesta viagem de volta ao Brasil e teremos a honra de recebê-lo em nossa casa para jantar.

– Meu Deus! Temos que correr mesmo, Sophia! Esse barão é o homem mais importante que já pisou nesta cidade! O almoço já está programado, as sobremesas também, mas em um jantar para um nobre temos que pensar... Enquanto vocês descansam e seu pai conversa com Silviano, vamos mergulhar de cabeça para fazermos um jantar de gala para este nobre cavalheiro – disse Lise.

Josephine respondeu:

– Senhora Lise, pode ter certeza de que será mesmo uma honra para todos nós a presença do barão em sua casa. Peço a minha mãe que se vista com elegância, que peça ajuda à senhora, pois tem classe e bom gosto. Assim como também vista o seu marido à altura de quem vamos receber, minha mãe.

Virou as costas e seguiu rumo a seu aposento. Ao entrar, chamou a mucama e falou:

– Converse com a mucama de Elizabeth. Nem uma palavra sobre o meu relacionamento com o barão com ninguém, entendeu? Elizabeth já concordou comigo; só tocaremos nesse assunto na frente do coronel Frederick. Você me acompanha após o meu casamento e pedirei ao meu marido que mande buscar seu companheiro. Vocês dois ficarão comigo. Vamos viajar bastante, vai ser divertido. Agora feche a janela e a porta, e só me *acorde na hora do almoço.*

As mulheres não perceberam a inquietação nos olhos de Elizabeth. Esta pediu licença e se retirou. Em seu aposento, pediu a sua mucama que não comentasse uma palavra sequer com sua mãe, nem com Sophia, sobre o casamento de Josephine; seria o coronel quem iria prepará-las.

Sophia, a sós com Lise, desabafou:

– Percebeu a diferença entre sua filha e a minha? Josephine não gosta de mim; viu como me tratou? E a forma como ela se reportou a Silviano? Ainda bem que ele não ouviu; ela faz de tudo para me humilhar. Sempre foi assim. Mas vamos cuidar do que nos pediu Frederick. Essa visita deve ser muito importante, não é?

— Calma, Sophia! Sua filha tem o jeito dela de ser, mas no fundo é uma boa moça. Vamos dar tempo ao tempo; uma hora ela começa a enxergar a vida com outros olhos. Quando ela for mãe, vai começar a vê-la de forma diferente – respondeu Lise.

O coronel levou Silviano até a adega.
— Vamos tomar um drinque e ficar bem longe dos olhos e dos ouvidos dessas mucamas fuxiqueiras que ficam fingindo limpar aqui e ali a mando das sinhás. Na verdade, querem mesmo é ouvir alguma da nossa boca; são loucas por segredos. Especialmente para saber se estamos falando sobre mulheres... Mulher pensa mais em mulher do que nós, homens!

O coronel começou a relatar o ocorrido em tão pouco tempo dentro do navio e a grande decisão de Josephine, dizendo que isso viera da providência divina. Ele, além de resolver o seu problema pessoal, ganhara um título de nobreza. Estava enriquecendo a família de ambas as partes. Falou que contava com sua ajuda para mudar os planos de sua viagem, afinal, todos iriam lucrar com aquele casamento.

— Frederick, meu amigo, eu estava contando as horas e os segundos para vê-lo chegar. Na verdade, estou louco para deixar o país; você ficará tomando conta das finanças e dos negócios de Sophia, afinal, será somado à família dela. Prometi a Josef que duplicaria a fortuna deles e na verdade a tripliquei! Vou ficar com o que de direito me cabe e quero começar minha vida bem longe daqui; não tenho mais condições de viver com Sophia; não existe mais nenhum sentimento que me aproxime dela como mulher. Não posso culpá-la por me sentir assim, porém não suportarei muito tempo essa vida; estou me sentindo um prisioneiro.

— O que está acontecendo? Apaixonou-se por alguma mulher? Um homem só se sente assim quando está caído de quatro por uma mulher. Quem é ela? –perguntou o coronel.

CULPADOS *ou* INOCENTES?

– Você pode não acreditar, mas não estou apaixonado por nenhuma mulher! É comigo mesmo, entende? Mas fique tranquilo que vou ajudá-lo e fazer tudo o que estiver ao meu alcance. E sinceramente? Foi a melhor coisa que aconteceu para o seu filho! E para você, é claro! Quem sabe agora, com a filha casada com esse fidalgo, Sophia poderá acompanhá--la nas viagens mundo afora e me esquecer. Quem sabe até encontre alguém que goste dela de verdade. Ainda é nova, pode refazer sua vida.

– De imediato, não! Josephine vai aproveitar a lua de mel dela. Quem sabe no futuro, sim, ela anime a mãe a fazer excursões por aí afora. Tudo nesta vida tem solução. Quero preparar o meu filho para entender que essa moça não seria a companheira ideal para sua vida e sua carreira. Mas vamos lá, vá tomando nota dos acordos que já fechei sobre a venda dos nossos produtos. Esses três negociantes estão interessados em investir no Brasil. Já visando os couros colombianos, joguei alto em nossa capacidade de atendê-los. Quanto ao título de que vou tomar posse, é uma chave que vai me ajudar a abrir muitas portas no mercado exterior. Veja este quadro que temos hoje e o quadro que quero ter daqui a um ano, naturalmente dividindo com você trabalho, empenho e fidelidade. Que entre nós exista sempre essa confiança; confio plenamente em você e quero que acredite no que estou lhe confidenciando.

– Sabe que pode, Frederick, contar e confiar em mim! Antes morrer do que perder a minha dignidade diante de você. Seja o que for, nunca haverá segredos entre nós – respondeu Silviano. – E agora, antes que retornemos aos assuntos do jantar de hoje e do casamento de Josephine, decidiu o que vai fazer em relação a Luziara e ao filho?

– Sinceramente, nem me lembrei de que ela existia! Estes dias foram uma loucura para mim; não vou poder nem pensar em ir até lá antes do casamento de Josephine. Mas, pensando bem, aquela sua ideia de enviá-la para bem longe com o filho pode ser estudada; dou a liberdade a ela e mantenho o filho como propriedade minha; isso fará com que ela pense bem

– 173 –

MARIA NAZARETH DÓRIA ditado por LUÍS FERNANDO (Pai Miguel de Angola)

em todas as atitudes que vai tomar e obedeça às minhas exigências em relação ao menino. Quero que ele estude para futuramente se encaixar em algo que nos interessar na cidade ou nas fazendas. O administrador trouxe os relatórios da fazenda? Há algo especial envolvendo Luziara e o menino?

– Não! Aí se encontram todos os apontamentos da sua fazenda conforme o administrador encaminhou. Pelo que ele descreveu, está tudo sob controle. Não citou nada a respeito de problemas relacionados aos escravos.

Os dois ficaram conversando sobre negócios e as novas mulheres que tinham chegado às casas de diversões. Frederick comentou com o amigo:

– Preciso ser mais cauteloso com os meus casos de amor. Como marquês, não posso mais frequentar abertamente essas casas que me dão tanto prazer. Mas posso discretamente escolher as minhas prendas antes que elas cheguem ao conhecimento dos outros.

Uma leve batida à porta, e a mucama avisava que as sinhás esperavam por eles para servirem o almoço.

As mulheres se encontravam na sala de jantar. Assim que eles chegaram, Lise foi ao encontro do marido.

– Meu amor – disse ela –, o nosso jantar de hoje será um sucesso! Já encaminhamos tudo, não é, Sophia?

– Muito mais você fez, Lise. Eu apenas ajudei em alguns detalhes a sua experiência e capacidade para organizar um requintado jantar como este, e até mesmo a festa que estamos programando. Não sei o que seria de mim se não fosse você!

Josephine, olhando para a mãe com ar de descaso, falou:

– Você nunca foi boa nisso! Nem posso culpá-la; a diferença entre você e Lise são os seus relacionamentos. Lise tem uma vida social; Frederick é um homem culto, tem uma formação diferente do seu marido. Não quero ofender, mas boiadeiro conhece de gado, de pasto, de terra, não é mesmo, Silviano?

– Você tem toda a razão, Josephine! Foi a escola em que estudei e me formei: os campos, os pastos, os cavalos e as boiadas! Não entendo nada desse seu mundo de requinte.

CULPADOS *ou* INOCENTES?

Lise, quebrando o clima, convidou:

– Vamos sentar, pessoal. Hoje é um dia especial! Estamos com as nossas princesas em casa. Após o almoço, Josephine falou que precisava de um traje especial para o jantar e que suas bagagens ainda não haviam chegado. Como ela deveria proceder?

Sophia olhou para Lise pedindo socorro, e esta então respondeu:

– Vamos mandar buscar madame Lylien; ela trará as melhores peças que tiver em seu ateliê, para as jovens mais finas e requintadas da França. Fique calma que você vai brilhar!

– Então vou aguardar em meus aposentos. Você me acompanha, Elizabeth? – pediu Josephine, entendendo a piscada de olho de Frederick. Ele iria conversar com sua mãe sobre o que seria o jantar daquela noite.

Assim que as moças se retiraram, Frederick convidou a esposa e os amigos para irem até o escritório. As mulheres se entreolharam, sem entender nada, mas acompanharam Frederick.

– Bem, senhoras – começou falando o coronel –, Silviano já está a par dos acontecimentos; espero que vocês entendam o que tenho a lhes comunicar. Na verdade, o barão virá a este jantar pedir a mão de Josephine em casamento. Entre nossos filhos Elizabeth e Josef há um compromisso firmado de casamento; entre Gilbert e Josephine, contudo, não existe nenhum tratado de casamento. Fiz o papel de pai para sua filha; procurei conhecer o barão, investiguei suas intenções e acabei concordando com a vontade de sua filha: ela se tornará uma baronesa, a Rainha dos Sete Mares, pois seu futuro marido é um dos homens mais ricos do mundo, dono da maior frota de navios do planeta. E o mais importante: ela se casará nesses vinte dias que temos corridos e partirá com o marido para outras terras; ele tem casa em vários países e não fica em nenhum lugar fixo. Ela sabe disso e me disse que essa é a vida com que sempre sonhou. Espero que você, Sophia, alegre-se por sua filha; farei o possível para ajudá-la fazendo

– 175 –

o papel de pai; ela escolheu e já tem idade suficiente para decidir o que quer fazer de sua vida.

– Meu Deus! Até o momento estava pensando que a minha filha voltava a fim de se preparar para o casamento com seu filho, e agora recebo essa notícia de que ela se casará com outro homem. Onde foi que ela conheceu esse barão? Ele veio da França com vocês para pedi-la em casamento e desposá-la assim correndo por quê?

– Fique sossegada! Sua filha se mantém virtuosa! Não aconteceu nada entre ela e o barão, naturalmente porque exigi dele respeito e obediência absoluta até o casamento! Eles se conheceram na França em um teatro, já faz algum tempo, por isso ela decidiu me esperar para que eu tomasse a frente de tudo; ele está no Brasil exatamente por amor a sua filha, veio para se casar com ela. Não há nada de mal ou de errado na escolha de Josephine; você me conhece e sabe que jamais permitiria algo que não fosse bom para todos vocês, afinal, a minha filha está prestes a fazer parte da sua família e vamos nos tornar todos parentes.

Sophia estava pálida. Lise olhou para o marido e lembrou-se: *Ele me disse que Gilbert não se casaria com Josephine! Será que ele sabia alguma coisa e não quis me contar, ou realmente tudo aconteceu da forma que ele está contando?* Enfim, fosse o que fosse, Josephine estava se casando com um mundo invejado e cobiçado por milhares de mulheres, e ela precisava melhorar a estética da mesa, afinal, seria um noivado importante.

– Sendo para a felicidade de minha filha, confio no senhor. Se está me dizendo que é melhor, é porque é o melhor para todos nós. Peço que, por favor, me oriente sobre o que fazer. Um casamento assim tão repentino! Não temos estrutura para atender em tão pouco tempo.

– Fique tranquila, Sophia! Ouça o que combinamos: a festa que seria para apresentar nossas filhas à sociedade vai ganhar mais estilo. Vamos transformá-la em algo soberbo; será o casamento de Josephine, e precisamos nos esforçar para investir todo o nosso tempo nos preparativos. Não se preocupe com enxovais; isso é o que de menos sua filha vai precisar. Nossa corrida agora é para enviar todos os convites, e faço questão de que toda a alta sociedade se faça presente. Faço questão de assumir isso pessoalmente e conto com a ajuda do meu amigo Silviano.

Acertaram alguns detalhes sobre o casamento-surpresa, e Frederick pediu a Lise que mandasse preparar um champanhe francês para o grande evento daquela noite.

Eles deixaram o escritório, e Sophia parecia estar sonhando. *Meu Deus, o que está acontecendo comigo? Qualquer outra filha teria conversado com sua mãe sobre uma decisão tão séria em sua vida.* Mas Josephine não era uma filha como as outras; o coronel Frederick é que viera lhe comunicar o que ela tinha decidido, e agora lágrimas rolavam por suas faces. Lise passou o braço em volta dos ombros dela e a convidou a tomar um copo de água.

– Sophia, sossegue. Sabemos que colocamos nossos filhos no mundo porque eles nasceram de nós, mas, quando seus corações começam a bater fora do nosso corpo, não sabemos mais o que eles pensam ou o que vão fazer. Reze por sua filha! Vamos pedir a Deus que seja feliz. Uma coisa é certa: com o meu filho ela não poderia ter essa vida de glamour que vai ter, e ela gosta de tudo isso, não é? Vamos ajudá-la a encontrar o que procura, e deixe claro para sua filha que os tempos mudaram; que a sua casa vai estar sempre de portas abertas para recebê-la em qualquer circunstância, que você jamais virará as costas para ela, que vamos estar aqui em família, porque nossos filhos, Elizabeth e Josef, vão se unir em um casamento abençoado.

O coronel chamou a mucama e pediu que fosse chamar Josephine. Precisava conversar com ela com urgência. Logo

MARIA NAZARETH DÓRIA ditado por LUÍS FERNANDO (Pai Miguel de Angola)

mais a moça apareceu; parecia uma pintura feita a mão. Observou o coronel. Como podia ser tão linda e tão insuportável?

– O senhor me chamou?

– Sim, sente-se, por favor. Antes de começar a falar, convido você a olhar para o céu do Brasil. Diga-me: há um céu mais azul do que este?

– Prefiro olhar mais para a terra; não moro no céu nem pretendo me mudar para lá, então não olho para aquilo que não me interessa – respondeu Josephine rindo. – Mas não foi para olhar o céu que o senhor mandou me chamar; pode falar que estou interessada em ouvi-lo. Tudo o que vem do senhor me alegra, me agrada ou me interessa.

– Josephine, se você não fosse se tornar a mulher do meu mais novo e melhor amigo, juro que correria o risco de me apaixonar por você! Gosto do seu atrevimento, dos seus olhos, que me lembram o céu! Gosto do seu cheiro e de tudo mais que há em você...

– Se o seu filho tivesse herdado isso de você, eu teria me apaixonado por ele. Mas não estamos aqui para jogar flores um no outro. Pode falar o que quer de mim?

– Quero adverti-la sobre algo que falei para sua mãe. Disse a ela que você e o barão se conheceram em um teatro na França, e que ele veio ao Brasil exclusivamente para se casar com você e levá-la a correr mundo com ele, porque é isso mesmo o que vai acontecer.

– E é claro que ela acreditou! Ótima ideia, vou combinar com o meu noivo para citar esse detalhe durante o jantar. Frederick, me fale uma coisa: quantos anos você acha que o meu noivo tem?

– Não seria delicado de minha parte fazer essa pergunta a um nobre, ainda por cima apaixonado, mas creio que ele seja uns dez anos mais velho do que eu. Porém, fique tranquila que ele vai satisfazer os seus desejos. Só não espere muito tempo para engravidar; não sei se no balanço do mar ele é firme. Como vocês vão viver muito pelos mares, é bom pensar no que estou lhe dizendo: um filho é a garantia do seu futuro integral.

CULPADOS *ou* INOCENTES?

– Pode deixar, meu guru! Se não acontecer no balanço do mar, eu sei onde posso encontrar alguém em terra firme que atenda a essa minha necessidade – disse Josephine, correndo os olhos de cima a baixo sobre o coronel.

– Você gosta de brincar com fogo, garota! Cuidado com esse temperamento atrevido; depois de casada, antes de partir com seu amado a correr os Sete Mares, podemos continuar essa conversa. Eu a achei muito interessante.

– Quer fazer um pequeno teste, coronel? – disse Josephine, roçando-se nele. O coronel puxou-a para si beijando-a na boca; alguns minutos depois, ela se afastou dele dizendo: – Tenho que me manter intacta para o meu noivo; sou uma donzela de boa família. Vou sair antes que entre alguém aqui e nos surpreenda nesta situação. Prometo que vou me comportar até o dia do casamento, e como prova de gratidão por tudo o que está fazendo por mim vou lhe dar uma recompensa, aquilo que não pude lhe ofertar agora. E não será nenhum sacrifício, você me atrai! – Levantou-se e saiu com um sorriso provocante.

Frederick ficou atônito. *Meu Deus! Era com essa criatura que meu filho pensou em se casar?* Esperaria sim o dia do casamento dela, mas, antes que partisse, ela seria sua! Não iria contar nada ao boiadeiro, mas, depois que a enteada partisse, contaria a ele o que acontecera.

Naquela noite, Josephine esmerou-se em arrumar-se e perfumar-se de forma provocante. O barão estava encantado e apaixonado; trouxe um anel de brilhante para sua noiva, finos bombons e flores para todas as mulheres, e fez questão de trazer champanhe de sua coleção para brindar o noivado.

Josephine sentou-se em frente ao coronel e começou a esfregar com o seu delicado pé a perna dele, que a olhava sentindo um fogo lhe subir por todo o corpo. Já era tarde quando o barão se retirou, e logo todos os membros da família se recolheram. A casa estava silenciosa.

Lise percebeu a inquietação do marido, que se virava na cama de um lado para o outro, e perguntou:

MARIA NAZARETH DÓRIA ditado por LUÍS FERNANDO (Pai Miguel de Angola)

– Meu amor, o que está acontecendo com você? Parece inquieto. Está preocupado com alguma coisa?
– Sim! Perdi o sono; o casamento de Josephine está me preocupando. Até parece que sou mesmo o pai dela! Preciso cuidar de tudo, quero ter certeza de que ela vai ficar bem. Lise, procure dormir; vou até o escritório verificar uma papelada que não abri e, se não for até lá, aí é que não vou dormir mesmo. Por favor, tente dormir, que não me demoro. É tempo de analisar os relatórios enviados pelo feitor e volto sem fazer barulho.
– Deixe pra amanhã, meu amor. Você está cansado. Teve um dia muito cheio hoje. Quer um chá? Descanse, querido, você precisa dormir.
– Eu estou bem, e sabe que preocupado eu não concilio o sono. Pode dormir, não demorarei.
Frederick parou em frente do quarto de Josephine e percebeu que a porta estava entreaberta. Entrou rapidamente. Ela estava nua deitada sobre os travesseiros, e ele atirou-se sobre ela, que lhe sussurrou:
– Controle-se, eu também estou ardendo de desejo por você, mas vou me sustentar. Preciso me guardar para o meu noivo; lembre-se de que você negociou com o meu noivo a minha virgindade.
– Amanhã mesmo vou usar toda a minha influência para que o seu casamento aconteça daqui a dez dias, entendeu? Não vou suportar esperar mais tempo. No dia do casamento, você vai se entregar a ele ainda sóbrio, mas, depois, vai embriagá-lo. Assim que ele dormir, quero saciar minha sede no seu corpo.
– Faça o que puder para que nosso casamento aconteça o mais rápido possível; vamos casar em três! Prometo que seu pedido será atendido. Agora vá, antes que seja tarde para nós dois.

O casamento e a festa foram marcados para uma semana depois. Silviano percebeu que o coronel estava tenso, muito tenso. Seria pelo casamento ou pelo título que iria receber? Não estava se envolvendo nos negócios, não saía para as noitadas que tanto apreciava – mesmo com Lise na cidade, ele costumava sair a negócios e voltava só quando o dia clareava.

O coronel todas as noites visitava Josephine e estava mais ansioso pela noite de núpcias do que o próprio noivo. Fez de tudo para manipular o barão a fim de passar três dias na suíte da mansão de Sophia, não tão longe da sua. Combinou com Josephine que dispensasse todos os escravos da ala principal da casa; ele entraria pelos fundos sem ser visto por ninguém e esperaria por ela no quarto conjugado com a suíte, onde o seu marido estaria dormindo e embriagado.

Assim aconteceu. Josephine convenceu o marido a ficarem mais uma semana em lua de mel, e todas as noites, após as primeiras horas, ela ficava com o esposo e, assim que este adormecia, embriagado, ela corria para os braços do coronel, ambos enlouquecidos de paixão.

– Como posso deixá-la partir? Estou louco por você. Não sei o que está acontecendo comigo, nunca fiquei assim por mulher nenhuma. Você é uma ninfa! Virou-me ao avesso; estou totalmente apaixonado por você. Se pudesse, não a deixaria partir com esse babaca, mas ainda não perdi a razão de quem sou. Se você ficasse, iria me destruir, me enterrar mais cedo. Melhor você seguir com o seu marido, mas quero vê-la em breve. Você consegue tudo o quer, então venha ao meu encontro ou me chame que eu vou onde você estiver – disse o coronel apertando-a contra o peito. – Se soubesse que isso iria acontecer, não teria entregado você ao barão; agora é tarde para reclamar aquilo que não me pertence.

– Vou sempre facilitar um encontro entre nós – respondeu Josephine. – Você viaja sempre; quando for ao meu encontro, leve Lise e minha mãe. Elas farão companhia uma para a outra, e isso vai facilitar nossos encontros sem causar suspeitas. Eu também vou morrer de saudades de você, porém, fiz a coisa certa e não me arrependo. Sou a Rainha dos Sete Mares, sou uma baronesa. O que seria de mim se ficasse por aqui?

– Prometa que você vai ser uma boa filha; implore ao seu marido que venha para o Brasil, pois está com saudades da mamãe e quer vir ficar uns dias aqui. Não posso ficar sem você; precisamos nos encontrar de vez em quando e, por favor, não me traia! Se ficar sabendo que colocou outro em meu lugar em seu coração e na sua cama, acabo com sua vida. Não suportaria saber que você se entregou a outro homem – disse Frederick.

– Acho que você esqueceu que sou uma mulher casada e, diga-se de passagem, bem casada! Acha que não vou dormir com o meu marido? – retrucou Josephine.

– Não seja irônica comigo! Eu te entreguei a esse imbecil, portanto, considero ele apenas um dos seus escravos, nada mais que isso.

Chegou o dia da partida de Josephine. O coronel apertou-lhe as mãos dizendo baixinho:

– Fico contando os dias em que vou tê-la novamente em meus braços; não se esqueça do que combinamos.

Sophia desabafou com Lise:

– Meu Deus! Minha filha é como uma estranha para mim. Ela nunca permitiu que eu a amasse; cheguei a sonhar que ela iria se casar, que viveríamos mais próximas, e olhe só o que aconteceu: casou-se em poucos dias, praticamente não nos falamos, e ela partiu... Só Deus sabe quando, ou se a verei novamente.

Lise, abraçando a amiga, respondeu:

– Calma! Você está sofrendo e eu também. Estou aqui pensando no meu filho; ele fazia tantos planos para a vida dele com sua filha. Não sei como ele vai entender tudo isso! Conheço meu filho; ele é muito sensível e não vai perdoar o que Josephine lhe fez. Meu medo é que ele venha a romper os laços de amizade com o seu filho e complicar a vida da irmã. Elizabeth está muito triste, vive chorando pelos cantos. Acredito que esteja com medo da reação do irmão.

Lise notou que o marido estava incomodado com algo e imaginou ser por conta do casamento de Josephine e de como iria resolver a questão com Gilbert. Com o filho distante deles, seria bem mais difícil ajudá-lo. Aproximou-se do esposo e falou com delicadeza:

— Tenha calma, meu amor. Sei o que você está sentindo; eu também estou muito preocupada com o nosso filho. Desde o início você sabia que esse romance não daria certo; sua experiência como homem o ajudou a tomar a decisão certa. Esta menina é um anjo mau! Procure dormir, descanse a cabeça. Você está muito cansado; vou deixá-lo descansar.

Silviano notou que o coronel estava cabisbaixo e bebendo mais do que de costume.

— Frederick, entre nós não há segredos. Pode me dizer o que está acontecendo com você? Recebeu um título com todas as honras e, se já era um homem respeitado, agora todos se curvam diante de você. Não sei o que é, mas sinto que tem algo errado! Se ainda confia em mim, divida comigo sua preocupação.

— Vamos dar uma volta por aí. Preciso realmente conversar com alguém ou vou explodir!

Longe das mulheres e dos cativos, o coronel desabafou com o amigo:

— Não sei como aconteceu nem por que foi acontecer, mas me envolvi de tal forma com Josephine que não consigo mais respirar sem pensar nela!

— Não entendi! Se envolveu como? — quis saber Silviano.

MARIA NAZARETH DÓRIA ditado por LUÍS FERNANDO (Pai Miguel de Angola)

– Aconteceu entre nós o que acontece com todo homem e uma mulher trancados entre quatro paredes. Começamos antes do casamento e concluímos nosso ato sexual por completo no dia do casamento – e o amigo revelou todos os detalhes.

– Eu sabia que essa menina era perigosa, mas nem tanto! Meu amigo, como é que você, sendo um mestre em lidar com mulheres, se deixou cair em uma armadilha dessas? Não sei nem o que te falar; fui pego de surpresa. Jamais iria desconfiar de algo parecido! E o que vai fazer com o seu filho? Que situação, meu amigo! Eu não queria estar no seu lugar.

– Sinceramente? Arrancar Josephine de dentro do coração do meu filho será mais fácil do que do meu! Quero ver eu arrancá-la de dentro de mim! Não estou me reconhecendo; minha vontade é largar tudo e sair correndo atrás dela. Parece aquelas coisas dos negros que acreditam em feitiços e milagres; estou assim. Mas vou tomar uns drinques a mais, escolher uma bela mulher para passar uma noite de lazer e logo estarei livre dos encantamentos dessa ninfa.

– Vamos tomar mais um drinque; preciso pensar. Acho que o choque foi tão grande que não sei o que falar, ou melhor, sei: trate de arrancá-la de dentro de sua cabeça e do seu coração; chegaram muitas mulheres lindas, novinhas, cheirando a leite. Que tal irmos até lá? Estou precisando relaxar, conversar com você sobre a minha viagem. Estou como um peixe, precisando emergir para respirar – disse Silviano.

– Vamos lá! – respondeu o coronel. – É o melhor que posso fazer por mim mesmo. Aproveitaremos para combinar os detalhes da sua viagem à Colômbia. Fique por lá o tempo que for necessário e, com sua experiência, descubra todas as possibilidades de investimentos que podemos aplicar por lá com ganhos certos. O que combinamos permanece de pé.

Ficaram conversando por muito tempo. Discutiram a viagem secreta de Silviano e os segredos de negócio.

– Fale hoje mesmo com Sophia e se prepare para choros e lamúrias; vou colocar os negócios em ordem e voltar para a fazenda. Na próxima semana, devo visitar Luziara e seu filho. Vou

– 184 –

encarregar o Adelson, gente de minha confiança, para providenciar a partida dela. Estou pensando em abrir uma hospedaria na entrada de alguma cidade do Norte, e assim ela poderá trabalhar, ganhar sua vida e ter condições de educar o filho, pagando uma boa escola. Claro que vou procurar saber notícias, especialmente do menino, e isso vai ficar claro para ela; se quebrar o acordo, retirarei o filho dela.

– Acho que ela vai aceitar, e essa será a melhor coisa que poderia acontecer com uma mulher na situação dela. Vai liberar algum escravo para acompanhá-la?

– Vou dispensar os dois escravos mais velhos, que já não servem para nada, mas ajudam muito com o menino e nas tarefas de casa. Vou deixar eles acompanharem Luziara; não vou ter despesas com eles, pelo contrário, vou me livrar de dois problemas.

Três dias depois, Sophia agarrava-se ao marido. Chorando, implorava que ele não a deixasse sozinha.

– Que viagem é essa? Por que não me contou antes? – cobrava ela.

– Eu não lhe disse porque você estava muito preocupada com a chegada de sua filha; esse negócio já era para ter sido fechado antes da viagem de Frederick; não fui porque prometi ficar ajudando vocês. Não posso ficar preso a esta fazenda com tantos negócios que me esperam, Sophia! Eu sei que você está abalada com esse casamento-relâmpago de sua filha; conversei com Frederick e Lise, e eles lhe farão companhia. Agora, tem a Elizabeth, que precisa de companhia na cidade. Vá ficar com ela; vai lhe fazer bem. Por favor, não torne as coisas mais difíceis entre nós; estou indo porque preciso, e você tente entender que sou um homem de negócios e de palavra.

Aliviado, ele se livrou dos braços dela e partiu. Na estrada, sentia-se como um pássaro que deixa a gaiola. *Meu Deus!*

MARIA NAZARETH DÓRIA ditado por LUÍS FERNANDO (Pai Miguel de Angola)

Como é maravilhosa essa sensação de liberdade! Um dia sonhei em ter tudo o que tenho hoje, agora sonho em me livrar de tudo isso que tenho hoje e voltar a ser um homem livre.

Na fazenda onde moravam Luziara e seu filho, o clima era de lágrimas e tristezas. Aquela moça de olhos verdes e cabelos negros até a cintura parecia dez anos mais velha: magra, pálida, os olhos que brilhavam como duas esmeraldas estavam sem brilho; já não havia luz no seu olhar. Não rezava, não acreditava mais em nada! Dizia que vivera uma vida de enganos e mentiras, e que a única coisa que ainda a prendia em terra era o seu filho. Mas sabia que o coronel o tiraria dela, e que já tinha um plano: morreria. Tudo o que ouvira a respeito de um outro mundo de luz não passava de ilusões e mentiras. Estava absorta em seus pensamentos quando o negro velho veio em sua direção, acenando para ela. Ele já não podia se comunicava como podia. Ela foi até ele e perguntou:

– O que houve?

– Fomos avisados de que o senhor está chegando, senhora. Mande preparar o menino para receber o pai.

Luziara estremeceu. Sentindo as pernas tremerem, respirou fundo e entrou quase correndo em casa. Mandou buscar o filho, que brincava com os outros meninos da fazenda. Arrumou-se rapidamente e deu ordens na cozinha para que tudo estivesse de acordo para atender o coronel.

Frederick, ajudado por seu escravo de confiança, desceu do belo alazão. O menino estava de olhos arregalados, nem piscava; admirava o senhor. Para ele, aquele homem que diziam ser o seu pai era um verdadeiro rei.

O coronel se aproximou do menino, passou a mão sobre sua cabeça e disse:

– Você cresceu! O feitor vai lhe entregar doces e outras coisas que lhe trouxe de presente; agora vou entrar, que estou com muita sede.

CULPADOS *ou* INOCENTES?

Luziara olhou para Frederick e o seu coração disparou! Amava aquele homem, mais que a própria vida, mas também sabia que ele não a queria e certamente estava ali para lhe dizer que mandaria seu filho ao colégio dos padres, e que ela talvez fosse vendida para atender em uma das muitas casas de perdição espalhadas por todo o país. Mas já tinha planejado o que iria fazer; não deixaria aquela fazenda para ir a lugar nenhum. Assim que levassem seu filho, ela se mataria.

Ele olhou para a moça e parecia que havia uma estranha diante dele.

– Como está, Luziara? – perguntou o coronel.

– Eu estou bem, senhor. Quer banhar-se antes de tomar um suco? – perguntou ela trêmula.

– Sim, as estradas não perdoam ninguém. A poeira é demais. – Ele seguiu para o quarto de banho, onde já estava tudo de que precisaria. Suas roupas estavam devidamente passadas, ele trocou-se e veio sentar-se no alpendre da casa.

A negra velha veio servi-lo, e Luziara estava sentada em frente dele, apenas observando os seus movimentos.

– Luziara, vim aqui correndo; amanhã mesmo preciso estar de volta, pois os deveres me chamam. Não vou fazer rodeios com você; o motivo que me trouxe aqui é o seguinte: resolvi lhe dar a liberdade! Trouxe sua carta de alforria; está assinada por mim. Quanto ao menino, vai continuar com você e sendo propriedade minha; vou comprar uma pousada para você trabalhar e cuidar de sua vida e de seu filho. Naturalmente que a prioridade é colocar ele em uma boa escola, e isso vou mandar investigar constantemente. Vocês irão para o norte do país. Quando o menino tiver idade de trabalhar e ser independente, posso colocar ele em uma das minhas fazendas como feitor, ou em outro lugar onde tenho negócios. Ainda é cedo para saber onde podemos aproveitá-lo. Quanto a você, estou lhe dando liberdade; procure cuidar bem do patrimônio que vai receber, e também estou lhe dando de presente os seus dois velhos escravos. Eles podem acompanhá-la; o

MARIA NAZARETH DÓRIA ditado por LUÍS FERNANDO (Pai Miguel de Angola)

menino precisa de cuidados. Faça de sua vida o que quiser. Entre nós, como homem e mulher, acabou não tendo mais nenhuma possibilidade. Não tenho mais interesse nenhum em você.

Luziara, respirando fundo, não acreditava no que acabara de ouvir. Ele lhe oferecia sua liberdade e sua vida, que era o seu filho. Num ímpeto, ajoelhou-se aos pés dele chorando e lhe disse:

– Obrigada, senhor! Temi por minha vida, temi pelo meu filho! Eu lhe prometo: farei do seu filho um grande homem; o senhor vai ter orgulho de ter alguém de confiança e de valor. Muito obrigada por me tornar livre; trabalharei sem cansaço, dia e noite, e vou colocar o seu filho na melhor escola que tiver no lugar onde o senhor destinar como nossa nova morada. Obrigada por deixar os meus únicos amigos me acompanharem.

– Vá arrumando o que precisa levar. Em breve Adelson vai se encarregar de ajudar vocês a seguirem viagem. Ah! Quero lhe dizer uma coisa: quem me sugeriu, ou melhor, pediu que libertasse você foi Silviano. A ideia de não tirar o seu filho de você e colocá-lo em um colégio de padre aqui na região, dispensando você para qualquer outro lugar, também foi dele.

Luziara ficou alguns minutos em silêncio e depois falou:

– Se o senhor tiver oportunidade de falar com ele, diga-lhe que eu agradeço muito o que ele fez por mim. Mas, se o senhor não quisesse fazer, não teria ouvido ninguém; vou lhe agradecer por toda a minha vida.

– Bem, o que eu tinha para lhe falar era isso. Agora, se me der licença, tenho que tratar dos assuntos da fazenda e vou começar a mandar chamar os meus feitores. Só uma coisa: converse com os seus acompanhantes, para que eles também se preparem para a viagem. Deixarei tudo assinado nas mãos do administrador.

– Muito obrigada; qualquer coisa que o senhor precisar é só pedir – disse ela, pedindo licença e saindo.

Luziara correu ao encontro dos dois negros velhos e lhes deu a notícia. Seus olhos ganharam cor; brilhavam de alegria.

– 188 –

CULPADOS *ou* INOCENTES?

– Mas, senhora, será que vai ser bom a gente lhe acompanhar? Não aguentamos mais fazer trabalhos pesados; não seria bom a senhora pedir um casal mais jovem?

– Absolutamente não! Vocês dois e o meu filho são tudo o que tenho nesta vida. Vamos recomeçar uma vida nossa. Talvez não seja fácil, mas com vocês e o meu filho ao meu lado não temo nada! Estou pronta para viver uma vida com que sempre sonhei, uma vida em liberdade! Sei cozinhar, sei costurar, sei cuidar de uma casa. Não temam, cuidarei de vocês.

À noite o coronel jantou a sós; disse para Luziara que precisava de um momento de descanso para se refazer de tanto cansaço dos últimos dias. Ela mandou servi-lo da melhor forma possível, deixando o quarto dele impecável, limpo e perfumado. O menino veio escondido e perguntou bem baixinho a sua mãe:

– Por que você não está jantando com o senhor?

– Todos os dias eu janto sozinha, não é verdade? Você janta muito cedo com os seus amigos, e eu janto mais tarde, porque não sinto fome cedo. Hoje eu jantei mais cedo, e ele está jantando mais tarde e sozinho; não tem problema nenhum.

Naquela noite, depois de tanto tempo sem dar ouvidos aos amigos espirituais, Luziara fechou os olhos e orou, agradecendo muito a Deus e aos seus amigos invisíveis. Pediu perdão por sua ignorância; eles haviam intercedido por ela. Orou por Silviano; ela sempre soubera da grandeza de sua alma.

Assim que adormeceu, saiu do corpo e encontrou Frederick. Ela estendeu as mãos e o chamou; ele estava de cabeça baixa, não a ouvia.

– Meu amor, olhe para mim; não se deixe ser levado dessa maneira. Estou aqui do seu lado, me deixe ajudá-lo. Esqueceu o que combinamos, o que iríamos fazer juntos?

Ele se levantou e saiu sem lhe dar resposta. Uma moça linda, seminua, totalmente embriagada, puxava-o pelo braço e, gargalhando, dizia:

– 189 –

MARIA NAZARETH DÓRIA ditado por LUÍS FERNANDO (Pai Miguel de Angola)

– Ele me pertence! Só pensa em mim. Nenhuma mulher poderá me substituir no coração dele; nós dois somos iguais, duas almas perdidas.

Ela começou a rezar e viu a moça se abraçando a ele, os dois desaparecendo na escuridão. Acordou sobressaltada e orou pedindo ajuda para Frederick e aquela moça.

O coronel virava de um lado para o outro na cama; sonhava com Josephine. Ela estava ali lhe fazendo mil juras de amor, e ele lhe prometendo mil coisas; jamais tinha sentido por ninguém o que sentia por ela. Estava de fato ficando louco! Acordou. Transpirava, e parecia que o perfume dela estava no quarto. Fechou os olhos; ainda sentia o corpo dela no seu.

Sentou-se na cama, tomou um copo de água e respirou fundo, dizendo para si mesmo: *Foi um pesadelo! Preciso tirar essa mulher dos meus pensamentos! Um homem da minha qualidade sendo perturbado por uma criatura insignificante como Josephine! Deve ser o cansaço dos últimos dias; a viagem me deixou assim fraco. Logo vou me refazer. Um problema a menos com a partida de Luziara e do filho. Com a Luziara foi a mesma coisa*, lembrava ele. Ficara louco de paixão por ela, e agora ela estava ali à sua disposição, se a quisesse, mas não a desejava mais; ela não significava mais nada, e assim também seria com Josephine em breve. Ela não significaria mais nada para ele! Voltou a se deitar e logo adormeceu.

CAPÍTULO 6

Entre o dever e o amor

Na França, a notícia do casamento de Josephine provocou em Gilbert fúria e revolta. Sua vontade era de sair à procura dela e matá-la com as próprias mãos. Como seu pai, um homem temido por todos, permitira que isso acontecesse? Só podia ter sido influência da família dela; o padrasto estaria envolvido nessa história?

Josef tentava explicar ao amigo que fora tomado de surpresa tanto quanto ele, e Gilbert, virando-se para ele, questionou:

– Não sabia mesmo? Onde Josephine conheceu esse tal barão? Foi aqui na França? Será que você não sabia do envolvimento dela com esse milionário?

– Não! Mil vezes lhe digo: eu não sabia! Por favor, acredite em mim. jamais permitiria uma traição dessas com você, que é meu irmão. Estou tão abalado quanto você. Estou pensando em Elizabeth; deve estar sofrendo com tudo isso. Estou envergonhado diante de seus pais – respondeu Josef.

MARIA NAZARETH DÓRIA ditado por LUÍS FERNANDO (Pai Miguel de Angola)

O rapaz começou a beber e evitava todas as pessoas. Trancou-se em casa e não saía mais como antes. Gostava de teatro e festas mas, por mais que os amigos tentassem levá-lo, ele se afastava, dando mil desculpas. O bom, observava Josef, é que ele não abandonou os estudos; pelo contrário, tornou-se o primeiro aluno da turma. Evitava a companhia de Josef, e o rapaz sofria com isso, ele relatou em carta a Elizabeth.

O coronel, com seu novo título, tornou-se ainda mais respeitado por todos os outros coronéis. Já estava com um alto cargo assegurado para o filho e alegrava-se em saber que Gilbert reagira melhor do que ele esperava em relação à separação com Josephine. Naturalmente que o seu futuro já estava assegurado: se casaria com a filha do conde italiano e se tornaria nobre também; sua família estava sendo condecorada com títulos de nobreza. Seu filho Gilbert seria embaixador e gozaria de muitas influências entre o Brasil e outros países.

Quanto a sua filha, tinha prometido a mão dela a Josef; não teria como voltar atrás. Porém, reconhecia que não fora um bom negócio; agora que se tornara um marquês, poderia ter casado a filha com algum nobre, mas, enfim, a fortuna que Silviano conquistara valia a pena. Uma vez que ele não tivera filhos com Sophia, toda a herança de família seria incorporada à sua família com o casamento entre Josef e Elizabeth. Certamente eles teriam filhos, seriam seus descendentes, embora não ousasse dizer a si mesmo que poderia ser avô; não estava preparado para ouvir essa palavra.

O tempo estava passando. O coronel Frederick ficava mais tempo longe de casa; fugia da esposa, bebia mais do que antes, vivia rodeado das mais belas mulheres, mas vivia irritado, gritava por qualquer coisa. Antes era mais respeitado que temido; agora era odiado por todos. Josephine vinha em seus sonhos como um castigo; ele desejava receber a notícia de sua morte – quem sabe assim ele esqueceria aquele ser demoníaco! Logo após ter pensamentos raivosos contra ela, fechava os olhos e sentia seu perfume, seu hálito, e sua vontade era sair correndo atrás dela.

Lise desabafou com Sophia:
– Não sei o que está acontecendo com meu marido. Desde que voltou da França, não é mais o mesmo; está frio comigo, apenas me trata bem, mas sinto que ele me evita. Não vejo a hora de que Silviano retorne; talvez seja a carga de tanto trabalho que ele assumiu.
Sophia respondeu:
– Você ainda tem sua filha ao seu lado. Elizabeth é um doce de menina. Eu estou completamente sozinha, sem filhos e sem marido; perdi meu marido, Lise, e Silviano não volta mais para os meus braços. Salve o seu casamento, porque o meu se acabou.
– Não fale assim, Sophia! Silviano está tratando de negócios; logo estará de volta, e ele é seu marido. Você deve lutar para mantê-lo ao seu lado. Em todo casamento há essas crises; precisamos ter paciência e lutar muito por nossos maridos. Eles acabam descobrindo que é a esposa quem está sempre ao seu lado; isso já aconteceu comigo antes. Estou lhe contando porque estou vivendo novamente uma crise, mas será passageira, se Deus quiser; lutarei por minha família. Logo nossos filhos também vão chegar e teremos nossos maridos em casa, se Deus quiser.

Silviano estava encantado com a Colômbia, com suas terras férteis e rebanhos que davam gosto. Sentia-se fascinado; sua vontade era não voltar mais ao Brasil.

MARIA NAZARETH DÓRIA ditado por LUÍS FERNANDO (Pai Miguel de Angola)

Tudo caminhava bem. Tinha fechado bons negócios e agora só queria trabalhar e cumprir o seu trato com o coronel Frederick, seu único e verdadeiro amigo. Teria que voltar ao Brasil, mas só ficaria o tempo necessário de acertar e transferir ao coronel Frederick todos os negócios da família de Sophia. *Parece que estes três meses voaram, pensava ele. Engraçado que não sinto falta de Sophia. Deus me perdoe, mas penso nela como uma estranha, e foi uma mulher que me fez tanto bem... Queria muito poder gostar dela como mulher, mas só penso nela como uma irmã. O que vou fazer para me desvencilhar dela sem lhe causar sofrimentos? Prometi a Josef que cuidaria da mãe dele e de sua fortuna; não pude cumprir a minha promessa em relação a sua mãe, mas tripliquei sua riqueza. Porém, não fiz Sophia feliz.*

Frederick recebeu um mensageiro comunicando que Josephine e seu marido estavam na costa brasileira; ficariam poucos dias, e ela queria ver os familiares.

Ele sentiu as faces arderem. Iria correndo ao seu encontro. Chamou os administradores e avisou que ficaria alguns dias ausente. Tudo estava sob controle; era só seguir suas ordens.

Convidou a esposa e a filha para acompanharem Sophia; seria uma grande oportunidade para elas se distraírem, já que Josephine queria vê-los. A filha implorou para não acompanhá-los na viagem. Elizabeth andava triste, não queria sair nem conversar com ninguém; ficava horas tocando piano e lendo, preferia o silêncio. Escreveu várias cartas para Josef e não enviou nenhuma; na verdade, enviou uma contendo algo que não estava no seu coração. Dizia a ele que estava tudo bem e pedia por Gilbert: "Conforte o meu irmão, você não teve culpa do ocorrido e precisamos respeitar a decisão de Josephine". Claro, escrevera aquilo simplesmente para não magoar Josef, mas ela mesma não aceitava o que Josephine fizera, e com o consentimento de Frederick, que se aproveitara para alcançar um título de nobreza.

Lise fez mil recomendações à filha, alegando que seriam poucos dias e já estariam de volta. Os três embarcaram, e as duas mulheres estavam animadas. Sophia comentou com Lise:

– Agora minha filha é uma mulher casada, pode ser que tenha mudado, não acha?

– Pode sim! Procure ser discreta com ela, não lhe faça perguntas sobre sua intimidade. Ouça se ela quiser contar; caso contrário, vamos respeitar a privacidade dela.

– Por falar em privacidade, percebi que o coronel está muito atencioso com você, ou melhor, amoroso. Estou enganada?

– Não! Você está certíssima! Que pena que Silviano não esteja conosco; o meu marido voltou a ser amável, amoroso e atencioso comigo. Tivemos uma noite maravilhosa, após tantos dias conturbados.

– Fico feliz por você, minha amiga. Há um vazio imenso em meu coração; é como se tivessem arrancado parte de mim. Sinto muita falta do meu marido; prefiro acreditar que a qualquer momento ele retornará dizendo que sentiu a minha falta. Mas há algo ingrato dentro de mim que grita sempre: *ele não voltará nunca mais para os seus braços...*

– Não dê ouvidos a esses pensamentos negativos. Tem uma cativa na fazenda que toda semana me pede para ir ao tal encontro com os espíritos que eles chamam de santos e outros nomes estranhos. Diz ela que os espíritos pedem a todos os escravos que não acreditem em pensamentos ruins e que estes se transformam em vingança, mágoa, ódio, desânimo, tristeza e doenças. Eu até gosto dessas ideias passadas a eles; acredito que muitos escravos não cometam desatinos graças a esses conselhos, por isso permito a todos eles irem a esses tais encontros. Voltam melhorados. Faça o mesmo; tire esses pensamentos ruins de sua cabeça!

– Vou lhe falar uma coisa: por várias vezes já pensei em ir nesse tal encontro para ouvir alguma coisa sobre a minha

MARIA NAZARETH DÓRIA ditado por LUÍS FERNANDO (Pai Miguel de Angola)

vida com Silviano. Antes de casar comigo ele também ia; depois é que não foi mais.

– E você acha que o fato de ele ter abandonado esses encontros é que está atrapalhando a vida de vocês? Tem algumas coisas que a Rosário me fala que me deixam arrepiada, de negros que desobedecem aos conselhos e abandonam os encontros. Ela me disse que um deles foi picado por uma serpente e quase morreu; outro caiu do cavalo e quebrou duas costelas. Será que o Silviano não tinha trato com esses espíritos, e eles estão cobrando a ausência dele? Para salvar o seu casamento, tudo é válido! Só tome cuidado para não cair nos ouvidos dos nossos administradores e feitores, porque são um bando de cães que vivem farejando nossa vida e por um nada que seja desgraçam qualquer um. Quando voltarmos, vou falar com Rosário e pedir em segredo para te levar com ela; você vai disfarçada para não ser reconhecida. Quem sabe se o tal espírito não esclarece o que está acontecendo com vocês?

– Eu tenho medo e receio de o Silviano descobrir e se aborrecer comigo. E se os próprios negros contarem para os feitores, e estes passarem para o meu marido? Em vez de ser ajudada, vou ser alvejada por todos os lados.

– Tem esse lado também, que não podemos esquecer: entre os negros há sempre um que se vende por coisa pouca, por um copo de bebida ou rolo de fumo, ou outras coisas banais. Vivem de vigiar a vida dos brancos e dos negros; sei de cada história... O meu marido não; ele é diferente em tudo, graças a Deus, mas sei de casos que o senhor colocava escravos para vigiar a sua sinhá enquanto ele viajava, e tudo o que a pobre coitada falava ou fazia era passado ao senhor, e ela era castigada de forma brutal pelo marido. Você nunca se confessou com o padre sobre sua vítima com Silviano?

– Não! Tenho medo. Esse padre que atende aqui a região não merece a minha confiança. Anos atrás caí na besteira de confidenciar algo para ele, e à noite o meu falecido marido veio tirar satisfação comigo. Nunca mais abri o meu coração em confissão. Peço sempre perdão a Deus, mas comigo

aconteceu, e eu não me confesso mais, a não ser com Deus e em silêncio – respondeu Sophia.
– Pois é, eu dou graças a Deus que Frederick não me obriga à confissão. Ele mesmo nunca se confessou com o padre da região; me disse, e é verdade, que, quando viaja para longe, entra em qualquer igreja e se confessa sem dar o nome nem dizer quem ele é. O padre sendo desconhecido, não corremos riscos. Ele não aprova essa coisa de ficar contando a vida para os padres conhecidos; depois eles ficam cobrando a gente de todas as formas, pois julgam que conhecem nossas vidas, nossos segredos. Ele ajuda as obras dos padres que vêm aqui pedir contribuição para isso e para aquilo, mas não vai nas missas, nem me obriga.

O coronel estava tenso; fingia naturalidade, mas não via a hora de poder abraçar sua amada, matar as saudades e apagar as chamas da paixão que lhe queimavam as carnes. Desembarcaram e foram ao encontro do casal, que estava hospedado em uma suntuosa suíte. O barão os recebeu com muita alegria, levando-os para seus aposentos e dizendo que Josephine, pessoalmente, fizera questão de reservar suas acomodações. *Suítes de luxo e bom gosto*, reparou Lise, mas *por que Josephine não veio nos receber?*
– Vamos nos acomodar e logo mais vamos a seu encontro. Josephine nos aguarda no salão reservado ao barão. Você não iria entrar lá com bagagens de viagem, não é mesmo? Não se demore, que o barão nos espera. Estou indo ao encontro dele; vamos tomar um drinque e falar sobre negócios. Junte-se a Sophia e não demorem muito.
O barão levou o coronel até o salão. Os raios do sol penetravam pela janela formando um arco-íris no luxuoso lustre de cristais. Frederick parou à porta, o coração acelerado. Mais linda do antes estava Josephine: os cabelos soltos brilhavam

MARIA NAZARETH DÓRIA ditado por LUÍS FERNANDO (Pai Miguel de Angola)

como ouro, estava bronzeada, e seu vestido branco e transparente mostrava as curvas que só ela tinha. Levantou os olhos que pareciam duas pedras preciosas lapidadas a mão; quando viu Frederick entrar, levantou-se e veio correndo. Abraçou-se a ele dizendo:

– Não aguentava mais de saudade do senhor! Todas as noites falava para o meu marido que o seu lugar em meu coração não pode ser substituído nem por ele, nem por ninguém; é mais que meu pai, é meu guardião! Tenho sonhado com o senhor todos os dias; não aguentava mais ficar longe e implorei ao meu marido que viéssemos até aqui. Precisava vê-los; onde estão minha amada mãe e tia Lise?

Quase sem fôlego pela emoção do abraço malicioso de Josephine, o coronel respondeu:

– Sua mãe e Lise estão vindo, e fico lisonjeado com tanto carinho de sua parte, menina! Sabe que tenho por você muita afeição. Sua felicidade é a minha felicidade; eu também estava com saudade de você, apesar de ter certeza de que está sendo muito cuidada! Basta olhar pra você para saber.

O barão, passando o braço em torno da cintura da mulher, respondeu:

– Antes de conhecer Josephine eu não acreditava que os anjos pudessem conviver entre nós; fui presenteado pelo céu, pois encontrei esse tesouro que me fez o homem mais feliz do mundo. Não tenho palavras para agradecer a você, Frederick, por ter cuidado dessa joia preciosa. Josephine é tudo na minha vida; não imagino viver mais sem ela – disse o barão, beijando o rosto da moça.

– Concordo plenamente com você, meu amigo. Essa menina foi um prêmio na sua vida, porém me alegro em vê-la tão bem cuidada e feliz. Sinto-me tranquilo em saber que essa pessoa a quem amo tanto está em boas mãos – respondeu o coronel.

As duas mulheres chegaram. Sophia foi até a filha e esta encenou uma emoção que estava longe de ser verdadeira. Apenas para impressionar o marido, abraçou a mãe e fingiu secar uma lágrima.

CULPADOS *ou* INOCENTES?

– Mamãe, que saudade de você... – disse a moça, beijando seu rosto.

Sophia ficou de fato emocionada; nunca tinha recebido nem um abraço nem um beijo da filha. Entre alegria e surpresa, mal pôde responder:

– Como você está linda e mudada! Estou muito feliz por você, minha filha.

Josephine pediu ao marido que acompanhasse as duas senhoras para conhecer o orquidário; ela ficaria com o coronel. Queria saber da amiga Elizabeth e sobre as notícias da França. Elas se entreolharam, e Lise se levantou rápido.

– Vamos sim, Sophia. Adoro orquídeas e sei que o barão as mantém em todas as suas propriedades; nem precisa me dizer que este hotel lhe pertence. – Baixinho, Lise comentou:

– Deixe-os a sós; ela quer saber de Gilbert.

Assim que os três se afastaram, Josephine chamou o coronel para uma saleta fechada e agarrou-se ao pescoço dele, ambos se beijando demoradamente.

– Não suportava mais ficar sem você – disse ela. – Esse barão babaca não corresponde aos meus desejos; não sinto nada por ele, mas enlouqueço só de me lembrar dos momentos em que estivemos juntos. Se tivesse descoberto você antes de me envolver com o barão, teria ficado com você!

– Fala sério? Não sei se estou ficando louco, mas não consigo mais ficar com nenhuma mulher; na minha frente só vejo e só sinto você. Ainda bem que você me chamou; já estava pensando em sair por aí afora à sua procura. Estou perdido, faça comigo o que quiser.

– Esta noite ficaremos juntos. Meu marido tem uma importante reunião de negócios, e essas reuniões não terminam antes das três horas da manhã. Quando ele retorna, bebe um copo de água fresca e cai na cama. Você vai desculpar-se pelo cansaço da viagem, porque ele vai convidá-lo a acompanhá-lo. Eu vou ficar com a minha mãe. Viu que suíte espaçosa reservei para ela? Ele já está ciente de que dormirei com ela abraçadinha todas as noites para matar as saudades que

MARIA NAZARETH DÓRIA ditado por LUÍS FERNANDO (Pai Miguel de Angola)

me devoram. Você ficará com a sua esposa, e nós dois ficaremos na suíte privada; ninguém vai até lá. Já preparei umas gotinhas que ajudam as pessoas a dormirem feito anjos, sem causar prejuízo nenhum à saúde; são horas de sono tranquilo. Meu marido está acostumado a tomar e dormir; quando estou sem paciência com ele e quero ficar só, coloco-as no vinho, na água ou no suco. São horas de tranquilidade para pensar em você sem precisar me esconder. Eu mesma tomo como tranquilizante, quando não estou suportando a pressão de viver e servir ao meu marido; com ele não tenho prazer, é apenas dever. Ele coloca o mundo aos meus pés, atende a todas as minhas loucuras; o que eu peço, ele faz! Por isso me sinto na obrigação de servi-lo; ainda bem que ele não tem o seu vigor. A suíte que reservei para nós fica ao lado do quarto de minha mãe; vou pedir ao meu marido que vá até lá me dar um beijo. Ficarei com mamãe e, assim que as duas senhoras adormecerem, estaremos livres para saciar nossos desejos e matar nossa saudade.

– Você pensa em tudo, menina. Nunca desejei tanto que anoiteça logo; não vejo a hora de sentir o perfume de sua pele, mas enquanto a noite não chega me beije, me abrace. Como pude viver tanto tempo sem você? Não sei se vou suportar partir e deixá-la com esse sujeito de quem, mesmo não me fazendo mal algum, já começo a sentir raiva só de pensar que ele fica com o que mais desejo.

Josephine, se recompondo, convidou o coronel para irem ao encontro dos três, antes que eles desconfiassem de que sua conversa estava se prolongando demais.

– Não podemos deixar nenhum vestígio para desconfiança. Você é meu pai, eu sou sua filhinha, e é assim que meu marido nos enxerga – disse a moça. – Fale-me uma coisa: como ficou Gilbert? Aceitou bem meu casamento?

– Bem melhor do que eu! Quem não se conforma em deixá-la com esse barão sou eu, Josephine! Meu filho tem sonhos, planos, e não ia morrer porque você se casou com outro. Ele vai se casar com a filha de um conde italiano; seu marido deve ter muito contato com ele; entre outras indústrias, é produtor exclusivo e abastece o mercado mundial da navegação – respondeu o coronel.

– Que ótimo! Fico feliz por ele e por nós. Essa loucura toda que se acendeu dentro da gente e que eu não quero apagar não teria acontecido se Gilbert estivesse entre nós – disse a moça.

– Concordo plenamente! Foi maravilhoso para todos nós. Olhe ali quem está se aproximando. – Os três vinham sorridentes, Lise com uma flor no cabelo. O coronel reparou que ela estava muito bonita.

Passaram uma tarde agradável, conforme Josephine já tinha planejado. Tudo se encaixou como o previsto. A sós com a mãe, Sophia lhe perguntou:

– Está feliz com o seu marido?

– Bem mais feliz do que você com o seu! E, por falar em marido, por onde anda o seu boiadeiro? Pensei que ele viesse com você, mas pelo visto deve estar bem longe e certamente, como sempre, acompanhado pelas mulheres que servem a todos os homens que possam pagar por elas. Basta olhar para você para perceber a infelicidade nos seus olhos, as marcas no seu rosto. Olhe a diferença entre você e Lise; não se olha mais no espelho? Parece dez anos mais velha que Lise, e é mais nova! Não quero saber o que pretende fazer de sua vida; tomara que Josef volte e assuma os negócios do nosso pai. Não acredito na honestidade desse tal Silviano! Apesar de que eu não preciso de vocês dois nem uma agulha para costurar uma roupa; graças a mim mesma, sou baronesa, sou a Rainha dos Sete Mares, tenho dinheiro suficiente para viver rica e confortavelmente onde eu bem entender, sem precisar de vocês. Devo favores, sim, a esse grande amigo que é o coronel Frederick. Ele me deu apoio porque entendeu o que de fato eu sempre desejei; não iria jogar fora a única chance que caiu aos meus pés – disse a filha friamente, sem olhar nos olhos da mãe. – Mas me fale: por que o boiadeiro não veio com você?

– Josephine, não entendo como você pode guardar tanto rancor dentro do seu coração. O que te fiz? Por que me trata assim? Se fiz algo que te magoou tanto, me fale, para que eu possa reparar o meu erro. Perdoe-mese não sou a mãe que você desejava, mas, pelo amor de Deus, não me trate como se fosse sua inimiga! E o Silviano não veio porque está viajando a negócios, representando o coronel Frederick; é esse o motivo de sua ausência – disse a mãe com os olhos marejados de lágrimas.

– Vamos encerrar nossa conversa? Acho que falar com você me faz mal, e a deixo mal também. Não foi uma boa ideia você ter vindo; da próxima vez, por favor, não venha! Será melhor para nós duas. E não tenho nenhuma mágoa de você, não. Apenas não carrego você dentro de mim; sou sincera, não tenho nenhum sentimento relacionado à figura de mãe. Não sinto sua falta; é como se você não existisse. Até tento, mas não consigo vê-la de outra maneira, a não ser uma pessoa estranha. – Levantou-se e saiu sem olhar para a mãe, que estava chorando.

Elizabeth estava debruçada na janela observando a chuva que caía pesada sobre as folhas. Saudosa da França, estava se sentindo sozinha; não tinha amigos nem vontade de sair para lugar nenhum.

Viu então uma luxuosa carruagem encostando na entrada da mansão. Um homem vestido com uma capa preta e capuz desceu correndo, para se proteger da chuva, e o negro velho abriu o portão. Quem seria? Ela sentiu medo; não esperava ninguém. Seria algum mensageiro com más notícias? Saiu rapidamente e qual não foi sua surpresa quando deparou com Silviano na sala, sua mucama ajudando-o a se livrar da capa.

– Que surpresa! Seja bem-vindo! Quer tomar alguma coisa quente?

CULPADOS *ou* INOCENTES?

– Desculpe, Elizabeth. Vim direto para a casa do coronel Frederick; além de ser mais próxima, pensei que, com sorte, ele poderia estar aqui. Olha, pensando bem, eu aceito um vinho, e não se preocupe: eu sei que está próximo do almoço, mas vou almoçar fora, fique tranquila.

– Não se preocupe com isso. Você é de casa, da família. Meus pais não estão, aliás, foram viajar. Creio que ainda vão ficar fora uns oito dias, mas o que mais temos nesta casa é espaço. Por favor, fique. Quanto ao almoço, seria uma ofensa você sair para almoçar fora. Nana, traga o vinho! Quer vinho ou conhaque?

– Quero vinho mesmo! – respondeu ele.

Ele abriu a garrafa, pegou duas taças e perguntou:

– Posso te servir uma taça?

– Sim, aceito. Sozinha nunca bebi, mas acompanhada por alguém da família uma taça de vinho não vai me fazer mal nenhum – respondeu Elizabeth.

Ficaram conversando, e Elizabeth desabafou com Silviano:

– Meus pais queriam que os acompanhasse nessa viagem; foram ao encontro de Josephine. Não consigo aceitar isso como algo natural; ela desonrou nossa família, e meu pai, para minha surpresa, não só a apoiou como participou de toda essa farsa. Ganhou um título de marquês e agora saiu correndo ao encontro dela. A minha mãe é aquela mulher que "não ofende mas não defende" seus filhos. A verdade é que estou mal, estou péssima, e sinto que Josef também está sofrendo com tudo isso. Fale-me: o que você achou de toda essa história? De repente eu estou errada; quem sabe alguém que enxergue o problema de fora dos meus sentimentos possa me dar uma luz e eu venha a melhorar e aceitar que estou errada. Vou tomar mais uma taça de vinho! – disse a moça já se servindo.

– Vou lhe falar o que penso de tudo isso, mas, antes, peço que não se sirva mais de vinho, tudo bem?

– Por quê? Tem medo de que eu fique bêbada?

MARIA NAZARETH DÓRIA ditado por LUÍS FERNANDO (Pai Miguel de Angola)

– Não! Por cuidados com a sua pessoa; você não está acostumada, e vinho costuma dar enjoos, só por isso. Depois vamos almoçar que o efeito do vinho desaparece!

– Sim, senhor, seu Silviano! Estou esperando suas explicações.

– Elizabeth, por mais que você não entenda o que Josephine fez, pense olhando pelo outro lado. Já imaginou se ela se casa com o seu irmão e o torna infeliz para o resto da vida? Ficou claro para todos que ela nunca amou o seu irmão; seu pai percebeu que ela não era a esposa ideal para o filho dele e, claro, ajudou-a a seguir seu caminho. Seu pai é um homem de negócios, é um homem de visão que resolve grandes problemas, com grande sabedoria. Seu irmão logo vai esquecer, Josephine. Vai encontrar uma moça e construir uma família. Tem um ditado que diz: "Tem mal que vem para o nosso bem"! Esse ditado aplica-se a seu irmão, naturalmente, porque ele ainda está sofrendo. Não é fácil para um homem passar por isso, mas a dor passa; pode acreditar que passa.

– Você passou por alguma situação parecida?

– Estou atravessando uma fase parecida com essa, sim! Fui irresponsável, coloquei na minha cabeça que deveria retirar o pé da senzala definitivamente e me casar com uma mulher nascida na casa-grande. E me casei. Porém, hoje daria tudo para voltar com os pés na senzala e ter paz, coisa que perdi usando a lei do livre-arbítrio, fazendo a minha escolha, colhendo o que plantei. Não sou feliz, não faço Sophia feliz e estou falando isso para você de coração; talvez Josephine um dia vai olhar para trás e, assim como eu, perceber que perdeu coisas que não tem como reaver.

– Meu Deus! Pensei que você e Sophia fossem um casal perfeito! Você é cobiçado pelas mulheres, e ela, invejada por todas elas. Você está me dizendo que se casou com ela por interesse?

– Não foi interesse nos bens dela, não! Tanto que tripliquei tudo o que ela tinha nesses poucos anos. Casei interessado em ser o que sou hoje, e na verdade não sou nada! Sou apenas um infeliz que tem muito dinheiro, mas sou um espírito pobre.

A mucama veio chamá-los para o almoço, e os dois continuaram conversando. Ficaram sentados à mesa muito tempo, tomaram o cálice de licor ali mesmo. Elizabeth pediu licença dizendo que iria descansar um pouco e recomendou a Silviano que fizesse o mesmo.

Silviano acordou no fim da tarde ouvindo uma melodia triste. Procurou ouvir com cuidado de onde vinha aquele som. Levantou-se e seguiu até o local. Elizabeth estava tocando piano. Ele sentou-se bem devagar e ficou apreciando; não sabia que ela tocava piano daquele jeito. Encantava qualquer um. Quando ela terminou, ele bateu palmas. Ela se assustou e, rindo, perguntou:
— Faz tempo que você estava aqui?
— Acordei e pensei: *Será que estou no céu?* Nunca ouvi um piano tão bem tocado com este. Não entendo de música, mas aprecio. Toque alguma coisa mais, por favor?
— O que você quer ouvir?
— Como já lhe disse, não entendo de música, aprecio! Toque o que você quiser e tenho certeza de que vou gostar.
— Não toca nada?
— Toco sim! Berrante! — Os dois gargalharam.
A mucama veio servir sucos, queijos, doces e biscoitos aos dois. Elizabeth passou a tarde tocando piano para Silviano. Depois que parou, ela disse a Silviano que gostaria de aprender a tocar berrante.
Ele rindo respondeu:
— Quando você for à fazenda, se o seu pai consentir, posso lhe ensinar sim! Aqui é impossível, não temos berrante.
— O que vai fazer hoje à noite? — perguntou ela.
— Vou sair e rever alguns amigos; preciso colocar os assuntos em dia, ficar a par das novidades que correm por aí. Por que me perguntou? — quis saber ele.

MARIA NAZARETH DÓRIA ditado por LUÍS FERNANDO (Pai Miguel de Angola)

– Porque faz tanto tempo que não saio! De repente, pensei que você pudesse me levar para assistir a uma peça de teatro, respirar um pouco. Preciso me levantar e colocar os meus dois pés no chão. Não foi isso que você me aconselhou? Mas não quero atrapalhar sua vida não! Acho que você tem coisa mais importante a fazer do que acompanhar a filha do coronel Frederick, uma menina chata e sem graça! É que também pensei: *Se meu pai está acompanhando a filha de Sophia, o marido dela pode fazer o papel do meu pai*; claro que você não tem idade para ser meu pai! Mas poderia ser meu irmão.

– Apronte-se que vou levá-la ao teatro. E não vamos jantar em casa hoje; vou levar você para jantar com os nobres, afinal, você é a filha do marquês Frederick, e a honra é minha em acompanhá-la. Você já foi apresentada à nobreza desta cidade; quem é que não se lembra de Elizabeth?

– Oba! E vai te fazer bem ir ao teatro! É uma peça que acompanha um musical. Há quanto tempo não vai ao teatro?

– Sinceramente? Já fui algumas vezes, mas dormi durante a peça. Acordei com Sophia chorando; estava emocionada e me perguntando se eu tinha gostado. Falei que amei. Mas, se ela tivesse me perguntado o que eu tinha visto, não iria responder, porque não vi nada! Não tenho a sensibilidade nem a cultura de vocês; é difícil para um boiadeiro entender uma obra de arte. Posso até achar bonito, mas nunca vou entender.

– Assim como, se me levarem para cuidar de uma boiada, a única coisa que vou distinguir é o boi branco do preto, o maior do menor e nada mais! Então, cultura não se discute, porque sempre podemos ensinar algo para alguém e também aprender com ele. Toco piano, mas não sei tocar berrante; você prometeu que vai me ensinar. Quero aprender muitas coisas com você e poder lhe ensinar muitas coisas que aprendi.

A sós, Silviano começou a rir pensando em tudo o que tinha ouvido de Elizabeth. *Ela é tão diferente de Josephine; nunca pensei que ela fosse tão simples no falar e no agir.* Nunca tinha conversado com ela assim em particular; sempre dividira conversas em reunião de família e não tinha notado como ela era especial em tudo. A música com que ele despertara aquela tarde ainda ecoava dentro de sua cabeça.

Banhou-se e ficou na dúvida sobre o que vestiria para acompanhar uma moça fina e de família como era Elizabeth. Lembrou-se das dicas de Frederick: um homem deve estar bem-vestido para entrar e sair de qualquer ambiente, porque nunca se sabe quando surgirá uma boa ocasião. Perfumou-se e se vestiu, passou a mão pela barba bem aparada e pelos cabelos cacheados. Olhando-se, pensou: *Não posso ser diferente! Este sou eu!* Ficou na sala esperando por Elizabeth e dizendo para si mesmo: *No mínimo vou ter que esperar uma hora! As mulheres são todas iguais quando vão se arrumar...* Não terminou de completar a frase em sua mente, e a moça apareceu. Sorridente perguntou:

– Esperou muito?

– Estou envergonhado, pois estava pensando que iria esperá-la por uma hora, como é costume das mulheres. Mas você me surpreendeu; está aqui linda e fazendo inveja a qualquer outra mulher.

– Se quiser podemos ir, e posso retribuir o seu elogio dizendo que está muito bem-vestido! Uma combinação perfeita; parece até que combinamos as cores.

Silviano reparou que ela usava um vestido preto com um sobretudo azul-claro, e ele estava usando calças pretas e camisa de seda azul. Começou a rir e respondeu:

– Parece até que combinamos mesmo! Vamos então?

Foi nesse momento que ele percebeu que a ama entregava a bolsa e o chapéu azul, dizendo:

– Bom divertimento, sinhazinha.

– Você não vai levar a sua mucama? Eu pensei que a Nana fosse te acompanhar. Será que fica bem você sair sem sua ama? Sabe como funciona nossa sociedade; não quero, nem em sonho, que alguém venha pensar mal de você. Logicamente que todos sabem quem sou eu e quem é você: é a filha do marquês, e somos como irmãos, família!

– Por isso mesmo! Pra que cansar a Nana deixando-a lá fora me esperando? Estamos em família, e não quero ficar

MARIA NAZARETH DÓRIA ditado por LUÍS FERNANDO (Pai Miguel de Angola)

preocupada com minha ama; prefiro que ela fique descansando em casa. Amanhã o dia dela começa cedo.

– Tudo bem! Então vamos lá, que o teatro nos espera. Vamos jantar antes ou depois?

– Vamos jantar antes, né, Silviano! O teatro começa às dez da noite. Jantaremos com calma e depois vamos assistir à peça que escolhi para nós.

Elizabeth insistiu que queria tomar vinho, e Silviano lhe disse que iria pedir uma garrafa, mas que ela só poderia tomar uma taça. E, quando o vinho foi servido, ela levantou taça e disse:

– Vamos brindar? Eu brindo a esta noite, brindo aos conselhos que você meu deu. Já os estou colocando em prática.

Silviano respondeu:

– Eu brindo por poder ajudá-la em algo, por continuar sendo seu amigo. Brindo à sua felicidade!

Jantaram e riram bastante com as histórias de Silviano. A peça teatral foi excelente para Elizabeth; para Silviano foi um tanto cansativa, e ele não via a hora de encerrar aquela cantoria e correria. Mas, quando foi questionado pela moça, mentiu dizendo:

– Adorei!

A noite estava bonita, o céu estrelado, as pessoas saíam dos bares e andavam pelas ruas iluminadas por geradores mantidos a óleo e querosene.

– Vamos tomar um chá? – perguntou Silviano.

– Aceito. Ainda está cedo e não consigo dormir antes das duas da manhã – respondeu a moça.

– Por quê? Algum problema com sua saúde? – perguntou Silviano.

– Não! É que os horários aqui são bem diferentes dos horários a que estava acostumada. Ainda estou tentando colocar ordem em minha vida. Às vezes o meu sono vem no meio da tarde. É complicado, entende?

Uma química invadia o interior daqueles dois jovens. Silviano olhava para Elizabeth e pensava: *Nunca tinha olhado*

CULPADOS *ou* INOCENTES?

para ela, como é linda! Meu Deus, é um pecado estar tendo estes pensamentos justamente com a filha do meu melhor amigo.

Elizabeth olhava para ele e pensava: *Meu Deus! Ele é o marido da melhor amiga dos meus pais, é sócio e melhor amigo do meu pai. E o mais agravante é que é um homem casado. Não posso estar olhando pra ele como homem! Estou me comportando como Josephine...*

Naquela noite, Silviano olhava para as paredes do quarto sem conseguir dormir. Algo o incomodava. A música de Elizabeth ainda ressoava dentro dele. Levantou, abriu a janela do quarto e ficou observando as estrelas. *Meus rebanhos de gado estão descansando e o seu dono está aqui, sem conseguir dormir e atormentado por esses pensamentos. Vou à cozinha tomar um copo de água fresca; aqueles potes de barro conservam a água gelada*, pensava Silviano.

Elizabeth não conseguia dormir. Levantou-se e seguiu na ponta do pés. Passou por sua ama, que roncava. *Vou até a cozinha beber um pouco de água fria, essa água esquentou.* Qual não foi o seu susto ao deparar-se com Silviano sem camisa, o peito forte e bronzeado coberto por pelos avermelhados e encaracolados. Ela parou, e ele justificou-se:

– Vim tomar um pouco de água fresca.

– Eu também vim pelo mesmo motivo; não conseguia dormir.

Ele a serviu, sentindo o perfume dos seus cabelos longos e soltos caindo até a cintura. Os olhos azuis brilhavam à meia-luz. Uma camisola leve cobria o seu corpo, deixando ver bem as suas curvas.

Como se estivessem hipnotizados se abraçaram, trocando um longo e apaixonado beijo. Afastaram-se e se olharam nos olhos. Novamente em silêncio, se abraçaram e beijaram-se demoradamente.

– Elizabeth, o que está acontecendo conosco? Não posso fazer isso com você; é a filha de Frederick, meu irmão e amigo. Mas não resisti; um vulcão de sentimentos, amor, paixão, desejo, toma conta de mim. Nunca senti isso antes. Muitas mulheres já passaram pela minha vida, mas você abriu uma

MARIA NAZARETH DÓRIA ditado por LUÍS FERNANDO (Pai Miguel de Angola)

caixa mágica que nem eu sabia que existia dentro de mim. Perdoe-me. Amanhã mesmo partirei para a fazenda e prometo não aborrecê-la mais; só quero que saiba que não foi abuso, e sim um sentimento maior que não pude frear.

Elizabeth respondeu:

– O mesmo aconteceu comigo. Justamente comigo, que recriminei tanto Josephine. Agora estou aqui, o peito ardendo de amor, desejo e paixão por você, sem me importar com Josef, sem pensar em nada nem em ninguém, só no meu querer. Não sei se somos culpados ou inocentes por este momento que vivemos agora, mas quero viver este presente, que pode ser único e não se repetir nunca mais. Pode ser que este dia, ao raiar do sol e quando as vozes tomarem conta desta casa, se você partir e nunca mais nos vermos, seja uma escolha nossa, e portanto não quero me arrepender de não tê-lo vivido com você. – Abraçou-se a ele com paixão.

– Elizabeth, amanhã, ao raiar o sol e quando as vozes ecoarem nesta casa, você pode se arrepender deste momento comigo. Sou apenas um boiadeiro, e você é uma fidalga, princesa de família e prometida a alguém que tem nome e nobreza. Perdoe-me, volte para o seu quarto; assim que clarear o dia, antes de você levantar, eu não estarei mais aqui.

– Se nos primeiros raios do sol você pode desaparecer de minha vida, jamais vou culpá-lo por ter feito isso, porém, neste momento, você me deseja e eu também o quero. Sei que você é um homem casado, é o melhor amigo do meu pai, e que ele confia cegamente em você, porém, nossos sentimentos como um homem e uma mulher não envolvem nem o meu pai nem a sua mulher; somos apenas nós dois. Vamos – puxou a mão do rapaz e em silêncio se dirigiram ao dormitório dele.

Os primeiros raios do dia penetravam pela janela do quarto de Silviano, e os dois permaneciam abraçados. Não tinham dormido; amaram-se e conversaram todo o tempo em que estiveram juntos. Elizabeth levantou-se e disse baixinho:

— Preciso ir ao meu quarto; daqui a pouco a Nana vai acordar e, se não me encontrar, já viu o que vai acontecer. Você, por favor, fique; assim que ela for aos seus afazeres, imaginando que vou dormir até o meio-dia, eu volto para ficar um pouco mais com você. Por favor, esqueça aquela conversa de ir para a fazenda. Se você concordar, iremos daqui a três, volto com você.

Assim que ela saiu do quarto, Silviano passou a mão na testa e se perguntou: *Meu Deus! Estou louco? O que fiz? Se tivesse que morrer hoje para pagar essa minha dívida, morreria feliz. Por que nunca fui tão feliz em minha vida?*

Cerca de uma hora depois, Elizabeth entrava silenciosamente no quarto de Silviano.

— Você tem certeza de que a Nana não vai entrar no seu quarto? Não quero que nada de mal aconteça com você; prefiro a morte a vê-la sofrer por minha causa.

— Fique tranquilo, ela já conhece os meus hábitos. Só dorme quando me coloca na cama, sabendo que não vou dormir mas estou ali, e que só levanto a partir das onze horas. E, quando acordo, chamo por ela; ainda é muito cedo, vamos ficar mais um pouco na cama.

A negra velha preparou o café da manhã e achou muito estranho: Silviano se levantava cedo e sempre ia tomar o seu café sem esperar os outros. Aproximou-se de Nana e perguntou:

— Você tem certeza de que o coronel do gado está aqui? Eu desconfio de que ele deixou a sinhá-moça e saiu. Ele é homem que frequenta as tais casas noturnas, e até essa hora ainda voltou?

— Ah! Isso eu não vi não! Já tinha tirado um cochilo quando vi a sinhá chegar. Fui ajudá-la e depois desmaiei; dormi como uma pedra até a senhora me chamar. Mas, deixa pra lá! Quando ele chegar ou acordar, toma o seu café; se precisar, a gente esquenta. Eu vi que a porta do quarto está fechada e o combinado de a gente entrar lá é quando a porta estiver aberta; a minha sinhá sei que dorme até a hora do almoço. Acho errado, mas fazer o quê?

— É verdade, vamos pra cozinha! Esse povo é doido e se a gente não se cuidar endoidece com eles — disse a negra velha resmungando.

Eram apenas dez e meia da manhã. Elizabeth, já em seu quarto, fingiu acordar. Chamou pela ama; esta veio solícita atendê-la.

— Dormiu bem, sinhá?

— Nunca dormi tão bem na minha vida! Acho que desde que cheguei aqui não tive uma noite de sono tão maravilhosa quanto essa.

— Que bom, minha sinhá! Fico feliz pela senhora. E hoje acordou até mais cedo. Quer um suco antes do almoço, que ainda vai demorar?

— Quero sim! E não vou tomar aqui no quarto não! Vou à sala de jantar. Silviano já tomou café?

— Acredita que não sei se ele está no quarto? A porta está fechada, mas é que ele geralmente é o primeiro a se levantar. Será que não está bem?

— Vamos lá, sirva o meu café! — Na sala de jantar, servindo-se de um copo de suco de laranja, pediu para a mucama ir até o quarto e bater à porta; se ele estivesse, iria responder, e ela então perguntaria se estava tudo bem.

Assim fez a ama. Bateu de leve à porta do quarto e disse que a sua sinhá estava preocupada com ele. Ouviu a resposta:

— Perdi a hora! Está tudo bem sim. Avise para sua sinhá que estou indo tomar um café.

CULPADOS *ou* INOCENTES?

Os dois tomaram café juntos. Elizabeth estava corada, mais bonita do que antes, observou Silviano. A ama de lado observava e, como os fluidos desprendidos dos pensamentos de outras pessoas em um ambiente fechado fazem efeito, podendo este ser positivo ou negativo, de repente a ama começou a prestar atenção nos dois e a pensar: *Eles dois parecem até namorados! São tão bonitos.* Em seguida, limpou a mente pedindo perdão a Deus pelos pensamentos maliciosos.

O coronel Frederick vivia sua história de amor com Josephine e nunca pensaria que o seu amigo Silviano vivia uma história de amor com sua filha Elizabeth.

Três dias se passaram, e Silviano e Elizabeth costumavam desaparecer. Os cativos da casa estavam achando muito estranho, e Nana disse aos mais velhos que a sinhá explicou que Silviano estava tratando de negócios da família. Como o coronel Frederick não estava, ele a levava como representante do pai.

No quarto dia, Elizabeth pediu para Nana arrumar suas coisas; iria para a fazenda com Silviano e lá esperariam pelos pais dela.

A cativa achou estranho, pois a mãe recomendou que ela não deixasse a casa por nada, que ficasse esperando o retorno deles para saírem às compras e aos passeios pela cidade. Com muito jeito, falou para sua sinhá:

– Mas sua mãe pediu tanto pra eu não deixar a menina andar sozinha por aí. Essa nossa ida para a fazenda sem consentimento de vossos pais não trará problemas, sinhazinha?

– Nana! Nós estávamos sozinhas, mas agora não. O Silviano está aqui, e ele é como se fosse meu pai. Todas as pessoas respeitam ele, sabendo de quem se trata, e estando com ele não corremos nenhum risco. Arrume suas coisas e venha me ajudar a preparar a minha mala; vamos viajar logo após o almoço.

E assim foi feito. Eles partiram para a fazenda, com a ama preocupada com a sinhazinha. *Por que será que ela está indo para a fazenda?* Lá não tinha nada que a divertisse; na cidade ela podia sair pelas redondezas, como faziam todos os dias, para dar um passeio. E na fazenda? Ela mesma morria de medo de cobras, sapos; nascera no cativeiro, mas tinha muito medo. *Santo Deus!* Só de pensar, ficava se coçando.

Na fazenda, os dois tinham mais liberdade na imensidão da casa-grande. Elizabeth ia para o piano e dispensava Nana; dizia que ela aproveitasse as poucas horas e ficasse com as outras cativas. Acomodou sua ama em outro aposento, alegando que ela estava roncando e que, se precisasse dela à noite, a chamaria. E assim ela ficava vivendo suas horas de amor abraçada ao seu amado. Os dois discutiam sobre o que iriam fazer de suas vidas. Elizabeth disse que preferia morrer a viver longe dele, e ele lhe disse que em breve estaria partindo para longe. Ela respondeu:

– Fique ou me leve com você! Não quero e não viverei sem você; sou sua e não me arrependo.

Naquela tarde, Silviano avisou a Elizabeth que iria ao encontro de dois velhos amigos; aliás, os únicos amigos que lhe restavam do passado. Montou seu belo animal e saiu em disparada. Foi até o casebre dos pretos velhos, amarrou o cavalo, e os dois cachorros vieram ao seu encontro, fazendo festa. O preto velho gritou:

– Quem vem lá?

– Sou eu, Sebastião! Silviano.

– Oh, meu Deus! Que surpresa é essa? Há quanto tempo você não aparece por aqui, menino. Entre, entre. Como está, meu filho? Veja só como a riqueza melhora as pessoas por fora! É o que eu sempre falo: as pedras brutas no meio das preciosas ficam brilhando também! Você não parece mais aquele menino boiadeiro que andava vestido de couro cru, correndo atrás do gado. Sente-se, meu filho. Você parece adivinhar. Hoje a Zulmira cismou que ia fazer aquele bolo de fubá. Ainda aprecia? E broas de milho também, está sentindo o cheiro do café? Ela está passando um café; nem preciso avisá-la de que você está aqui. Já, já ela aparece. Quer trocar

CULPADOS *ou* INOCENTES?

suas vestes finas e colocar uma roupa de negro bem limpinha e cheirosa?

– Quero! E aprecio o bolo, o café, as broas, tudo o que sempre tive aqui! Quero trocar minhas roupas não porque estou preocupado com as roupas de seda que estou usando, mas quero me sentir mais perto de vocês.

– Então vamos, troque! Só estamos nós dois aqui, não se preocupe. Deite-se na rede, filho, e vamos colocar nossas conversas em dia. Você vestido assim como eu, fico mais à vontade de falar com alguém igual a mim. Fique aí. Já volto, é um instante!

Logo mais Sebastião voltava secando as mãos.

– Fui levar água para o animal.Aqui na minha choupana trato todos com respeito. Coitado, ele estava com sede e, mesmo que não estivesse, eu iria servi-lo do mesmo jeito. É uma forma de dizer que estou contente.

– Meu pai velho, não sei o que está acontecendo comigo. Alguns anos atrás vim aqui e lhe contei dos meus sonhos que estavam se realizando, e o senhor me advertiu que sobre as coisas da alma e do coração nós não temos domínio. Pois é, não lhe dei ouvidos; insisti em me tornar o que sou hoje, e hoje sei que nada sou! Sem procurar, sem premeditar, caí na armadilha do amor; estou me sentindo perdido, sem rumo, não sei o que fazer de minha vida. Vim aqui ouvir suas palavras de sabedoria, que aliviam tanto a minha alma. Por favor, me ouça e fale o que eu precisar ouvir. Brigue comigo, fale que estou errado, que fui um irresponsável! Que mereço morrer! – Silviano começou a chorar.

– Calma, meu filho! Se acalme! Você veio aqui para abrir o seu coração e eu estou aqui para ouvi-lo e, se puder, acender uma luz no seu caminho. Vou acender; não estou aqui para ser o seu juiz. Fale o que está acontecendo.

Silviano relatou os últimos acontecimentos e finalizou dizendo:

– Quero que me fale, meu pai, se somos culpados ou inocentes por esse amor que tomou conta de nossas almas.

MARIA NAZARETH DÓRIA ditado por LUÍS FERNANDO (Pai Miguel de Angola)

– Meu filho, dizer que vocês são culpados ou inocentes, só cabe a um juiz dar essa sentença: Deus! O homem nasceu para amar e, quando ele resolve ser dono de sua vida, por um tempo pode ter a mera ilusão de que tem domínio sobre si mesmo, mas um dia, sem ter marcado hora nem lugar, a sua alma lhe cobra a luz do amor, e ele não tem saída a não ser se entregar a essa força. O amor é mais forte que qualquer outro sentimento, e muitas vezes o castigo de quem transgrediu essa lei é renunciar aos momentos de felicidade que só encontramos no verdadeiro amor. Sua situação não é fácil; é um homem comprometido, casou-se com uma boa moça, e ela só queria ser amada. Na cegueira desse desejo, não pensou no que poderia colher no futuro. Não sei se vocês dois são culpados ou inocentes, isso só compete a Deus e não a nós.

A preta velha Zulmira chegou com broas, bolo e café. Silviano levantou-se e foi até ela; beijou suas calejadas mãos e disse:

– Abençoe-me, mãe preta. Com sua luz, ilumine a escuridão que tomou conta do meu caminho.

– Senta, meu filho, toma um café, come um pedaço de bolo, é o seu preferido. Depois você me conta o que o trouxe até aqui. O que essa mãe preta puder fazer por você será feito – disse a preta velha enchendo uma caneca de café e oferecendo ao rapaz.

Quando terminaram o café, a preta velha Zulmira sentou-se em um toco de madeira e acendeu um cachimbo de barro, o cheiro de erva-doce e hortelã tomando conta do ambiente.

– Filho Silviano, conta pra mim o que está acontecendo aí dentro desse coração tão agoniado.

– Estou perdido. Não sei que rumo dar à minha vida. Fui pego de surpresa por um sentimento que não imaginava existir; estou loucamente apaixonado, estou cego de amor pela filha do meu melhor amigo. Ele confia cegamente em mim e eu o traí. Não sei como lhe contar a verdade; não temo pela minha vida, e sim pela de Elizabeth. Poderia ir embora e fugir das minhas responsabilidades, mas eu não faria isso jamais; tenho que encontrar forças e coragem para contar a verdade e pagar pelo meu erro, tenha ele o preço que tiver. Se precisar morrer, quero morrer sendo verdadeiro.

– Você seduziu a moça ou ela veio até você pela própria vontade? – perguntou a preta velha.

– Vou lhe contar como tudo começou – e relatou sua fascinação pela música, e tudo o que viveram juntos nos últimos dias. Disse que ela estava na fazenda e ele não sabia o que fazer, que decisão tomar.

Tinha voltado ao Brasil para colocar o coronel Frederick a par dos negócios que tinha iniciado nessas terras distantes, e sua intenção era regressar e não voltar mais. Sentia-se como um marinheiro que perde a rota e não sabe que direção seguir, por isso estava ali; fora buscar uma luz, pois eles sempre tinham sido como uma bússola na sua vida, e agora mais do que nunca precisava dessa luz.

– Você já tinha decidido não voltar mais para sua mulher? E chegou a acertar isso com ela? Disse-lhe que não voltaria mais pra casa? – quis saber Zulmira.

– Antes de viajar tive uma conversa com Sophia. Disse-lhe que não voltaria mais como seu marido, mas ela não aceitou. Creio que não acreditou que eu estava saindo definitivamente da vida dela, mas eu já saí há muito tempo. Não consigo mais conviver com ela sob o mesmo teto, dividir a mesma cama, entende? Não sou verdadeiro com ela em nada.

– Entendo sim. Livre, o seu coração deu asas a sua alma e encontrou abrigo nos braços dessa sinhá. Parou para pensar se não é carência de afeto e não o que você pensa ser?

– Não, não é carência; não posso negar que sempre fui um mulherengo, que tive todas as mulheres que desejava ter, solteiras e casadas. Mas com Elizabeth é totalmente diferente; é algo que não está na minha carne, e sim que vem de uma força que eu não conhecia. Acho que é a minha alma – disse Silviano chorando.

– Sebastião? – chamou a preta velha. – Pega o nosso preparado e pedras do carvão em brasa; traz até aqui. Vou rezar nesse menino, pedir a Deus que guie a alma dele pelo caminho

MARIA NAZARETH DÓRIA ditado por LUÍS FERNANDO (Pai Miguel de Angola)

que tiver que seguir. Meu filho, nem sempre nossos caminhos são escolhidos por nós. Os caminhos que podemos escolher são esses, como você fez hoje. Veio pela estrada que já conhece e chegou até nós. Já no caminho das almas nós não interferimos; só Deus conhece essas estradas. Vamos rezar e pedir luz para guiar você pela estrada que sua alma precisar seguir.

O preto velho trouxe uma gamela velha de madeira cheia de água e ervas, que foi colocada à frente do rapaz. Zulmira rezava e dava voltas em torno dele, com as vinte e uma pedras de carvão em brasa. Rezava na brasa fazendo o sinal da cruz, soltava na água, e cada pedra de carvão reagia de forma diferente: umas baixavam no fundo da gamela, outras ficavam borbulhando na superfície. Silviano não entendia nada, mas sentia um alívio imenso em seu coração. Quando ela terminou de cruzar todas as pedras de carvão em brasa, pegou uma caneca, retirou um pouco daquela água e pediu que ele bebesse. Depois pediu que Sebastião o acompanhasse até o fundo da casa.

– Vá tomar um banho da cabeça aos pés e depois volta aqui para fechar nossa reza.

Silviano retornou, e a preta velha rezou utilizando a cruz de madeira. Finalizou dizendo:

– Pela Santa Cruz que Nosso Senhor Jesus Cristo carregou pelos nossos pecados, você seja livre, desatado e libertado; que sua alma encontre o caminho reto da luz. O que eu podia fazer por você, meu filho, eu fiz. Rezei e creio que será feito por você e por todas as outras pessoas envolvidas o que for melhor, pela vontade de Deus. Converse com Sebastião; homem sempre tem intuição melhor quando se trata de coisas do coração de outro homem. Vou levar isso até a cozinha – disse pegando o bule de café. – Não vá embora sem me chamar; quero me despedir de você e lhe passar uma instrução.

– Como é bom estar aqui com o senhor. Estou me sentindo mais leve depois da reza. Se pudesse ficaria aqui, deitado nesta rede. Daria tudo para não ter nada do que tenho hoje; queria voltar a ser apenas o boiadeiro, correr atrás dos meus bois, armar uma rede no curral, dormir junto do gado e não me preocupar com horários. Queria não ter conhecido nem provado desse fel que a riqueza e a luxúria oferecem; me contaminei, não tem mais volta.

O negro velho Sebastião conversou muito tempo com Silviano. Ele se levantou e disse para o velho amigo:

– Vou me vestir para voltar a ser o que eu mesmo escolhi ser, por vaidade e soberba. Por favor, chame a mãe velha, quero me despedir dela.

– Espere um pouquinho, vou chamá-la.

Logo a negra velha chegava com uma caneca de café e uma de água. Ofereceu a ele dizendo:

– Você pode optar; escolha entre beber água ou tomar café. Os dois são bons, você gosta, mas, se misturar água e café na mesma caneca, não vai conseguir engolir com o mesmo prazer. Assim, analise, meu filho, o que deseja beber para saciar sua sede; uma coisa ou outra, as duas não combinam. Conforme as pedras indicaram, nestes sete dias haverá uma mudança drástica em sua vida. Não fale com ninguém mais sobre esse romance; espere os acontecimentos dos sete dias. Não posso revelar o que vi, mas posso te afirmar que é providência de Deus. Não vou me despedir de você agora porque você voltará aqui antes de partir para essas terras distantes.

– Mãe velha, eu fiquei confuso. Não entendi sua mensagem. Eu tenho que esperar sete dias para tomar uma decisão? Como vou contar ao coronel Frederick sobre o meu romance com a filha dele?

– Você deve ficar calado e aguardar as providências de Deus, que tudo sabe. Não se precipite em falar nada com quem quer que seja; o que você revelou para nós deve ficar entre nós. Agora vai, filho, segue em paz.

À noite Elizabeth notou que Silviano estava calado e perguntou:

– O que houve nesse encontro com os seus velhos amigos? Você voltou tão calado...

MARIA NAZARETH DÓRIA ditado por LUÍS FERNANDO (Pai Miguel de Angola)

— Foi como sempre um encontro de paz. Volto assim quando vou até lá. Eu me reencontro como o meu verdadeiro eu. Elizabeth, se alguém te oferecesse um copo de água e uma xícara de café, o que você faria?
— Que pergunta estranha! Se eu estivesse com sede, beberia o copo de água; se não tivesse com sede e gostasse de café, que não é o meu caso, tomaria o café. Mas por que me pergunta isso?
— Porque eu misturei água e café, e descobri que nem matei a minha sede com a água, nem a minha vontade com o café; a mistura ficou simplesmente horrível.
— Meu Deus! Jura que você fez isso? Lá com os seus amigos? Claro que ninguém suportaria tomar uma mistura dessas. O gosto de cada coisa é que nos dá a sensação de prazer.

Elizabeth ficou intrigada com a pergunta sem nexo feita por Silviano. Em que será que ele estava pensando quando fez essa pergunta?

O coronel se despedia de Josephine, entre beijos e juras de amor. Já tinham deixado combinado que ele iria ao encontro dela no Havaí. Ele alegrou-se pensando: *Vou unir o útil ao agradável; vou ter que ir mesmo à Colômbia; espero que o Silviano chegue nesse meio-tempo para ficar cuidando dos nossos negócios. Ficar longe desta ninfa não está sendo fácil para mim.*

Josephine, agarrada ao seu pescoço, disse-lhe:
— Eu largaria tudo isso para ficar com você! Não tive outros homens além de você e do barão, porque eu não quis, é claro! Porém, em você eu não encontro apenas o prazer físico; me sinto amada, amparada, protegida. Sinto sua falta. Tem dias que penso que vou enlouquecer. Olho para o meu marido cheio de agrados comigo e tenho vontade de esbofeteá-lo, pisoteá-lo, porque não é ele quem eu quero. Não sei o que será de mim.

CULPADOS *ou* INOCENTES?

– Não sei o que será de nós, se toda essa paixão não terminar com o tempo e a distância que existe entre a gente. Você me seduziu e foi a melhor coisa que já aconteceu na minha vida; nunca tinha sido seduzido por uma mulher como você – disse o coronel beijando-a.

Os três embarcaram de volta. No trajeto, pouco conversaram. Cada um estava envolvido com os seus próprios pensamentos.

Lise observava o marido e não conseguia entender o que estava acontecendo com ele; continuava gentil, atencioso, mas não era o mesmo com ela na intimidade. Só havia uma explicação: ele estava apaixonado por outra mulher! Quem seria? Não! Não era verdade.Ele não saía muito de casa como fazia antes... Fosse o que fosse, ela iria fazer de tudo para ter o seu marido de volta.

Sophia olhava para o vazio. Não encontrara melhoria nenhuma na filha; ela continuava arrogante, fria e vingativa. Nos momentos em que estiveram a sós, ela só recebera da filha críticas e humilhações; não faria mais nenhuma viagem para encontrá-la em lugar nenhum, apenas rezaria a Deus por ela. Sua vida estava ficando sem sentido; seu marido partira, deixando-a para trás. Ela não sabia onde encontrá-lo; e se ele não voltasse mais? Ainda nutria a esperança de que, de repente, ele chegasse e a tomasse nos braços, como no início do seu casamento. Só tinha o seu filho Josef ao lado dela, e seu filho com certeza estava sofrendo as consequências da irresponsabilidade da irmã. Graça a Deus que em breve ele estaria de volta e se casaria com Elizabeth, uma menina de ouro e de família nobre.

O coronel observava a estrada e pensava em Josephine. Sentia um aperto no coração. *Como fui cair numa armadilha dessas? Eu, um homem experiente e com as minhas qualificações, de repente me sinto prisioneiro de uma menina inconsequente, mimada, maldosa!* Fechou os olhos e parecia vê-la sorrindo com aqueles olhos penetrantes que hipnotizavam qualquer um; a voz rouca que o enlouquecia quando ela falava baixinho ao seu ouvido. Fosse quem fosse Josephine, anjo ou demônio, a verdade é que ele a amava.

MARIA NAZARETH DÓRIA ditado por LUÍS FERNANDO (Pai Miguel de Angola)

Cansados da viagem, os três chegaram à mansão de Frederick, onde tinham deixado Elizabeth. Lise entrou correndo e perguntou para a escrava que a recebia assustada:

– Onde está Elizabeth?

A moça, nervosa, tossiu e respondeu:

– Ela foi para a fazenda com o coronel Silviano e a Nana já vai fazer uma semana, sinhá.

O coronel ouviu a conversa e quis saber quando é que Silviano chegara. No fundo se sentia feliz; então os negócios estavam encaminhados, seu parceiro de confiança estava ali, e agora seria sua vez de viajar, enquanto Silviano ficaria cuidando dos negócios. Nem por um instante se preocupou em saber de Elizabeth; pensou no seu reencontro com Josephine.

Lise estranhou. Sua filha na fazenda há uma semana?

– Meu Deus! Ela deve estar doente, Frederick. Vamos descansar hoje, mas amanhã quero ir para a fazenda ver como está a minha filha. Estou preocupada; se você não puder nos acompanhar, volto com a Sophia. Por favor, faça isso por mim.

– Tudo bem, Lise. Amanhã você pode voltar para a fazenda ao encontro de nossa filha. Fique tranquila que o Silviano está por lá. Acha que ele não cuidaria de Elizabeth? E você, Sophia, está feliz em saber que vai reencontrar seu marido após três meses e meio de distância? Aproveite e vivam uma nova lua de mel.

– Estou feliz sim; não vejo a hora de poder abraçá-lo. Tive medo de que ele nunca mais voltasse. Que bom, Lise, que você resolveu ir amanhã; eu ia pedir a vocês para retornar sozinha. E, quanto a Elizabeth, tenho certeza de que Silviano está cuidando dela da mesma forma que Frederick cuida da Josephine.

O coronel engasgou com o suco que estava tomando. Silviano fazer com sua filha o que ele fazia com Josephine? Mataria ele sem dó e sem piedade! Recompôs-se e respondeu:

– Somos uma família, Sophia, temos que nos ajudar em tudo. Eu não posso acompanhá-las; fiquei muitos dias fora e tenho negócios a resolver. O Laércio, meu homem

– 222 –

CULPADOS *ou* INOCENTES?

de confiança, vai com vocês. Fiquem tranquilas. Assim que colocar os meus negócios em ordem, acredito que em três ou quatro dias, vou ao encontro de vocês. Tenho muitas coisas a acertar com o Silviano. Não querem aproveitar a noite e sair um pouco? Podemos jantar fora. Eu as levarei a um bom restaurante e depois vocês podem assistir a uma peça de teatro, ou escolham o que querem fazer. Estou à disposição das duas esta noite!

Lise abriu um sorriso e foi ao encontro dele, abraçando-o.

– Este é meu marido! Claro que nós aceitamos, não é, Sophia?

Às oito horas da noite, as duas estavam prontas, e o coronel, como sempre elegantemente vestido, deu o braço à esposa dizendo:

– Por favor, marquesa, me dá a honra?

Ajudou também Sophia a acomodar-se.

– Senhoras, posso dizer que muitos olhares se voltarão para as duas. Vários homens gostariam de estar em meu lugar esta noite, porém, a honra é minha! Devo dizer que simplesmente estão lindas.

Lise suspirou fundo, lembrando-se dos pensamentos negativos que lhe tinham vindo à cabeça. Seu marido era o melhor e o mais sincero dos homens. Seus olhos brilhavam de felicidade.

Realmente todas as atenções voltavam-se para o marquês. Garçons corriam para atendê-los; uma equipe da cozinha de alto luxo ficou ao lado dele para servi-lo no que quisesse. Lise sentiu orgulho do marido. Sophia também admirava o prestígio de Frederick; realmente, ele era muito poderoso. Que bom que seu marido era muito considerado por ele.

Foram assistir à mesma peça que Elizabeth e Silviano tinham assistido. As mulheres amaram, e Frederick, digamos assim, gostou.

Na saída do teatro era costume tomarem um chá no belo salão que ficava no primeiro andar. No segundo degrau da grande escadaria que dava para o salão de baixo, Sophia tropeçou e caiu. Parecia que algo a empurrava pelos degraus de pedra de mármore branco. Todos correram para socorrê-la; sua cabeça sangrava, ela estava desmaiada. Um médico que estava no local tomou-lhe o pulso e pediu que a transportassem rapidamente para sua clínica, que ficava ali perto. Teria que ser examinada, e assim foi feito.

Duas horas mais tarde, o médico disse ao coronel:

— Marquês, o senhor e sua esposa são testemunhas; fiz de tudo para salvá-la. Na verdade, ela já chegou aqui morta. Tentamos reanimá-la de todas formas; infelizmente está morta.

Lise, inconformada, chorava e dizia:

— Meu Deus! Que tragédia! Acabamos de chegar de viagem; não sei se vai dar tempo de Josephine chegar para enterrar a mãe. Pobre Josef; ele e a irmã estão órfãos.

— Acalme-se, Lise. Vou providenciar tudo. Mandarei um mensageiro agora para notificar Josephine do acontecimento; avisaremos Josef e cuidaremos do enterro dela. Já enviei um mensageiro à fazenda; logo Silviano estará aqui. Ele é o marido e precisa decidir algumas coisas que só cabem a ele.

Na fazenda, Silviano tinha negociado com o administrador a venda e a liberação do café. Os armazéns estavam lotados; o preço excelente fora um bom negócio. Enquanto tomava banho, pensava em Elizabeth, e um pensamento lhe veio à cabeça: Hoje é o sexto dia desde que fui na casa da avó Zulmira. Ela me disse que até o sétimo dia algo iria suceder, algo que iria mudar o rumo de minha vida. Por enquanto, não aconteceu nada. Pode ser que o coronel já esteja por aqui; preciso tomar cuidado, não quero ser surpreendido no quarto com Elizabeth.

Lá pelas três horas da manhã, Silviano despertou com um tropel de cavalos e muitas vozes. Acordou Elizabeth e pediu que fosse para o seu quarto. O que estaria acontecendo? O coronel estaria chegando no meio da noite? Vestiu-se e saiu correndo para se certificar do que estava ocorrendo. Encontrou o feitor da noite, e este estava pálido e muito sério.

– O que houve, homem? Quem está aqui?

– São mensageiros do coronel Frederick, senhor. Eles querem lhe falar com urgência.

Silviano empalideceu. *O que será que aconteceu?*

Deram-lhe a notícia da morte de Sophia, e Silviano sentou-se na cadeira. Não queria acreditar no que acabara de ouvir. *Meu Deus, como é que isso foi acontecer?*, pensou. Será que ele não tinha culpa? Será que Sophia não queria mesmo morrer? Lembrou-se do que dissera a avó Zulmira, que haveria uma mudança drástica em sua vida, e seria providência de Deus, pois não podemos mudar a rota da vida. Então ela sabia...

Os escravos da casa já estavam acordados, e Elizabeth também apareceu assustada com a notícia.

– Vamos agora mesmo – disse ela para Silviano.

Partiram na escuridão da noite; Elizabeth foi junto a Nana, e Silviano foi com os homens.

A notícia da morte de Sophia correu rapidamente. Veio muita gente de todos os lados, não para ver a defunta, mas queriam disputar o rico e bonito viúvo. Josephine não veio; não daria tempo de chegar.

Após o enterro, o coronel convidou Silviano para tomarem um drinque.

– Não sei o que lhe dizer, meu amigo, em uma hora como essa. Sei que vocês estavam estremecidos em sua relação como marido e mulher, mas, mesmo assim, não é fácil.

Silviano respondeu:

– Não queria que nosso encontro fosse assim; há coisas na vida que não programamos, simplesmente acontecem. Amanhã falaremos de negócios, estes estão muito bem, melhor impossível.

– Tudo bem, vamos descansar. Não foi um dia fácil para nós. Eu vou me recolher, faça o mesmo!

— Vou ficar um pouquinho mais; daqui a pouco vou para o quarto. Muito obrigado e boa noite — respondeu Silviano.

Assim que o pai se afastou, Elizabeth chegou perto de Silviano e falou baixinho:

— Sei como está se sentindo; você não teve culpa. Vá descansar, eu também vou me recolher. Lembre-se de que eu te amo e vou estar do seu lado sempre.

— Eu também te amo, Elizabeth, e por nada neste mundo quero perder você. Enfrentarei o que for preciso; vou pedir a Deus que ilumine nossos caminhos. Peço perdão a Ele, apesar de nunca ter desejado a morte de Sophia. No fundo vejo uma luz para nós dois; sou um homem viúvo, não há impedimentos de me casar outra vez. E, se houver outra vez, só será com você.

— Boa noite, meu amor. Não posso te abraçar porque os escravos estão nos observando. Durma um pouco e sossegue o seu coração.

Elizabeth ficou muito tempo sem conciliar o sono, pensando em Silviano e no que ele havia lhe dito. Quando adormeceu, sonhou que estava com Silviano. Sophia vinha em direção aos dois. Ela se aproximou de Elizabeth e disse:

— Condenou tanto a minha filha por ter abandonado o seu irmão, Josephine. Só que ela trocou o seu irmão por um homem livre. E você, com essa cara de boa moça, trocou o meu filho pelo meu marido! Vocês dois não passam de dois traidores! — Ela avançou para cima de Silviano gritando: — Seu miserável! Casou-se comigo para ter um nome e ser aceito na sociedade; agora está rico e destruiu a minha família, porque roubou a noiva de Josef. Já que vai ficar com a minha herança, que toda a minha infelicidade fique você!

Elizabeth acordou assustada, sentou-se na cama e pegou um copo de água. Que pesadelo horrível!

Josephine estava angustiada, e o marido não parava de perguntar se ela queria ir até onde estava a mãe enterrada.

Ela respondeu que não! Só precisava ficar sozinha e descansar. O motivo de sua angústia não era a morte da mãe, era o coronel Frederick... Assim que adormeceu, ela também sonhou com sua mãe, que lhe dizia:

— Ingrata! Você nunca pensou no que vivi e no que passei em minha vida. Agora saí de vez de sua vida. O que você fez para o Gilbert, esse que está aí na sua barriga também vai pagar! Você é uma libertina. Abandonou Gilbert para se casar com um homem que tem idade para ser seu pai; casou-se por interesse e, como se toda desgraça não bastasse, se envolveu com o coronel Frederick, o pai desse filho que você carrega. O que você plantou, você vai colher, é apenas uma questão de tempo.

Josephine pulou assustada, passando a mão na barriga. *Santo Deus! Deus me livre! Que pesadelo horrível; minha mãe até morta me causa mal.*

Silviano passou para o coronel todas as coordenadas dos negócios implantados na Colômbia e dos negócios que havia fechado nos últimos dias em suas fazendas. Estendeu um relatório ao coronel dizendo:

— Luziara, o filho e os dois velhos escravos já partiram; estão longe e fora do nosso alcance.

— Pois é, eu preciso combinar algo com você que é necessário, e agora mais do que nunca conto com sua discrição. Você deve ficar cuidando dos negócios por aqui. Eu preciso ir ao Havaí; irei ao encontro de Josephine, e assim também posso tomar conta dos nossos negócios na Colômbia.

— E pretende fazer isso quando, Frederick?

— Na próxima semana! Ainda não conversei com a Lise; estou pensando em deixá-la na cidade com Elizabeth, o que você acha?

— Quanto tempo vai ficar fora?

MARIA NAZARETH DÓRIA ditado por LUÍS FERNANDO (Pai Miguel de Angola)

– O tempo que puder ficar com Josephine! Vou sem previsão de retorno; naturalmente que vamos nos comunicando. Tenho um mensageiro de minha alta confiança. Você parece que quer falar algo comigo... Pode falar – disse o coronel.

– Não pensei ainda como proceder em relação à herança e à divisão dos bens deixados por Sophia; pertencem a Josephine e a Josef.

– Procure nosso advogado; ele vai orientá-lo sobre como proceder. Por lei, a metade é sua, e a outra metade é deles dois, exceto se um deles abrir mão de sua parte, doando-a a quem quiser. Vou convencer Josephine a doar para o irmão a parte dela; ela não precisa dessa herança. Se vivesse duas vezes nesta vida ainda não gastaria todo o dinheiro que tem. Assim, essa grande fatia acabará incorporada ao futuro dos filhos de Elizabeth, que vai casar-se com Josef.

Silviano concordou e, agradecendo ao coronel, disse:

– O que você acha de falar com sua esposa e sua filha a respeito de sua viagem à Colômbia? Claro, omita o nome do país; invente qualquer outro: Argentina, Paraguai etc. E por que não vão aproveitar um pouco até sua partida? Vão para a cidade! Eu vou ficar mais tempo pelas fazendas; claro que, na sua ausência, posso de vez em quando ir até lá visitar as duas e tudo o que estiver ao meu alcance farei por ambas.

O coronel então respondeu:

– O que tinha a me dizer era sobre sua herança, ou não quer me falar? Apaixonou-se por alguma colombiana? Esse seu jeito de esconder as coisas está me cheirando a mulher. Você e Sophia não estavam mais se entendendo. Conheceu alguém nesta viagem? Somos amigos; não temos segredos. Pode se abrir comigo.

– Realmente, entre nós é difícil guardarmos segredos um para com o outro. Estou perdidamente apaixonado por uma mulher; daria a minha vida por ela. Nunca pensei que fosse acontecer comigo, mas aconteceu: me apaixonei, amo, e, agora que posso, quero me casar com ela e ser feliz!

— Então é isso! Você queria retornar para a Colômbia. Vamos combinar o seguinte: assim que eu voltar, você poderá ir viver sua história de amor. Escreva, mande o que quiser, e me encarrego de entregar. Entre nós há esse trato que da minha parte jamais será quebrado: não me envolvo com suas mulheres e você não se envolverá com as minhas.
— Bem, Frederick, se eu quisesse arrumar encrenca com você, diria que esse trato já foi quebrado. Você se envolveu com Josephine, e ela era minha enteada.
— Sim, mas não era mulher sua! Esse é o nosso trato, não é?
— É, esse é o nosso trato. Não vou enviar nada não! Se essa mulher me amar realmente, vai saber esperar a hora certa.
— E outra parte boa em estar viúvo é que vai chover as mais respeitáveis famílias querendo casar suas prendas. De repente você pode mudar de ideia, já que está livre para escolher. Não se apresse para pegar qualquer uma. Uma vez você se casou por interesse, agora tem chance de poder escolher por amor, e não precisa aumentar sua fortuna, pois já tem o suficiente para ser considerado um homem rico.
— Tem razão, Deus está me dando uma chance de poder escolher com o coração alguém para me completar. Tenho dinheiro, não preciso do dote de nenhuma moça, e já conheci muitas mulheres que saciaram a minha curiosidade como homem. Quero alguém para amar e ser amado – disse Silviano.

No jantar, o coronel falou para Lise que precisava fazer uma viagem de negócios e que demoraria fora, e Silviano, sendo da família, tomaria conta dos negócios e principalmente da família. Ele sugeria que a esposa ficasse na cidade com Elizabeth. Queria ouvir a opinião das duas.
— Bem, eu não esperava que você fosse viajar agora, mas, se como a minha escolha é onde pretendo ficar, vou consultar minha filha; a opinião dela para mim é valiosa.

MARIA NAZARETH DÓRIA ditado por LUÍS FERNANDO (Pai Miguel de Angola)

– Meu pai falou algo muito certo; ficaremos com Silviano e, se ele for ficar na cidade, ficaremos na cidade. Se for ficar na fazenda, vamos para a fazenda. Eu me sentirei mais segura tendo ele por perto. Vocês não imaginam como me senti sozinha aqui na cidade; dei graças a Deus quando vi Silviano entrando por aquela porta. E agora, com essa tragédia então, não quero ficar aqui sozinha com minha mãe – respondeu Elizabeth.

– E quando é que você pretende viajar, meu marido?

– Na próxima semana.

– Já? Pensei que você fosse ficar mais tempo conosco – disse Lise melancólica.

– E eu vou amanhã para a fazenda; deixei coisas lá pendentes – disse Silviano.

Elizabeth olhou para ele e perguntou:

– Vamos juntos?

– Se Lise quiser, podemos ir sim; depende dela e do seu pai.

Lise respondeu:

– Eu e Sophia íamos para a fazenda; eu estava louca de saudade de você, e ela naturalmente do marido. Você quer voltar, filha?

– Sim, voltarei com vocês.

Após o jantar, a mãe disse que iria arrumar sua bagagem, e Elizabeth pediu que Nana fosse ajudá-la.

O coronel Frederick foi ao escritório. Elizabeth aproveitou e puxou Silviano pela mão.

– Vamos até o jardim – sussurrou.

Fingindo que estavam apreciando as flores, ela lhe disse:

– Não vou ficar longe de você nem por um dia. Hoje, assim que tiver certeza de que meus pais estão no quarto deles, vou ao seu quarto; deixe a porta encostada.

– Elizabeth, pode ser perigoso, e eu não me sinto à vontade tendo o coronel Frederick aqui. Dormir com a filha dele... não é certo! Por favor, vamos manter a calma. Acabamos de enterrar Sophia; sua mãe está muito abalada, percebeu?

– Você não quer que eu vá dormir com você por causa do meu pai ou por causa de Sophia?

CULPADOS *ou* INOCENTES?

– Por favor, Elizabeth, você não pode avaliar a tormenta que estou vivendo. Minha vontade é contar tudo para o seu pai e acabar com essa agonia. As coisas me pegaram de surpresa: a morte de Sophia e a viagem do seu pai. O que vamos fazer? Conto antes de ele partir ou espero ele voltar?

– Tudo bem, me perdoe. Acho que estou sendo infantil. Você tem toda a razão. Não vamos facilitar as coisas; vamos deixar meu pai viajar. Ele contou quanto tempo pretende ficar fora e para onde irá?

– Não sei para onde ele vai, e você conhece as regras de viagem de grandes negócios: não se fala nem para a família, por medida de segurança. Acredito que ele vá ficar fora uns quarenta e cinco dias.

– Quarenta e cinco dias? É muito tempo! Para nós dois será ótimo. E para a minha mãe?

– Pois é, faz parte dos negócios, Elizabeth.

– Desde já vou lhe dizer: se você tiver que ir para essas viagens de negócios, eu vou acompanhá-lo. Não vou ficar esperando você por quarenta e cinco dias. E uma coisa que me preocupa e que você deve lembrar ao meu pai: daqui a três meses, meu irmão retorna ao Brasil, e Josef também. Eles virão juntos; foi o que me disse Gilbert na última carta. A minha preocupação é o que vamos fazer em relação ao meu compromisso com Josef. São dois problemas nos quais temos que pensar: contar para o meu pai e o que vamos fazer com Josef. Ele o admira e confia plenamente em você.

Silviano, discretamente, chamou a atenção de Elizabeth dizendo:

– Olhe para a janela; seu pai nos observa. A minha consciência está tão pesada que imagino que ele já saiba.

– Meu pai está fumando o seu cachimbo; ele não fuma dentro de casa! E o que tem demais nesse inocente passeio pelo jardim cercado de escravos, aos olhos de todo mundo?

– É consciência pesada mesmo! Quando a gente está em falta, imagina que todo mundo conhece o nosso erro. Vamos retornar; vá ao encontro de sua mãe e amanhã nos veremos.

– 231 –

MARIA NAZARETH DÓRIA ditado por LUÍS FERNANDO (Pai Miguel de Angola)

Não esqueça: te amo mais do que nunca, te amo cada dia mais, você sabe disso. Vou encontrar uma solução favorável para nós dois.

❖

O coronel, que sonhava com Josephine, nem prestou atenção na filha que andava com o recém-viúvo pelo jardim. Viu os dois andando, porém, estava tão envolvido em boas energias: saudade, desejo de abraçar alguém – são boas energias –, que não viu maldade nenhuma. Quando não estamos com maldade no coração, não enxergamos maldade em ninguém.

Frederick fechava os olhos e respirava lentamente; o perfume daquele corpo estava impregnado em sua mente. *Essa mulher está me deixando louco; Sophia morreu tolamente. Deus que me perdoe, mas poderia ter sido Josephine. Obrigatoriamente, eu teria que esquecê-la. Por outro lado, o barão também podia morrer...*

Uma semana depois, o coronel embarcava. Lise, entre lágrimas e recomendações, lembrava que ele fora muito amoroso com ela todos aqueles dias antes da viagem. Nas noites que se sucederam, Lise se recolhia mais cedo e Elizabeth ficava no piano, com Silviano fazendo-lhe companhia. Sua ama cochilava do outro lado. Assim que ela encerrava a música, a ama corria para ajudá-la e logo era dispensada; ela e todas as outras que se levantavam cedo davam graças a Deus e comentavam entre si:

– A sinhá-menina dorme cada dia mais tarde, a gente também. Estamos dormindo mais tarde e nos levantando no mesmo horário.

– E alguém aqui vai reclamar? – perguntou a negra velha responsável pela cozinha.

– Deus me livre! – respondeu uma das cativas que servia na casa-grande. – Elas podem nos enviar para os campos; é bem melhor ficarmos quietas e nunca demonstrar insatisfação.

Nana então acrescentou:

— Eu confesso que cochilo, até sonho. A música da sinhá dá um sono tão bom que eu viajo nos pensamentos; só acordo quando ela para de tocar.

E, assim que a casa-grande silenciava, descalça e sem fazer barulho, Elizabeth fechava a porta do seu quarto e seguia para os aposentos de Silviano.

Um mês se passou, e a vida na fazenda não parecia cansativa para Elizabeth. A mãe insistiu para que fossem à cidade, mas ela se recusou. Propôs que a mãe fosse com sua ama e ficasse uma semana, que fizesse as compras e providenciasse o que iriam precisar na fazenda, e ela ficaria bem. Silviano estava ali, e a mãe podia ir sem preocupação. E assim aconteceu.

Elizabeth estava tocando berrante. Aprendera rapidamente e tocava tão bem, que os vaqueiros da fazenda estavam admirados.

Ela estava com Silviano olhando o rebanho que seguia para a outra fazenda, quando de repente sentiu uma tontura e se apoiou nele antes de cair. Ele ficou assustado e pediu ajuda ao feitor, que trouxe um copo de água e ofereceu à sinhá dizendo que era o calor. Ela, uma moça delicada, não estava acostumada com o clima. Foi levada ao seu quarto, e a preta velha lhe trouxe um chá, recomendando que ela ficasse descansando; ou fora algo que comera e não fizera bem, ou era o calor mesmo.

À noite, ela parecia muito bem; estava corada e bem-disposta. Silviano pediu que ela não abusasse; poderia ser uma gripe forte. Quis saber também se ela não sentia dor de cabeça.

— Não! Não tenho dor de cabeça; acho que foi mesmo o sol — disse ela sentando à mesa para jantar. Assim que a cozinheira começou a trazer as travessas com os alimentos que

MARIA NAZARETH DÓRIA ditado por LUÍS FERNANDO (Pai Miguel de Angola)

seriam servidos, ela colocou a mão na boca, se levantou e saiu correndo.

Silviano a alcançou e, preocupado, a encontrou vomitando.

– Meu Deus, Elizabeth, você não está bem! Vou agora mesmo pedir ao feitor que busque o doutor Cirilo. Ainda bem que ele está aqui perto de nós. Fique tranquila. ele vai examiná-la. O que é que você está sentindo? Fale para mim.

Nisso chegaram as mães velhas que cuidavam dos doentes. Sentaram a sinhazinha na cadeira, amassaram folhas de hortelã e passaram nos pulsos dela, pedindo que ela aspirasse. Molhavam panos em água fria e massageavam as têmporas e os pulsos. Ela foi levada ao dormitório, pois estava bastante abatida, uma vez que tinha vomitado.

– Vou lhe preparar um chá – disse a preta velha. – Fique repousando; o coronel Silviano vai lhe fazer companhia. É um instante só, já volto.

Na cozinha, a preta velha comentou com a amiga:

– Não sei o que lhe dizer; esses sintomas são de gravidez! Mas a menina está noiva do enteado do coronel Silviano. Como é que se explica? E é uma moça de família, não é uma qualquer que anda por aí.

– Será que ela trouxe essa barriga da tal França? – comentou a outra.

– Ó mulher, você está ficando mesmo é velha. Se ela tivesse trazido essa barriga da tal França, já estava era para parir! A menina está fininha, não tem barriga nenhuma; se é gravidez é coisa nova, está no começo.

– Então, vamos pensar: ela ficou na cidade. Será que aconteceu alguma coisa por lá? E a Nana não sabe de nada? Nessa hora, nem a Nana está aqui para nos ajudar. Se vou dar um chá para outros males e for gravidez, ela vai botar o filho no mato (quer dizer abortar)! Eu não sei o que fazer!

– Sossega, leva o chá de hortelã; o coronel Silviano mandou buscar o doutor que está morando aqui perto; vamos ver o que ele vai dizer. Pode ser alguma coisa que ela comeu. Hoje à tarde eu vi a sinhá-moça comendo uma manga verde! Não será isso que fez mal? Podia estar quente!

CULPADOS ou INOCENTES?

– Na maioria das vezes, quem come manga verde, limão e essas coisas azedas são as grávidas; é mais uma prova de que posso estar certa nas minhas suspeitas. Mas como e de quem essa sinhá iria engravidar, se ela está noiva, e noivo, do outro lado do oceano?

– Quantas vezes a gente já viu e ouviu que as coisas vêm de onde menos se espera! Pode ser mais um desses casos, minha amiga. O perigo da gravidez está sempre onde tiver um homem e uma mulher dispostos a se entregar um para outro, e isso acontece tanto com brancos como com os negros. Estou errada?

– Não! Você está certa! Vou levar o chá e vamos esperar o que o doutor vai dizer. Estou tão confusa; não posso cometer um erro dando um remédio errado. Pensei em dar um chá de losna; se fosse fígado, iria melhorar imediatamente, mas e se for gravidez? Ela iria abortar! Vamos rezar; nessas horas é o que tenho para me valer.

– Mas, se o que estou pensando for verdade, vamos nos preparar para as grandes tempestades que estão se formando. Deus nos livre! Se for uma gravidez, o senhor Frederick vai matar o culpado, e o que ele poderá fazer com essa pobre menina e a criança?

Enquanto isso, Josephine estava embarcada e, em alto-mar, começou a sentir ânsia de vômito e tonturas. O médico que estava a bordo foi levado aos aposentos dela e questionou a moça sobre sua menstruação. Ela disse que suas regras não tinham descido aquele mês e se lembrou do pesadelo que tivera com a mãe. Sentiu um calafrio. Não, ela não queria esse filho!

O médico chamou o barão e, na frente de Josephine, disse-lhe:

– Barão, eu posso estar me precipitando em lhe dar os parabéns, mas acredito que o senhor vai ser pai; sua esposa, pelo que tudo indica, está grávida.

MARIA NAZARETH DÓRIA ditado por LUÍS FERNANDO (Pai Miguel de Angola)

O barão sentou-se ao lado dela com os olhos marejados de lágrimas. Beijou o ventre de Josephine dizendo:

– Nenhuma riqueza é maior que essa joia que está guardada em seu ventre! Acho que preciso tomar alguma coisa. A felicidade também pode matar a gente, não é, doutor?

– Tenha calma. Beba isso aqui – ofereceu ao barão um copo de água. – Temos que ficar em observação, e vou lhe preparar algo para o enjoo. Infelizmente é um incômodo para a maioria das mulheres; tenha paciência que logo vai passar. Vamos fazer uma dieta diferenciada na sua alimentação e alguns exercícios para manter o seu corpo em equilíbrio. Um filho é a recompensa de uma união saudável entre um casal; é o certificado do amor!

– Doutor, o que nos aconselha: devemos desembarcar imediatamente ou podemos prosseguir com nossa viagem?

– Sinceramente, o ideal será Josephine ter um acompanhamento médico com condições de atendê-la em qualquer emergência, porém, ela está bem fisicamente e poderá completar a viagem sem preocupações maiores. Mesmo porque em mais uma semana estaremos em terra firme, e ela deve então descansar e se refazer da viagem. Mas deixo a critério de vocês decidirem se desejam seguir viagem ou não.

– Josephine, minha vida, o que você quer fazer? Se desejar, agora mesmo vamos dar ordens ao capitão para desembarcarmos o mais rápido possível – disse o barão acariciando a mão dela.

– Eu não estou doente! Ouviu o que disse o médico? Podemos prosseguir com nossa viagem; nosso destino é o Havaí. Quero que mande uma mensagem para Frederick; ele é meu pai. Peça-lhe que antecipe sua vinda ao meu encontro; preciso muito de alguém de minha família ao meu lado nesta hora. Minha mãe, Deus a chamou, então ficaram Frederick e Josef, mas não posso tirar Josef dos seus estudos neste momento. Ele está acabando de concluir o seu curso – disse Josephine.

– Meu amor, você esqueceu que eu estou aqui? – perguntou o barão olhando-a nos olhos.

– Claro que não esqueci, meu amor! Mas tanto eu quanto você precisamos desse apoio, não é mesmo, doutor?

– Ela tem toda a razão, barão! Fará muito bem a vocês dois a presença de um ente querido da família, especialmente de quem tem filhos. Vocês dois são marinheiros de primeira viagem nesta experiência com um filho.

O barão deixou Josephine e acompanhou o médico. Ela estava chocada com a situação. *Estou esperando um filho de Frederick, ele precisa saber disso e me orientar sobre como devo proceder. E se a criança nascer com a cara de Frederick? Eu corro o risco de ser descoberta? Preciso que ele venha logo; ele me aconselhou a ter um filho para assegurar meu futuro; pode ser bom, mas quero ouvi-lo, e tenho certeza de que é dele, Frederick é o pai.*

Na fazenda, o médico examinou Elizabeth e perguntou sobre sua menstruação. Ela respondeu que estava atrasada. O médico foi direto na pergunta:

– Você teve relações sexuais nesse período? Desculpe a minha pergunta, mas, para entender o que está acontecendo e dar um diagnóstico confiável, preciso dessas informações. Fique tranquila quanto a nossa conversa; é ética médica, fica entre médico e paciente.

– Eu tive relação sexual sim. Muitas vezes, aliás. O senhor acha que pode ser o quê? – perguntou Elizabeth ansiosa.

– Acho que você pode estar grávida! E precisa de cuidados especiais, repouso, mudanças na alimentação, um acompanhamento médico.

– Meu Deus! Eu não posso ter esse filho, doutor! Por favor, me ajude! Sabe que sou filha do marquês Frederick, e ele não me perdoaria nem aceitaria esse filho na nossa família.

– E o pai dessa criança, é casado? Não poderá assumi-la? Confie em mim; estou aqui para ajudá-la, mas preciso que você fale a verdade. Sou amigo do seu pai e o conheço muito

MARIA NAZARETH DÓRIA ditado por LUÍS FERNANDO (Pai Miguel de Angola)

bem; você não estava noiva do filho da sinhá que morreu esses dias?

– Sim! Para todos os efeitos, eu continuo noiva dele, e faltam poucos meses para sua chegada ao Brasil. Ele vem exatamente para se casar comigo, porém me envolvi com outra pessoa e me entreguei a ele porque quis; aliás, eu forcei essa entrega, eu o amo.

– E essa pessoa é o coronel Silviano? – perguntou o médico.

– Como o senhor chegou a isso?

– Pela preocupação e pelo olhar dele para você; notei algo diferente entre vocês. Posso chamá-lo para conversarmos, ou você prefere falar com ele a sós?

– Por favor, não o chame! Quero discutir esse assunto pessoalmente com ele. Por favor, doutor, guarde meu segredo!

– Fique tranquila. Por enquanto descanse; voltarei amanhã para vê-la. Vou deixar algumas recomendações com o coronel Silviano; é só você seguir, está tudo bem. Muitas mulheres sentem enjoos nos primeiros meses de gravidez.

Elizabeth pediu para ficar a sós com Silviano. A preta velha, pedindo licença, se retirou cabisbaixa. Sentou-se no banco feito de tronco de madeira que ficava na cozinha. Estava absorta em seus pensamentos, quando a outra preta velha lhe chamou a atenção perguntando:

– Adélia, que cara é essa? Parece que viu assombração!

– Não tenho medo dos mortos! Quem me deixa assim são os vivos! Estou prestes a me condenar no fogo do inferno por causa de um pensamento que tive agora há pouco.

– Posso saber que mau pensamento foi esse?

– É sobre a sinhá-moça... tenho medo de falar o que veio no meu coração. Senhor de todos os povos, Senhor que não tem cor, toma conta desses caminhos.

– Nós duas já acumulamos tantos pecados, que um a mais ou a menos não nos livrará de nossas penas. Fale o que está pensando; quando fica assim é porque quer dividir o seu pecado comigo.

– De repente me veio na cabeça e tocou o meu coração que a sinhá-moça está grávida do coronel Silviano! Agora

mesmo ela me pediu para deixá-los a sós, e todos esses dias aqui na fazenda os dois estavam muito próximos, ela tocando aquele piano e ele ao lado dela. Os dois são jovens, bonitos; é palha e fogo lado a lado.
— Estranho. Ele ficou tanto tempo fora do Brasil. Dizem as más-línguas que ele e a falecida estavam separados; sabe como são os escravos... Um vê dali, o outro escuta daqui, e, quando a gente percebe, a coisa está correndo.
— E todo mundo aqui, inclusive nas oficinas de costura, todo o trabalho das escravas é bordando e costurando o enxoval da sinhá-moça. Ela está esperando pelo filho da falecida, os dois estão noivos. Como é que isso pode ter acontecido? O boiadeiro nunca desrespeitou as escravas; as que se deitaram com ele foi porque quiseram; ele não ia desrespeitar a filha do coronel.

A sós com Silviano, Elizabeth pegou a mão dele e perguntou:
— O que vamos fazer agora? O médico disse que é quase certo que estou grávida. O que vamos fazer? Converse com ele para me dar um remédio ou sei lá o que para me livrar desta gravidez. Não posso ter esse filho; logo Josef está chegando. Como vai ficar a minha situação? E a vergonha que vou causar ao meu pai? Sem contar que ele pode te matar, me mandar para um convento e, quando a criança nascer, entregá-la aos padres.
— Calma, não se agite; assim que sua mãe retornar da cidade, nós iremos pra lá e vou pensar em uma saída; jamais mataria nosso filho! Nem vou me separar de você. Se for preciso, partiremos para longe, mas antes vou comunicar ao seu pai e assumir toda a minha responsabilidade. No momento, só quero que fique bem tranquila; estou aqui, nada vai lhe acontecer.
Com as gotinhas receitadas pelo médico, Elizabeth se sentiu melhor. Chamou as pretas velhas e pediu que elas

MARIA NAZARETH DÓRIA ditado por LUÍS FERNANDO (Pai Miguel de Angola)

conversassem com todos os escravos; não queria uma palavra sobre o mal-estar dela no ouvido da mãe. Ela tinha passado por muitas emoções com a morte de Sophia, que, segundo o médico, poderia ter mexido com ela; mas não era nada demais.

Elizabeth passou a fazer as refeições em seus aposentos, e as duas pretas velhas fingiram que não estavam percebendo o que acontecia: era só colocar a comida, e a sinhá-moça saía correndo para o banheiro. Entre elas, comentavam:

– É gravidez! E o pai é o boiadeiro!

Silviano como sempre saiu em disparada ao casebre de Sebastião e avó Zulmira. Na entrada do casebre, avó Zulmira estava podando suas roseiras. Ao avistá-lo, falou sorrindo:

– Os bons ventos o trouxeram até aqui, meu filho! Hoje para o nosso café vamos ter canjica, doce de leite, beiju de tapioca e bolinhos da pressa (bolinhos de chuva) . Já terminei de podar minhas roseiras, logo vão encher isso tudo aqui de rosas! Vamos entrar. Sebastião está arrumando o paiol; as galinhas estão na fase de chocar os seus ovos. Você nem imagina o que elas aprontam! Sebastião? Vem ver quem chegou! Quer trocar a roupa, meu filho? Pego uma muda limpa de Sebastião.

– Quero, vó, eu me sinto tão bem deitado nesta rede e vestido como quando nasci!

O preto velho chegou e abraçou Silviano dizendo:

– É, meu filho, as notícias por estes cantos correm como o vento. Estou sabendo que Deus levou sua sinhá; a única coisa que pude fazer por ela e por você foi rezar.

– É, meu velho, as coisas mudaram no sexto dia desde que estive aqui. Sophia morreu de uma queda! Foi providência mesmo de Deus; nem tive tempo de vê-la, e Deus me perdoe, mas senti um alívio muito grande no meu coração em não ter que magoá-la mais ainda. Mas o senhor não imagina que a minha preocupação neste momento não é com a morte, é sim com uma vida!

– Explica melhor, menino, que não entendi! respondeu o preto velho.

— Elizabeth está grávida! E não sei como vou comunicar ao coronel Frederick. Sabe aquela viagem que disse que ia fazer? Ele é quem foi no meu lugar, não sei quando voltará.

Nisso a avó Zulmira chegava com o bule de café e guloseimas.

— Sente-se — convidou Sebastião. — Acho que a conversa aqui precisa ser ouvida por você.

Os três ficaram conversando, e avó Zulmira deu os seus conselhos a ele dizendo que a criança não podia pagar pelos erros dos dois, e que agora, viúvo, jovem e com posição igual, poderia desposar Elizabeth construindo um verdadeiro lar amparado pelo amor. Como sempre, Silviano saiu de lá aliviado e decidido naquilo que iria fazer: casar-se com Elizabeth.

Lise retornou para a fazenda, e Elizabeth se esforçou ao máximo para não deixar transparecer os seus enjoos. Ela chamou sua ama e disse-lhe que iriam para a cidade. A ama achou estranho; ela não quisera ir quando a mãe a chamara e agora estava pronta para ir à cidade, assim de repente.

A mãe estranhou também:

— Filha, acabei de chegar e você resolver ir? Por quê? Até parece que está querendo ficar longe de mim. Aconteceu alguma coisa? Alguma carta da França?

— Não, mamãe, eu juro, está tudo bem! Jamais desejei ficar longe de você; é que fico tranquila porque a distância que nos separa aqui é tão pequena, que saímos e logo estamos ou na cidade ou na fazenda, não é? E pode sossegar: o Silviano vai a negócios e nos acompanhará, tudo bem?

Na saída de Elizabeth, a mãe recomendou:

— Silviano, por favor, cuide de minha menina; qualquer coisa mande me chamar. Você é um grande amigo; não poderia confiar minha filha a não ser a você,

As pretas velhas se entreolharam; não falaram nada, mas pensaram: É, tem mãe que é cega!

MARIA NAZARETH DÓRIA ditado por LUÍS FERNANDO (Pai Miguel de Angola)

Josephine estava bem acomodada e bem assistida em uma luxuosa casa no Havaí. Sua mucama a avisou de que o coronel brasileiro acabara de chegar; o barão não estava, por isso viera avisá-la.

– Mande ele entrar imediatamente! Esse homem é mais que meu pai! Tragam-no aqui.

Os dois passaram a tarde juntos, deliciando-se com as guloseimas que foram servidas e matando seus desejos. A moça lhe contou sobre sua possível gravidez e acrescentou que tinha certeza absoluta de que o filho era dele.

O coronel não demonstrou nenhuma preocupação; pelo contrário, alegrou-se com a ideia da gravidez de Elizabeth.

– Vou lhe dizer o que essa criança vai lhe trazer: felicidade e todas as vantagens! Vamos com tranquilidade arquitetar um plano para você se manter protegida até esse bebê nascer. Quero que seja bem parecida com você se for uma menina, mas, se for um menino, será parecido comigo em tudo. Assim que nascer, quero estar do seu lado para receber nosso filho.

– Você fala como se o meu marido não existisse! Ele está enlouquecido porque é o primeiro filho dele, você entende? Já disse que perto do nascimento da criança vai deixar tudo de lado; não sairá de perto de mim um minuto.

– Isso é o que veremos! Vamos aproveitar e colocar nossa saudade em dia; deixemos o barão de lado. Com calma, vou pensar no que vou fazer com ele. Temos todo o tempo do mundo para nós. Está gostando do Havaí? –perguntou o coronel.

– Estou gostando sim. Melhorei dos enjoos e das tonturas; o cheiro da terra é bom. Claro que não posso comparar a cultura francesa com o que encontrei por aqui.

– E já decidiu aonde quer ter o seu filho? Eu preciso saber para me programar; aonde você for, eu também irei!

– Ah! Sim? Então me responda algo rápido e sem pensar: você se casaria comigo?

O coronel ficou olhando-a; não esperava aquela pergunta. Respirou fundo e respondeu:

– Sinceramente, eu não sei! Acho que não seria uma boa coisa nem para mim e muito menos para você, pelo menos por enquanto.

– Você tem razão. Dizem que as grávidas pensam coisas loucas; acho que estou grávida mesmo, porque estou ficando louca! Não sei se me casaria com você! Com o barão me casei porque nada tinha a perder, só a ganhar. Com você eu teria uma lista de exigências a fazer; acho que nós dois não nascemos para ser casados entre nós! – Ela disse isso e começou a gargalhar, mas no fundo pensava: Um dia você vai implorar para que eu me case com você; quero lhe responder sorrindo um "não" bem longo!

Na cidade, Elizabeth continuou com enjoos constantes. Sua ama ficou desolada, sem saber o que pensar. As atenções e os cuidados de Silviano para com Elizabeth já não deixavam dúvida: ele estava apaixonado, e tudo indicava que ela estava grávida. Desesperada, a ama pensava no que iria lhe acontecer, pois a sinhá-moça fora confiada em suas mãos e ela havia facilitado. Começou a lembrar que confiara nos dois, e agora tinha certeza de que o pior acontecera. O que lhe restava era esperar sua sentença.

Nana estava sentada chorando e pensando em qual seria sua sorte, caso o que estivesse pensando fosse verdadeiro. Elizabeth apareceu e, chamando-a, disse-lhe:

– Nana, você é minha fiel companheira. Só conto com você para me ajudar neste momento; estou grávida e desesperada! Não sei o que poderá nos acontecer. Você conhece alguma coisa que eu possa beber para fazer as minhas regras descerem?

– Sinhá-menina, o que foi que aconteceu? De quem está grávida? Estou me sentindo culpada por tudo isso;

vou merecer o castigo do coronel. Deixei-a sair sozinha com o coronel Silviano. Se não for ele o responsável, de quem é?

– É do Silviano sim, Nana! Nós nos amamos. Ele quer o filho, sou eu que estou com medo do que poderá acontecer. Josef vai chegar... O que vou fazer? O que meu pai fará conosco, Nana? A solução seria eu perder esse filho, assim seria mais fácil me resolver com Josef, e quem sabe, com jeito, depois meu pai aceitaria o meu casamento com Silviano. Ajude-me, por favor. Silviano não precisa ficar sabendo.

– Sinhá-menina, eu não posso fazer isso! Não é só pela minha crença; os nossos guias de luz nos dizem que, por pior que imaginamos ser uma gravidez, ela é abençoada por Deus. Não podemos colocar nossa mão para destruir a obra mais valiosa do Senhor, e também é muito perigoso interromper uma gravidez, a senhora pode morrer.

Silviano dava toda a atenção a Elizabeth e, como soube que a ama estava a par da situação, sentiu-se à vontade para ficar ao lado de sua amada.

– Vou aguardar a volta do seu pai e lhe comunicar que vamos nos casar. Eu sou viúvo, não há impedimentos. Tenho dinheiro suficiente para lhe oferecer uma boa vida, e, com Josef, pessoalmente falarei com ele. Quero que você apenas confie em mim. Quanto a você, Nana, cuide bem de sua sinhá; ninguém vai lhe fazer mal algum, tem a minha palavra.

– Sinhá-menina, confie em Jesus Cristo! Ele perdoou os pecadores e não nos condena. Vamos rezar. Vou pedir muito aos meus pais espirituais que ajudem essa criança que vai crescer em seu ventre; e que a senhora, em nome de Deus, peça perdão e nunca mais pense em se livrar dela. Deus vai perdoar, foi o desespero. O pai do seu filho vai ampará-lo, e a senhora também; eu confio na palavra dele.

Elizabeth, chorando, abraçou a ama dizendo:

– Ensine-me as suas rezas?

– Ensino! Confie no nosso Pai Criador; ele nunca nos abandona. Vamos orar pelo coronel Frederick.

CAPÍTULO 7

O casamento de Silviano

Um mês e meio depois, Silviano recebeu o comunicado de que o coronel Frederick estava chegando. Acalmou Elizabeth e levou-a para a fazenda; ela quis ficar perto da mãe.

O coronel chegou e colocou Silviano a par dos avanços dos negócios que ele tinha implantado por lá , e Silviano passou a ele todos os lucros que ambos haviam tido em suas fazendas. Falou também que já tinha encaminhado a documentação da partilha; só estava esperando por ele com a procuração de Elizabeth para fechar o inventário.

– Quanto a isso, está aqui! Elizabeth me surpreende a cada dia! Ela resolveu abrir mão de sua parte em favor do irmão... Você já recebeu a documentação de Josef. Está tudo bem? Agora vamos tomar um drinque que preciso lhe contar algo muito sério a respeito de Josephine. Não sei o que você vai pensar! – disse o coronel preparando os dois copos.

MARIA NAZARETH DÓRIA ditado por LUÍS FERNANDO (Pai Miguel de Angola)

– Eu também tenho um assunto muito sério para lhe contar e não sei como você vai reagir!

– Eu falo primeiro ou você quer falar? – disse o coronel rindo.

– Você decide! – respondeu Silviano dando o primeiro gole. – Ou podemos tirar na sorte quem fala primeiro.

– Falo eu – falou o coronel. – Josephine está grávida e o filho é meu! Estou cada vez mais envolvido com ela e esse filho pode mudar muitas coisas entre nós; não sei o que fazer em relação ao barão. Ele vai registrar o meu filho como sendo dele, é claro! Mas eu não queria que meu filho fosse criado por ele. Sinceramente, estou pensando em como ficar com Josephine mais perto de mim. Ela vai resolver onde quer ter o nosso filho, eu irei ao seu encontro e quero acompanhar o nascimento do bebê. É coisa de louco, mas é assim que estou me sentindo, como se fosse o meu primeiro filho. Na verdade, estou feliz e enciumado.

– Mas e você, o que tem a me dizer? Agora é sua vez de abrir para mim o seu segredo.

– Somos amigos e parceiros, coronel Frederick. Respeito o senhor acima de tudo; é meu mestre, é a minha referência de vida. Hoje sou um homem rico e respeitado, e devo tudo isso ao senhor. Porém, há coisas na vida que não dividimos com ninguém. O amor, por exemplo, nasce por si só e não temos domínio nem controle sobre ele, mesmo quando lutamos para que acabe.

– Pare de enrolar, homem! Me diz de vez o que quer dizer!

– Quero pedir a mão de sua filha Elizabeth em casamento – disse Silviano, olhando fixamente para o coronel Frederick.

O coronel ficou pálido. Colocou o copo sobre a mesa e respirou fundo. Olhando para Silviano, respondeu:

– Acho que não entendi direito o que você me disse; repita!

– Eu pedi a mão de sua filha Elizabeth em casamento. Nós nos amamos. Aconteceu! E estou aqui como homem lhe comunicando o nosso desejo. Queremos nos casar.

CULPADOS *ou* INOCENTES?

– Eu deveria acabar com você, Silviano! Se aproveitou de minha ausência para seduzir a minha filha? Que canalha é você? Sabendo que Elizabeth é noiva de seu enteado? Sua audácia foi longe demais!

– Coronel, vamos conversar como homens! Não seduzi sua filha; não tenho nenhum interesse nos bens de sua família, e sabe que tenho o suficiente para oferecer a Elizabeth o melhor possível!

– Nana? – berrou o coronel. – Chame Elizabeth aqui, agora! Quero ouvir de minha filha o que você fez com ela.

O coronel estava vermelho, cerrando os punhos para não avançar em Silviano.

Elizabeth entrou esfregando as mãos. Olhou para o pai e Silviano. E, se aproximando mais do pai, disse:

– Por favor, me deixe explicar ao senhor o que está acontecendo.

– Quero ouvi-la! Me conta: o que esse canalha te fez?

– Ele não é um canalha, e só me fez o bem. Fui eu que comecei a nossa história; eu amo Silviano. Ele é o homem que me fará feliz. Não posso me casar com Josef, porque é a Silviano que amo; perdoe-me, meu pai.

– Sentem-se aí os dois! Preciso me acalmar para não cometer uma loucura! – disse o coronel, virando o copo de bebida de uma só vez.

– Lise está sabendo disso?

– Não senhor. Queríamos em primeiro lugar falar com o senhor e depois comunicarmos minha mãe – respondeu Elizabeth.

– Não se preocuparam com as consequências que vamos ter que enfrentar? Você, Silviano, vai dizer o que para seu enteado? Você, Elizabeth, vai fazer o que com o seu noivo? Estava comprometida publicamente com ele, com enxoval sendo preparado e a casa da cidade sendo preparada como um castelo para receber uma princesa. De repente, você me diz: *não quero mais me casar com Josef!* – O coronel desabafou em cima de Silviano toda a sua revolta e por fim silenciou.

MARIA NAZARETH DÓRIA ditado por LUÍS FERNANDO (Pai Miguel de Angola)

Depois, ficou pensando: *Olhando por outro lado, é bem melhor Elizabeth se casar com Silviano do que com Josef. Com o meu envolvimento com a irmã dele, esse casamento poderia nos trazer muitos aborrecimentos. Com a morte da mãe, não havendo mais casamento, o que ele virá fazer aqui? Tenho é que interferir nessa partilha; a parte doada por Josephine se reduzirá a um terço do que ele tem direito; pagarei a ele em dinheiro. Com um cunhado milionário, ele pode obter o que quiser da vida. Todas as propriedades devem ficar com Silviano; ele fará parte da minha família.*

– Pode se retirar, Elizabeth. Vou tratar do seu casamento com o seu escolhido, se essa é sua opção. Ele não é culto como Josef, não tem os mesmos requintes, mas, se isso não impede de você querer se casar com ele, que seja feito. Depois que conversar com Silviano mando chamar você para informar o que decidimos.

Elizabeth saiu com o coração pulando de alegria; não esperava que seu pai tivesse aquela reação. Realmente, as orações de Nana tinham surtido efeito. O pai a surpreendera; agora precisava pensar como iria escrever e justificar com Josef o término de seu noivado com ele.

– Vamos tomar mais um drinque! – disse o coronel servindo o copo de Silviano. – Então você quer ser meu genro! Não posso negar que no fundo queria que o meu filho tivesse a sua garra, fosse tão meu amigo quanto você é. Vamos conversar olhando os dois lados da moeda: família e negócios! Mais do que nunca precisamos nos unir e trabalhar pensando em uma só família. Aquela procuração assinada por Josephine vai ser incluída no testamento, porém, todas as propriedades aqui no Brasil que estão registradas ficarão com você, e as que não estiverem também. Josef vai receber uma quantia alta em dinheiro, e não se preocupe, porque o cunhado dele tem tanto dinheiro que daria para cobrir o oceano de um lado para o outro; ele jamais será pobre. Você vai arcar com todas as despesas, com a minha passagem e estadia na França, porque vou pessoalmente conversar e convencer a Josef

– 248 –

CULPADOS *ou* INOCENTES?

que não vale a pena ele vir ao Brasil, e sim usar a influência do cunhado dele e se colocar onde bem entender, contanto que fique longe de Josephine e do meu filho que vai nascer, é claro! Para isso, usarei a minha astúcia com manobras bem planejadas. Vou para a França resolver o seu problema; não retorno para o Brasil, e sim para onde estiver Josephine, e você cuidará da minha família; como meu genro me representará em tudo! Já que é para unir o útil ao agradável, você também vai me pagar esse preço. Os negócios na Colômbia estão indo de vento em popa! Assim que o meu filho nascer, ainda não sei onde será, retorno e você poderá ir à Colômbia e levar Elizabeth. O clima lá é maravilhoso; é só você instalar a minha filha em uma casa confortável, atendendo ao que ela está acostumada; posso ver isso nessa minha próxima viagem.

Os dois homens ficaram conversando e planejando como iriam proceder nos valores da partilha, ou seja, Josef iria receber um terço do que tinha direito, e Silviano concordou dizendo que fora isso que ele encontrara como herança quando se casara com Sophia. Então, esse terço era justo. E propôs ao coronel que deveria abrir as divisas de suas cercas e as duas fazendas, passando a ser apenas uma fazenda, do coronel Frederick, pedido que foi aceito de imediato.

Elizabeth havia mandado Nana espiar a conversa deles, e a ama voltara dizendo eles estavam sorrindo, brindando sei lá o quê.

– Estão falando amigavelmente, como sempre.

– Ele me disse que me chamaria para me colocar a par do que foi resolvido. Estou aflita. Por que estão demorando tanto?

Enquanto isso, Silviano lembrava ao coronel que deveriam passar para Elizabeth a decisão que haviam tomado a respeito de seu casamento. A moça foi chamada e veio tensa. *Quero saber se Silviano falou alguma coisa sobre a gravidez.*

O coronel então falou:

– Resolvemos que vamos encaminhar a papelada amanhã mesmo e vocês se casarão o mais rápido possível; Silviano quer assim e me disse que você também quer, então acredito

MARIA NAZARETH DÓRIA ditado por LUÍS FERNANDO (Pai Miguel de Angola)

que já conversaram a respeito. Será um casamento discreto, primeiro porque Silviano ficou viúvo há pouco tempo, e você desfez um noivado que era conhecido pela alta sociedade desta cidade. Após o casamento de vocês, vou à França conversar e desfazer o seu compromisso de casamento com Josef, e, representando a mãe dele, entregar o que lhe cabe como herança e convencê-lo a não retornar ao Brasil. Seu marido assumirá os negócios e a família até a minha volta. Ah! Não escreva mas para ele nem conte a Gilbert sobre o seu casamento com Silviano. Vou pedir a sua mãe que não comente nada também. Isso deve ser resolvido pessoalmente.

– O senhor vai levar a minha mãe?

– Não! Vou a negócios. Aqui sua mãe tem vocês; lá, vai ter quem? Gilbert não fica em casa e eu estarei trabalhando; não posso desviar a minha atenção a ela.

– E Gilbert voltará quando, papai?

– Como ele não tem mais nenhum compromisso com data marcada, poderá estender sua estadia um pouco mais, se assim desejar. Mas acredito que mais uns seis meses e ele estará conosco.

– Papai, muito obrigada por sua compreensão. O que aconteceu entre mim e Silviano foi algo muito forte; é amor. E, no fundo, eu me sinto segura me casando com alguém que é de sua confiança. Assim, vou continuar com vocês.

– É, minha filha, tem suas vantagens sim, não posso negar. Amanhã partiremos para a fazenda; sua mãe precisa saber do seu casamento. Pobre Lise; é uma surpresa atrás da outra. Primeiro Josephine que se foi, a morte de Sophia e agora o seu casamento repentino com Silviano. Sabe que esse casamento vai dar muitos bochichos, não sabe? Não me preocupo muito porque ninguém se atreverá a falar às claras, mas vão comentar às escondidas.

Elizabeth ficou sondando o pai sobre sua gravidez; ele não citou nada, então não estava sabendo. Assim que se afastou da sala, chamou sua ama e lhe disse:

CULPADOS *ou* INOCENTES?

– Cuidado com o que você vai falar com qualquer pessoa sobre a minha gravidez. Papai não está sabendo e, se Silviano ainda não lhe contou, tem os seus motivos. Quis que esse segredo ficasse entre eles.

Aquela noite, o coronel Frederick iria ao encontro dos amigos e de suas prendas, confidenciou ao futuro genro. Mas disse que jantaria em casa, e que o genro se comportasse com a sua filha; não era porque recebera o consentimento que poderia abusar .

Elizabeth, vendo-se a sós com Silviano, logo foi perguntando:

– Você não contou sobre a minha gravidez por quê?

– Eu nem me casei com você e já quer ficar viúva? Quer ter um filho sem pai? – Sorrindo e abraçando a moça, acrescentou: – O coronel teria me matado antes que fizesse o pedido de casamento. Acho que as rezas da avó Zulmira acalmaram o coração de Frederick. Eu não esperava que ele aceitasse tão bem. Vamos nos casar logo, daqui a quarenta e cinco dias, no máximo. Quero fazer algo que nunca fiz. E todos os dias nascem crianças de sete meses. Por que o nosso não poderá nascer também? Existem segredos que é bom ficar entre o casal; esse é um segredo para ficar guardado entre nós.

– Acho que você não está se lembrando que tem mais gente sabendo, até o médico que me atendeu. E quem é essa avó Zulmira que rezou por nós?

– Vou responder às suas perguntas: o filho é nosso; muita gente vai falar o que sabe e fantasiar outras tantas coisas. O médico não vai falar nada porque ele tem muitos débitos comigo; jamais iria sair por aí falando da minha noiva. Quanto às criadas, você não confirmou nada com elas que estava grá-vida, confirmou? Peça a Nana, que é a única que sabe, e é de nossa confiança, que abafe o caso na casa-grande. Avó Zul-mira e o negro velho Sebastião são dois seres que considero os meus anjos da guarda em terra.

– Amanhã iremos à fazenda; vamos comunicar a minha mãe sobre o nosso casamento. Sei que ela vai ficar chocada. Era muito amiga de Sophia e não vai entender de imediato

MARIA NAZARETH DÓRIA ditado por LUÍS FERNANDO (Pai Miguel de Angola)

como é que você já quer se casar, e comigo ainda por cima. Ela queria muito que eu me cassasse com Josef; espero que ela entenda. Se o meu pai, que pensávamos que iria trazer o mundo abaixo, aceitou, ele poderá nos ajudar a falar com ela. Aliás, eu ando estranhando o comportamento do meu pai desde que chegamos da França; ele não está tão exigente como antes, com nada! Nem mesmo com os escravos. Parece que anda com os pensamentos longe; talvez seja pela situação que levou Josephine a deixar meu irmão, e hoje eu não a julgo mais, mesmo sabendo que ela não se casou por amor, foi por interesse. Porém, foi honesta quando me disse que iria fazer meu irmão uma pessoa infeliz; ela não o amava. Comigo é diferente. Deixei Josef por você, mas foi por amor; espero que um dia ela também entenda.

Abraçando Elizabeth, Silviano perguntou:

– Você não me disse onde quer morar... Preciso preparar sua casa mesmo às pressas; quero fazer o melhor possível.

– Quero ficar nesta casa. Foi preparada uma suíte para Josephine e Gilbert. Nós podemos ocupá-la. Não quero ir para a mansão onde viveria com Josef, mesmo sabendo que será sua por direitos de herança.

– Então, precisamos conversar com os seus pais. Eles vão pensar que estou me aproveitando de você; que quero me casar mas não desejo levá-la para minha casa. E também temos outras opções; existem muitas mansões à venda; se você quiser olhar, posso negociar uma casa para nós.

– Não! Não vejo necessidade. Olhe o tamanho desta casa! Ainda por cima, meus pais quase não ficam aqui; seremos nós dois a preencher o vazio desta casa com nossos filhos.

Na França, a notícia da morte de Sophia abalou Josef profundamente. Ficou deprimido a ponto de não querer se levantar nem comer. Gilbert não o visitou, e Josef ficou ainda mais triste com a atitude do amigo. Não tivera culpa nenhuma do comportamento da irmã e não era justo pagar por um erro que não havia cometido. Pensava em Elizabeth, tinha um compromisso com ela, mas, no seu coração, sentia algo estranho. O casamento de Josephine com o barão desestruturara o relacionamento entre suas famílias. Gilbert, que antes era como um irmão, não queria mais recebê-lo, evitava os lugares em que pudessem se encontrar. Não sabia como estava o coronel Frederick, nem mesmo Silviano. Na última carta de Elizabeth, sentira que ela estava fria e distante com ele.

Na fazenda, os preparativos para o casamento da filha do coronel Frederick estavam sendo comentados pelos cantos e às escondidas. Os comentários eram os mais diversos. Lise andava chorosa; de repente a vida de sua família dera uma virada. Preocupava-se com seu filho que estava longe e certamente sofrendo muito; sua vontade era ir até lá. Tinha pensado em pedir ao marido para irem até lá levar apoio e força ao filho, mas, agora, viera aquela outra novidade... Sua filha, que estava noiva de Josef, resolvera fazer a mesma coisa que Josephine: abandonar o noivo e se casar com alguém que ela jamais sonhara ter como genro. Olhava para o marido e percebia que havia algo estranho nos olhos dele; às vezes, quando estavam a sós, ele parecia estar longe. Alguma coisa estava acontecendo...

Lise ainda não sabia da viagem já programada pelo coronel para ir ao encontro de Josephine assim que casasse a filha. Pedira segredo para a filha e o genro, solicitando que não contassem nada, pois isso geraria ansiedade. Só falaria após o casamento.

O casamento de Silviano e Elizabeth foi realizado discretamente; apenas amigos mais próximos foram convidados. O irmão foi notificado por meio de uma correspondência secreta. O pai lhe pedia que não comentasse com Josef, pois, assim que o casamento fosse realizado, ele iria pessoalmente falar com o rapaz. Fora uma decisão de Elizabeth, explicou ele. Contou que no começo não aprovou, mas, depois, analisando os benefícios que esse casamento traria à família e levando em consideração o caráter de Silviano, tinha concordado. Como sempre, o coronel Frederick fez o seu discurso muito bem elaborado.

Lendo a carta, Gilbert sentiu alegria e prazer em saber que sua irmã de alguma forma o estava ajudando em seus planos de vingança. Agora seria muito mais fácil; ele iria destruir o que sobrara de Josephine. Claro que não iria falar nada com Josef; esperaria para saborear na hora certa a dor e a vergonha de ser rejeitado, de ser trocado por outro.

O casal foi passar a lua de mel na casa de praia, propriedade da família. O coronel Frederick tomou a frente dos negócios, antecipando tudo o que podia ser feito; no íntimo, não via a hora de sair voando ao encontro de Josephine.

E assim se passaram quase dois meses.

Josef estranhou não ter recebido nenhuma carta de Elizabeth. Escrevera várias, mas não obtivera resposta. Tinha recebido uma correspondência de Silviano avisando-o de que o coronel Frederick estaria embarcando para a França e que ele levaria a procuração do inventário dos bens deixados por sua mãe; ele esperava que tudo fosse resolvido entre eles da melhor forma possível.

Josef achou tudo muito estranho. Elizabeth não lhe escrevera mais uma linha sequer; não estava enganado! Alguma coisa estava acontecendo; talvez os pais dela não haviam aceitado o que Josephine fizera com Gilbert e não iria mais ter casamento. Uma tristeza imensa invadia o seu coração; por que sua irmã fizera aquilo? Será que sua mãe não ficara abalada e também morrera levada por essa inconsequência da irmã? Jamais iria perdoar Josephine; se ele perdesse

Elizabeth, ela passaria de irmã a inimiga. Imaginava o que passava Gilbert; perdera um amigo, pois este não o recebia mais. Tinha certeza de que algo estava acontecendo com Elizabeth.

Elizabeth deu aos pais a notícia de que esperava um filho, naturalmente ocultando o tempo de sua gravidez. Foi abraçada por seu pai que, orgulhoso, mandou preparar um jantar de gala para comemorar a chegada do seu neto. Ele falava com tanta ênfase que parecia ter certeza de que fosse um menino. Brindou a gravidez da filha dizendo:
– O futuro marquês e meu herdeiro está chegando!
Lise respondeu:
– Poderá ser uma marquesa! E será amada e bem-vinda da mesma forma, não é mesmo? Se vier uma menina, vamos recebê-la e prepará-la para se tornar uma grande mulher. E você está se esquecendo de que, por lei e por direito, o herdeiro ao título de marquês é nosso filho Gilbert.
Silviano se antecipou respondendo:
– Pode ficar tranquila, senhora Lise; esse filho virá para acrescentar alegrias e aumentar a família, não para tirar o lugar de ninguém. Os herdeiros do coronel Frederick são Gilbert e Elizabeth; o meu filho será meu herdeiro, assim como sua filha.
Frederick olhou para esposa e sentiu vontade de esbofeteá-la. Ultimamente Lise andava enfrentando-o diante da família. Ele vinha relevando para não gerar conflito, porém, ela estava passando dos limites. Nos últimos tempos, vinha dando palpites e se metendo em suas conversas, especialmente com ironias.
Aproveitando a ira pela esposa, pediu um instante de silêncio e comunicou que estaria partindo em viagem dali a três dias. Olhou-a e sentiu prazer em machucá-la diante de todos.

Lise empalideceu. Trêmula balbuciou:

– Mas você não tinha me falado nada que iria à França. Eu também queria ir. Tenho pensado muito em nosso filho e acho que a minha presença iria fazer muito bem a ele.

– Você não entendeu, minha cara. Estou indo a negócios. Não vou propriamente para a França; vou, sim, passar pela França. Estarei fechando negócios em outros países, por-tanto, será impossível levá-la comigo. Acho que agora quem mais precisa de você é Elizabeth, que se prepara para ser mãe do nosso neto.

Virando-se para o genro, o coronel prosseguiu:

– Silviano, de tudo o que estou deixando sob seus cuidados, os bens mais preciosos são minha filha e o meu neto que está em seu ventre. Cuide bem deles.

Lise engoliu em seco e não falou mais nada. Aguardou pelo marido em seus aposentos. Já era muito tarde quando ele entrou fazendo barulho, sem nem ao menos prestar atenção nela. Abriu um armário e pegou algumas peças de roupa.

– Frederick, o que está acontecendo com você? Fiz algu-ma coisa que o desagradou? Por favor, não me trate assim! Sempre fomos um casal invejável, mas, de uns tempos para cá, você parece outra pessoa. Estou me sentindo muito mal, parece que você me despreza.

– Lise, eu tenho tido muita paciência com você, porém tudo tem limite. Estou cansado de você; a sua ousadia hoje à mesa do jantar foi a última gota que estava faltando. En-tornou minha taça de paciência. Uma mulher afrontando as palavras do seu marido e senhor? Quem você pensa que é? A partir de hoje, não vou dormir nestes aposentos e não faço questão de esconder isso de toda a criadagem, porque assim correrá mais rápido por todas as bocas que estou repudiando você como minha esposa. Vou viajar e, assim que retornar, tomarei as medidas que eu quiser em relação a você. Não abra sua boca para me questionar nada! Mantenha-se em silêncio; será muito melhor para você! Se abrir a boca para reclamar com minha filha ou com Silviano, deixará esta casa

CULPADOS *ou* INOCENTES?

como uma qualquer; será levada em uma carroça para bem longe daqui e largada em uma estrada como indigente. Cumpra suas obrigações como a sinhá desta fazenda; se me arrumar um só problema, por menor que seja, será punida não como uma sinhá, mas como a mulher deste senhor. – Deixou então os aposentos largando a porta aberta e sem olhar para trás.

A mulher tremia da cabeça aos pés; não teve nenhuma reação diante daquele que sempre fora o homem mais admirado, amado e respeitado por ela. Parecia um pesadelo o que estava lhe acontecendo.

No canto do aposento se encontrava Sophia, só observando. Assim que o coronel saiu, ela se aproximou de Lise e disse:

– Está vendo, Lise, você que me aconselhava tanto para segurar meu marido, veja o que está acontecendo com o seu casamento! Seu marido está indo embora! O meu também foi, e, quando voltou, foi para os braços de sua filha. Não desconfia mesmo por quem é que seu marido está apaixonado? Não percebeu que ele começou a ficar assim depois que voltou da França e se envolveu com o casamento de Josephine, prejudicando o próprio filho? Sinto muito em lhe dizer: seu marido é mais um demônio que um anjo! Acabou com a minha família, estragou a vida de Josephine, de Josef e a minha. Não tenho paz; não posso descansar vendo tudo isso acontecendo, e eu sem poder fazer nada! Pense um pouco e observe; seu genro sabe de tudo! Ele é tão hipócrita quanto o seu marido; ambos serão punidos! Venha comigo. Nós duas juntas vamos ter mais forças para vingar nossos filhos.

Lise passou a mão pela testa. Suava. O coração disparou, e ela sentiu vontade de morrer. Pensou em Sophia; a amiga devia estar melhor do que ela, pelo menos não estava vendo tudo aquilo. Elizabeth, uma menina tão meiga, tão bem-educada, caíra nos encantos daquele boiadeiro nascido na senzala. O que fizera com Sophia, fizera com a sua filha. Ele vivia correndo atrás de feiticeiros, foi o que ela ouviu do cativos de sua fazenda. Por certo tinha feito alguma coisa para sua

MARIA NAZARETH DÓRIA ditado por LUÍS FERNANDO (Pai Miguel de Angola)

filha ficar apaixonada e largar o noivo, Josef, um rapaz fino, estudado e de família.

Frederick tinha voltado mudado da França; não prestava mais atenção em nada. Vivia escrevendo e recebendo umas correspondências secretas. Ele fechava o escritório, e ela não tinha acesso àquele local. Também vivia de segredos com Silviano; ele mesmo se gabava de que entre os dois não havia segredos. Era outra mulher sim, e não era uma aventura; aventuras vinham e passavam. Era algo sério; ele queria separar-se dela, ou quem sabe matá-la?

Mil pensamentos atormentavam sua alma. Se o marido resolvesse ir embora, e isso era comum, os coronéis mandavam suas esposas para fora do Brasil e logo se recebia a notícia da morte da mulher. Ficavam viúvos e rapidamente, assim como Silviano, se casavam com uma mocinha. Olhou-se no espelho de sua penteadeira, inspirada pelo espírito de Sophia, que estava a seu lado. Disse a si mesma: *Estou enrugada, estou velha, não tenho mais nenhum atrativo. Meu marido está no melhor de sua idade, e olhe para mim?*

Sophia soprava para ela:

— Isso mesmo! Ele não quer mais saber de você porque tem outra mulher, bela e jovem, e com certeza vai lhe planejar um final muito triste. Veja o meu fim; lutei tanto para ser feliz, e o que ganhei? Um marido que me traía, que queria se ver livre de mim! A maior felicidade dele foi quando soube da minha morte, e sabe por quê? Ele já estava dormindo com sua inocente filha! Acha que seu neto vai nascer de sete meses? Não! Não vai não! Observe como sua filha já está ficando redondinha; daqui a três meses você será avó, e essa criança não nascerá prematura. Observe. Vou ficar do seu lado, mas quero me vingar de todos, menos do seu filho Gilbert e de você, que não tiveram culpa de nada.

A mucama bateu de leve à porta. Lise respondeu mecanicamente:

— Pode entrar!

CULPADOS ou INOCENTES?

A moça ficou assustada com o estado da sua sinhá: estava pálida, abatida. Sentiu um arrepio quando passou perto de Sophia, e então elevou o pensamento do jeito que aprendera: inspirou com força, segurando a respiração e pensando em luz, e depois soltou o fôlego pensando em luz. Percebeu um vulto saindo pela janela e mentalmente pediu ajuda para sua sinhá; com certeza, tinha um espírito obsessor a assediando.

– Sinhá? – chamou a mucama. – Por favor, tome o seu chá. A senhora está bem? Quer que eu faça alguma coisa diferente? Eu lhe trouxe água fresca.

– Quero dormir, apenas dormir. Estou muito cansada – respondeu Lise se encolhendo.

– Sinhá, eu vou dormir ao lado. Qualquer coisa, é só tocar a sineta que eu venho correndo para lhe atender. Quer ficar com a luz à meia-sombra?

– Pode ir se deitar, Rute. Deixe a meia-luz; caso precise de algo eu a chamarei, pode ir dormir.

O coronel revirava na cama de um lado para o outro. Como estaria Josephine? Ela continuava no Havaí, tinha gostado do clima e teria o seu filho por lá? Ele iria à Colômbia encaminhar o que seu genro tinha engatilhado e depois partiria ao encontro de Josephine. Lembrava que ela estava ao lado do barão e então sentia o sangue subir e esquentar o seu rosto; tinha que dar um jeito nessa situação.

Frederick partiu para sua viagem, deixando tudo sob os cuidados de Silviano. Satisfeito, pensava: *Eu sou um homem de muita sorte! Minha filha casou-se com o homem certo; além de não precisar me preocupar com ela, também posso confiar cem por cento nele.*

MARIA NAZARETH DÓRIA ditado por LUÍS FERNANDO (Pai Miguel de Angola)

Lise passou a ser atormentada pelo espírito de Sophia, que se alimentava de seu ectoplasma. Ela passou a ter uma aversão fora do comum pelo genro; não suportava mais ficar perto dele e até a sua voz a irritava. Ele fazia de tudo para tratá-la com carinho e educação, mas ela se afastava e não fazia questão de esconder que o desprezava.

Os escravos comentavam sobre esse assunto entre si.

– Antes o coronel Silviano era tratado por ela como se fosse da família. Mas, depois do casamento com a filha, ela não esconde de ninguém que o odeia. Porém, ele é um bom moço, rico igual a eles; deve ser pelo sangue de negro que ainda corre nas veias dele. Esse sangue já se misturou com o da família dela, talvez seja isso – disse uma negra velha.

– Pois eu acho que a situação ali é outra... – respondeu um preto velho, falando com sabedoria. Ele era respeitado por todos pela mediunidade que possuía; via os espíritos e conversava com eles. Era isso que todos os outros irmãos falavam a respeito daquele negro bondoso.

– E o que aconteceu, Francisco, podemos saber? – perguntou a preta velha, e todos os que estavam a sua volta pararam para ouvi-lo.

– É a sinhá falecida, mulher do coronel Silviano, que se uniu a nossa sinhá. Essa facilitou, e ela se apoderou de sua fonte de energia vitalícia. Alimenta-se dela e está atuando mais que a própria sinhá encarnada.

– Meu Deus! O que nós podemos fazer para ajudar a nossa sinhá?

– Se fosse só ela que estivesse envolvida nesse laço, seria fácil para nós interceder, mas não é apenas um ser envolvido nesse caso. Há muitos encarnados e desencarnados unidos e contribuindo com forças poderosas; esses espíritos não estão preocupados conosco, não somos os seus alvos. Desde que não atrapalhemos os intentos deles, não nos incomodarão.

– Mas nós recebemos sempre a instrução de que é necessário ajudarmos os encarnados e os desencarnados que estão sofrendo, ligados um ao outro. Não é o caso dessas duas sinhás?

– Aconselho a vocês que orem, que peçam a proteção do Espírito Santo para descer sobre todos nós, escravos e senhores, para ficarmos mais atentos e respeitarmos a vontade de Deus. Às vezes o sofrimento entra em uma casa como um vendaval: quebra, derruba e separa tudo. Quando essa fúria se apaga, aí é tempo de começar algo novo com segurança e maturidade. Nada acontece por acaso; se Deus permitiu que isso acontecesse, Ele sabe o que está fazendo e nós devemos respeitar. Espero que nenhum de vocês aqui se meta com o que não pode; aí sim teremos desgraças e mais desgraças. Orem, orem e orem, apenas isso. Às vezes pensamos que estamos fazendo tudo por amor, querendo ajudar em problemas cujas verdadeiras causas desconhecemos, e aí vamos complicar para outros e para nós mesmos a situação. Vamos rezar, e Deus tomará conta e decidirá os caminhos a serem tomados.

– Mas, Francisco, se você vê a falecida, não pode falar com ela? – perguntou um preto velho amigo.

– Não! Não posso falar com ela, porque ela não me vê! E, se me visse, seria bem pior pra mim. Já pensou, Genésio, se a gente pudesse falar com todos os espíritos que a gente vê? Ai! Quem me dera! Já vi tantos anjos e tantos santos envoltos em luz, mas sei que eles não me viram, porque sou um ponto escuro diante deles, não pela cor da minha pele, mas porque na espiritualidade nós não somos nem brancos, nem pretos. Quem tem luz será luz e quem não tem será escuridão, até Deus enviar luz. E vamos mudar esse assunto para não atrairmos espíritos zombeteiros entre nós.

Elizabeth, magoada e decepcionada com a mãe, tentava aproximá-la do marido. Entendia que ela ficara magoada pela morte de Sophia, que era sua amiga. A mãe não tinha aceitado bem o seu casamento, mas era tempo de parar com aquelas desavenças. Não aguentando mais a situação, quis saber o porquê de tanta raiva pelo marido, e foi questionar a mãe.

Lise respondeu:

– Tenho os meus motivos para não gostar nem confiar nele! É seu marido, você pode viver com ele a sua vida toda, amá-lo, ir e vir em sua companhia, mas respeite os meus sentimentos; não vou ser falsa comigo mesma. Não posso fingir que estou feliz da vida com o seu casamento. Não foi isso o que sonhei para você! E quer saber mais? Acho que tanto você quanto o seu pai foram enfeitiçados por ele; fiquei sabendo que ele é metido com bruxarias! Seu pai, além de confiar nossos negócios nas mãos dele, entregou você, e isso eu nunca vou perdoar. Deixou de se casar com um rapaz de nome, berço e família, para se casar com um sujeito que foi gerado na moita de uma senzala. Ele pode se cobrir de ouro, mas será sempre um vaqueiro cheirando a curral!

Elizabeth começou a passar mal. A mucama correu com um chá para acalmá-la e pediu humildemente a Lise:

– Minha sinhá, em nome de Deus, não faça isso com sua menina. Ela está sofrendo muito, não percebe?

– E eu? Você também percebe que estou sofrendo?

– Sim, senhora, percebo que a senhora está muito triste e infeliz, mas não pode deixar sua filha assim; ela está em um momento tão delicado, vai ser mãe, precisa de nosso amor, dos nossos cuidados.

– Cuide dela, por favor! – respondeu Lise. – Não tenho condições de fazer nada por minha filha; estou realmente decepcionada com tudo e todos! – e saiu rapidamente da sala.

– Por favor, sinhá menina, tome mais um pouco de chá e acalme-se. Sua mãe está nervosa pela ausência do senhor; logo ela vai mudar de ideia e reconhecer que o coronel seu marido só lhe faz o bem. Acho que ela não está preparada ainda para a ideia de ser avó. Mas, quando vir o rostinho lindo desse bebê que está em sua barriga, ela vai se derreter.

– Deus te ouça! Estou sem entender o que se passa com a minha mãe; ela mudou tanto... Era uma pessoa meiga, equilibrada e sabia conduzir tão bem os assuntos da casa e da família... Não conheço mais a minha mãe.

– Isso vai passar, sinhá. É tudo uma questão de tempo; tenha calma e descanse. Pense no seu bebê – disse a mucama.

Na França, o coronel Frederick convencia Josef de que o destino havia separado tanto Josephine de Gilbert quanto ele de Elizabeth, e que a morte de sua mãe fora algo doloroso para todos. Falou também que o rapaz precisava ser forte e dar continuidade a sua vida; poderia aproximar-se do cunhado, o barão, esposo da irmã, e desenvolver um bom trabalho, viajar o mundo inteiro e se casar com alguém especial. Ele gostava e continuava considerando-o, assim como a Josephine, membros de sua família; estava ali por respeito e consideração às suas famílias. A parte mais difícil foi Josef ouvir que o marido de Elizabeth era Silviano, o seu padrasto. Ele lhe prometera tanto amor e fidelidade à sua mãe e, assim que ficara viúvo, roubara a sua noiva. Não responderia por seus atos caso encontrasse Silviano pela frente.

O coronel pensou: *Essa é a hora de matar dois coelhos com uma cajadada só! Vou convencê-lo a assinar a documentação da partilha, renunciando às propriedades e incentivando-o a nunca mais retornar ao Brasil.* Assim, com sua malícia e tendo arquitetado tudo, conseguiu de Josef o que queria.

Era hora de ir ao encontro de sua amada Josephine.

Já a sós com ela, não parava de admirá-la.

– Como você está linda! Nunca vi uma mulher ficar tão bonita esperando um filho. Você vai ter nosso filho aqui no Havaí? Porque não sei se é aconselhável você se deslocar em uma viagem longa.

MARIA NAZARETH DÓRIA ditado por LUÍS FERNANDO (Pai Miguel de Angola)

– E quem falou em viagem longa? – respondeu ela sorrindo. – Só estava esperando por você. Nós vamos imediatamente para a França; quero que o meu filho seja francês! O meu médico é francês; ele vai nos acompanhar e, segundo o próprio, não há perigo nenhum. Ainda tenho dois meses de espera, embora confesse que não aguento mais! E não precisa se preocupar em me dizer a verdade: acha que estou muito gorda? Meu marido me enche de mimos que nem sempre dá para resistir; tenho feito uma dieta leve para não virar a Baleia dos Sete Mares, mas estou me achando uma bola.

– Josephine, pode acreditar no que vou lhe falar: você está bela! Nem parece que está perto de dar à luz. Quer dizer que ainda faltam dois meses, é isso?

Eles aproveitaram a ausência do barão e passaram a tarde entre beijos, carícias e abraços.

Frederick contou sobre o casamento de Elizabeth e Silviano, e que ela esperava um filho também.

Josephine então respondeu:

– Pobre Elizabeth. Deixar de casar com Josef para se unir a um sujeito que cheira a curral. Como é que você permitiu isso? Não passou por sua cabeça que ele fez com sua filha a mesma coisa que fez com a minha mãe? Casou-se para crescer um pouco mais à sua custa! Quem diria... O boiadeiro que enriqueceu quando se casou com a viúva Sophia e agora, além de ser rico, é casado com a filha de um marquês! Não esperaram nem minha mãe atravessar para o outro lado; já ficaram logo juntos. E o meu irmão acreditando que ela era a mais recatada das moças... Até eu acreditava nisso!

– Calma, Josephine! Não fique assim nervosa, olhe o bebê! Realmente não era o que eu sonhei para a minha filha, mas nem tudo o que planejamos nesta vida é o que acontece. Levando em consideração os benefícios que esse casamento trouxe para nós dois, não posso lamentar.

– Benefícios para nós? Explique-se! Não entendi o que foi que ganhei com essa história.

– Vou explicar: primeiro, acredito que me queira por perto de você; eu não teria ninguém a quem confiar os meus negócios a não ser Silviano. Assim posso ficar ao seu lado o tempo que for necessário, sem me preocupar em voltar. Segundo, com a morte de sua mãe, Josef ficou deslocado. Sabe o quanto ele era ligado à mãe, bem diferente de você! Rompendo esse noivado, como aconteceu com o compromisso dele com Elizabeth, ele terá chances de se envolver com uma moça nobre, aliar-se ao seu marido nos negócios, viajar pelo mundo, fazer carreira e ficar do nosso lado futuramente. Terceiro: as pessoas morrem, especialmente as que precisam morrer! Quem pode garantir que o barão não venha a morrer; quem pode me dizer que amanhã eu também não fique viúvo? Conto sempre, nessas horas de aflições, com o meu único e fiel amigo, hoje meu genro, que será o pai do meu neto.

– Você fala de um jeito que parece que isso vai acontecer! Fiquei até arrepiada! Nós, viúvos? – disse Josephine gargalhando. – Você me dá medo, sabia? Sei que sou doida, e talvez, por ser muito nova, ainda não cometi as incríveis loucuras que, tenho certeza, você já cometeu. Vamos falar agora do meu irmão: como ele reagiu à notícia do casamento de Elizabeth com Silviano?

– Ficou arrasado! Mas, com muito jeito, eu o convenci de que foi melhor assim. Ele assinou a documentação e já enviei ao Brasil; logo ele vai receber em dinheiro o que lhe pertence por direito. Espero que você confie em mim; acompanhei todo o processo, foi dividido em três partes iguais: Silviano ficou com o que lhe coube, Josef ficou com duas partes.

– Posso lhe perguntar uma coisa, Josephine? – disse o coronel, olhando-a dentro dos olhos.

– Claro! Se puder responder, não hesitarei em falar –respondeu ela sorrindo.

– Se ficássemos viúvos, você se casaria comigo?

Ela começou a gargalhar e depois falou:

– Claro que não me casaria! Como amantes, somos perfeitos. Por que estragaria tudo com um casamento? Deus me livre! Um dia lhe fiz essa pergunta; lembra o que me falou? Hoje eu lhe dou razão; nós dois nascemos para sermos casados, mas com pessoas diferentes.

MARIA NAZARETH DÓRIA ditado por LUÍS FERNANDO (Pai Miguel de Angola)

– O que você sente por mim? Responda com sinceridade – pediu o coronel.

– O mesmo que você sente por mim: desejo, paixão, vontade de fazer coisas fora do exigido! É por isso que ficamos enlouquecidos de desejo um pelo outro.

– Você gosta do barão? Você o ama?

– Frederick, eu não acredito que estou ouvindo isso de você! Claro que gosto do barão! Ele faz por mim o que ninguém neste mundo faria. Como não gostar de uma pessoa dessas? Quanto a amar... Responda com sinceridade; entre nós, o que é gostoso é que não precisamos mentir um para o outro! Você se casou com Lise por amor?

– Não! Claro que não! Lise foi um achado e tanto. Ela como pessoa é maravilhosa, você bem sabe; é refinada, culta, discreta e uma esposa que todo homem gostaria de ter. Mas confesso que ultimamente, com todos esses predicados de que reconheço ser ela portadora, não aguentava mais dormir com ela, porque só pensava e desejava você.

– E com quantas mulheres nesse tempo longe de mim você se envolveu? Lembra-se da quantidade ou perdeu as contas?

– Honestamente? Não me lembro do rosto de nenhuma delas! Não posso negar; fui procurado por muitas delas e com cada uma que fiquei algumas horas foi como tomar um copo de uísque. Simplesmente nada foi diferente daquilo que já conheço. Você não, você é diferente... é um fogo que me queima por dentro, é sua imagem refletida dentro de mim, é o seu cheiro, são os seus olhos, sua boca que me hipnotizaram para sempre. Agora é sua vez de falar o que sente quando está longe de mim.

Gargalhando, ela respondeu:

– Meu marido usa o mesmo perfume que você, claro, a pedido meu! Então fecho os olhos e penso em você, mas aí me decepciono, porque as minhas mãos logo detectam que não é você! A minha sorte é que nos últimos meses tenho me aproveitado da situação de estar grávida; não preciso ficar arrumando artifícios para ficar longe dele. Estou me referindo à minha intimidade sexual, porque, fora da cama, não existe homem melhor e mais atencioso do que ele.

– Então, só sente a minha falta na cama? – perguntou Frederick.

– Como homem e mulher, sim! Porém, gosto de você como pessoa e naturalmente que sinto a sua falta – respondeu ela beijando o rosto dele.

Os dois ficaram conversando e em dado momento Josephine perguntou:

– Você não contou para ninguém de minha gravidez, contou? Não quero que Josef nem ninguém fique sabendo que vou ter um filho. Não que seja segredo, pois o mundo inteiro vai acabar sabendo que o barão tem um herdeiro, mas ainda não é o momento de contarmos. Já pensou se Josef sabe que estou na França? Vai querer vir correndo atrás de mim, e não estou preparada ainda para recebê-lo.

– Fique tranquila, concordo plenamente com você. Sua gravidez não é para ser exposta, por isso você deve conversar com o barão e pedir que ele não anuncie aos quatros cantos do mundo que o filho está para nascer. Vamos dar um tempo até vocês se estabelecerem; caso contrário, vão perder o sossego com os contadores de histórias que querem escrever sobre o seu filho – disse o coronel.

– É isso mesmo! Vou falar com meu marido. Sei que ele está tão empolgado que a vontade dele é sair correndo e gritando para o mundo ouvir que vai ser pai, mas realmente se torna perigoso para todos nós. Obrigada por estar comigo neste momento tão especial de minha vida, e como sempre me orientando a seguir o melhor caminho – respondeu a moça, olhando para o coronel.

À noite, enquanto se preparava para o jantar, o coronel pensava em Josephine, em como estava envolvido com aquela menina! Iria esperar o filho nascer e tomaria uma decisão: ou ficaria com ela ou a tiraria definitivamente de sua vida; não podia continuar dividido desse jeito; estava deixando de lado até os seus negócios por causa dessa loucura.

MARIA NAZARETH DÓRIA ditado por LUÍS FERNANDO (Pai Miguel de Angola)

Uma semana depois, ele partiu para a Colômbia, deixando combinado com sua amada que no tempo certo estaria na França para acompanhar o nascimento do filho dela.

E as notícias que vinham do Brasil, enviadas por Silviano, eram de que os negócios estavam indo muito bem, com novos contratos fechados. Elizabeth estava com saúde, e nas suas fazendas tudo corria otimamente bem, exceto por uma notícia desagradável que ele precisava passar ao coronel: o filho de Luziara falecera, vítima de uma queda, e enviava o documento oficializando a perda financeira do pequeno, que fora enviado por sua mãe.

O coronel ficou pensativo lembrando o rostinho do garoto; era muito parecido com Gilbert quando menino. Que pena! Como tudo dependia da vontade de Deus, se ele se fora, Luziara realmente era um ponto-final que fora apagado de sua vida. Um filho se fora, outro chegava... ele gostava do garoto.

Luziara estava erradicada no Nordeste do Brasil. Ali em sua pousada, conhecera um homem que viera de outras terras, um holandês que se apaixonara por ela e adotara seu filho, mudando o nome dele para Hernandez. Ele os levara para fora do Brasil; tinham se mudado para a Holanda. E assim ela também disse a si mesma: *Nós morremos para Frederick e ele está morto para nós; nunca mais nos veremos.* De sua vida como escrava guardava apenas lembranças; as pessoas que haviam passado pelo seu caminho também ficaram para trás; ela não queria mais pensar em nenhum deles.

Dois meses depois, na França, Frederick estava esfregando as mãos na sala de espera juntamente com o barão. Josephine estava em trabalho de parto, e o coronel preparou dois drinques, oferecendo um deles ao barão.

CULPADOS *ou* INOCENTES?

– À saúde do nosso pequeno! – falou.

– À saúde do nosso filho! – respondeu o barão. – De certa forma, assim como você é um pai para Josephine, considero-o também um pai para o meu filho.

– Fico lisonjeado! – respondeu Frederick. – Amo essa menina, você nem imagina o quanto.

– Com sua experiência, pois já ficou duas vezes em sala de espera, me fale: isso é normal? Estou com dor de barriga, ânsia de vômito; não sei se vou aguentar esperar mais. Acho que está demorando muito! – desabafou o barão.

– Calma, é assim mesmo! Daqui a pouco vamos ouvir o choro do barãozinho chegando ao mundo – respondeu o coronel.

– Você fala como se tivesse certeza de que é um menino – disse o barão, tentando segurar a ansiedade.

– Pelo formato da barriga de Josephine, é! Parecia uma pirâmide! Eu não tenho dúvida de que é um menino.

– É, você tem experiência no assunto. Se me der licença, vou ao toalete vomitar!

Assim que o barão se ausentou, a enfermeira abriu a porta toda sorridente e falou:

– Pode entrar, papai! – Dava para se ouvir o choro forte do recém-nascido.

O coronel entrou no quarto correndo e, chegando perto de Josephine, perguntou:

– Você está bem?

– Olhe o meu filho, que lindo! – disse ela mostrando o bebê.

O médico então falou:

– E o pai, onde está?

– Ah! O barão foi ao toalete; estava passando mal, ansioso demais. Vou chamá-lo.

O coronel encontrou o barão e o abraçou dizendo:

– Nosso garoto já nasceu! É lindo e forte, a cara da mãe! Meus parabéns! Estou emocionado tanto quanto você.

Os dois ficaram um de cada lado da cama junto a Josephine, o barão chorando de emoção, por ser seu primeiro filho.

MARIA NAZARETH DÓRIA ditado por LUÍS FERNANDO (Pai Miguel de Angola)

Nunca imaginara que um dia sentiria essa emoção; iria mandar anunciar ao mundo inteiro que o seu herdeiro acabara de nascer. Virando-se para a esposa, perguntou:

– Então, minha querida, conforme tínhamos combinado, se fosse menina eu daria o nome, se fosse menino seria você. Fale-me: que nome vai receber nosso barão?

Olhando para o coronel, ela respondeu:

– Em homenagem ao nosso melhor amigo, ao homem que representa muito em vida tudo o que somos juntos, pois tudo o que sou hoje devo a ele, quero que meu filho se chame Frederick, mesmo porque é um bonito nome.

O barão respondeu batendo na palma da mão do coronel:

– Concordo plenamente! E quero que você seja o padrinho do nosso menino. O que você acha, Josephine?

O coronel enxugou os olhos; realmente fora uma surpresa e tanto para ele! Josephine era mesmo imprevisível! Olhando-a, respondeu:

– Já me sinto o pai de Frederick, portanto, será uma honra apadrinhá-lo.

O barão saiu um momento, e Josephine o puxou pelo braço e disse baixinho:

– Você não pode batizar nosso filho! No Brasil, há uma lenda entre os cativos que sempre me deu medo. Dizem que, se o compadre e a comadre tiverem relações sexuais, eles viram o tal "Fogo Corredor"; os dois ficam se batendo a noite toda de uma árvore para a outra, se queimando entre si, e as pessoas podem vê-los. São duas caveiras de fogo. Compadres e comadres não podem se relacionar!

– Josephine, eu não sabia que você guardava essas histórias inventadas pelos padres no começo da história do Brasil. Isso não é verdade; você sabe que não. Por acaso já viu ou conheceu alguém que tenha testemunhado duas caveiras de fogo se atacando? E só é válido para os compadres e comadres do Brasil? Ora, minha pequena, que bobagem! Essa foi uma forma de os padres amedrontarem os homens para não se relacionarem com suas comadres e deixarem o caminho livre para eles. Você também conhece a história da mula sem cabeça? Outra invenção dos padres para fugirem dos ataques de velhas senhoras que acreditavam e temiam o inferno; enquanto isso, eles ficavam à vontade com as mocinhas. Essas histórias, minha pequena, são tão verdadeiras quanto a do português que ia incendiar o rio utilizando álcool. Claro que vou batizar o pequeno Frederick e com isso posso ficar muito mais perto de vocês dois.

– Quando era criança, morria de medo dessas histórias. Não tinha como não ouvir das cativas mais velhas, e elas contavam de uma forma que qualquer um acreditava! Apontavam até os lugares onde o "Fogo Corredor" podia ser visto à noite. Não tem como não ouvir tudo o que os escravos falam entre si; querendo ou não, convivemos entre eles. Por isso não quero viver em fazendas; quanto mais longe deles, melhor. Não nasci para ser sinhá, nasci mesmo para ser o que sou hoje – respondeu Josephine.

Enquanto isso, no Brasil, Elizabeth se preparava para dar à luz.

Lise estava preocupada. Nas suas contas, o bebê estava com sete meses e poderia correr risco de vida. Comentou isso com as parteiras que estavam ali de plantão ajudando o médico. Este a acalmou dizendo que estava tudo bem com o parto de sua filha, que ela ficasse calma, pois não demoraria muito e o bebê estaria nascendo. Lise ficou na sala. Silviano tentou se aproximar, mas ela se afastou dizendo que preferia ficar sozinha.

Logo se ouviu o choro forte do recém-nascido.

– É um menino! – disse a parteira para Elizabeth, indo em seguida chamar o pai e a avó.

Silviano entrou no quarto e, abraçando a esposa e o filho, falou:

MARIA NAZARETH DÓRIA ditado por LUÍS FERNANDO (Pai Miguel de Angola)

– Jamais imaginei que um dia pudesse ser merecedor desta bênção! Tenho um filho lindo e saudável! É uma cópia de você, lindo como a mãe.

– Olhe, senhora Lise, o seu neto – disse Silviano cheio de orgulho.

Ela ficou olhando para o bebê e para a filha, e apenas comentou:

– Seu filho nasceu perfeito! E, para um prematuro, ele está bem adiantado; é forte.

As parteiras deixaram o casal a sós e cochichavam entre si:

– Só quem for cego para acreditar que aquele garotinho lindo e forte nasceu prematuro de sete meses!

– O importante é que ele está aí, lindo e saudável, e que cresça com muita saúde e alegria – respondeu a outra.

Lise não estava sozinha; como sempre, dividia suas noites maldormidas e suas olheiras e pensamentos negativos com Sophia. Essa lhe soprou:

– Olhe bem as mãos, os dedos e as orelhas desse menino. Acha que ele é prematuro? Vou lhe dizer uma coisa: ela já estava grávida quando ele enviuvou! Olhe bem, veja o rosto e a testa dessa criança! Os prematuros são enrugadinhos, mas olhe para ele! E preste atenção para você ter certeza: ele vai pegar o peito com força, coisa que um prematuro não faz. É uma criança de nove meses, como todas as outras. Vocês foram enganados! Esse sujeito que está dentro de sua casa é um aproveitador. Aproveitou-se para enriquecer comigo e agora deu um golpe ainda mais alto: casou-se com a filha do coronel.

Lise se levantou e recomendou que a filha descansasse, que qualquer coisa ela estaria ali do outro lado. E que mais tarde voltaria. Assim, duas horas depois ela retornou para ao quarto onde se encontrava mãe e filho.

Elizabeth, vendo que a mãe observava o bebê sem expressar nenhuma emoção, perguntou:

– Mamãe, não está feliz com o seu neto?

– Oh, sim! Claro que estou. Estava me lembrando de quando você nasceu; era tão pequenina. O seu bebê, sendo prematuro, nasceu grande e forte. Por que você não tenta colocar ele no peito? É bom para estimular a formação do leite; no caso de crianças que nascem prematuras, às vezes a mãe demora um pouco a gerar leite.

– É verdade, sinhá, a senhora tem toda razão – respondeu uma acompanhante do médico, que ficara de plantão junto com as parteiras da senzala requisitadas por Silviano. – Vamos tentar colocar o bebê no peito, mamãe? Doutor Rodrigo deixou essa recomendação.

– Vamos sim! – respondeu Elizabeth. Estava tão feliz e agradecida a Deus, que não percebia a malícia no olhar da mãe. O bebê pegou o peito e sugava o colostro, que já estava em abundância.

O espírito de Sophia, enciumada por não ter dado um filho a Silviano, soprava na mente de Lise:

– Não te disse? Acha que um prematuro teria esse fôlego? E o leite já chegava assim de uma hora para outra? Seu neto é de nove meses bem completos! Seu genro é um sem-vergonha que não respeitou sua casa, e sua filha é uma decepção na sua vida, tanto quanto foi na minha.

Lise se levantou e disse:

– Fique cuidando do seu filho; se precisar de alguma coisa mande me chamar. Vou escrever ao seu pai comunicando o nascimento do nosso neto.

Recolhida a seus aposentos, Lise se sentia traída pelo marido, pela filha, e aquele boiadeiro tinha parte com o demônio sim! Enfeitiçara-os, e ela tinha que trazer o seu filho Gilbert o mais rápido possível e não permitir que ele se misturasse com esse boiadeiro imbecil, mas fazê-lo lutar contra ele e libertar a irmã desse infame.

Em seu coração, o amor e a admiração que nutria pelo marido estavam se transformando em mágoa e rancor. Frederick passara a desprezá-la, não estava mais dormindo com ela, da mesma forma que o boiadeiro fizera com sua amiga Sophia. Certamente estava tendo um caso com alguma mulher, e ela precisava se cuidar. Não descartava a ideia de a

MARIA NAZARETH DÓRIA ditado por LUÍS FERNANDO (Pai Miguel de Angola)

morte de Sophia ter sido encomendada por Silviano; ouvira falar que os bruxos faziam feitiços, e ela poderia ter sido uma vítima também. Ficou arrepiada só de pensar nessa possibilidade. Precisava trazer seu filho imediatamente para perto dela, alguém que a protegesse. A filha estava enfeitiçada, e ela corria perigo nas mãos do genro e do marido.

Lise quis retornar à fazenda logo após o nascimento do neto, e na fazenda, uma tarde, ela pensava e fazia as contas: iria completar seis meses que o coronel estava fora do Brasil. Silviano assumira por completo todos os negócios do sogro. Lise, cada dia que se passava, estava mais e mais ausente de tudo e de todos; escrevia toda semana para o filho, e este estava mentalmente ligado a ela com planos de vingança.

Uma tarde, Lise recebeu uma carta e mudou de repente. Demonstrava alegria e ansiedade. Chamou o feitor e suas mucamas, e disse que partiria imediatamente para a cidade. Seu filho estava chegando e ela iria esperá-lo em sua casa; que ele preparasse o transporte e os cativos para acompanhá-la, fazendo sua segurança. Ultimamente estavam acontecendo muitos assaltos; os malditos escravos livres se uniam cada vez mais e faziam emboscadas nas estradas por onde passavam os coronéis com suas famílias.

O feitor ficou preocupado; na ausência do senhor Frederick, ele tinha que seguir as ordens do coronel Silviano, e este tinha lhe dado ordens de que a sinhá não deveria sair da fazenda sem o conhecimento dele, pois se tornara perigoso, especialmente para as mulheres, andar pelas estradas sem o acompanhamento de homens bem treinados. O feitor coçou a cabeça e disse para o companheiro:

– Que situação danada! O coronel Silviano me deu ordens para não deixar a sinhá sair da fazenda sem o conhecimento dele, e, por outro lado, como vou desobedecer a nossa sinhá? O que faço?

– Calma! Vá até o rancho e prepare um mensageiro. Faz de conta que ele acabou de chegar da cidade trazendo notícias do coronel Silviano, avisando que está chegando e pede para a sinhá esperar até amanhã. Enquanto isso, envie às pressas o aviso para a cidade. Com certeza o coronel deve vir até aqui e resolver essa situação.

— Muito obrigado! É isso mesmo o que vou fazer! Ainda bem que você tem boas ideias; é por isso que gosto de me instruir com você. Vou até o rancho, depois conversaremos.

Lise já estava de malas prontas, quando foi chamada pela mucama dizendo que tinha dois mensageiros que haviam acabado de chegar da cidade e queriam falar com ela.

— O que será? Alguma notícia ruim? — Se fosse a morte daquele boiadeiro bruxo, ou do filho dele, ela iria comemorar; que Deus livrasse apenas a filha dela. Não conseguia gostar do neto; olhava para ele e via a cara do genro; até a covinha no queixo e no rosto o menino tinha!

Reverenciando a sinhá, um dos mensageiros lhe disse:

— Minha sinhá, o coronel Silviano pediu para avisar que ele está chegando; que a senhora se prepare, se assim deseja acompanhá-lo, para esperar o senhorzinho seu filho e o senhor seu marido, que estão chegando da França.

— Meu marido está chegando também? Quem falou isso? — interrogou Lise.

— Foi o coronel Silviano, sinhá! Ele nos disse que os dois senhores estão chegando juntos.

Gilbert não citara isso na carta. Será que quando escrevera o pai não estava com ele? Ou queria fazer uma surpresa? Virando-se para o mensageiro, perguntou:

— O coronel Silviano não enviou nenhum escrito por vocês?

— Não senhora! Apenas pediu para transmitir o recado.

Sem perceber, ela falou alto:

— Às vezes eu esqueço que no curral não tem papel nem caneta, só tem esterco!

Lise dispensou os dois mensageiros aborrecida; era só o que faltava ter que esperar aquele imbecil. Graças a Deus que o filho estava retornando, e as coisas iriam mudar.

MARIA NAZARETH DÓRIA ditado por LUÍS FERNANDO (Pai Miguel de Angola)

Os feitores estavam ao lado apenas ouvindo a conversa. O feitor, preocupado, perguntou para o outro:

– Você inventou que o coronel Frederick está chegando também? Ficou maluco! O coronel Silviano não vai gostar nem um pouco dessa história.

– Ah! No caminho, indo para o rancho, encontrei mesmo aquele mensageiro que trazia estas notícias: o coronel Frederick está voltando. E, se você for na sessão dos negros com os espíritos, vão dizer que você é "cavalo", pois me mandou fazer exatamente o que já estava chegando para ser feito.

O outro feitor respondeu:

– Eu não sabia que você frequentava a sessão dos negros. Pode me explicar o que quer dizer ser um "cavalo"?

– Vou ser sincero com você: andei um tempo sem dormir. Era só me deitar e uma perturbação tomava conta de mim. Como as mulheres da senzala todas frequentam estas sessões, contei para a Cecília, e ela, discretamente, me levou até lá. E olhe, te falo: melhorei! Fizeram lá uns trabalhos com folhas, fumaça, umas coisas loucas, e deu certo! E ouvi o espírito que cuidou de mim falando para os negros que estavam lá que ser um "cavalo" quer dizer que a gente deve transportar em primeiro lugar Jesus; quem não carrega Ele não carrega ninguém e não é um cavalo confiável... Achei interessante a explicação dele, bem inteligente para um simples escravo. Perguntei para a Cecília, e ela me disse que "cavalo" (médium) é aquele que transporta e traz o espírito em terra.

– Você melhorou mesmo? – quis saber o outro feitor, interessado em conhecer mais.

– Melhorei sim! E é por isso que permito que eles fiquem lá até certas horas da noite. Ouvi cada coisa da boca daquele preto velho que não sabe ler nem escrever; ele nunca foi à cidade mas descreve melhor do que eu e você a vida lá fora. E, quando estão nesse transe ,ficam completamente diferentes; dão nomes diferentes. Realmente parecem ser outras pessoas.

– Pois eu vou lhe confidenciar algo: muitas vezes vejo coisas e escuto outras que penso serem de minha cabeça. Um dia, discretamente, quero ir com você a uma dessas sessões para, quem sabe, ouvir algo sobre esses problemas que me atingem.

– Vamos combinar sim. No dia que calhar de estarmos de folga, iremos até lá; só não fique comentando isso por aí, porque os senhores só permitem isso entre os negros, nós não devemos participar. Temos a igreja e os padres para confessar nossos pecados e pedir conselhos, mas muitos feitores e até coronéis vão escondidos, porque não podemos participar desse tipo de coisa abertamente.

– Vou te contar uma coisa, mas que fique em segredo entre nós; sei que posso confiar em você: o coronel Silviano de vez em quando vai até o barracão do velho Sebastião e da preta velha Zulmira, que, segundo o que escuto, se ela soprar a fumaça do cachimbo na direção de uma pessoa, essa pessoa fica hipnotizada, não consegue tirar o pé do lugar.

– Pelo amor de Deus! Isso é feitiço! Você já foi lá?

– Não! Eu tenho medo até de passar em frente do barracão deles, mas dizem que é lá que o coronel Silviano vai e que tudo o que ele conquistou na vida foi com a ajuda deles. O coronel Silviano foi o boiadeiro que cuidava do rebanho do senhor; morava em um barracão perto do rio e de repente, de uma hora para outra, se casou com a sinhá viúva e recebeu ajuda do coronel Frederick, enriqueceu de uma hora para outra também, e dizem que foi com a ajuda desses dois velhos feiticeiros. Sei que ele cuida e protege esses velhos; não falta nada pra eles, vivem com regalias.

Os dois feitores se afastaram e continuaram com a conversa sobre os espíritos, seus malefícios e seus benefícios.

Lise estava parada na varanda olhando para o vazio. A mucama se aproximou pedindo licença e perguntou:

– Vamos viajar ainda hoje, sinhá?

MARIA NAZARETH DÓRIA ditado por LUÍS FERNANDO (Pai Miguel de Angola)

— Não! Deixe as malas prontas. O coronel Silviano está chegando; iremos com ele. Pode ir cuidar dos seus afazeres.
Lise sentou-se em uma cadeira de balanço alheia a tudo. Sophia lhe soprava na mente:
— Tome muito cuidado, não demonstre raiva perto dele. Pergunte de sua filha, do seu neto e do seu marido; deixe ele lhe contar tudo. Seja gentil, ofereça uma boa refeição, deixe ele acreditar que você está mudada, que aceitou o casamento dele com sua filha. Assim você vai conseguir ficar mais perto do seu marido e pode descobrir as intenções dos dois. Cuide-se, procure ficar mais bonita e jovial, demonstre alegria e compreensão com o seu marido; se ele a procurar, entregue-se, segurando o seu ódio. Se não a procurar, mantenha a sua postura. Você precisa conquistar a confiança do seu filho e para que isso aconteça ele tem que perceber o quanto você é submissa a todos eles. Ele vai querer defendê-la, e aí estará a grande oportunidade de você se vingar de todos eles, principalmente de Silviano, que é a raiz de toda a desgraça.

Um preto velho sentado em um banco de madeira, na sombra de uma árvore, consertava os calçados dos negros que trabalhavam nos campos. Por debaixo do chapéu de palha, observava a sinhá. *Santo Deus!*, pensava ele. Se todos os moradores da fazenda vissem o que ele estava vendo... O espírito da sinhá Sophia vampirizava a sinhá Lise, e, ligada a Sophia, centenas de outros espíritos rastejavam a certa distância, tentando se aproximar dela. Ele rezava baixinho e pedia a Deus que socorresse Lise e os desencarnados que estavam ali presentes.

Antes de sua viagem ao Brasil, o coronel deixara acertado com Josephine que eles iriam se encontrar na Inglaterra dali a alguns meses. Ela pretendia ficar por um tempo por lá, e Josef começaria a trabalhar para o cunhado, sendo seu representante em todos os países em que ele tinha negócio. A princípio, o jovem não aceitou a oferta do cunhado; ainda estava muito ressentido com Josephine. Mas, com o trejeito que tinha o coronel para influenciar as pessoas, conseguiu convencê-lo a seguir a irmã e se unir ao cunhado, pois ele teria toda chance de se tornar um dos mais respeitáveis homens de negócios sobre a face da terra. Falou que ele, Frederick, lamentava profundamente sua filha não ter se casado com ele, pois o estimava como filho. Na verdade, o coronel dizia para si mesmo: *O amanhã pode colocar Josef em uma posição na qual eu tenha que lembrá-lo do que estou fazendo por ele hoje.* O coronel convenceu o rapaz, que cedeu entusiasmado e desejoso de conhecer o sobrinho Frederick.

Gilbert se preparava para voltar ao Brasil. Exigiu do pai que queria ocupar a cadeira que lhe era de direito; seria embaixador e estava disposto a fazer um excelente trabalho ligando o Brasil a outros países lá fora; havia se preparado para isso. Parecia conformado e esquecido de Josephine.

O pai lhe falou sobre a proposta de casamento entre ele e a filha do conde italiano, que lhe possibilitava vir a ter um título da nobreza. O conde tinha duas filhas e, com o casamento da mais velha, passaria para o genro a liderança dos negócios da família, sendo sua fortuna invejável, e ainda o título de conde. O rapaz achou a ideia excelente. Assim que chegassem ao Brasil, queria anunciar o seu casamento com essa nobre senhorita, e isso lhe daria crédito em sua vida profissional como embaixador do Brasil.

Frederick respirou aliviado; seu filho tinha superado a separação com Josephine! Tentava lembrar o rosto da filha do conde; era uma moça bonita, fina, elegante; não tinha o feitiço de Josephine, porém, era a mulher perfeita para estar ao lado de um homem na posição que iria ocupar o seu filho.

MARIA NAZARETH DÓRIA ditado por LUÍS FERNANDO (Pai Miguel de Angola)

Tudo estava bem organizado. O coronel agora se preocupava com sua chegada ao Brasil: o que iria fazer com Lise? Tudo dependeria do comportamento dela. Poderia ficar o resto de sua vida cuidando da casa, dos escravos, do neto, contanto que não interferisse na vida dele; não a queria mais como mulher, ele tinha esse lado que nem todos os homens possuíam, pensava ele. *Quando não desejo mais uma mulher, quero-a bem longe de mim! E se começar a me perseguir e a me aborrecer, mato-a!*

Lise, inspirada pelos pensamentos de Sophia, recebeu Silviano com bastante atenção. Ele estranhou, mas ficou feliz, pois ali estava uma grande chance de a família se unir e viver em paz. Ele amava Elizabeth e era apaixonado pelo filho, e queria ter a sogra ao lado deles. Estava ansioso pela chegada do sogro e amigo; esse sim era seu amigo e companheiro de verdade. Não tinha contato com Gilbert, mas não havia motivos para não se dar bem com ele, afinal de contas, era o seu cunhado, e ele sentiria o quanto a sua irmã era feliz, podendo aproveitar a grande alegria de ser tio de um menino lindo.

Tudo pronto na mansão de Frederick para recebê-lo. O genro não tinha economizado, e já programara uma grande festa para recepcionar o marquês e seu filho que chegavam da França.

Lise escolheu o melhor vestido e suas joias prediletas. Perfumou-se e estava aparentemente calma, porque no fundo queria gritar e esbravejar suas mágoas contra o marido e o genro. Porém, controlou-se. Frederick a observava. Ela era uma mulher atraente, fina e de berço, culta e muita educada. Porém, ele não iria dormir mais com ela, e não era questão de pudor, e sim de desejo mesmo.

A sós com o genro, após ser notificado dos negócios e das novidades da cidade, o coronel lhe contou tudo sobre Josephine e que Josef estava com ela. Tudo estava sob o seu controle. Agora sua preocupação era Lise; precisava mesmo era enviuvar! A solução para resolver o que pretendia era ficar viúvo!

– Você pensa em matar sua mulher? – perguntou Silviano indignado.

– Pelo amor de Deus! Me toma por quem? Eu jamais faria isso! Apenas desabafei um desejo que está dentro de mim. Olha, se você estivesse comigo na queda de Sophia, eu iria pensar que você deu um empurrãozinho nela, mas foi a sua sorte mesmo! Eu queria ter sua sorte; se livrou de uma mulher que o incomodava e se casou com a minha filha, jovem, bonita e de berço; casou-se por amor, foi você mesmo quem me disse.

– Eu amo Elizabeth. Nunca imaginei que pudesse existir um sentimento tão forte. Somos felizes, temos um filho lindo, e é com ela que quero ficar o resto dos meus dias. Não sinto desejo por mulher nenhuma, por mais bela que seja.

– Eu o entendo! Estou amando Josephine como nunca amei ninguém nesta vida e tenho um filho com ela. Embora tenha sido reconhecido por outro homem, ele é fruto do nosso amor. Ela não tem os predicados de Lise, mas é a mulher que amo e quero ficar com ela pelo resto da minha vida. Veja, Silviano, a situação em que me meti: o que meu filho Gilbert vai achar quando souber que a noiva dele não o deixou pelo barão, e sim por mim? Que ela tem um filho que é seu irmão!

– O que pensa em fazer em relação a isso? Josephine também é casada e, para todos os efeitos, você é apenas um protetor dela – disse Silviano.

– Vou ajudar meu filho a se estabelecer por aqui, correr atrás do casamento dele e pensar no que vou fazer em relação a mim mesmo! Se Josephine fosse uma moça que vivesse em qualquer lugar, juro que logo após resolver o casamento de Gilbert a traria para o Brasil, mas ela jamais moraria aqui. Detesta até o cheiro da terra.

– E o barão? E dona Lise? O que vai fazer com eles?

– Não sei! Mas enterraria os dois de bom grado; é claro que jamais faria nada contra nenhum deles. Vamos tomar um drinque e esquecer os problemas? Hoje você não frequenta mais nossas valiosas propriedades noturnas? – quis saber Frederick.

– Só para conhecer pessoas que nos ofereçam rentabilidade nos negócios. Pelos relatórios entregues e arquivados, você depois pode averiguar: recebemos nestes últimos meses mais de cem mulheres de todas as regiões do Brasil e do exterior, as mais requintadas e dispostas a cumprir suas obrigações. Nossas casas estão em alta, duas delas preparadas para dar atendimento apenas à nobreza. Lá estão as mais belas mulheres; elas recebem aulas de boas maneiras, e algumas falam o inglês e o francês fluentemente. Só servimos bebidas importadas, e a culinária é preparada por cozinheiros especializados e conhecedores dos mais finos pratos. Lá você fecha grande negócios; virou um ponto de encontro para os empresários de todo o mundo.

– Então, agora estou entendendo como foi que você conseguiu estes contratos soberbos! – disse Frederick bebericando.
– Levou alguma mulher de nossas fazendas?

– Não! Você sabe que nunca fui a favor de colocar mulheres nascidas nas fazendas em casas noturnas! Contratei pessoas especializadas para fazer a seleção, e os resultados você pode verificar.

– Lise me perturbava, sempre querendo saber daquela menina, Rosário. Levei-a para fazer apenas a recepção da casa central; não a coloquei para servir na casa. E a danada arrumou-se com aquele inglês milionário, e o sujeito me pagou uma fortuna por ela. Geralmente as que levei das fazendas para as nossas casas noturnas se perderam por si sós; estão lá trabalhando de alguma forma.

– Se quiser me acompanhar hoje à noite em uma de nossas casas, na minha opinião a melhor de todas já instalada no Brasil, tenho marcado um encontro com um lorde inglês. Estou com todo o material preparado; vou fechar um contrato de exportação de café, e a chave para esses negócios de ouro é o investimento que temos que fazer na certeza do retorno, inclusive pagando bem aos jovens que chegam preparados para assumir a administração de um estabelecimento de nível alto, especialmente porque falam outras línguas.

– E minha filha, sabe desses seus encontros?

– Não! O meu mestre me ensinou que nossas mulheres devem ficar longe dos nossos negócios. Eu não me relaciono com nenhuma delas porque sou um homem feliz e completo; tenho tudo o que preciso em uma mulher dentro de casa. Mas vou até lá sim, tomo um drinque com os amigos, dou empregos e pago bem aos trabalhadores, e os meus bolsos, ou melhor, nossos bolsos ficam pesados com tanto ouro.

– É claro que vou! Quero escapar de qualquer responsabilidade em ficar com Lise. Assim aproveito e falo na frente de todos que é uma grande oportunidade de os filhos aproveitarem a presença da mãe.

– E se o seu filho quiser acompanhá-lo?

– Conheço o filho que tenho! Ele não vai querer sair hoje. Primeiro, está cansado da viagem, e segundo, não tem nenhum interesse em ingressar em meus negócios.

Logo após o jantar, Silviano mostrou toda a papelada a Elizabeth e ao sogro e disse que precisava pegar as assinaturas dos contratos. Infelizmente não era ele quem estipulava os horários e não podia deixar de atender um cliente como o lorde inglês, que não se demoraria muito. Elizabeth, como sempre amorosa e compreensiva, respondeu:

– Eu confio em meu marido! Se ele está indo a trabalho, está cuidando do futuro do nosso filho e do nosso também.

O coronel disse:

– Estou um tanto cansado, mas, como você mesmo disse que voltará cedo, vou acompanhá-lo! Quero me inteirar de tudo, assim aproveito a oportunidade de me mostrar, para todos ficarem sabendo do meu retorno.

Lise apenas ouvia e disfarçava sua ira contra Silviano. Sophia lhe soprou:

– Mentiroso! Hipócrita! Já o acompanhei várias vezes e ele entra em casas de prostituição, onde se encontram muitas

MARIA NAZARETH DÓRIA ditado por LUÍS FERNANDO (Pai Miguel de Angola)

mulheres desfilando praticamente nuas. Vendem o corpo para qualquer um; seu marido bem sabe, porque os dois são comparsas em tudo! Você e sua filha estão sendo enganadas. Puxe o seu filho para o seu lado; traga-o como seu aliado, e assim terá uma chance de se livrar do seu genro e dar uma boa lição no seu marido.

Com muita doçura e olhando para o filho, Lise falou:

– Meu marido não prefere ficar hoje em nossa companhia? Eu, seus filhos e seu neto gostaríamos que você ficasse, não é mesmo, filhos?

Elizabeth respondeu rapidamente:

– Deixe-o ir, mamãe! Ficaremos nós três conversando. Há tantas coisas para falarmos, que iríamos entediar o papai! Eles não demoram; quando chegarem, o único que vai estar dormindo é o nosso bebê.

Lise sentiu o rosto esquentar, mas controlou-se.

– Tem razão, filha, vamos deixar o seu pai à vontade. É que fiquei preocupada também com o cansaço dele.

– Muito obrigado por sua preocupação, Lise. Acredite, estou muito bem. Aproveite e fique com os seus filhos, como disse Elizabeth. As mães têm assuntos que são guardados apenas para os filhos. E você, Gilbert, aproveite e peça ajuda a sua mãe na questão do seu casamento.

– Casamento? – Elizabeth arregalou os olhos e quis saber: – Você vai se casar com quem? Meu Deus! Meu irmão vai se casar e nós não estamos sabendo, mamãe!

– Fiquem à vontade que estou saindo com o seu marido! – disse Frederick se dirigindo à filha.

Gilbert, a sós com a mãe e a irmã, contou sobre a proposta que o seu pai tinha colocado para ele. Lise então falou:

– Antes que tivesse enviado aquela carta me falando do seu namoro com Josephine, seu pai me falou sobre esse casamento entre você e a filha desse conde italiano; eu não os conheço. Segundo o seu pai, é uma moça muito bonita e indicada para ser sua esposa, mas eu lhe peço, meu filho, que não se case apenas por interesse; deixe o seu coração ser tocado, não tenha pressa. Você acaba de chegar; quem sabe não conhece alguém especial. Peça a seu pai que o apresente à família e aí você decide com calma.

– Fui tocado em meu coração por Josephine, me preparei para assumir um compromisso com ela, e a vergonha misturada com a dor me machucaram muito! Amei aquela falsa com todas as forças do meu ser; pensei que fosse morrer de tanta dor, revolta e vergonha. Graças a Deus que reagi; fui falando pra mim mesmo que ela não merecia o meu sofrimento. Estou aqui pronto para assumir aquilo que me espera e, independentemente de rosto ou de corpo, ou até mesmo da alma dessa moça, eu vou me casar com ela; já a escolhi para caminhar a meu lado. Quanto a você, Elizabeth, quero que saiba, em relação ao seu casamento, que me alegrou o fato de não ter que conviver com alguém que me lembrasse Josephine; cortei relações com Josef. Embora ele não tenha tido participação naquela história, continua sendo irmão dela. Em relação a sua escolha em se casar com esse vaqueiro, ainda não posso dar a minha opinião; mal o conheço, mas estranhei a sua escolha, pois ele foi casado com a mãe de Josef. Acredito que Josef também não esteja na melhor das situações. Fiquei sabendo por amigos que ele entrou em estado depressivo; eu não o procurei porque não era o melhor ombro para dividir a mesma dor. E também porque não quero mais contato com essa família.

Lise, educadamente, perguntou:

– Filho, você esqueceu a Josephine?

– Josephine foi como uma nuvem negra que passou em meu caminho. Por favor, não vamos mais tocar nesse nome; nem quero que esse assunto chegue a minha futura noiva. É algo que já morreu e foi enterrado, nunca mais quero falar sobre esse assunto. Quanto a ir morar na casa que foi preparada para o meu casamento com Josephine, foi o melhor negócio que meu pai fez! Comprou a mansão para mim! Vou me casar e viver lá com minha esposa; a mansão foi preparada para receber alguém nobre e receberá a filha de um conde.

MARIA NAZARETH DÓRIA ditado por LUÍS FERNANDO (Pai Miguel de Angola)

Você pode morar com a sua família nesta mansão da família; eu viverei na outra mansão, que pertencia a Josephine.

– É assim que se fala! – respondeu Elizabeth. – Só falamos para saber como estava em relação a esse passado. Nós dois o superamos. Eu me apaixonei por Silviano; nasceu entre nós um sentimento único, amor de verdade! Com o passar do tempo você vai ter a oportunidade de conhecer melhor o meu marido e tirar suas próprias conclusões. Estou muito feliz com o meu marido e meu filho.

– Que bom ouvir isso! Quero o melhor para você – disse o rapaz. – E, virando para a mãe, perguntou: – E você, mamãe? O que tem de bom para me falar? Meu pai ficou seis meses fora de casa... Sentiu muito a falta dele?

– Filho, desde que me casei com o seu pai, a minha vida foi assim: esperar... esperar e esperá-lo! Desta vez, o período foi o mais longo que ele ficou fora de casa, e das outras vezes a sua volta era mais rápida, mas não era por mim! Sempre foi pelos negócios. Porém, agora ele tem Silviano, que cuida de tudo. Sendo assim, ele não tem mais pressa em voltar.

– Mamãe, eu entendo o seu lado de mulher. Também não gostaria que Silviano ficasse longe de mim tanto tempo, mas a senhora sempre soube que o meu pai é o homem mais importante desta região; ele sempre esteve envolvido em negócios fora do Brasil e, sendo representante de muitos outros senhores, conseguiu juntar a nossa fortuna trabalhando muito! Ele sempre trabalhou dia e noite; só encontramos nosso pai envolvido com trabalho, e quem sabe, com cuidado e jeito, você, Gilbert, não pode ir colocando na cabeça dele que já não precisa mais trabalhar tanto! – disse Elizabeth.

Lise olhou para a filha e pensou: *Ela está sempre defendendo o marido e o pai! Ela realmente foi enfeitiçada por esse boiadeiro sem caráter.*

O bebê adormeceu, e os três continuaram conversando. Já passava de uma hora da manhã. Gilbert disse que iria se recolher, pois estava com sono. As duas mulheres também foram esperar os maridos em seus aposentos. Lise escutou os passos leves de Silviano passando pelo corredor. Correu e o viu entrando nos aposentos de Elizabeth. Onde estaria Frederick? Por acaso ficara conversando com alguém da casa? Estaria em outro quarto? Iria esperar.

E assim ficou, esperando muito tempo, sem nenhum sinal do marido. Sophia lhe dizia na mente:

– Ele ficou dormindo com uma prostituta, e seu genro acobertando, traindo-a. Por que não vai tirar sua dúvida? Acha que ele está dormindo em outro quarto? Levante-se e vá verificar. Vamos!

Lise vestiu-se e saiu andando sem fazer barulho. Verificou todos os dormitórios da casa, que estavam vazios. Procurou pela pasta que ele não largava por nada; não estava na mesa. Sentou-se e começou a pensar em sua vida. Há pouco tempo vivia de uma ilusão, achando que era amada e respeitada pelo marido, e agora começava a enxergar um outro homem nele. Por mais que pensasse, não chegava a nenhuma conclusão; se ele tivesse outra mulher ali na cidade, não ficaria tanto tempo longe dela. Se a mulher por quem ele estivesse apaixonado se encontrasse no caminho por onde ele tinha passado, não justificava ele chegar e já ir atrás de aventuras. O que teria acontecido com Frederick? Só podia ser feitiço do boiadeiro... Mas como poderia saber? E se ela se disfarçasse de mulher de feitor e fosse escondida a uma dessas sessões? Será que o espírito lhe falaria? Que bobagem! Se eles eram os responsáveis pelos feitiços encomendados por Silviano, jamais iriam ajudá-la.

No outro dia, dez horas da manhã, todos estavam reunidos à mesa, menos Lise. Gilbert então pediu à mucama:

– Verifique se está tudo bem com a minha mãe; talvez ela tenha dormido tarde; ficamos conversando e ela deve ter perdido a hora.

Minutos depois, a mucama voltava dizendo que a sinhá pedia desculpas pelo atraso; já estava vindo.

Frederick notou as profundas olheiras na esposa e perguntou:

MARIA NAZARETH DÓRIA ditado por LUÍS FERNANDO (Pai Miguel de Angola)

– Não dormiu bem, Lise? Está com olheiras. – Não esperou resposta e, virando-se para o filho, disse: – Então, como estava lhe contando, nada é por acaso. Encontramos justamente o conde que estava a negócios na cidade acompanhado por suas duas filhas; não quis trazê-los para nossa casa, então Silviano gentilmente me lembrou da sua mansão, filho. Está tudo na mais perfeita ordem de requinte e beleza. Convidamos a família para hospedar-se na casa do noivo. Nem preciso falar que eles ficaram encantados e é claro que pernoitei por lá; não os deixaria sem um membro da família para recebê-los bem. Já deixei tudo combinado e peço sua ajuda, Lise. Vamos receber o conde e suas filhas para jantar. Nesse jantar, acertaremos os detalhes do noivado e do casamento do nosso filho; conto como sempre com sua ajuda. Não economize em nada; se precisar, contrate profissionais para fazer a decoração da mesa etc.

– Fique tranquilo, meu marido! Farei tudo o que estiver ao meu alcance; teremos um jantar especial. Tenho que correr para não esquecer nada – respondeu ela, alegrando-se dentro de si. *E eu pensando coisas erradas dele! Meu marido realmente é um homem empenhado no bem-estar da família.* Esse sentimento luminoso de alegria atingiu Sophia, que sentiu suas forças se esvaindo.

– O que está acontecendo comigo? Não consigo me levantar! Estou me sentindo fraca. Lise, me ajude, por favor! Venha até aqui.

Lise levantou-se, pediu licença e foi até a cozinha. Separou todos os materiais que iriam utilizar, chamou as cozinheiras e deu ordens de como queria cada coisa. Chamou as arrumadeiras da casa e instruiu todas sobre como queria a decoração; todos os cativos da casa foram incumbidos de uma tarefa, e os escravos passaram a fazer comentários entre si.

– A volta do senhor fez bem a ela! Está alegre e bem animada. Deve ter tido uma noite de amor daquelas – disse uma das moças.

A outra respondeu baixinho:

CULPADOS ou INOCENTES?

– O coronel não dormiu em casa; ouvi ele dizendo que dormiu na mansão do senhorzinho, então a sinhá não teve essa noite de amor!

O preto velho ficou olhando e agradecendo a Deus. A outra sinhá morta não estava acompanhando a sinhá Lise; teria sido resgatada? *Queira Deus tenha sido levada*, pensava ele. Nisso entrou na cozinha uma menininha de seus sete anos, sem fôlego. Tremia e não conseguia falar.

– Dá água pra ela – pediu o preto velho.

Quando a menina começou a respirar, pegando em sua mãozinha, ele perguntou:

– O que foi, filha? Fale pra mim.

– A sinhá pediu que eu fosse chamar Nana e eu vi uma mulher toda suja e muita feia caída na porta do quarto da sinhá Lise. Não tive coragem de passar perto dela, por isso corri. Vamos lá que eu mostro onde ela está sentada.

O preto velho pediu que a menina fosse brincar lá fora; ele chamaria Nana. Discretamente foi até o corredor, onde ficavam os reservados quartos dos senhores. Caída na porta do quarto de Lise estava Sophia, em um estado péssimo. Ele direcionou o pensamento até ela, pediu misericórdia aos espíritos guardiões de luz para socorrer aquela pobre alma, e dois espíritos reluzentes se aproximaram dela, que esbravejou, resistiu e não quis receber a ajuda deles. Eles olharam para o preto velho e balançaram a cabeça, afastando-se depois.

Meu Deus! Ela está sofrendo e não quer receber ajuda; o intento dela é prejudicar o marido. Encontrou na sinhá Lise a oportunidade e se apoderou dela. Temos que ajudar a nossa sinhá a se manter nesse nível; a alegria promove pensamentos positivos. Hoje à noite, na nossa reunião, vou pedir aos nossos amigos de luz que venham até aqui onde se encontra este ser caído. Ele saiu preocupado e encontrou uma preta velha que benzia as crianças e os animais da fazenda. Ela era chamada para rezar nos animais da fazenda e, quando alguém da senzala lhe dizia para não rezar, que deixasse morrer porque era dos senhores, ela respondia: "Os animais são criaturas inocentes de

Deus; sofrem tanto ou mais que nós!" Ela olhou para o preto velho e perguntou:

— O que foi que você viu aí dentro da casa-grande que está com essa cara? Pelo seu jeito não foi coisa boa!

— Ó Rosa, você podia fazer uma reza na água e jogar pelos cantos da casa do senhor, sem ninguém ver? Acho que isso vai ajudar todos eles.

— Olha aqui, se eu rezasse dia e noite por um mês de ponta a ponta em todas as águas do rio, e lavasse essa casa, ainda assim não ia adiantar nada! Sabe por que, meu velho amigo? Porque a gente não pode mudar o interior das pessoas, nem dos vivos, nem dos mortos! — respondeu ela.

— Eu não entendi, mulher. Como assim, dentro dos vivos e dos mortos?

— Você sabe muito bem que as pessoas encarnadas só mudam por fora. Quando mudam por dentro e os desencarnados também; quando colocam luz dentro de si, aí sim passam a ter um corpo espiritual iluminado. E nessa casa tem espírito perambulando por todos os lados. Eu não vejo, mas sinto, e você muitas vezes pode enxergá-los, não é mesmo? Pena é que eles não enxergam você, porque não têm luz; somente os espíritos iluminados podem nos enxergar tanto na luz quanto nas trevas. Vou cuidar dos meus afazeres; fique com a luz dos nossos maiores — disse a preta velha se afastando.

— É verdade, ela está certíssima! Se esses abençoados filhos de Deus que ficam sofrendo entre nós pudessem nos ver e também nos ouvir, poderíamos falar com eles e ajudá-los, mas eles só se ajustam com pessoas no mesmo sofrimento deles; são atraídos pelos pensamentos.

Sophia tentava deixar o local, mas não conseguia. Não tinha forças. Onde estaria Lise que não vinha ajudá-la? Como poderia seguir Silviano se não pudesse se locomover? Ela precisava da ajuda de sua amiga Lise.

CULPADOS *ou* INOCENTES?

Esta estava tão entretida em preparar o jantar, que nem percebeu as horas passando. Era hora do almoço. Todos estavam reunidos à mesa, e Frederick então propôs um brinde à chegada do seu filho, comunicando a todos que a festa pública para Gilbert tomar posse fora marcada dali a oito dias! O rapaz se levantou e disse:

– Hoje dei os meus primeiros passos e prometo a você, meu pai, que vou realmente fazer "carreira" neste cargo público reconhecido por todos, e devo isso a você – e continuou enaltecendo as qualidades do pai.

Lise ficou enciumada, pois ele não direcionara uma palavra sequer se referindo a ela. Olhou para o marido, que estava irreconhecível; não lhe dirigia um olhar sequer. Porém, fez questão de elogiar o genro dizendo que ele era o "mourão" de sua família. Teve vontade de gritar: *E eu? Não significo nada para você?* Conteve-se, entretanto, e permaneceu em silêncio. Sentia a boca amarga, e sua cabeça doía. Lise estava alimentando Sophia.

Sophia conseguiu se levantar. Estava fortalecida pelas energias emitidas pela amiga e foi ao encontro de Lise, soprando no ouvido dela:

– Pergunte ao seu marido se ele deseja algo especial de você nesses preparativos e diga-lhe que está tudo sob controle para o jantar dessa noite. Pergunte também que roupa ele vai querer e se o seu filho também deseja algo de você.

Assim Lise fez. Esforçando-se para parecer natural, perguntou exatamente como foi sugestionado por Sophia.

– Claro que preciso, Lise! A organização da festa ficará por sua conta; não tem ninguém melhor do que você para embelezar uma festa. E, quanto aos meus trajes de hoje, realmente você me lembrou bem; preciso estar bem-vestido, à altura do meu filho e dos meus convidados. Por favor, prepare tudo para mim. E quanto a você, Gilbert? Deixe sua mãe ajudá-lo.

– *Lise conserva os bons costumes, o bom gosto e a elegância que trouxe do berço,* pensava o coronel.

Sophia soprou no ouvido dela:

– Pergunte para a sua filha se ela tem algo em mente para os trajes do casal combinando entre eles?

Assim ela fez.

– E você, Elizabeth? Vai vestir algo especial, que combine com o traje de seu marido? Penso em vestir algo combinando com a roupa de Frederick – disse Lise.

– Sinceramente? Acho que não tenho nada que combine com o vestuário de Silviano! Vou verificar o que temos parecido para não ficarmos tão diferentes um do outro.

Silviano olhou para Elizabeth e pediu:

– Por favor, escolha o que você entender como melhor para nós dois. Mas, por favor, nada me sufocando. Eu passo mal; não cresci usando gravatas, coletes etc. Não aguento muito tempo.

– Hoje é um dia muito importante na vida do meu filho; nós somos sua família, devemos nos apresentar com muita elegância, afinal, vamos receber um conde e sua família. Temos que receber a futura esposa de Gilbert com muita classe.

Silviano sentiu uma alfinetada na colocação da sogra. Ela nunca tinha aprovado o jeito como ele se vestia e falava abertamente que nenhuma lição de boas maneiras mudaria quem não nasceu para ter boas maneiras, e isso era dirigido a ele.

Lise percebeu o mal-estar que causou no genro e alegrou-se intimamente. O coronel a olhou reprovando sua conversa. Elizabeth então respondeu:

– O mais importante não serão nossos trajes, mamãe. Acho que temos que mostrar à família do conde quem de fato somos, mas garanto que vamos nos apresentar à altura do marquês Frederick e do futuro embaixador.

Em seu dormitório, Gilbert pensava em Josephine. Como ela estaria? Lógico, nem se lembrava do que fizera com ele! Ele descobriria o seu paradeiro e iria ao fim do mundo para

CULPADOS *ou* INOCENTES?

encontrá-la. Sua vingança já tinha sido traçada e bem planejada. Ia deixá-la na miséria e se arrastando, pedindo perdão pelo que fizera. Queria cuspir na cara dela, vê-la morta e sendo enterrada no cemitério dos escravos; só assim ele teria paz em seu coração. Já tinha em mãos todos os dados do marido dela: o barão era proprietário dos maiores navios que atravessavam os oceanos, ligando os países do mundo. Ele viera em um navio que pertencia ao barão. Não iria demorar muito, o seu império ia começar a ruir, e seus estaleiros seriam massacrados. Ele era um homem perigoso nos negócios; tinha grupos que trabalhavam para ele fazendo investigações. Não entrava nem saía um mosquito da organização sem o conhecimento dele, mas, como embaixador, já tinha um grande álibi para se aproximar desse império sem causar suspeitas. Lembrava que o seu pai estava envolvido com ele e se vendera por um título; não iria perdoá-lo nunca!

No jantar daquela noite fora aberto a Gilbert um dos caminhos de que mais precisava: a influência do seu sogro em muitos países onde o grande conde era o senhor. Gilbert fora cavalheiro e gentil com sua pretendente; ela não tinha a beleza nem o encanto de Josephine, mas era graciosa, fina, e sua educação ela recebera em um berço de ouro. Ficou acertado que dali a oito dias Rossana, sua escolhida, seria apresentada como sua noiva e anunciariam a data do casamento.

Frederick não se continha de alegria; o seu sonho estava sendo realizado. O velho conde entregava ao seu filho Gilbert sua filha, uma grande fortuna e o título honroso que seria herdado por ele.

Lise, assediada espiritualmente por Sophia, sendo simpática com todos, alimentava sua ira e dizia para si mesma: *Reconheço a habilidade dele*, se referindo ao marido, *em ter acertado um bom casamento para nosso filho. Mas, quanto a minha filha, entregou-a a esse boiadeiro sem berço, sem classe, sem cultura; só pode ter sido feitiço! Olha só o jeito dele de pegar o copo! Qualquer um que tenha boas maneiras percebe que ele é um sujeito que foi criado em uma rede.*

– 293 –

MARIA NAZARETH DÓRIA ditado por LUÍS FERNANDO (Pai Miguel de Angola)

A futura esposa de Gilbert foi ao piano e encantou a todos; as duas filhas do conde eram moças prendadas, e o pai comentou com Frederick que estava tranquilo quanto ao casamento de sua primogênita. Sua preocupação agora era a caçula.

– Quero lhe pedir um favor, marquês. O senhor é um homem influente e conhece todas as boas famílias do Brasil e do exterior; verifique entre suas amizades algum moço de família para me apresentar como candidato a esposo de minha filha.

– Se o conde me confia uma tarefa tão delicada como esta, pode ter certeza deque vou me empenhar em levantar entre as minhas relações um bom partido para sua filha. De uma forma ou de outra, vamos fazer parte de uma só família, pois os seus netos serão meus netos, e a felicidade de nossos filhos está em primeiro lugar em nossas vidas. – Logo surgiu em seus pensamentos um pretendente para a filha do conde: Josef! Tocando o braço do amigo, disse o coronel: – Vou apresentar o seu futuro genro, um rapaz de ouro. Se tivesse uma outra filha, gostaria que se cassasse com ele! É doutor em Direito, está trabalhando nas empresas do cunhado, um nobre que você deve conhecer, pois é o proprietário da maior frota de navios do mundo.

– Claro que conheço! Mal posso acreditar que minha filha Gina venha desposar alguém ligado ao barão e ainda por cima com todas as qualidades que você me descreve desse rapaz chamado Josef. E quando posso conhecê-lo?

– Infelizmente você vai ter que esperar. Assim que nossos filhos se unirem, vou fazer uma viagem de negócios e me encontrarei com Josef. Mande fazer uma pintura de sua filha com um bom profissional; levarei comigo para apresentar a Josef. Tenho certeza de que ele vai se apaixonar por sua filha Gina.

A noite foi agradável, e o conde agradeceu ao coronel pela recepção. Este fez questão de colocar alguns cativos à disposição deles, dizendo que deveriam continuar hospedados na casa que, em breve, seria morada dos seus filhos. Acertaram uma viagem para ir a sua fazenda preferida; ele possuía outras fazendas, mas aquela era sua predileta, por isso centralizava a administração das outras fazendas ali, e o que era melhor ainda: ficava próxima à cidade. Apenas duas horas de viagem não dava para se cansar.

O conde cedeu, pois sentiu nos olhos das filhas a vontade de permanecerem na casa; ali era um verdadeiro paraíso, tinham de tudo. Porém, o conde alertou:

— Logo após o casamento, eu e Gina partiremos; não posso me ausentar dos negócios por tanto tempo.

Lise se recolheu e se preparou para o marido; ele teria que vir ao seu quarto tomá-la como mulher ou lhe dar uma satisfação. Ela estava inquieta. Perfumou o quarto, fez tudo o que sabia que agradava o seu marido. Dispensou a mucama e, ansiosa, ficou à espera dele.

Este estava a sós com Silviano. O filho resolveu se recolher, e ele pegou uma garrafa de uísque e ofereceu um copo ao genro. Este recusou dizendo:

— Elizabeth não gosta do cheiro de álcool.

O coronel rindo disse:

— Às vezes esqueço que você está casado com minha filha! — Apontando para o céu, falou: — Olha só como está estrelado! Daria tudo para neste momento atravessar esse vazio que me separa de Josephine, ir até lá e não a deixar mais; sinto um aperto no peito só de pensar no que ela está fazendo, com quem está, se pensa em mim. É uma loucura tão grande! Não sei o que está acontecendo comigo! Se você desejar recolher-se, eu o aconselho a ir, pois Elizabeth deve estar esperando-o e cansada pela noite de hoje. Eu não tenho sono nem vontade nenhuma de entrar no quarto de Lise. Sinceramente? Não sinto mais nada por ela; aliás, sinto! Vontade de vê-la bem longe de mim, e reconheço que ela não tem culpa dos meus sentimentos, mas também não a quero mais perto de mim.

MARIA NAZARETH DÓRIA ditado por LUÍS FERNANDO (Pai Miguel de Angola)

– E o que pretende fazer, coronel? Ela é sua mulher, e vocês devem conversar, se acertar. Proponha um acordo amigável; continuem mantendo as aparências: diante de todos, são marido e mulher, e na intimidade sejam respeitados. Se o coronel não a quer mais como mulher, ninguém pode obrigá-lo, mas, para o bem de toda a família, e ainda mais agora com o casamento do seu filho se aproximando, não é bom um desagrado entre vocês que venha a vazar entre os cativos. Sabe como é... Por mais que guardamos nossos segredos familiares, os cativos fazem parte, escutam e levam rapidamente de um lado para o outro, e as conversas se espalham como farinha ao vento. Vá até lá, converse com sua mulher, não a ofenda. Pense que Gilbert precisa de vocês dois; eu e Elizabeth estamos cada dia mais conscientes do nosso amor. Sua filha é a pessoa mais importante da minha vida; não existe um ser melhor do que ela neste mundo, e quero vê-lo feliz, coronel.

– Tem razão, vou ficar mais um pouquinho por aqui. Depois vou até o quarto de Lise; conversaremos sobre continuarmos juntos e dividirmos nossos deveres com a família. Caso ela aceite, continuaremos para todos os efeitos um casal.

– Faça isso com bastante cuidado, coronel. Pense nas consequências que uma separação pode trazer neste momento – respondeu o genro.

– Sabe, Silviano, eu sou assim: quando quero uma mulher, faço loucuras por ela; mas, quando desgosto dela, não suporto nem ouvir seus passos perto de mim, e aconteceu com a Lise. Não a quero mais!

Silviano se despediu e foi ao encontro da esposa. O coronel Frederick ficou bebendo, tomou mais dois drinques. Sua vontade era sair correndo ao encontro de sua amada Josephine.

De repente, teve uma ideia: *Já sei como me livrar de Lise!* Levantou-se e foi direto ao quarto da esposa. A porta estava apenas encostada; ao vê-lo, ela alegrou-se e o convidou para trocar de roupa e vir deitar-se ao seu lado. Ele fez exatamente isso; trocou-se e foi para o lado dela. Olhando-a nos olhos, disse-lhe:

CULPADOS *ou* INOCENTES?

– Preciso de sua ajuda e de sua compreensão; você é minha mulher, esteve sempre do meu lado, e eu relutei muito em falar, mas decidi que o melhor mesmo é ser sincero com você de uma vez por todas. O que tenho para lhe dizer vai chocá-la, e muito! Porém, nunca fui de lhe esconder nada, você sabe disso. Esta noite é decisiva para nós dois!

Lise ficou pálida. *Meu Deus! Ele vai confessar o seu amor por outra mulher.* Respirou fundo, fechou os olhos e disse:

– Pelo amor de Deus, fale de uma vez! Seja o que for, fale logo!

Ele pegou sua mão e falou com calma:

– Nesta viagem, procurei ajuda médica. Não estou bem, Lise. Não vamos mais ter relações sexuais, não tenho mais ereção. Sabe o que isso significa para um homem, Lise? Segundo os médicos que consultei, pode ser uma questão de tempo. Fiz alguns exames, e, com a experiência dos médicos que me assistiram, os três foram categóricos no que me disseram: posso voltar a reagir ou não! Preste bem atenção: eu proíbo você de falar sobre isso; nem com Deus, nem com os confessores, nem com vivos, nem com os mortos. Estava disposto a sair mundo afora e não lhe dar nenhuma explicação, porém, a minha consciência gritava dentro de mim que eu não poderia fazer isso com você, que sempre esteve ao meu lado, e sendo a mãe dos meus filhos.

Lise ficou parada olhando para o marido. Não sabia o que fazer. Chorando, abraçou-o em silêncio por alguns segundos e depois falou:

– Por que não me contou antes, meu amor? E eu pensando mal de você, achando que estava apaixonado por outra mulher, me traindo, por isso me desprezava. E você sofrendo sozinho, sem abrir o seu coração comigo. Tenha calma, meu amor, eu estou do seu lado. Jamais vou abandoná-lo e farei de tudo para ajudá-lo. Tenho certeza de que você vai melhorar; talvez seja o acúmulo de trabalho e dos problemas que tem enfrentado. O que aconteceu com nossos filhos, a morte de Sophia, tudo isso deve ter mexido muito com você. E, por falar em Sophia, você não teve mais notícias daquela menina louca, a filha dela, Josephine? Espero em Deus que ela esteja bem, mesmo depois do que fez com o nosso filho. Gilbert me confidenciou que Josephine foi uma nuvem negra que já passou por ele e foi embora, graças a Deus. Está entusiasmado mesmo é com a filha do conde. Quanto a falar de nossa vida íntima, fique tranquilo. Jamais abrirei a minha boca para falar sobre nossa vida conjugal. Além de mim, você contou pra mais alguém? Sei que não tem segredos para com o nosso genro – disse Lise.

Não! Isso não! Só estou dividindo com você. Não quero consultar nem mesmo os médicos no Brasil. Sabe como eles são: após tomarem alguns drinques com suas prendas, revelam a vida dos pacientes. É muito perigoso. Assim que nosso filho resolver a vida dele, assumir o seu posto, se casar, vou consultar um médico inglês; me falaram de sua competência nessa questão. E, quanto à filha de Sophia, nunca mais tive notícias dela. Até preciso enviar uma correspondência ao barão, pois fiz uma boa amizade com ele e tenho contratos de negócios importantes com algumas de suas empresas.

– E eu vou poder te acompanhar, meu amor, nessa próxima viagem? Por favor, deixe-me ir com você? – implorou Lise.

– Falaremos sobre isso mais adiante; agora vamos combinar como devemos nos comportar daqui para frente em relação a essa situação, Gostaria que você não demonstrasse o seu desgosto a quem quer que seja; para todos os efeitos somos o casal de senhores mais perfeitos dessa região. Que continuemos sendo invejados, que você transmita a todos alegria e felicidade por ser minha esposa; tenha paciência com o meu mau humor, sei que de vez em quando tenho sido rude com você. Vamos relevar nossas diferenças e evitar confrontos de palavras diante da nossa família, e especialmente na presença dos cativos.

– Eu é que lhe peço perdão. Você realmente é uma alegria na minha vida, e não um desgosto. Passarei o resto da minha vida, se preciso for, desse modo, apenas para estar ao seu

CULPADOS *ou* INOCENTES?

lado. Tenho consciência de que muitas vezes, movida por ciúmes e incertezas do seu amor, fui agressiva com você. Por favor, me perdoe; isso não vai mais acontecer – respondeu Lise.

– Se você preferir, dormirei em um dos quartos de hóspede. Farei isso assim que nossos filhos e escravos se recolherem, para não chamar atenção. Desse modo, não abriremos espaços para fuxicos entre os negros – disse o coronel com ar de vítima.

– E por que o meu marido vai deixar o conforto dos nossos aposentos? Somos casados e vamos continuar dormindo na mesma cama. Tenho fé em Deus que você vai se curar logo. Acha que eu tenho culpa por você estar assim, meu amor? Não posso ter sido a causadora de tudo isso com o meu ciúme, destratando-o na frente dos nossos filhos e cativos?

– Nunca mais fale isso! Você sempre foi e continua sendo uma mulher linda, maravilhosa, invejada por todas as mulheres! O problema está no meu corpo, e não no seu – respondeu Frederick. – Quero apenas que tenha paciência comigo; vou procurar ajuda. Pode ter sido, sim, a quantidade de preocupações que nós dois temos enfrentado juntos. Vai passar! Vai passar! – disse o coronel abraçando a esposa.

Deu um beijo na testa de Lise, alisou o seu rosto e acrescentou:

– Você é uma mulher incrível, a única em quem confio e com quem divido as minhas tristezas e alegrias.

E assim, pouco tempo depois, o coronel se esticou na espaçosa cama. Estava roncando e bem descontraído. Sua mulher, no entanto, perdeu o sono; estava imóvel, olhando para o vazio, ouvindo o ronco do marido e comovida com o que ele lhe confidenciara. *Como pode um homem com tanta energia e vigor como Frederick estar passando por essa situação?* Só podia ser cansaço; ela já tinha lido e ouvido alguns casos de muitos homens e mesmo mulheres que ficaram um tempo neste estágio de fuga de si mesmos. Ela iria procurar ser compreensiva, bondosa e não cobrar dele os deveres de marido.

No outro dia, logo após o café, o coronel se afastou em companhia do genro. Foram até o jardim da mansão, e Frederick contou a Silviano o que tinha feito na noite anterior, falando à esposa que estava impotente. E que firmaram acordo em manter o casamento na mais perfeita serenidade.

– Coronel, isso é uma loucura! Me perdoe, mas isso não é coisa que se faça com uma mulher! Pense no que vai passar pela cabeça da senhora Lise. Sinceramente, coronel, não sei nem o que lhe dizer! Você tem umas atitudes de dar medo!

– O que foi feito está feito! Logo após o casamento de Gilbert, e, confesso, estou mais ansioso que ele, vou viajar; quero ir ao encontro de Josephine, e só Deus é quem sabe o que vai acontecer. Não quero pensar em nada, só em vê-la. Vou providenciar uma nova procuração; você vai me representar em tudo que se fizer necessário, pois não sei quanto tempo vou ficar fora.

Três meses se passaram. Gilbert estava casado, assumira a Embaixada e já desenvolvia e se envolvia com muitos trabalhos ligando o Brasil e outros países. Sua esposa era uma mulher apaixonada, elegante e que cativava a todos. Ele se orgulhava dela; era a esposa perfeita para ele. Todos os seus planos estavam se encaminhando; seria apenas uma questão de tempo.

O conde partiu para a Itália, entregando a pintura colorida feita por um artista de renome de sua filha Gina, que seria apresentada a Josef. A moça estava empolgada com as informações descritas pelo pai, informações recebidas do coronel Frederick.

Lise vivia no mundo das nuvens, como diziam os pretos velhos.

CULPADOS *ou* INOCENTES?

– Ela anda como um fantasma aqui nesta fazenda; não vejo mais aquele brilho nos olhos da nossa sinhá; mesmo quando ela sorri, eu só vejo tristeza no seu rosto.

O coronel convenceu a esposa a ficar com a filha, pois ele preferia fazer essa viagem sozinho; não sabia quanto tempo precisaria para fazer o tratamento, e que nem ao leito de morte ela confidenciasse esse seu segredo a ninguém.

Ela, muito entristecida porque o marido estava partindo, conformada em não poder acompanhá-lo, jurou por sua alma que jamais contaria a quem quer que fosse aquele segredo, que ficaria apenas entre eles dois, e que sentiria muito a sua falta, mas ficaria rezando por ele até a sua volta.

Deixando tudo sob os cuidados do genro, Frederick partiu rumo à Inglaterra. Se pudesse, faria aquela viagem voando.

CAPÍTULO 8

O fim de um império

Josephine se encontrava em Londres. Estava nervosa; olhava pela vidraça a neve caindo lá fora, cercada por muito luxo, tendo todos os seus caprichos atendidos. Faltava-lhe, porém, o que mais desejava: ardia de saudades do seu amante; não via a hora de que ele chegasse. Dando a desculpa de que precisava cuidar do filho, afastava o marido sempre que podia. Não suportava mais aquela vida; se pudesse, sairia voando ao encontro de Frederick. Olhava para o filho e se perguntava: *Quem é este? Meu Deus, não me sinto mãe de ninguém!* Ela estava cansada; na verdade, quem cuidava do pequeno Frederick era a ama de leite; ela pouco se envolvia com o pequeno Frederick.

O barão recebera um comunicado que o deixara preocupado. Seus assessores requisitavam sua presença; era algo grave em uma de suas maiores empresas: uma das rotas marítimas fora interditada e o prejuízo era incalculável.

– 303 –

MARIA NAZARETH DÓRIA ditado por LUÍS FERNANDO (Pai Miguel de Angola)

O barão chegou em casa demonstrando toda a sua preocupação. Disse à esposa que, contra sua vontade, precisava
ir em caráter de emergência para a Grécia. Tinha que encontrar
uma solução para aquele problema que, se não fosse solu-
cionado com a maior brevidade possível, poderia ser o fim
de sua história – história essa construída com muita luta e
trabalho.

Josephine respirou aliviada, dando o maior apoio ao marido; que ele fosse e não tivesse pressa nem preocupações
com ela, pois estava tranquila e bem assessorada. Cuidaria
de si mesma e do pequeno Frederick. Naquela noite, fazendo
um grande sacrifício, foi gentil com o marido. Após entregar
o filho aos cuidados de sua ama, tomou alguns drinques a
mais, e o marido entendeu que ela estava aflita por ele ter
que partir assim às pressas. Ele então a encheu de promessas
e direcionou pessoas de alta confiança para dar toda a assistência a sua amada enquanto ele estivesse fora.

O barão viajou. Pelas informações obtidas, estava sendo
atacado por grandes rivais e precisava agir rapidamente.
Com o coração partido, deixava sua amada e seu filho, as
maiores riquezas de sua vida.

Uma semana depois de sua partida, Frederick desembar-
cava com o coração batendo forte de tanta alegria; não via a
hora de abraçar sua amada.

Josephine estava andando de um lado para o outro na sacada do andar de cima de sua casa, quando avistou Frederick
descendo e o pajem pegando sua mala. Desceu correndo.
Parecia que o coração sairia pela sua boca; abraçou-se ao
coronel, pulando e chorando de alegria, como uma criança.
Ele cochichou em seu ouvido:

– Vamos entrar; estamos chamando atenção dos empregados...

Sua ama pediu para toda a criadagem que preparassem
tudo da melhor forma possível, que aquela visita era uma
pessoa muito importante; era como se fosse o pai da senhora
Josephine, e que não os perturbassem, pois ele viera cuidar

da senhora na ausência do barão. Ele era considerado o pai da senhora, portanto, tinha liberdade de entrar nos aposentos da filha e do pequeno Frederick, que, além de afilhado, era neto.

O casal ficou umas duas horas trancado no andar superior, nos aposentos reservados dos senhores. Depois desceram para almoçar e, logo após o almoço, trouxeram o pequeno Frederick. O menino, assim que olhou para o coronel, estirou os bracinhos e pulava no colo da ama, pedindo para ir com ele. O coronel então pegou o bebê, que ria e tentava falar fazendo beicinho – ou, como dizia a ama, "besourinhos". Ela acrescentou:

– Estou admirada, pois ele não faz isso com o pai. Nunca vi Frederick assim tão feliz.

O coronel, olhando para Josephine, respondeu:

– Ele é a sua cara! Lindo e inteligente! E, como vocês puderam presenciar, ele gosta de mim. Espero que sua mãe também esteja feliz com a minha presença, Frederick.

Ela respondeu:

– Você nem imagina como estou feliz com a sua chegada; estava me sentindo sozinha e com medo. Não sei viver sem a segurança de alguém em quem confiar.

À noite, os dois abraçados na aconchegante sala, aquecidos pela lareira, bebericavam um dos melhores vinhos trazidos da França, e Josephine contou sobre o acontecido com o barão e sua pressa em viajar.

– Isso de fato é muito grave; alguém está tentando derrubar o barão, e o que atinge ele atinge também você. Por isso vou ajudar o seu marido; vou enviar uma correspondência a ele informando de minha estadia aqui com vocês e no que eu poderei ajudá-lo. Gilbert agora é embaixador no Brasil e pode interferir nas investigações.

O coronel queria saber o que foi que acontecera de fato, mas ela respondeu apenas o que sabia: o maior navio de sua frota tinha sido impedido de prosseguir viagem e vinha com uma carga imensa e valiosa com prazos para entrega, e que

MARIA NAZARETH DÓRIA ditado por LUÍS FERNANDO (Pai Miguel de Angola)

o barão tinha lhe dito que o prejuízo era imenso e o perigo de interditarem suas rotas, maior anda .

– Fique tranquila; eu vou ajudar a colocar as coisas em ordem.

Ela não soube explicar o que fora de fato, mas, com a experiência dele, já tinha entendido que o barão estava sendo vítima de uma organização criminosa. Frederick então perguntou:

– Onde está Josef?

– Ele está na Itália; segundo o que sei, é ele que toma conta de um grande escritório que dá apoio aos negócios do meu marido.

– Que coisa fantástica! Eu queria me encontrar com Josef, pois quero apresentar a ele a filha do sogro de Gilbert, um conde com uma imensa fortuna e um nome respeitável. E, neste exato momento, ele se encontra na Itália, sua terra natal. Gina, sua filha, é uma moça encantadora; vou mostrar a você a foto da menina e você me dirá o que acha. Quero saber sua opinião, para depois enviarmos uma correspondência e a foto dele para que ele analise e, se tiver interesse, marco um encontro entre eles. Daí para frente, é com os dois. O conde me pediu que apresentasse uma moça de família para sua filha, e logo pensei em Josef. É um rapaz de honra, e confesso que gosto dele como um filho. O que você acha?

– Mostra a carinha dela pra mim – pediu Josephine. – Nossa, que menina linda! Na minha opinião, mais bonita que Elizabeth! Desculpe minha sinceridade.

– E então, vamos aproximá-los?

– Claro que sim! Vou ter uma cunhada condessa?

– Não é bem assim; você sabe que são títulos repassados como herança. Na sucessão, por morte do conde, será o meu filho o primeiro da lista na sucessão, sendo ele casado com Rossana. Você entendeu que, se Josef se casar com Gina, ficaremos tranquilos, pois conhecemos o caráter dele; o medo que dá é Gina se casar com um qualquer e esse almejar o título e atentar contra a vida de Gilbert.

Assim, a correspondência foi enviada tanto para Josef quanto para o conde, e o coronel sugeriu que Josef se encontrasse em primeiro lugar com o conde e, dependendo do que fosse acordado entre eles, aí sim haveria a apresentação entre os jovens.

Josef recebeu a carta do coronel Frederick. Ele examinava a foto da moça; realmente era muito bonita, e as recomendações eram as melhores possíveis, inclusive sua irmã lhe recomendava e o aconselhava a pensar nas vantagens de se casar com Gina, uma moça de família nobre, educada, que se tornaria uma invejável esposa.

O conde chamou a filha e mostrou a foto de Josef estampada pelas mãos de um grande artista. Gina ficou encantada e respondeu ao pai:

– Será que ele é bonito assim mesmo?

– O coronel informa que esta foto é recente; ele é exatamente assim! E o currículo dele é o melhor possível. Se você estiver interessada, eu vou marcar um encontro com ele para nos conhecermos, e já deixarei marcado o encontro de vocês, talvez com um jantar em nosso castelo, o que acha?

– Pode marcar o mais rápido possível; ele pode se arrepender, então marque logo! – respondeu Gina ansiosa.

– Você se contenha, Gina! – repreendeu o pai. – Não vá deixar escapar para o rapaz essa ansiedade toda; ele vai pensar que você não tem outros pretendentes, e é bom que ele pense que foi o escolhido por você entre dezenas deles.

– Mas não tenho nenhum outro pretendente, pai! E já estava começando a ter medo de ficar velha e não encontrar um bom casamento. Rossana teve sorte; se casou com um embaixador. Eu estava me sentindo muito mal; não sou tão bela quanto Rossana, mas também não sou feia!

O conde começou a rir e respondeu:

– Ó minha filha, você é como uma flor que acabou de desabrochar; está na flor de sua idade. Não precisa ficar enciumada de sua irmã; você vai se casar com o cunhado de um dos homens mais ricos do mundo, e é um barão, vem de uma família tão nobre quanto a nossa.

Josef conheceu Gina e nasceu entre os dois um sentimento verdadeiro. Como entre os nobres os casamentos não se prolongam por muito tempo, o casamento dos dois foi marcado para dali a três meses, e Josef e Gina iriam morar no velho castelo do conde.

Josephine se preparou para ir ao casamento do irmão, e Frederick acompanharia a moça. O barão estava arrasado; os ataques em cima dele não cessavam, os prejuízos eram imensos, e ele agradecia a Frederick por estar cuidando de sua esposa e do filho; era reconfortante saber que os dois estavam sendo amparados.

Frederick e Josephine se certificaram de que Gilbert e Rossana não estariam presentes, então resolveram ir ao casamento de Josef. Deixaram o bebê aos cuidados das duas amas, de uma enfermeira e de um médico pediatra que cuidava dele desde que tinha nascido. Os dois seriam os padrinhos de casamento de Josef e Gina.

O casal foi recebido com todas as honras. O conde se desdobrou em cuidados para atender o marquês e a irmã do noivo. Frederick mencionou em particular para o conde que sua filha Elizabeth fora noiva de Josef, porém, acontecera de apaixonar-se por Silviano, seu melhor amigo. Ele a princípio exaltara-se, mas depois acabara concordando e fizera questão de ir pessoalmente à França se explicar com Josef. Disse que estava muito feliz em poder ajudá-lo recebendo como sua esposa. Então, diante desse detalhe, ele pedia que não fosse registrada a sua presença, nem a de Josephine, e também contou sobre o envolvimento de Josephine com seu filho Gilbert, agora genro do conde.

O conde entendeu perfeitamente e lhe garantiu que não constaria em nenhum registro a passagem deles por ali. Assim, o coronel ficou tranquilo e tranquilizou Josephine, que relaxou a aproveitou bem a estadia na Itália.

Antes de embarcarem de volta à Inglaterra, Josef agradeceu muito ao coronel pela felicidade que ele levara à sua vida; jamais iria esquecer, e também por estar cuidando de sua irmã. Relatou o que estava sabendo a respeito dos complôs de que seu cunhado estava sendo vítima. Por trás de todo o esquema sujo, tinha alguém de poder infiltrado no esquema, e era para derrubar o barão a qualquer custo.

Estavam investigando do Oriente ao Ocidente, pois o barão tinha negócios ao redor do mundo e ficava difícil saber onde estava essa máfia; os prejuízos não davam ainda para ser calculados.

Gilbert, debruçado, observava o jardim florido em plena primavera. Tinha dado o seu primeiro ataque em cima do barão; logo estaria puxando a primeira pedra daquela grande pirâmide de ouro construída por ele. Não o conhecia, mas o odiava, tanto quanto odiava Josephine. Essa ele iria destruir também; queria ter o prazer de vê-la de joelhos diante dele, implorando por misericórdia. Ele queria cuspir no seu belo rosto; ela teria que pagar com a própria vida tudo por que ele passara. Já havia assumido com todas as honras e glórias a sua Embaixada, e o seu casamento com Rossana foi o casamento do século, pois dele participaram importantes personalidades do Brasil e do exterior.

Gilbert acabara de receber um dos seus enviados, que acabava de voltar da Grécia e pedia uma audiência privada com o embaixador. Ele recebeu a pasta e, folheando a documentação, não conseguiu esconder a alegria que invadiu o seu coração; seu plano dera certo. Aquela era a primeira pedra certeira que atingira o grande mercador. O maior navio que transportava as riquezas do Oriente para Ocidente fora apreendido em alto-mar, e o grande Senhor dos Sete Mares caíra nas malhas de sua rede, agora era só uma questão de tempo; iria desmoralizá-lo e acabaria com suas frotas milionárias em pouco tempo.

Virando-se para o rapaz, disse com muita tranquilidade:

– Sua eficiência está comprovada! Vai ser remunerado em todos os gastos de suas viagens; quero que usufrua os melhores hotéis, e não economize em gastar o quanto for necessário para obter todas as informações que desejo. Seu salário terá um aumento de vinte por cento; quando me trouxer estas informações que vou lhe passar, terá mais um aumento. Sou generoso com aqueles que são fiéis e competentes. – Pegou a chave, abriu a gaveta e entregou certa quantia para o rapaz, recomendando: – Não caia nos braços das morenas brasileiras e não se embriague a ponto de falar o que faz no Brasil e para quem trabalha. Divirta-se, aproveite o nosso clima, a boa comida e as belas mulheres; fale pouco e não faça besteiras.

– Fique tranquilo, embaixador! Eu não bebo; essa é a minha vantagem. Pago drinques para os amigos e muito mais ainda para meus inimigos; a bebida é um veículo perigoso, e as mulheres mais lindas são as mais perigosas; não caio na arapuca dos seus encantos.

– Aproveite sua semana de folga e volte às suas tarefas. Quero receber todas as informações; vá me posicionando a cada descoberta.

O rapaz se despediu, retirando-se em seguida. Gilbert então bateu a sineta, e a secretária entrou correndo para atendê-lo. Sem olhar para a funcionária, pediu:

– Encomende as mais belas rosas com este cartão e envie à minha esposa. – O embaixador convidava a esposa para jantarem no mais bem-conceituado restaurante: "Passo às 20 horas. Quero-a linda como sempre, do seu saudoso marido: Gilbert".

A moça ficou olhando o cartão e invejando Rossana. Rica, bela e tão amada, tinha um marido jovem, lindo e apaixonado por ela. Suspirou fundo e disse para si mesma: *Cada um nasce para ser e viver aquilo que foi escrito lá em cima; essa veio com carta marcada.* Rapidamente chamou o rapaz que atendia a casa da Embaixada e pediu que ele fosse pessoalmente correndo à casa do embaixador, levando as flores que a florista já sabia quais eram, as preferidas da senhora.

Rossana recebeu as flores e sorria lendo o cartão. Chamou sua governanta e pediu que a ajudasse a preparar uma roupa adequada, calçados combinando, joias e acessórios, e também que não se esquecesse de preparar a banheira. Queria ficar relaxando em águas perfumadas; desejava estar linda, como pedira seu marido.

Na Inglaterra, o coronel não via as horas nem o dia passar. Ao lado de Josephine, os dias não tinham fim nem noites começavam. O bebê já estava querendo se levantar e era muito apegado a Frederick; estando no colo dele, não ia com mais ninguém.

As notícias eram desastrosas. Mais dois navios do barão foram bombardeados, e ele já não tinha mais credibilidade no mercado mundial. Josephine estava apavorada; implorou a Frederick que não a abandonasse, pois não sabia o que seria de sua vida.

Josef informou ao coronel Frederick que cuidasse dos bens que haviam sido colocados em nome de Josephine e que, se pudesse, transferisse o mais rápido possível outros imóveis que ainda não estivessem comprometidos em penhoras, enviando tudo com rapidez que ele mesmo iria pessoalmente até o barão a fim de pegar as assinaturas. A situação do barão era a pior possível.

Frederick leu para Josephine ouvir, e a moça empalideceu.

MARIA NAZARETH DÓRIA ditado por LUÍS FERNANDO (Pai Miguel de Angola)

– Meu Deus! Estamos na miséria? Foi isso que entendi? Meu marido está perdendo tudo? Frederick, por favor, faça alguma coisa por mim e por nosso filho! Como vou viver uma vida sem dinheiro, vida esse que nem imagino como seja?
– Tenha calma! Você jamais viverá essa vida! Estou aqui para cuidar de você e de nosso filho. E o que você possui em seu nome lhe garante uma vida razoavelmente boa e tranquila pelo resto dos seus dias! Claro, se souber administrar.
– Eu, administrar? Não sei nem o que tenho! Não faço a menor ideia do que me pertence nem de como cuidar disso.
– Tenha calma. o barão me passou a lista de bens que estão em seu nome. Também tem dinheiro guardado. Esse nós vamos fazer a transferência imediatamente, porque você, sendo casada, eles podem exigir que você pague pelas dívidas do seu marido. Vamos transferir rapidamente para o meu nome, se é que você confia em mim; algumas propriedades para o nome de Josef, se você também confiar nele, e tudo isso para resguardar sua segurança. O complô contra o seu marido não vem de pessoas pequenas e o plano é certeiro; quem está no comando sabe muito bem o que está fazendo, embora ainda não se saiba de onde vem. O pior é que, segundo consta em todos os relatos, o barão nunca prejudicou ninguém, nunca fez inimigos, e de repente ele está sendo vítima de um atentado. Alguém quer destruir o patrimônio dele, quer tirá-lo do mar.
– Por favor Frederick, cuide de nós; eu não tenho mais ninguém a quem recorrer a não ser você. E, quanto a confiar, eu confio em você, sim. Sei que quer o melhor para o seu filho.

Lise acompanhava o sucesso do filho e se orgulhava dele. Só sentia que o pai não estivesse ali para dividir tantas glórias já alcançadas por Gilbert. Havia se tornado um homem respeitado e temido; era exigente e rígido com tudo o que fazia. Tinha derrubado várias facções criminosas, corrigindo muitos erros. Onde estaria o seu marido, pensava Lise. *Será que ele se curou daquele problema? E se ele não retornasse mais?* Já tinha lido sobre histórias de homens que se distanciaram da família exatamente pelo mesmo problema que o seu marido enfrentava; para um homem, muitos diziam que era preferível a morte. Ela relutava; ele pedira muito que nem no leito de morte revelasse para ninguém o seu segredo, mas já completava um ano que ele se fora, e poucas notícias dava. Sempre que escrevia a carta era direcionada a Silviano; ela sempre lia o que o seu marido escrevia, pois entregava apenas a carta, sem envelope, dizendo que viera direcionada a ele.

Gilbert não perguntava muito do pai; apenas uma tarde que estavam todos na fazenda, e o filho de Elizabeth caminhando atrás de uns pintinhos, com Silviano rindo como se aquele fosse o maior espetáculo da terra, pensava Lise, o filho a tirou dos pensamentos:

– Mãe, o meu pai em suas cartas não fala quando voltará? Já faz um ano, não, que se foi? Quando partiu, o meu sobrinho era um bebezinho, e olhe aí: já caminhando! Olhe a barriga de Rossana. Por esses dias está chegando o nosso herdeiro, e nada de ele voltar!

– Pois é, pra mim ele não comenta o seu retorno. E para você, Silviano, ele não disse nada? – perguntou Lise, sempre jogando palavras no ar como quem não quer nada.

– Não senhora! Apenas tratamos dos negócios; ele não me informou quando estará de volta – respondeu Silviano.

Gilbert chegou mais perto da mãe e falou baixinho:

– É engano meu, ou a senhora não suporta o marido de Elizabeth?

– Não é engano não! Nunca aprovei esse casamento e vou lhe dizer uma coisa: esse boiadeiro enganou o seu pai, a sua irmã, e espero que não o contamine, pois a mim ele nunca enganou! É um estúpido que ainda carrega nos pés o cheiro provocado pelo couro do boi; não tem cultura nenhuma. Não consigo respirar o mesmo ar que ele, por isso faço questão sempre de me retirar de perto dele.

MARIA NAZARETH DÓRIA ditado por LUÍS FERNANDO (Pai Miguel de Angola)

– O Josef me falava dele como se fosse o melhor homem do mundo, e que aprovou o casamento dele com a mãe, porque o boiadeiro era de sua confiança.

– E será que ele sabia da vida da mãe dele com esse boiadeiro? Quando Sophia morreu, ele não dormia mais com ela, passava as noites fora de casa, vivia se deitando com todas as mulheres de má fama, e isso toda a criadagem sabia. Ela vivia sem saber nem onde pisar. Acho que foi por isso que caiu daquela maldita escada. Não se aguentava mais de pé. E outra coisa... Posso confiar em você, meu filho?

– Claro que pode, minha mãe! Preciso ficar a par de todos os acontecimentos a fim de averiguar os fatos.

– Desconfio de que sua irmã se entregou a ele enquanto Sophia estava conosco em viagem. Ele retornou de uma viagem de meses; só Deus sabe para onde ele foi. Tudo é segredo entre ele e seu pai. Por infelicidade, ela nem chegou a vê-lo; caiu ali na nossa frente, e foi um horror que não consigo apagar da minha mente. Logo Elizabeth se declarou apaixonada e com casamento marcado às pressas. Meu neto nasceu enorme, forte com um touro, e eles nos convenceram de que o seu sobrinho nasceu de sete meses. Deus me perdoe, mas acredito que ele nasceu de nove meses, e Sophia ainda estava viva quando ele foi concebido.

– Minha mãe, eu custo acreditar que Silviano teve a coragem de afrontar meu pai. Ele não seria capaz. E Elizabeth, uma moça educada e de família, jamais faria isso sabendo que ele era um homem casado e com uma pessoa que era considerada da família. Acredito que essa sua mágoa contra o boiadeiro é porque vocês eram muito amigas; até entendo. Mas imaginar isso dele e da minha irmã, acho que a senhora está enganada.

– Tomara, meu filho! Porque, para mim, é de fato muito difícil aceitar esse homem como naturalidade. Ele envenena o seu pai, e chego a acreditar no que falam por aí: que ele enfeitiçou o seu pai, pois ninguém tem tanto domínio sobre ele quanto esse boiadeiro. Os dois vivem de segredos; seu pai sempre se gabou em dizer que entre eles não existem segredos.

— Eu não encontrei nada nesse rapaz que o desabone; simplesmente ele não é e jamais será um nobre como a senhora desejava, mas tem muito mais dinheiro que muitos nobres que eu conheço. A senhora deve estar é sentindo falta do meu pai; um ano não é brincadeira! Vou escrever a ele pedindo que volte, que ele deixou uma mulher à sua espera. Prometo que vou trazê-lo.

Frederick e Josef correram em resgatar tudo o puderam para salvaguardar o patrimônio de Josephine. As coisas decaíram de tal forma que o barão não via mais nenhuma chance de se erguer. Sentindo-se muito mal e derrotado, ainda lutava para descobrir de onde tinham vindo tantas desgraças em sua vida.

Frederick estava chegando perto de descobrir as raízes daquela infâmia toda que derrotara o barão. Era o fim de um império que de uma hora para outra desabara. O barão fora pego de surpresa; uma grande máfia se unira para acabar com tudo o que ele construíra ao longo de sua história.

O barão retornou da Grécia. Não se levantava mais; estava sendo cuidado por um enfermeiro. Não era mais capaz de sair da cama, sendo rodeado por todos os cuidados médicos. Uma tarde, ele chamou o amigo e pediu que cuidasse de Josephine e de seu filho; sabia que estava prestes a partir. Assinou uma procuração dando a Frederick todos os direitos a responder por ele.

Frederick se empenhou em contratar grandes especialistas em investigações e recebeu uma mensagem avisando-o que se preparasse para grandes surpresas; o mistério estava para ser revelado. Fosse quem fosse o inimigo mortal do barão, realmente ele conseguira acabar com o império construído com orgulho e muito trabalho.

Antes que o informante chegasse à Inglaterra, era uma tarde morna pela chegada da primavera, o conde estava sentado na varanda de sua luxuosa casa. Ao seu lado estavam Josephine e Frederick, e o pequeno brincava no meio deles. O barão colocou a mão no coração e tombou para o outro lado. O médico foi chamado às pressas, mas era tarde demais; ele tivera um infarto. Após todas as providências do enterro, Frederick estava com uma procuração do próprio barão para assumir seus negócios, e tudo o que ele mais queria era descobrir quem estava por trás de toda aquela armadilha.

Josephine agarrou-se ao coronel em prantos.

– O que será de minha vida? Não sei viver sozinha, vou morrer também.

– Acalme-se! Eu estou aqui e não a deixarei sozinha; vou cuidar dos seus negócios e não sossegarei enquanto não descobrir essa infâmia que levou o barão à morte. Porém, há um detalhe muito importante. Você terá que decidir: ou fica comigo como minha mulher ou me dispensa de sua vida para sempre; sairei de sua vida e nunca mais quero vê-la. Amo você, Josephine! Jamais disse isso a mulher nenhuma, porém a você eu falo, porque é verdade: te amo, te amo e te amo! Você me enfeitiçou! E é um feitiço que me faz bem; não quero perder esse fascínio, esse encanto que me prende a você.

– Josef me convidou para que fosse morar com ele na Itália; ele nem imagina o que acontece entre nós, e você fala em ficar comigo como se tudo fosse fácil. Você tem uma família no Brasil a sua espera, e naturalmente os seus negócios; não quero em hipótese alguma voltar ao Brasil. Segundo os meus advogados, e falaram isso na sua presença, eu e meu filho estamos assegurados; temos com que viver por toda nossa vida. Meu filho herdou o título do pai, é um barão, e todos os bens que estão disponíveis, que você e Josef asseguraram para nós, acho que dá para vivermos em qualquer lugar do mundo em paz e mantermos o nosso padrão de vida. Só preciso de você e do Josef para administrar tudo isso.

– Josephine, você não me deu a resposta sobre a pergunta que lhe fiz! Você quer ficar comigo ou não? Quer ser minha mulher ou não? Administrar os seus bens não será tarefa

CULPADOS *ou* INOCENTES?

difícil para mim, desde que estejamos juntos; caso você decida seguir seu destino por outros caminhos, passarei toda a responsabilidade ou a você ou a quem você indicar, e vou desaparecer para sempre de sua vida. Não quero e não preciso ser o seu administrador! Administrarei os seus bens e lhe darei proteção, a você e ao seu filho, se passarem a ser a minha família. Não quero mais ser seu amante.

Josephine, abraçando-o, respondeu:

– Nunca pensei que fum dia fosse lhe dizer isto: eu te amo! Quero me casar com você! Quero ficar com você! Mas, por favor, no Brasil não! O meu amor por você é verdadeiro; nunca senti falta de ninguém na minha vida. E no tempo que fiquei longe de você estive cercada de várias pessoas e, não nego, muitos homens que se arrastaram aos meus pés, mas era em você que eu pensava; era você que eu desejava e é você que eu amo. Nunca tive outro em meus pensamentos e, além da obrigação que tinha com o meu marido, nunca estive com outro homem a não ser você.

– Vamos resolver nossas vidas; não ficaremos na Inglaterra, porque o barão estava sendo muito visado. A vida dele estava aberta aos inimigos e pode ser perigoso para você e o pequeno Frederick. Também não iremos ao Brasil. Além de você não gostar desse país, eu também tenho motivos óbvios para não querer me manter por lá com você. Vamos pensar em outro país para nos estabelecer; nosso filho não pode ficar andando de país em país, sem morada fixa; atrapalha o desenvolvimento dele.

Uma semana depois da morte do barão, um mensageiro veio ao encontro do coronel pedindo que o acompanhasse até um hotel luxuoso. Alguém queria vê-lo com urgência; era algo extremamente grave e ele não poderia deixar para o dia seguinte; era de fato uma emergência.

O coronel avisou a Josephine que iria a esse encontro. Deixou-a em casa com o pequeno Frederick, pedindo que ela não se ausentasse; pela sua experiência de vida, algo lhe dizia que era preciso tomar cuidado com a segurança dos

– 317 –

dois. Prevenindo-se, ele tinha contratado um agente secreto recomendado por amigos ligados à coroa real. Precisava investigar sua segurança e o que de fato estava acontecendo em relação ao barão.

No apartamento luxuoso, o correspondente contratado pelo coronel estava sentado à sua espera. Sobre a mesa havia uma grossa pasta.

– Sente-se, por favor, marquês. Temo que as informações que vou lhe transmitir vão lhe causar grandes comoções, mas é o meu dever adverti-lo sobre todos os acontecimentos. Por favor, tome alguma coisa para relaxar. Aceita?

– Sim, aceito e estou pronto para receber todas as informações, desde que sejam confiáveis. Precisava desvendar esse enigma que levou o barão à morte e suas empresas ao caos.

– Bem, marquês, aceitei esta investigação pela amizade que tenho com as pessoas relacionadas ao seu círculo de amizade. O senhor e o seu genro são os maiores importadores de couro e de café do mundo, sem dizer que são os melhores, e a Inglaterra consome muito dos seus produtos. Atendendo ao pedido de um nobre ligado à coroa da Inglaterra, abracei esta causa. Demorei com as investigações porque não foi fácil chegar à fonte, mas desvendamos o mistério. Não vou fazer rodeios: o senhor é um homem de posição e consciência elevadas para compreender o que vou lhe passar. Toda a demanda foi programada pela alta cúpula brasileira, tendo à frente o embaixador Gilbert, que, segundo consta em investigações confiáveis, é seu filho. Porém, o meu chamado de urgência para vir até aqui não está relacionado ao que acabo de lhe informar, e sim ao que poderá acontecer nestes próximos dias se não tomarmos providências urgentes. O senhor deve ajudar na retirada imediata da viúva do barão e do menino da Inglaterra, para qualquer lugar do planeta em um sistema de segurança, e já montamos o esquema que só falta o senhor aprovar. O menino deve ser levado com duas mulheres que cuidam dele, e a governanta da senhora Josephine, a mãe,

CULPADOS *ou* INOCENTES?

não poderá acompanhá-lo no mesmo trajeto, mas seguirão separados. Aconselho o senhor a acompanhar a viúva. Todos estão correndo perigo de vida; eles planejam sequestrar o menino e, com isso, aniquilar a mãe, fazer com que ela entregue todos os bens que lhe restaram, e não sabemos depois o que pretendem fazer com mãe e filho, inclusive com o senhor.

O coronel tremia; sua cabeça parecia que ia estourar.

– Tome um copo de água, marquês, e acalme-se! Neste momento, a casa da viúva está sendo protegida. Coloquei seis homens da mais alta confiança, preparados para assumir qualquer ataque. Serão eles que acompanharão o menino e as mulheres no esquema que montamos para despistar os inimigos. Inclusive o pediatra que cuida do garoto está envolvido na máfia, tendo sido a maior fonte de informação contra o barão. Seu filho e ele têm conhecimento de sua ligação com a senhora Josephine.

Frederick sentiu que tinha algo como uma bomba dentro da cabeça; não estava acreditando no que acabara de ouvir.

– E para onde você me aconselha levar o menino? E que garantias me dá de que não está também envolvido nessa máfia?

– Marquês, não vou me ofender porque sei o que está sentindo, aliás, acho que a ficha ainda não caiu para o senhor! Mas posso lhe adiantar que o maior bandido dessa história não sou eu! Estou aqui para ajudar a salvar a vida de um inocente. E peço que, por favor, o senhor se acalme, para que possamos traçar os planos de retirada de todos vocês da Inglaterra em segurança. O senhor tem grandes contatos e grandes negócios secretos na Colômbia; descobrimos isso também. É um país pouco procurado, por não estar na linha da nobreza; não iriam pensar que mãe e filho iriam viver em um país como a Colômbia. Assim, quando o senhor tiver certeza de que todos estão bem, será sua vez de ir ao encontro do seu filho; também já temos um plano que vai beneficiar a todos. Há muita gente importante envolvida nessa máfia;

– 319 –

MARIA NAZARETH DÓRIA ditado por LUÍS FERNANDO (Pai Miguel de Angola)

se prepare e iremos instruí-lo, se assim desejar, sobre como destruir, e de vez, essa erva daninha antes que possa matar mais pessoas inocentes, levando milhares de pessoas à miséria. Trabalhadores perderam o emprego, e a economia de muitos países sofrerá as consequências da ira dessa máfia infame cuja figura central é o embaixador brasileiro. Não temos tempo a perder; volte e converse com a viúva do barão, arrume o que precisa levar sem causar suspeitas; terão documentos comprovando suas novas identidades. Não se comuniquem com ninguém da Itália nem do Brasil; o senhor foi muito cuidadoso ao tratar do casamento da filha do conde italiano com o irmão de Josephine. O embaixador desconhece quem ele seja, porém, esse rapaz será o próximo na sucessão de vingança, caso o senhor não arranque a raiz de tudo isso.

O coronel retornou à luxuosa residência do falecido barão e encontrou Josephine preocupada. Ela contou para o coronel que o pediatra do menino queria vê-lo dali a dois dias; o motivo é que iria viajar, mas, antes, queria avaliar a saúde do pequeno. Frederick então colocou Josephine a par da situação, do perigo que ela e o filho corriam; contou tudo, menos que era o embaixador do Brasil, ou Gilbert, seu filho, o causador de tudo. Josephine ficou apavorada; nunca passara pela sua cabeça que poderia morrer de forma brutal, e seu instinto maternal gritou mais forte dentro dela. Antes de perder o filho, ela morreria primeiro.

— Vou para qualquer lugar do mundo onde possa ficar segura com o meu filho! — implorou ela.

— Fique tranquila, já esquematizei tudo. Vocês seguirão em segurança para um país onde essa máfia não tem ligações, tampouco desconfiam de que tenho ligações com pessoas importantes de lá. — E consigo mesmo pensou: *Realmente, dentro de dois dias esse pediatra vai viajar para um lugar sem volta! Ele e outros.*

Em segredo, o pequeno Frederick foi entregue aos cuidados das amas e da governanta, que eram leais e de confiança. Recebeu um registro com o nome de Andrés, filho de

Sara Garcias e Salvatore Garcias. Assim que o coronel teve certeza de que o menino embarcou em segurança, foi a vez de Josephine. Vestida com roupas largas e coloridas, lenço na cabeça cobrindo parte do rosto, viajou para a Colômbia com o nome Sara Salvatore. Frederick prometeu a Josephine que faria de tudo para o mais breve possível se encontrarem e ficarem juntos como marido e mulher, formando uma família de verdade.

O marquês foi instruído a escrever uma carta. Esta seria enviada por um correspondente que se deslocaria até a Itália levando instruções para Josef e a família. Eles deveriam se manter na Itália; estavam seguros lá. Apenas que não enviassem nenhuma correspondência ao Brasil. Deveriam seguir as instruções que tinham sido enviadas por ele. O conde foi notificado dos últimos acontecimentos. Deveriam agir como se nada estivesse acontecendo. Até segunda ordem do marquês, os dois eram amigos e tinham interesses em comum.

Tudo acertado, Frederick pôde embarcar em segurança para o Brasil, preparado para enfrentar o próprio filho, um traidor da pátria. Seria uma carnificina; preparava-se para liquidar inclusive com ele.

Enquanto isso, no Brasil, Gilbert tomava um drinque e examinava cuidadosamente a papelada que acabara de receber. O mesmo jovem que lhe trouxera as primeiras conclusões de suas buscas naquele processo estava sentado à sua frente, esperando por suas palavras.

– Ótimo! Você não poderia me dar notícia melhor! Então o velho barão não suportou o baque da caída do seu império e sofreu um infarto, vindo a falecer! E sua esposa e o filho se encontram na Inglaterra? Era tudo o que eu precisava saber; vamos dar uma volta e cercar a viúva. Temos que aproveitar todas as oportunidades; agora é um momento muito bom

MARIA NAZARETH DÓRIA ditado por LUÍS FERNANDO (Pai Miguel de Angola)

para você entrar em ação. Vou lhe passar os novos planos; não perca tempo para executá-los. Vou recompensá-lo como sempre! Que tal a fazenda que você me disse que sempre sonhou em ter na sua terra natal, a Holanda?

– Meu Deus! Vou realizar o meu sonho! Meu pai, sua esposa e meu irmão adotivo Hernandez vão enlouquecer! Meu irmão nasceu aqui no Brasil em uma fazenda; meu pai era viúvo, veio ao Brasil a negócios e retornou à Holanda casado com a minha madrasta, adotando o filho dela. Ele era muito pequeno, mas não esqueceu a fazenda onde nasceu e viveu, sempre sonhando em ter uma fazenda como aquela. Realizar os sonhos deles não tem preço.

Após receber todas as novas instruções, o rapaz se despediu e foi embora. Gilbert tocou a sineta e a secretária entrou correndo.

– Peça para levar flores a minha esposa com este cartão: *Aceita jantar comigo hoje? Passo às 20 horas. Esteja como sempre linda e perfumada... seu apaixonado esposo.*

A moça olhou o cartão e, mais uma vez, invejou aquela esposa de tanta sorte: linda, rica e amada por um homem daqueles... Imediatamente chamou o rapaz que servia ao embaixador e disse-lhe:

– Vá correndo à florista; ela já sabe quais são as flores preferidas da senhora embaixatriz. Entregue pessoalmente em sua residência. Aqui está o cartão; siga sem perder tempo!

Rossana, olhando para o filho que estava no colo da ama de leite, disse para si mesma: *Sou a mulher mais feliz deste mundo! Tenho um marido apaixonado que se importa comigo.* Chamou sua governanta e pediu:

– Prepare um traje adequado para mim, calçados combinando e acessórios. Mande preparar o meu banho no mesmo horário; preciso estar pronta e linda às vinte horas. Meu marido, como sempre, é pontual em tudo e vai passar para me levar a um jantar de gala; ele não perdoa atrasos, nem mesmo em se tratando de sua mulher. Sinceramente? Sinto muita falta de minha irmã e do meu pai, porém, o meu consolo é que o meu marido é tudo para mim; ele é um homem muito ocupado, trabalha muito. A minha irmãzinha se casou e eu não conheço o meu cunhado! O tempo passa tão depressa! Meu pai está desanimado; agora que casou as duas filhas, segundo Gina, não quer mais sair do Castelo pra nada!

– A senhora nasceu em um castelo? – perguntou a governanta encantada.

– Sim, eu e minha irmã nascemos e crescemos em um castelo. A minha irmã Gina se casou e continua morando lá com o seu marido e o meu pai; às vezes tenho inveja dela, pelas saudades que sinto de nossa casa. O que me dói mesmo é essa distância. Sei que ele é filho de pessoas amigas do meu sogro; segundo o meu pai, ele é um rapaz excelente! Quem sabe no próximo ano iremos até lá.

Na Colômbia, seguindo todas as orientações do coronel, o pequeno Andrés e sua mãe estavam bem instalados; apenas as três mulheres sabiam quem era ele.

O coronel chegou ao Brasil e foi recebido com festas e pompas pelos familiares e amigos. Ele sabia que estava cercado de inimigos por todos os lados. Gilbert, demonstrando naturalidade, em pleno jantar em família comentou:

– O senhor precisa ficar a par de algumas novidades que nos chegou; naturalmente que isso não pesa em nada sobre nós, apenas para que fique sabendo, se é que ainda não sabe! O barão, cunhado de Josef, afundou com os seus navios! Pelas notícias, ele foi à falência total e não suportou a queda, vindo a falecer. Quanto a Josef, fiquei sabendo através de amigos em comum que ele se mudou da França; não se sabe o seu paradeiro.

O coronel, olhando fixamente para o filho, respondeu:

– Tínhamos alguns contratos com as empresas do cunhado de Josef, o falecido barão. Como é que ficaram, Silviano?

– Ainda não fomos atingidos; continuamos a entregar nossos produtos, especialmente o couro, e como recebemos uma parcela antecipada não temos nada a reclamar. Conforme você ouviu do embaixador, a situação de fato é delicada; não sabemos como vai ficar ou quem assumirá as empresas do barão.

Silviano olhava para o coronel, tentando se manter calmo. Ali na mesa surgiram vários assuntos. Frederick, não conseguia desprender os olhos do filho; ele era frio e calculista, pensava o pai. Lise parecia mais velha e abatida; Frederick sentiu pena dela. Não parecia mais aquela moça bonita e determinada que ele conhecera anos atrás, aliás, ele se sentia um estranho entre todas as pessoas que cercavam aquela mesa.

Após o jantar, Silviano lhe passou todas as informações sobre os negócios que tinham em sociedade e lhe pediu que, se possível, conversasse com ele em particular, longe dos seus familiares. Marcaram para sair no outro dia logo cedo, com o pretexto de apresentá-lo aos novos e nobres clientes.

Gilbert bebericava um fino licor e o ofereceu ao pai dizendo que era novidade, que ganhara uma caixa de presente e levara uma garrafa para ele experimentar. Frederick provou e respondeu:

– Tem razão! Acho que nunca experimentei um licor com este sabor e suavidade! Onde é fabricado?

– Holanda! Eu também desconhecia essa proeza! – E, olhando para o cunhado, falou em tom de deboche: – O que acha, boiadeiro?

Silviano, respondeu:

– Eu conheço mesmo é uma boa cachaça! Mas o seu licor tem gosto bom.

CULPADOS *ou* INOCENTES?

– Como está sua vida como embaixador do Brasil? Muito trabalho, muitas decisões a tomar? Fale um pouco do seu trabalho. Não deve estar sendo fácil colocar rédeas em alguns acordos entre o Brasil e alguns países que são persistentes e resistentes em não abrir mão de algumas vantagens que só beneficiam o lado deles – disse o coronel.

– De fato, tenho enfrentado muitas barreiras, porém tenho conquistado muitas coisas boas, que vêm impulsionando a queda de alguns impérios que atuavam contra nós. Além disso, tenho aberto muitas portas que eles fecharam; a exportação e a importação estão começando um novo ciclo de vida para o progresso do Brasil. Alegrou-me e me honrou muito tê-lo entre nós em um momento tão importante de minha vida: vou ser condecorado por reconhecimento de minha atuação como embaixador do Brasil. Foi preparada uma grande comemoração com chefes de estado brasileiros e estrangeiros, e todos os nobres foram convocados para esta grande festa. O senhor é o responsável por todo esse sucesso, quero que esteja do meu lado.

– Você não imagina como me sinto honrado por você, afinal, ter um filho como você não é para qualquer um. Sabe me dizer quais são os países que virão homenageá-lo? – perguntou o marquês.

– Ainda não me passaram a lista; alguns países estarão de fora, por motivos de ordem interna, mas que vamos trabalhar. No futuro quebraremos qualquer mal-estar entre alguns países que ainda estão ressentidos conosco; é questão de tempo.

– Entendo. Em tão pouco tempo atuando como embaixador, você já fez muitas conquistas, parabéns.

Após as despedidas de praxe, todos se recolheram, e o coronel foi até o quarto de Lise. Esta estava vestida como estivera no jantar, sentada em sua poltrona próxima à janela. Ao vê-lo entrar, ela não esboçou nenhum espanto, apenas ficou olhando para o marido por alguns instantes.

– Lise, como está? – perguntou o coronel, aproximando-se dela.

MARIA NAZARETH DÓRIA ditado por LUÍS FERNANDO (Pai Miguel de Angola)

– Eu continuo viva e fingindo que tudo está bem; descobri que, quando mentimos para nós mesmos, com o tempo passamos a acreditar em nossas próprias mentiras. Minto diariamente dizendo que sou casada, que tenho dois filhos, dois netos e sou feliz. Ao mesmo tempo, olho a minha volta e descubro que os meus filhos não querem saber o que penso, ou o que sinto; não se importam comigo, vivem suas vidas. O meu marido é como um personagem de um livro de histórias, ele não é real.

Pela primeira vez em sua vida, o coronel foi sincero com aquela mulher: sentou-se perto dela e, pegando suas mãos, disse-lhe:

– Lise, me perdoe. Nunca mereci estar do seu lado; passei minha vida brincando de viver e descobri que a vida não é uma brincadeira! Arrastei você aos piores caminhos sem nada lhe oferecer de bom e verdadeiro. Não sei o que lhe dizer, Lise; não sei o que fazer por nós dois! – Abraçou-se a ela e, pela primeira vez, derramou lágrimas de verdade.

Os dois choraram juntos, permanecendo abraçados por alguns minutos. Foi o coronel quem falou primeiro:

– Lise, se eu pudesse voltar no tempo, nossa história não seria essa que estamos contando um para o outro, mas não quero um final infeliz para nós, Lise! Por favor, vamos reagir e recomeçar uma nova caminhada; não me odeie! Eu lhe peço, por tudo o que vivemos de bom: não me odeie!

Ela esboçou um sorriso e respondeu:

– Não se preocupe, Frederick. Não estou lhe cobrando nada. Honestamente? Não tenho mais nenhuma expectativa de recomeçar nada; gostaria de fechar os meus olhos e descansar; gostaria de esquecer o que vivi, quem fui e quem sou. Não quero que me fale nada sobre sua vida, o que fez ou o que deixou de fazer. Não se ofenda, mas gostaria de continuar dormindo sozinha; já me acostumei. O quarto de hóspede aqui de lado está sempre arrumado; por favor, vá dormir lá sossegado e me deixe ficar aqui no meu canto apreciando a escuridão da noite. Aprendi muito olhando para o escuro e de

– 326 –

CULPADOS ou INOCENTES?

vez em quando vendo o reflexo de uma luz perdida nesse espaço misterioso. Penso que assim será a minha vida quando me for, apenas a escuridão e de vez em quando talvez algum reflexo da minha lucidez, como a luz que até me assusta de vez em quando, embora o silêncio da escuridão acalme a minha mente.

– Lise, você está doente? – perguntou o coronel, sensibilizado.

– Não sei! Sinceramente não sei responder. Não me envolvo com mais nada; nunca mais fui à fazenda nem tenho vontade de voltar lá. A minha vida é dormir, acordar, comer, ouvir os outros falando de coisas que já não entendo e mais nada; talvez até esteja doente. Não existo mais, nem para os outros nem para mim mesma – respondeu ela.

O coronel ficou mais um tempo conversando com a esposa e pediu para ficar mais um pouco no quarto, até que todos estivessem recolhidos. Não queria que saíssem comentários sobre eles dois. E que ela pedisse a sua mucama de confiança que cuidasse do dormitório onde ele iria dormir e falasse para ela que tinha se acostumado a dormir sozinha na cama; que ficava com ele até a hora de dormir, depois cada um ficava em uma cama confortável e à vontade. E que ela não comentasse com mais ninguém. Deixou combinado que todas as noites viria ficar nos aposentos do casal, até que a casa estivesse em silêncio. E, para os filhos e amigos, deveriam agir como um casal normal.

Aquela noite foi muito difícil para Frederick fechar os olhos. Trancou a porta por dentro, pois não podia confiar em seu filho. E se ele tivesse encomendado a sua morte? Precisava ter calma e paciência para não deixar transparecer o que sabia.

No outro dia cedo, o coronel levantou-se e fez questão de ir até os aposentos do casal. A criadagem já estava circulando pelos corredores e deparam com ele saindo do quarto, tomado banho e barbeado. E naturalmente que já saíram cochichando a respeito da volta do senhor ao quarto da sinhá.

– 327 –

MARIA NAZARETH DÓRIA ditado por LUÍS FERNANDO (Pai Miguel de Angola)

Todos sentaram-se para o desjejum; o menino foi trazido pela mucama para os avós o abençoar. Frederick levantou-se e pegou o neto no colo. Lise ficou surpresa; o coronel nunca tinha pegado os filhos no colo!

– Este nosso neto é lindo, não, Lise? E como é esperto! – disse o coronel.

Elizabeth ficou orgulhosa e emocionada; o pai demonstrava amor por seu filho, bem diferente da avó e do tio. Eles mal olhavam para o menino e com isso ela sofria muito; já tinha decidido que, com a volta do pai, ela iria embora com o marido e o filho. Silviano tinha negócios espalhados por todos os estados brasileiros; ela já tinha escolhido a cidade em que queria morar e Silviano concordou. Só dependia da volta do seu pai. O marido sempre fora humilhado por Lise, que nunca aceitara o seu casamento, e Gilbert sabia o quanto ele era competente nos negócios, inclusive era quem cuidava dos interesses da família. Porém, o cunhado nunca deixou de tratá-lo como um escravo que enriqueceu.

Após o desjejum, Silviano avisou para a esposa que estaria com o coronel; eles teriam muitos assuntos a tratar e só voltariam para o jantar, que ela não se preocupasse com eles.

Elizabeth, abraçando o marido, respondeu:

– Vá tranquilo, meu amor, eu sei com quem me casei! Não temos nenhum motivo para desconfiarmos do nosso amor; cuide do meu pai, ele me parece cansado.

– Cuidarei sim! E você cuide do nosso filho, que é nosso maior tesouro. Estarei cuidando do nosso futuro.

Lise ficou em silêncio, apenas ouvindo. O coronel aproximou-se dela e, beijando sua fronte, falou:

– Você, minha querida, fique tranquila estarei tratando dos nossos negócios ao lado do nosso genro, e tive uma ideia. Se vocês aceitarem o meu convite, gostaria que jantássemos fora; convide por favor nosso filho e esposa, é bom sairmos um pouco em família. Acredito que Lise tem saído pouco.

Elizabeth olhou para Silviano, e eles dois se entendiam pelos olhos. Então respondeu:

– Tudo bem, papai. Vamos mandar um mensageiro até Gilbert, vamos nos reunir em família. De fato, a minha mãe nunca mais saiu. Ela se recusa em nos acompanhar, mas, com sua chegada, aqui sei que tudo vai mudar.

A sós com o coronel, Silviano lhe disse:

– Antes de ser meu sogro, você é meu amigo. Temos um trato de não escondermos nada um do outro, e o que tenho para lhe passar não é nada agradável. Dói muito em mim lhe passar o que não posso esconder. Vamos tomar um drinque, e aí vou criar coragem de lhe passar o que para mim vem sendo um martírio. Frederick, as coisas por aqui não andam bem! Como você sabe, sempre tivemos nossos informantes e correspondentes espalhados dentro e fora do Brasil. Já há algum tempo fui advertido por eles: Gilbert me investiga os passos; acredito com sinceridade que ele colocou espiões em meu encalço, e não é desconfiando dos negócios, não. É tentando descobrir algo sobre você, e esse algo temo que seja Josephine! Não acredito que ele o tenha perdoado por ter se envolvido com o barão e ter aceitado esse título de nobreza. Ele falou claramente na minha frente que jamais aceitaria esse título como herança vindo de você, porque saiu de um poço de lama. Seu prestígio entre os nobres caiu pela metade graças ao seu filho, que faz o possível para se colocar diante de todos mostrando que nossos métodos estão errados. Ele já me complicou muito e honestamente eu não via a hora de vê-lo aqui em segurança entre nós. Eu e Elizabeth já conversamos e decidimos: vamos embora, já temos a nossa casa bem instalada e com tudo do que vamos precisar, e especialmente vamos ter algo que não se compra: paz! Seu filho viaja muito e vive recebendo pessoas de vários países, em particular um grupo de holandeses que na minha opinião são mafiosos. Não me leve a mal, mas creio sinceramente que a morte do barão tem algo a ver com Gilbert e aqueles holandeses. Eu não queria pensar assim, mas é a minha conclusão, e acho que ele está preparando coisas piores contra a família do barão, no caso Josephine e o filho, e talvez você esteja incluso na ira dele.

MARIA NAZARETH DÓRIA ditado por LUÍS FERNANDO (Pai Miguel de Angola)

– E quem são esses holandeses? Algum nome em especial? – quis saber Frederick.

– Um tal de Dinozeth, que é um sujeito bem apresentável, muito jovem e cheio de astúcia, simpático, não levanta suspeita. Porém, tenho fontes seguras de que ele e o embaixador trocam muitas informações. O licor que ele lhe ofereceu foi presente desse holandês. Quero adverti-lo, meu amigo, e pode ser um alarme falso, mas é aconselhável você ficar atento, se prevenir, pois seu filho pode ter descoberto sua ligação com Josephine e talvez queira se vingar dos dois.

– Silviano, jamais confiei tanto em alguém como confio em você. Vou lhe contar tudo a respeito do que descobri sobre meu filho. É muito mais grave do que possa imaginar, e como sempre preciso de sua ajuda. Antes de embarcar fiquei sabendo que o tal holandês Dinozeth, o médico do filho de Josephine, dois advogados e mais três pessoas envolvidas com eles morreram em um atentado, e que as autoridades inglesas ainda não têm pistas do ataque. Possivelmente Gilbert não esteja sabendo, pois até se concluírem as investigações locais as coisas devem ser mantidas em segredo. Ele deve sim estar ansioso por uma notícia, que não vai chegar como ele tinha planejado. O sequestro do filho de Josephine, já faz alguns dias e ele ainda não sabe o que aconteceu, será o princípio do fim da carreira do meu filho. Infelizmente tenho que agir rapidamente, antes que ele faça novas vítimas. Assim que terminar esse doloroso processo em nossas vidas, todos vamos estar livres para recomeçar nossas vidas em qualquer lugar.

Após ouvir os planos do coronel, Silviano indagou:

– E sua mulher, o que fará com ela?

– Essa ainda tem alguns parentes na França; farei de tudo para que ela possa viver bem ao lado dos familiares, ou viver da forma que bem entender; terá o suficiente para se manter o resto de sua vida. Quanto a mim, vou me mudar para a Colômbia e refazer a minha vida ao lado de Josephine e do meu filho. E, se você quiser, poderá dividir comigo aquela imensidão de terras que temos por lá, ou continuarmos como sócios. Já somos Salvatore Garcias e Marcus Agostin.

– Esse plano é muito arriscado e perigoso, meu amigo! Como vai conseguir que o seu filho renuncie ao posto que ele agarrou de unhas e dentes? E ele é bem-conceituado no país. Você mesmo o ouviu: vai ser homenageado diante da nobreza por bons trabalhos prestados ao país – respondeu Silviano.

– Se tudo o que foi planejado não der certo, certamente morrerei e te peço: cuide de Josephine e do meu filho; não permita que Gilbert os alcance. Já temos um plano B, caso não aconteça o que planejamos. Josef e Gina também vão sair da Itália, ou serão os futuros alvos da ira do meu filho. Ele quer exterminar todos os que estejam ligados a Josephine – disse o coronel.

Os dois coronéis, além de tratarem de negócios e rever os amigos, acertaram outros detalhes do que estava previsto dali por diante.

– Hoje, no jantar, vou fazer algumas perguntas-chave para Gilbert. Fique atento as suas respostas – pediu o coronel – e cuide, por favor, de minha Elizabeth e de Lise, caso o plano não venha a dar certo.

À noite, toda a família se preparou para ir ao jantar promovido por Frederick. Ficou combinado de se encontrarem no local. O salão fora decorado e preparado com rigor para receber o embaixador e sua família. Tudo estava impecável; Frederick chegou com a família e foi conduzido por duas moças finas, educadas e elegantemente vestidas à altura deles.

– Por favor, se acomodem. Senhor marquês, estamos sua disposição. O que desejar é só pedir; aqui estão os servidores que foram convocados para atendê-los.

Frederick levou Silviano a um canto e, fingindo que apreciava uma obra de arte, falou baixinho:

– Sente-se ao meu lado, de forma que nós dois fiquemos de frente com Gilbert e de costas para a entrada do salão. Vamos pedir sorte aos céus.

MARIA NAZARETH DÓRIA ditado por LUÍS FERNANDO (Pai Miguel de Angola)

Dali a quinze minutos, chegavam Gilbert e a esposa, sendo recebidos com toda a pompa que exigia um embaixador. O proprietário veio agradecer a presença deles e deu boas--vindas ao coronel, lembrando que estava bem estabelecido naquela cidade graças a ele e que iria ficar ressentido se todos não aceitassem aquele jantar como oferta da casa.

O coronel, não demonstrando o quanto estava tenso, rindo respondeu:

– Então aceitamos a comida, mas a bebida pagaremos! Eu não abro mão de tomar um bom vinho que sei que você conserva aqui para ocasiões especiais. E hoje é um dia muito importante para todos nós. Há mais de um ano que não nos reuníamos em família! Então, esta noite é para comemorar o meu retorno, a minha volta à família, aos amigos e aos negócios! – respondeu o marquês.

– Que assim seja, marquês! Posso mandar servir o vinho? E as senhoras aceitam champanhe? – perguntou o homem, cheio de gentilezas.

– Por favor! Traga o melhor champanhe que você tiver na casa. E, quanto ao vinho, você me conhece: não tomo menos que duas garrafas durante um jantar, e só falo por mim.

Após a segunda taça de vinho servida a Gilbert, o coronel, olhando para o filho, perguntou:

– Tem tido muitos problemas com a queda da economia mundial? Algumas grandes empresas que lideram o mercado estão entrando em decadência, haja vista o que aconteceu com o barão. E os boatos a respeito das empresas dele não são nada satisfatórios. O que me preocupa, pois temos contrato de alto risco com uma de suas empresas. Caso venha à falência, teremos um prejuízo considerável.

– Não se preocupe; estamos tirando os velhos lobos do caminho. Nossa intenção é modernizar e ampliar a economia que sempre esteve nas mãos de meia dúzia; queremos investir em outros países, importar e exportar novos produtos, trazer de fora profissional de alto nível para dar apoio aos nossos projetos. No Brasil, não temos pessoas gabaritadas

CULPADOS *ou* INOCENTES?

para assumir cargos de representações comerciais. A prova disso é que na sua ausência muitos senhores não padeceram as consequências em seus negócios graças a sua preocupação em deixar um intérprete dando assistência a Silviano, que entende de negócios, mas não fala francês, inglês, espanhol, e isso, querendo ou não, prejudica as negociações. Uma coisa é você falar e ser entendido, e outra coisa é você não entender nem ser entendido. Desculpe, Silviano, mas é exatamente isso o que penso.

– Não há com que se preocupar, embaixador. O senhor está certíssimo! – respondeu Silviano, olhando para a esposa, que ficara com as faces rubras.

– Pois é, acho que de fato o Brasil está sendo e será dirigido por cabeças jovens com uma nova visão. Esperamos que no futuro os meus netos tenham orgulho do que você está programando hoje. Soube que já contamos com alguns profissionais estrangeiros atuando na Embaixada, e não apenas franceses e ingleses, mas temos também um grupo de holandeses, é verdade?

– Sim, é verdade! Estamos tendo êxito em muitos projetos trabalhados e desenvolvidos por eles – respondeu Gilbert, olhando para Silviano e pensando: *Claro, foi ele que deu com a língua nos dentes!*

Por mais de quarenta minutos, o coronel fez várias perguntas ao filho, que já estava perdendo a paciência, a ponto de propor um brinde lembrando que estavam ali para comemorar o retorno dele em família, e pediu que um músico tocasse para eles. Convidou a esposa e foi para a pista dançar, e como sempre, no sentido de humilhar o cunhado, disse:

– Por que não convida sua esposa para essa valsa? E você, meu pai? Minha mãe adora dançar!

Silviano respondeu ao cunhado:

– Se minha esposa fizesse questão, até me esforçaria para aprender, mas ela não exige isso de mim. A coisa mais importante em nossa relação não é dançar uma valsa.

Na pista, Gilbert comentou baixinho para a esposa:

– 333 –

MARIA NAZARETH DÓRIA ditado por LUÍS FERNANDO (Pai Miguel de Angola)

— Se não fosse pela minha irmã, daria um jeito facilmente nesse sujeito! Ele faz questão de me provocar; é insuportável! Não sei como o meu pai deposita tanta confiança nele.

Rossana então respondeu:

— Não lhe dê atenção! A sua irmã o escolheu como marido; temos que respeitar a escolha dela. Deixe-o de lado, meu amor, vamos aproveitar a noite.

Já passava da meia-noite. Estavam se servindo de sobremesas, todos sentados em seus lugares à mesa. Os músicos tocavam músicas clássicas a pedido de Gilbert; então, um grupo de homens encapuzados e todos armados entrou no salão na rapidez de um relâmpago, rendendo os músicos, as mulheres e os homens.

Um deles, falando espanhol, disse para os comparsas:

— Venham e amordacem o embaixador e o marquês; os dois serão levados conosco. Quanto aos demais membros da família, não nos interessam. Fechem as portas, apaguem os luzeiros, amarrem o boiadeiro bem amarrado e coloque ele em um lugar onde não possa se movimentar. Amordacem todos; coloque essa mensagem aberta próximo da esposa do embaixador, de forma que ela possa ler e entender o que está escrito.

Dez minutos depois, Rossana, amordaçada, lia a mensagem:

— Não faça alarme; se amanhã abrirem a boca para denunciarem o que houve esta noite, vão receber os dois corpos embrulhados. Fiquem quietos e atentos; não saiam de casa. Receberão notícias em breve.

Acomodados em finas carruagens estavam Gilbert e Frederick. Após algumas horas de viagem, foram levados em um barco e logo estavam sendo colocados em um navio em alto-mar. Foram retiradas as vendas dos seus olhos, ofereceram a eles água e café, e falaram que se tivessem necessidade de usar o toalete também seria permitido. Gilbert estava com dor de barriga e foi guiado por um homem. Mesmo vendado, foi levado até o banheiro.

Assim que o filho se retirou, o coronel perguntou em voz baixa:

– Está tudo sob controle?

– Sim! Fique tranquilo. Tudo saiu como planejamos e agora é só uma questão de horas para o senhor tomar o seu rumo e o seu filho, o dele.

Sentados lado a lado, Frederick encheu um copo de água e o ofereceu ao filho, que tinha as mãos amarradas. Colocou água na boca dele dizendo:

– Beba. Lembra-se de quando era crianças? Eu fazia isso. – Olhando para o filho, perguntou: – Tem ideia do que está acontecendo?

– Um sequestro! Simplesmente fomos sequestrados e logo vamos saber o que desejam de nós ou do Brasil, quem sabe? O senhor, que conhecia bem os navios do barão... Esta não será uma de suas embarcações?

– Sim, pertence ao barão. Olhe ali a sua marca! – disse o coronel apontando para uma das paredes do navio.

– Volto a perguntar: você tem ideia do porquê de termos sido sequestrados e para onde estamos sendo levados?

– Deve ser algo da organização do barão; morreu mas deixou vários aliados, inclusive Josef!

– Fale-me a verdade: você teve algum envolvimento com o barão? Se teve, meu filho, nossa sentença será uma só: morte na certa para nós dois!

– Por que me pergunta isso? Sabe de alguma coisa ligada ao barão?

– Muitas! Fui amigo dele; esqueceu quem me cedeu o título de marquês?

– O senhor chegou a se encontrar com ele antes de sua morte?

– Sim, estive com ele e sua família.

– Então, o senhor esteve com Josephine? É verdade que o senhor tem um caso com ela? Já eram amantes na França?

MARIA NAZARETH DÓRIA ditado por LUÍS FERNANDO (Pai Miguel de Angola)

– Então foi por isso que mandou matar o barão e quer me matar também? Usou o poder do seu cargo para destruir Josephine; será que o jogo não se virou contra você? Mandou sequestrar o filho de Josephine, e agora está aqui no lugar dele. Ah! O seu informante, aquele holandês, se não me engano chamado Dinozeth, está morto, assim como todos os seus outros contratados, incluindo o médico e os advogados contratados por você. A minha vinda ao Brasil foi exatamente para cortar a cabeça do monstro que concebi. Você não pisará mais em terra firme sendo embaixador do Brasil; você mandou afundar os navios do barão e um a mais ou a menos não fará diferença, ainda mais porque este está no seguro. Assim como todos os outros, o barão não era um tolo. Toda a sua frota goza de altíssimo seguro; Josephine ficou viúva e muito rica!

Apavorado, Gilbert olhou para o pai e falou alto:

– Pelo amor de Deus! O senhor não vai ter coragem de fazer isso comigo! Tenho um filho, uma esposa, sou seu filho! O que vai dizer a minha mãe?

– Não seja covarde! Conte-me como planejava acabar comigo. Se quisesse apenas me matar, já teria mandado fazer isso. O que pretendia fazer comigo? Quero conhecer o seu grau de inteligência e de maldade.

Gilbert baixou a cabeça e depois, olhando dentro dos olhos do pai, respondeu:

– Iria dar fim ao seu filho com Josephine! Iria acabar com ela sem que você pudesse fazer nada para salvá-los, depois queria fazer isso que estou fazendo agora: olhar dentro dos seus olhos e lhe dizer: eu te odeio! Queria vê-lo morrer, rir de sua cara e repetir várias vezes o quanto te odeio!

– E eu o amo, meu filho! Não sei dizer se somos culpados ou inocentes! Infelizmente aqui me encontro com você, meu coração apertado. Peço-lhe perdão e quero que saiba que não fui eu quem tomou essa iniciativa, e sim a organização que cuida de nós. Fique tranquilo; sua esposa e filho ficarão muito bem; sua mãe vai superar, e eu jamais vou esquecer que tive um filho que amei muito.

— Pois saiba que eu não sou um covarde! Morrerei de cabeça erguida, e sei que você jamais será feliz ao lado daquela ordinária que lhe virou a cabeça a ponto de me levar à morte. Quando estiver nos braços dela vai se lembrar de mim; tive a vida ceifada por causa dela. Você trocou o seu filho por uma cadela! Vai, baixe sua cabeça e siga adiante; saia daqui acreditando que é um homem forte e corajoso que arquitetou um plano infalível para livrar-se do filho.

Antes que o coronel desse a resposta para o filho, dizendo que ele não iria morrer, apenas não poderia retornar ao Brasil como embaixador, mas que sua família seria levada ao seu novo destino, entrara ou três homens na sala onde eles se encontravam.

— Está na hora, marquês! Vamos embarcar — avisou o homem que não usava mais máscara; dava para ver bem o seu rosto. Gilbert o olhou e estranhou; parecia um índio brasileiro. Porém, falava espanhol. Quem seria?

— Hora do quê? — perguntou o coronel, aproximando-se de Gilbert e protegendo o filho.

— Mudanças de plano, coronel! O senhor vai sair daqui agora, ou por bem ou por mal!

— E o meu filho? O que vão fazer com ele?

— Não sei! A ordem é levá-lo até o barco! — Antes que o coronel agisse, o homem colocou algo em suas narinas e, em segundo, ele tombou e dois homens entraram, conduzindo o coronel até a embarcação.

— O que fizeram com ele, seus crápulas! Eu sou um embaixador do Brasil! Vocês pagarão caro por isso!

— Olha só quem fala! O plano para matar seu pai naufragou, embaixador! Assim como este navio que daqui a alguns minutos vai começar a afundar, você vai para o fundo do mar e nossa conversa parou por aqui. Adeus, senhor embaixador! Boa viagem!

MARIA NAZARETH DÓRIA ditado por LUÍS FERNANDO (Pai Miguel de Angola)

A notícia do desaparecimento do marquês e do embaixador ganhou o noticiário falado de boca em boca. Os dias passavam e não havia nenhuma notícia a respeito dos sequestradores. Uma outra notícia se espalhava por terra e por mar: mais um navio de propriedade do barão afundara com sua tripulação. Estavam se aproximando de águas brasileiras, e a Marinha não sabia o que eles vinham fazer no Brasil ou se simplesmente tinham se desviado de sua rota. O fato é que mais um navio desaparecera nas profundezas do oceano.

Silviano se entregava ao trabalho com o coração apertado. Sentia-se culpado pelo sofrimento de Elizabeth; ela estava inconsolável. Não tinha notícia do pai nem do irmão, mas ainda nutria a esperança de que eles fossem aparecer.

Uma tarde, a notícia chegou: provas concretas de que o dois estavam no navio que afundara e a confirmação dos crimes do embaixador contra as empresas do barão, inclusive sua morte era atribuída a ele e possivelmente estava sendo levado para confessar os seus crimes. Infelizmente, não houvera tempo. Quanto ao coronel, talvez tivesse arquitetado a colocação do filho em um posto tão alto envolvendo o país, e por isso seria também punido e investigado.

Silviano recebeu notícias secretas do coronel de que estava fisicamente bem, mas emocionalmente arrasado. Estava na Colômbia com Josephine, e sua filha tinha nascido, linda, perfeita, preenchendo a dor do seu coração pelos acontecimentos. Ele não poderia mais aparecer como Frederick; esse fora morto e deveria aos poucos ser esquecido. Em seu lugar existia Salvatore Garcias.

Seis meses haviam passado. Rossana estava com o filho brincando nos jardins do castelo onde nascera e crescera.

Gina e Josef se aproximaram dela e carinhosamente a irmã lhe disse:

— Vamos almoçar, e depois vamos todos dar uma volta pela cidade. Papai está tão animado com sua presença aqui. Acho que ele precisava mesmo era de um neto, e temos que dar a notícia à família de que vai chegar mais um: estou grávida, Rossana — disse Gina.

A irmã a abraçou dizendo:

— Que notícia maravilhosa! Me perdoe se ando tão distanciada de vocês, sei que tem feito de tudo para me ajudar, mas ainda dói muito o que passei. A perda do meu marido me deixou sem chão e sem rumo; não quis permanecer no Brasil, mesmo Silviano, Elizabeth e dona Lise me oferecendo toda a segurança. Sinto-me mais protegida entre vocês.

— Estamos em família. Vamos nos ajudar e superar tudo isso juntos! Rossana — disse Josef —, quero ajudar você na educação do seu filho; quero ser na vida dele uma boa referência masculina.

— Obrigada, Josef, realmente você é um homem maravilhoso. É tão bom saber que posso contar com você. Gilbert iria adorar conhecê-lo! Meu marido era um homem fantástico!

No Brasil, Elizabeth estava mais conformada com a morte dos dois membros de sua família. Lise, no entanto, entrou em depressão profunda. Não queria mais levantar-se da cama nem tomar banho, e comia sem olhar o que estava comendo. Passou a ser tratada pelas mucamas como se fosse uma criança.

Elizabeth se preparava para ter o seu terceiro filho. Silviano mantinha em segredo as suas correspondências; recebia e enviava notícias ao senhor Salvatore. Tinham se passado seis anos desde a morte de Gilbert, e eles haviam se encontrado em algumas ocasiões. Mais uma vez, Silviano ia fechar um grande negócio com um grande produtor de couro; ficaria uma semana fora e, como sempre, sua esposa e companheira lhe dava muito apoio.

Passaram-se seis anos. Na Colômbia, o marquês agora era conhecido como o senhor Salvatore, o homem mais rico daquela região montanhosa. Sua esposa, Sara, estava no quinto mês de sua terceira gravidez.

O pequeno Andrés já estava montando muito bem o seu pônei e demonstrava aptidão para os negócios. Alice, uma menina loira de olhos azuis e que parecia mais uma bonequinha de louça, exigia do pai toda a atenção. Era meiga e astuta, e muito ciumenta. Os negócios da fazenda estavam superando tudo o que aquelas terras já tinham visto. Ele se tornou um dos maiores pecuaristas da Colômbia, e sua esposa, a bela dona Sara, como era conhecida, era muito ciumenta também. Ele brincava dizendo que tal mãe, tal filha. Comunicou à esposa que precisava viajar para fechar o contrato com o grande produtor de couro e café, que ela conhecia pelo nome de senhor Marcus Agostin, um dos seus sócios. Precisava ficar uma semana fora. Ela protestou, mas, por fim, entendeu que eram de fato negócios com o tal de Marcus Agostin.

Os dois amigos se encontraram no Paraguai, falaram dos negócios, acertaram detalhes, mas o foco maior era a família e a saudade. Silviano disse para o coronel que sentia tanto remorso quando deparava com a esposa derramando lágrimas de saudade pelo pai, e ele sem poder falar nada, que sua vontade era confessar tudo. Mas silenciava, pois sabia que não podia revelar tais fatos. Comunicou a morte de Lise; disse que ela não teve mais ânimo para viver desde a morte anunciada do filho e do marido. Nunca mais se recuperou. Contou também que Elizabeth estava se preparando para dar à luz; estava entrando no oitavo mês.

O coronel então lhe respondeu:

– Quantas vezes me pego pensando em Elizabeth, em você e em meus netos. Há noites em que perco o sono e me culpo por tudo o que aconteceu com o meu filho Gilbert...

CULPADOS *ou* INOCENTES?

Não é fácil, Silviano, não foi fácil! Sinto remorso pelo que fui obrigado a fazer com ele, Deus é testemunha. Teria morrido no lugar dele, porém, o seu destino havia sido traçado por ele mesmo; provocou um império composto de muitos homens poderosos. Como já lhe contei, o plano era obrigá-lo a renunciar ao cargo de embaixador e desertar para outro país, pagando por seu crime de uma outra forma. Fui enganado; jamais teria aceitado aquele plano se soubesse que o meu filho pagaria com a vida. Há dias em que penso que vou enlouquecer! Mesmo tendo refeito a minha vida, perdi o direito de existir, perdi dois filhos, Gilbert e Elizabeth. Josephine ficou muito tempo sem conhecer a verdade sobre a morte de Gilbert; por fim, tive que lhe contar uma história que ficou bem longe da verdade. Josef sim está a par de todos os acontecimentos; ele assumiu totalmente os negócios deixados pelo barão e é hoje um dos homens mais importantes no mercado da navegação. Cuida dos interesses de Josephine e de vez em quando nos encontramos. Ele vem nos visitar e já trouxe o meu neto algumas vezes, o filho de Gilbert. Cuida do menino como se fosse seu filho; naturalmente que o menino nem de longe desconfia que sou o seu avô. Josef é um rapaz e tanto. O meu neto herdou o título do falecido conde; assim que tiver idade vai reaver os seus direitos. Meu filho Frederick, que chamamos de Andrés, é o único herdeiro do barão; ele ainda não tem ideia, mas, além de ser milionário, também é um barão. E gostaria que você aceitasse o que tenho a lhe propor: que o seu filho, meu primeiro neto, assim que atingir a idade exigida pelas leis, se torne um marquês, herança do seu avô. Meus netos e filho serão senhores da nobreza; terão os seus brasões e seus anéis reais representando a realeza.

– Concordo no caso de herdeiros que têm pais falecidos. Mas você está aqui, Frederick. Como vou incentivar o meu filho a aceitar um título com você vivo?

– Eu não sou Frederick! Eu sou Salvatore Garcias, e mesmo com todo o peso que carrego em minha consciência me sinto feliz. Amo Josephine, amo meus filhos, e de fato enterrei o coronel Frederick. No próximo ano quero ver de longe a minha filha Elizabeth e meus netos. Está decidido; vou ao Brasil, nos encontraremos onde você achar seguro, e com essa barba e esse chapéu, e essa barriga que adquiri, dificilmente serei reconhecido por quem quer que seja. Conte-me todas as novidades: nossos velhos escravos, ainda tem algum vivo? Sabe que sinto saudade deles?

Aquela semana passou com muita rapidez. Os dois amigos se abraçaram na despedida, sem conseguir dizer nada um para o outro, dando-se apenas um abraço.

CAPÍTULO 9

A grande revelação

Vinte anos após a morte de Gilbert, seu filho começou a assinar suas correspondências com o carimbo onde constava o brasão do falecido avô. Ele assumia o seu lugar na sucessão como herdeiro legítimo do conde italiano.

Frederick, ao lado de sua mãe e irmãos, apresentava o seu padrasto Salvatore Garcias aos nobres convidados que foram selecionados a dedo para assistir à cerimônia de posse da presidência de todas as empresas que foram administradas por seu tio Josef. Naturalmente que ele continuaria assessorando o sobrinho; naquela cerimônia seria conferido a ele o título de seu pai – era o novo barão.

Meses depois, acontecia uma celebração no Brasil, uma missa em homenagem ao aniversário de morte de Frederick e Gilbert. Logo após, o filho de Elizabeth, recém-chegado de Portugal, onde se formara como advogado, também estaria recebendo, por direitos concedidos por lei, o título de marquês, assumindo assim a sucessão do seu avô.

Sentado discretamente em uma das poltronas para os convidados de honra, estava um senhor de barbas brancas, cabelos ralos e bem branquinhos, calças com suspensórios e um paletó discreto. Usava óculos de grau e segurava seu chapéu-panamá entre as mãos; era o coronel Frederick. Emocionado, segurava as lágrimas para não chamar a atenção dos demais, ouvindo todas as recomendações pela sua alma e pela de seu filho, e sua vontade era gritar para todos ouvirem: *Estou aqui e me sinto culpado pela morte do meu filho!*

Após a missa, foi a cerimônia para a entrega do título de marquês, e um belo jovem de pele clara, cabelos castanhos e um porte bonito, lembrando o do pai quando jovem, observou o coronel. Recebia o anel e o brasão com o certificado de reconhecimento como marquês. Todos abraçavam o rapaz.

Elizabeth, emocionada, secava os olhos abraçando o filho. Estava muito diferente: cabelos grisalhos presos em um coque, muito elegante, como sempre fora, lembrava a mãe. Ao lado dela havia uma mocinha franzina e linda, morena de cabelos negros e lisos, e um garoto inquieto, de tez clara, muito parecido com Elizabeth.

Meu Deus! Minha filha! Como pude viver longe de você todos estes anos? A vida me puniu severamente; se pudesse voltar atrás faria tudo diferente... Daria toda a minha riqueza para ter meu filho de volta, para poder abraçar Elizabeth. Não dei ao meu filho o que ele precisava: amor. Deixei-me levar pela ganância, negociei a sua vida, roubei a mulher dos seus sonhos, eu o empurrei à morte.

Chegou a sua vez de aproximar-se do marquês para abraçá-lo. Silviano veio ao seu encontro e disse baixinho:

– Por favor, controle-se. Para eles você será o magnata que veio exclusivamente para a posse do meu filho. – E, virando-se para a esposa: – Elizabeth? Este é o senhor Salvatore Garcias e estes são minha esposa e meus filhos, o marquês e seus dois irmãos.

CULPADOS *ou* INOCENTES?

Apertando a mão de Elizabeth, o coronel disse:

– Muito prazer senhora, parabéns por sua linda família. Posso abraçá-los?

– Bem, Salvatore, como já havíamos combinado, você será nosso hóspede e não aceitaremos desculpas. Não é verdade, Elizabeth?

– Claro! Meu marido tem muito apreço pelo senhor; sempre me disse que o considera como um pai e vejo que ele tem razão, o senhor transmite uma bondade paternal.

– Então posso chamá-lo de avô? – perguntou o garoto se aproximando do coronel.

– Se o seu pai não se opuser, gostaria de adotá-los como meus netos e sua mãe como filha – respondeu o coronel.

– Eu não só consinto como me sinto honrado; eles não conheceram o avô, e ganhar um é um presente do céu.

A felicidade do coronel era imensa ao chegar à entrada da mansão. Ele parou e ficou olhando o jardim; algumas coisas foram mudadas, outras não. As velhas palmeiras estavam ali, os canteiros de Lise estavam forrados de margaridas, do jeito que ela gostava.

– Que lindo jardim! Nunca vi margaridas tão belas!

– Era a paixão de minha mãe! Faço questão de mantê-las, assim olho para esses canteiros e tenho a sensação de que ela está aqui. Aquelas palmeiras foi meu pai quem plantou; sinto tanta falta dele. Rezo para vê-lo em sonho, mas ele nunca me apareceu. Já sonhei algumas vezes com o meu irmão, com a minha mãe, mas com ele eu não sonho, e gostaria muito de poder ouvir a sua voz, mesmo que fosse em um sonho.

– Certamente ele está bem, minha filha, e, segundo o que tenho aprendido nos últimos tempos, nós não morremos, apenas somos transferidos de um mundo para o outro e um dia teremos a oportunidade de reencontrar todos os nossos entes queridos. Isso tem me confortado muito. Perdi um filho muito jovem, na flor da idade, e também não sonho com ele. Porém, oro e peço ajuda aos irmãos de luz para confortá-lo e amparÁ-lo.

MARIA NAZARETH DÓRIA ditado por LUÍS FERNANDO (Pai Miguel de Angola)

– Lamento, senhor Salvatore! Não posso nem imaginar em perder meus filhos! Desculpe o que vou perguntar, mas o senhor falou que tem aprendido coisas entre os mortos e os vivos? Nas fazendas, os escravos praticam até hoje o que os mais velhos trouxeram de suas raízes; dizem que eles chamam os mortos, e estes incorporam-se neles, que passam a agir como se fossem o morto. O senhor pratica isso?

– Não é bem assim, filha! Estes dias que passar com vocês vou lhe explicar o que chamamos de "espiritismo", a ciência que esclarece os caminhos da verdadeira vida após a morte física.

Silviano veio ao encontro dos dois e rindo disse:

– Já começo a ficar preocupado com tantas conversas entre vocês dois! Mal se conheceram e arrumaram assuntos para nos fazer esperar para o almoço?

– Perdoe-nos, Silviano, eu é que fiquei puxando conversa com sua esposa, e lhe digo mais: temos muitas afinidades! Vamos ter várias coisas para conversar, Elizabeth. Posso dispensar o "senhora"?

– É claro. Sua presença em nossa casa trouxe muita alegria. Quero que se sinta em sua casa; o que precisar, todos nós estamos aqui para atendê-lo. Samuel, leve o seu novo avô até os aposentos que pertenceram aos seus avós.

– Eu te levo lá, vamos? Duda já levou sua mala, está tudo prontinho para o seu banho, e nós vamos esperá-lo para o almoço.

Entrando nos aposentos, Frederick parou. Algumas coisas ali continuavam no mesmo lugar, como o quadro da família: ele com Lise e as duas crianças.

– O que aconteceu? Não gostou do quarto? – perguntou o garoto.

– Pelo contrário, meu filho! Estou encantado! Então aqui eram os aposentos dos seus avós?

– Está vendo aquele quadro? São meus avós, minha mãe e meu falecido tio. Queria muito tê-los conhecido; minha mãe chora quando fala neles, ela só tem a nós como família, por isso vai ser bom ser nosso avô. Meu pai sempre falava que o senhor é como um pai na vida dele. Fique à vontade, não vou mais atrapalhar o senhor, senão vou atrasá-lo. Aí tem tudo. Se precisar, toque a sineta que Duda vem correndo. Ah, esta sineta pertenceu aos meus avós!

A sós, ele começou a tocar em cada objeto que conhecia tão bem. Foi até o quadro, passou o dedo nas fotos de Lise, Gilbert e Elizabeth, e duas lágrimas escorreram dos seus olhos, ganhando os caminhos de sua barba branca. *O que fiz, ó meu Senhor... o que fiz? Meu Deus! Será que um dia verei o meu filho e será que um dia ele vai me perdoar? Eu levei o meu filho à morte, uma morte cruel. Como posso arrancar a minha máscara e me apresentar a minha filha, aos meus netos? O que eu diria a eles?*

Tocando a pintura pendurada na parede, parecia que Lise olhava para ele com tristeza. *Lise, me perdoa, eu ajudei a matar o nosso filho, eu enchi o coração de nossa filha de tristeza e fui o causador de sua infelicidade, de sua doença, de sua morte. Perdoa-me, mesmo eu não sendo merecedor do seu perdão. Eu te imploro, me perdoa.* Em um impulso, ele se ajoelhou, e parecia que o seu coração iria rasgar o peito e sair de tanta dor – a dor do remorso e do arrependimento.

Duas mãos luminosas cobriram o coronel, que foi se acalmando e se sustentando na cômoda. Levantou-se trêmulo. Em cima da cômoda, uma caixinha de música se abriu, e a bailarina começou a dançar. Era a música que Lise tanto amava. O coronel ficou olhando. Tinha trazido de Paris aquela caixinha de música como presente para sua esposa. Ele pensou: *Devo ter tocado com a mão ao me levantar e a porta se abriu.* Um cheiro de perfume invadiu o aposento; ele começou a olhar a sua volta, mas apenas a cortina da janela se balançava. O perfume era de Lise, meu Deus, ele conhecia aquele perfume. Não, não era real... Seriam suas lembranças querendo castigá-lo?

Ele foi ao encontro da família. O almoço foi muito divertido. Os jovens eram alegres e contaram piadas. O novo

– 347 –

MARIA NAZARETH DÓRIA ditado por LUÍS FERNANDO (Pai Miguel de Angola)

marquês contou para o coronel suas façanhas em Portugal; tinha acabado de se formar, era doutor em Direito e já estava assumindo um cargo de muito valor e importância nas empresas do pai. Também já havia conversado com o pai e ficara sabendo do grande interesse do senhor Salvatore em transferir para o Brasil a central dos seus negócios, assim poderiam contratar muitas pessoas de fora do país, trazendo novos métodos e ajudando a ampliar os negócios em vários países.

Os dois ficaram conversando sobre negócios e finanças; o coronel, cheio de orgulho, dizia para si mesmo: *Este realmente é meu neto! Tem talento, ambição e facilidade na comunicação.*

Os dias corriam tão rápido, pensava Frederick. E sua felicidade era tanta! Foi para a fazenda com a família de Silviano, pois ele era Salvatore Garcias, andou em cada cantinho que antes lhe era caro. Apenas os jovens que ele deixou e as crianças estavam por ali; os mais velhos, todos haviam desencarnado. Frederick perguntou para Silviano:

– O que aconteceu com o casebre onde você morou e depois colocou aquele casal de velhos? Ainda existe?

– Sim! Ali continua sendo o meu refúgio; quando acredito que não suporto mais a carga, corro até lá e sou aliviado em minhas angústias. Hoje quem ocupa o casebre é um casal de velhos dos quais acho que você se lembra: o tratador de cavalos, tio Mané, e a lavadeira, tia Chica. Depois da morte da avó Zulmira e do avô Sebastião, o casebre ficou um tempo vazio; eu ia lá de vez em quando e um vazio imenso tomava conta de mim. Mandei arrumar e levei Pai Tomé e avó Zambé, que ficaram lá até morrer. Agora os ocupantes são tio Mané e tia Chica. Aquele casebre não pode ficar vazio; as minhas raízes estão fincadas lá. E por isso, como temos ainda muitas coisas a fazer por aqui, antes de regressarmos à cidade, decidi que hoje à tarde vou ao casebre tomar uma bênção dos meus mais velhos.

– Posso ir com você? – pediu o coronel.

CULPADOS *ou* INOCENTES?

– Você quer ir até o casebre? Tem certeza? O que vai encontrar lá talvez não lhe agrade; são dois velhos escravos que vivem na mesma sintonia da natureza, sem luxo e sem qualquer envolvimento com o mundo que nós habitamos.

– Por isso mesmo quero ir! Passei boa parte de minha vida nesse lugar e nunca parei para observar como isso aqui é lindo! Essas mudanças que você fez melhoraram muito nossas fazendas. Ligando as duas fazendas em uma só, você reduziu muito o trabalho dos homens. Esse atalho criado diminuiu em uma hora a travessia de uma fazenda para outra; realmente você fez um excelente trabalho. O poço que abrimos entre as duas fazendas ainda fornece água boa? – indagou o coronel.

– Com as mudanças climáticas que estamos vivendo ano após ano, já avançamos em dez metros chão abaixo, mas a água é de primeira! Você vai provar e verificar que a nossa água continua muito boa e em abundância.

Eles andaram a cavalo pelos arredores das duas fazendas, que passaram a ser uma só. Na parte alta da fazenda, o cafezal a perder de vista; no leste, plantação de fumo; na parte central, a lavoura de milho, feijão, algodão; na parte baixa se concentravam as chamadas lagoas de arroz; e, na parte oeste, a plantação de mandioca. Nos arredores das fazendas ficavam as pastagens; o capim crescia e cobria toda a pastagem, e havia um rodízio no aproveitamento da terra. A cada ano, eles estudavam os locais apropriados para investir nas plantações; era beleza e riqueza andando de mãos dadas.

O almoço em família foi bem interessante. Logo após o almoço, Silviano avisou para o coronel que teria tarefas a tratar com os administradores da fazenda e, assim que retornasse, iriam até o casebre. Aconselhou o amigo a descansar um pouco.

– Eu te agradeço por todos os seus cuidados. Quando a idade chega é que percebemos como dez anos fazem diferença entre as pessoas; quando você tinha trinta anos e eu quarenta, não parecia que éramos tão mais novos ou tão mais velhos um do outro, mas agora eu sinto isso na pele: como faz

MARIA NAZARETH DÓRIA ditado por LUÍS FERNANDO (Pai Miguel de Angola)

diferença esses dez anos entre nós. Vou conversar com Elizabeth sobre a doutrina espírita. Prometi que explicaria algumas coisas que venho estudando e aplicando em minha vida.

– Eu não sabia que você estava estudando o espiritismo; que maravilha! Então, fico mais tranquilo sobre a nossa viagem até o casebre, porque eu sempre fui lá para tratar o meu espírito. Converse com Elizabeth, ensine a ela que a vida não termina no último suspiro que damos em terra. Estou surpreso com essa boa notícia que você me deu; depois conversaremos mais a respeito do assunto.

Frederick, sentado no mesmo lugar de sempre, no alpendre da casa-grande, observava que a paisagem estava totalmente diferente. *Todos mudaram, tudo mudou...* Elizabeth, pedindo licença, sentou-se a sua frente e pediu:

– Podemos conversar sobre aquele assunto dos espíritos? Estou muito curiosa para saber algumas coisas. Apesar de ter muito medo, sinto vontade de conhecer e me esclarecer de alguma forma.

– Eu vou lhe contar como e onde comecei a praticar o espiritismo. Logo após a morte do meu filho, entrei em depressão. Nem podia trazer o meu filho de volta, nem podia morrer, pois fiquei sendo vigiado o tempo todo, talvez porque temessem que eu fizesse uma besteira, e eu teria feito, se não tivesse encontrado aquelas abençoadas pessoas que levaram a luz da ciência e me mostraram verdades tão absolutas que não temos como contestar.

Os dois ficaram conversando. Elizabeth queria saber mais e mais; estava fascinada, e ele explicava suas dúvidas com tanta segurança, que ela não poderia duvidar de que realmente tudo aquilo era verdadeiro, que além desse mundo limitado existia um mundo ilimitado, com todas as possibilidades de uma nova vida plena e repleta de bênçãos e paz.

Silviano chegou e, brincando, perguntou ao coronel:

– Quer dar assessoria mundo afora, e é um dos homens mais caros do mundo. Não venha me apresentar nenhuma

CULPADOS *ou* INOCENTES?

conta, porque olha que andei e trabalhei em volta dessa fazenda cerca de duas horas e meia, e vocês pelo visto não pararam nem para um copo de água! Faz tempo que não vejo Elizabeth tão interessada assim em nenhum assunto.

– Meu amor, foi tão proveitoso que gostaria que você participasse da próxima palestra com que o senhor Salvatore vai me presentear. Sabe o que senti? Parece que de repente foi puxada uma venda dos meus olhos, e eu comecei a enxergar o meu interior. Depois do que eu ouvi, vou começar a pensar um pouco mais nas possibilidades que Deus nos concede todos os dias a fim de melhorarmos nossa estadia por aqui.

Silviano, acompanhado do coronel, beijou sua esposa dizendo que iria levar Salvatore para conhecer um pouco mais sua fazenda. E, assim que se afastaram dos olhares curiosos dos escravos e feitores, Frederick, suspirando fundo, disse:

– Nunca pensei que estivesse com tanta saudade de minha fazenda! Esse cheiro de capim-gordura me enche o peito de saudade das grandes caminhadas por essas estradas afora.

Meia hora depois, eles entravam em um atalho que levava ao casebre dos velhos, como eram conhecidos tio Mané e tia Chica, os melhores benzedores da redondeza. Benziam crianças e adultos, terras, rios e animais; a reza deles era muito poderosa. Se não houvesse resultado é porque a vontade de Deus era incontestável; caso contrário era cem por cento certo que curava.

Os dois cavalos pararam em frente da cerca de pau a pique e Silviano chamou em voz alta:

– Tio Mané? Prenda os seus cães.

Um velhinho de cabelos brancos e encaracolados e barba comprida, lembrando um floco de algodão, apareceu na porta gritando:

– Pitoco! Pituca! Entrem agora mesmo!

Os dois animais calmamente entraram em um cercado, e o velhinho fechou a cerca de madeira. Abriu o portão dizendo:

– Entre com o seu amigo, coronel Silviano!

MARIA NAZARETH DÓRIA ditado por LUÍS FERNANDO (Pai Miguel de Angola)

Silviano abraçou o preto velho falando:

– Ó tio Mané, que saudade de vir aqui tomar o seu café! Onde está tia Chica? Ah! Esse aqui é um grande amigo que veio passar uns dias comigo na fazenda; ele quis conhecer vocês.

– Sentem-se, minha gente. Olha, aí estão as cadeiras de vocês, e as redes também. Sei que o coronel Silviano aprecia deitar-se mesmo é numa rede, então a gente mantém sempre essas redes limpinhas esperando esse momento de o senhor chegar e poder descansar. A Chica está lá no fundo da casa; vou chamá-la. Estava plantando umas ervas, aproveitando a ocasião que a lua está boa para o plantio.

Silviano arrancou as botas e perguntou:

– Minhas roupas estão fáceis de pegar?

– Estão aqui, bem a sua frente, limpinhas a cheirosas. Vou ficar aqui na porta do meio. Pode se trocar aqui mesmo, só os bichos estão olhando, mas eles não falam, então não tem problema!

– Tire a bota, Fred... Salvatore. Vista essa roupa de escravo, você vai sentir pela primeira vez em sua vida a liberdade de um escravo! Depois se deite na rede e respire fundo o cheiro que vem das matas.

Os dois estavam deitados em suas redes; o coronel começou a rir, gargalhando alto.

– Meu Deus! Como é que eu nunca fiz isso, quando tive tanta chance de fazer!

– Agora relaxe, que os meus velhos amigos vão arrastar uma mesa de bambu e colocá-la aqui à nossa frente. Vamos comer e beber as melhores iguarias do mundo. O que vamos receber deles não acharemos em nenhum lugar do mundo; estamos aqui para receber o que precisamos levar e aplicar em nossas vidas, pelas estradas da vida.

Tia Chica chegou já com um bule de café e uma jarra de suco de maracujá com hortelã fresco. Tio Mané encheu a mesa de bolos, broas, pães, doces e frutas colhidas do seu pomar, e ofereceu a eles dizendo:

CULPADOS *ou* INOCENTES?

– Não saiam da rede não; comam sentados aí mesmo.

O cheiro da mata preenchia o local de muita paz e tranquilidade. O coronel, olhando à sua volta, falou o que estava sentindo e pensando:

– Vivi tanto tempo aqui tão perto deste paraíso e nunca tive a curiosidade de conhecer o lugar que fez de você, Silviano, a pessoa que você é.

Tio Mané então respondeu:

– Pois é. "Os anjos às vezes só reconhecem o que é o céu quando se afastam dele, mas uma coisa é certa: quando esses anjos retornam ao céu, passam a valorizar muito mais as obras de Deus". O senhor começou a valorizar as obras de Deus quando se interessou em conhecê-las, e vejo que veio ao Brasil lançar suas sementes em um coração fértil e pronto para receber seus conhecimentos. Acalme seu coração, coronel Frederick, o senhor não veio aqui por acaso. Foi Deus quem o trouxe, e que a vontade do nosso Pai seja feita por todos nós.

Frederick empalideceu! Será que Silviano confiava tanto nesse velho a ponto de revelar sua identidade? E se ele desse com a língua nos dentes e todos ficassem sabendo que ele estava ali?

– Calma, coronel Frederick! Acha que só o coronel Silviano sabe quem é o senhor? Eu sou um amigo de longas datas e me apresento usando a energia desse amigo velho de cuja lealdade você está desconfiando. Muitos me conhecem como Pai João; eu me apresento apenas como um amigo que se alegra em revê-lo. Gostaria de lhe dar algumas informações importantes sobre o seu filho Gilbert: ele está em uma grande escola de reabilitação, consciente e animado para voltar mais uma vez e tentar corrigir os malfeitos que deixou para trás. E desta vez conta com a sua ajuda; ele voltará como seu neto. Assim que retornar de sua viagem terá novidades; aceite naturalmente e com muito amor em seu coração a chegada do seu filho. E prepare-se para grandes surpresas que virão em

– 353 –

MARIA NAZARETH DÓRIA ditado por LUÍS FERNANDO (Pai Miguel de Angola)

seu caminho; não se descuide de estudar e aprofundar-se na doutrina trazida pelos mentores de luz.

Silviano só ouvia e orava baixinho. Pai João, voltando-se para ele, disse:

– Silviano, meu filho, as duas senhoras encontraram os caminhos de luz e retornaram para casa; elas foram em vidas passadas duas irmãs, se encontraram nesta passagem e tiveram a chance de ficar juntas. Depois de muito tempo de a sinhá Sophia ligada à sinhá Lise, com as duas se atormentando, elas foram ajudadas. Bem antes de a sinhá Lise desencanar a sinhá Sophia já tinha sido encaminhada à escola da luz. Elas se libertaram das amarras deste mundo e se uniram para ajudar aos que ficaram em missões.

O coronel Frederick estava em silêncio ouvindo tudo aquilo e sentindo no coração um aperto muito grande. Sua vontade era chorar, chorar e chorar... O preto velho, voltando-se para ele, disse:

– Então chore, meu filho! Essa é sua vontade: soltar essa dor que oprime o seu peito. Chora! Apenas me ouve, não precisa falar nada. Quanto a Luziara, que vocês dois de vez em quando pensam nela com remorsos, sosseguem. Ela está muito bem, longe, muito longe, e, assim como o senhor hoje é uma outra pessoa nos papéis, ela também é!

– Por favor, Pai João – implorou o coronel Frederick –, eu fiz muito mal a essa mulher. O senhor sabe que troquei ela por um animal e depois fui o próprio animal com ela! Abandonei Luziara, que tanto me amava. Mandei meu filho para longe, e ele era tão lindo. Ficamos sabendo de sua morte. Assim como me falou de Gilbert, me fale, por favor: meu filho está bem?

– Muito bem, coronel! Otimamente bem; assim que o senhor receber de Deus a permissão vai ter certeza do que eu estou lhe dizendo. Não vim até aqui, meus filhos, para julgá-los nem para recriminá-los pelos seus erros. Não posso dizer que nenhum de vocês são culpados ou inocentes, mas posso afirmar que são dois filhos de Deus e que há muitas coisas que ainda podem ser reparadas nesta passagem de vocês. Tem cargas que vocês dois podem tirar de suas almas aliviando esse peso aqui mesmo em terra. Acha justo, coronel Frederick, deixar sua filha e seus netos acreditando que o senhor é Salvatore Garcias? É difícil fechar essa chaga que está há tanto tempo aberta? É preciso se preparar para aceitar as revoltas que virão de Elizabeth contra pai e marido. Nada disso será fácil, mas pense que, quando vamos costurar uma roupa, não precisamos contar quantos pontos demos; assim, não conte os pontos, mas apresentem o que foi costurado. Agora que se aproximaram, vão se aproximando mais e mais e, no momento certo, Deus vai impulsioná-los à verdade. Arranquem esses espinhos de vossos corações.

"Coronel Frederick, prepare o coração de sua filha, fale da vida e do mundo espiritual, das leis do perdão; passe a ela o que vem lhe fazendo tão bem; seja humilde, paciente, assuma os seus erros e não julgue os erros dos outros."

– Pai João, o senhor sabe que não será fácil arrancar uma máscara de quase três décadas e de repente dizer à minha filha: "Olhe, eu estou aqui, tenho uma família, você tem irmãos, seu irmão morreu mas eu estou aqui, passei todos esses anos escondido de vocês. Apenas alguém sabia do meu paradeiro: o seu marido". Não será um estrago maior ainda, Pai João?

– Ore, peça a Deus orientação, se prepare e prepare sua filha; não aconselharia que o senhor saísse daqui e chegasse em sua casa e fosse falando para a sua filha. Mesmo assim, aos olhos de Deus não é errado porque é a verdade, porém, tudo precisa ser feito com cuidado, respeitando os sentimentos dela. Sua filha chora por sua alma, reza missa intencionada ao senhor pedindo paz, ouve o sermão do padre falando de sua vida como se o senhor estivesse totalmente longe de tudo e todos, e o senhor sabe que, mesmo que estivesse fisicamente morto, poderia estar ali, vendo e ouvindo tudo. Dê tempo ao tempo, coronel Frederick. Trabalhe a sua fé. Bem, agora eu vou fazer a minha reza nos dois, depois vou seguir adiante. A luz não pode ficar parada em um só ponto do universo; o espírito é como o sol, ele deve e precisa se irradiar no mundo inteiro. Sou uma energia de luz que se concentra em outro ponto de luz para ajudar a clarear a mente e o coração de quem precisa.

Tia Chica apareceu lá na sala, e Pai João então pediu:

– Ó filha de Deus, vem até aqui, por favor. Leve os dois para tomar aquele banho perfumado; são ervas que ajudam a melhorar a saúde espiritual de vocês. Vocês fiquem com a paz de Nosso Senhor Jesus Cristo que eu já me vou, e Mané pode ajudar os homens com o banho.

Levemente tio Mané estremeceu e, abrindo os olhos, ficou um tempo parado. Tia Chica ofereceu um copo de água dizendo:

– Bebe, meu velho, para refazer suas energias. Descanse um pouco e depois você leva o coronel Silviano e o amigo dele para tomar o banho preparado por Pai João. Fale para o seu amigo, coronel, que os banhos são para deixar as pessoas com mais saúde.

Acompanhados por tio Mané, eles banharam-se com as aguas perfumadas, vestiram suas roupas, e agora foi a vez de tia Chica: ela usou um braseiro com uma resina perfumada pedindo que eles dessem uma volta e fizessem um círculo, e explicou que ali estava limpando os pontos vitais deles e colocando neste círculo uma proteção.

Eles tomaram mais um café e se despediram dos dois pretos velhos, seguindo em silêncio. Em um certo trecho da estrada, Silviano perguntou:

– Como está se sentindo, Frederick? O que achou desse encontro com o tio João?

– Estou me sentindo muito leve, o coração em paz. Aquela angústia que carregava todos estes anos parece que foi arrancada de dentro de mim. Vou pedir muito a Deus que tudo o que ouvi possa se realizar, que eu tenha tempo de corrigir

CULPADOS *ou* INOCENTES?

alguns dos meus erros. Você já pensou no que eu ouvi sobre o meu filho Gilbert? Recebê-lo em meus braços e poder ajudá-lo? Quem sabe antes de deixar este mundo não surja uma oportunidade de contar a Elizabeth toda a verdade? Só de pensar nessa possibilidade, sinto o meu coração batendo mais forte. Vou pensar em tudo o que ouvi hoje da boca daquele preto velho. A princípio cheguei a pensar que você teria contado sobre mim, mas logo em seguida pude testemunhar que se tratava de um ser que me conhecia muito mais do que eu mesmo me conheço. Graças a Deus, como estou aliviado em saber de Lise! Eu me culpava pela sua morte, e só de saber que ela reencontrou paz e está cercada por seres que a amam me deixou mais tranquilo, não em relação aos meus erros. Mais dias, menos dias terei que pagar o que devo, mas por ela, que sempre foi uma alma tão generosa e correta.

Assim os dois foram conversando até chegarem à fazenda.

Foram recebidos por Elizabeth que, ao abraçar o marido, falou:

– Meu Deus, que cheiro bom é esse?

– É o cheiro do homem do campo! – respondeu Silviano abraçando-a.

– O administrador veio à sua procura; disse que assim que você retornasse iriam falar com ele. Descanse um pouco, beba água, depois você vai atendê-lo – pediu a esposa.

Os primeiros raios de sol se encobriam no céu, e a sombra da noite obrigava os animais a procurar seus abrigos. O coronel, sentado na cadeira de balanço, observava os pássaros voando de um lado para outro. Os negros também corriam guardando suas ferramentas, levando os pilões para os abrigos, e ele relembrava o seu tempo de senhor ali na fazenda. Nunca tinha reparado nesses pequenos detalhes, e de tamanha importância.

Elizabeth o tirou de seus pensamentos:

– Senhor Salvatore? O senhor está bem? Notei que voltou preocupado do passeio. Aconteceu alguma coisa?

– 357 –

MARIA NAZARETH DÓRIA ditado por LUÍS FERNANDO (Pai Miguel de Angola)

– Sim! Só vi maravilhas, e estava aqui pensando em como este lugar é maravilhoso, como me faz bem!

– Eu gosto muito desta fazenda. Nasci aqui, apesar de que logo cedo fui estudar na França e viver longe dos meus pais; mas sempre guardei dela as melhores lembranças de minha vida. Minha mãe adorava isso aqui; só depois que o meu pai começou a ficar fora muito tempo é que ela se desgostou e não queria mais voltar para a fazenda. A minha mãe não gostava do meu marido; ele foi casado com Sophia, que minha mãe considerava e de quem gostava como uma irmã, e meu pai tinha o Silviano como um filho; entre eles não havia segredos! Exceto sobre o nosso filho Matheus... Quando voltei da França, houve um tumulto muito grande em nossas vidas; meu irmão Gilbert era noivo de uma moça chamada Josephine, ela era enteada de Silviano. Eu estava noiva do enteado de Silviano, Josef, e eles eram filhos de Sophia, mulher de Silviano. Minha amiga Josephine, a mulher mais linda que Deus criou no mundo, ainda no navio de volta ao Brasil, se envolveu com o barão, proprietário da maior frota que existia naqueles tempos. Com o apoio do meu pai ela casou-se com ele; foi ele quem deu o título de marquês ao meu pai e que hoje foi transferido para o Matheus. No início eu fiquei muito revoltada com Josephine, mas, depois, compreendi; ela não amava meu irmão, assim como eu não amava o irmão dela; foi apenas uma ilusão de adolescentes. Meus pais estavam viajando com a esposa de Silviano, eles estavam casados, embora não se relacionassem mais como marido e mulher. Silviano voltou de uma longa viagem, veio disposto a acertar seus negócios com o meu pai e deixar o Brasil definitivamente. Como uma mágica que não tem explicação, nasceu entre nós uma força muito grande; era a descoberta do verdadeiro amor. Quando os meus pais voltaram de viagem ainda estavam com Sophia, quando então aconteceu o terrível acidente que a matou. Pouco tempo depois de sua morte, Silviano pediu o consentimento ao meu pai para nos casarmos; meu pai entendeu, ele sabia tudo sobre Silviano, tinha conhecimento de que o casal não tinha mais vida íntima entre eles; minha mãe ficou chocada com a morte de Sophia e com o meu casamento repentino com Silviano. Nós dois escondemos um fato muito importante para o meu pai: eu me casei grávida de dois meses, e, quando Matheus nasceu forte e lindo, ficamos quietos, deixando que todos falassem que ele era de sete meses. A minha mãe nunca me falou nada, mas acho que ela sabia e por isso nunca se aproximou do meu filho; sempre carreguei essa mágoa comigo. Ela não gostava do Matheus e nunca aceitou Silviano como genro.

– Elizabeth, todos nós carregamos nossos erros passados; o mais importante é quando nós temos consciência de que erramos, e, quanto ao fato do seu envolvimento com Silviano, o que falou mais alto foi o amor de vocês. Ouvi da boca de um ser muito especial algo assim: não contamos quantos pontos foram dados na peça que costuramos, porque o principal mesmo é que a peça está pronta para vestirmos. Se vocês tivessem contado a verdade sobre sua gravidez, talvez o seu pai não tivesse entendido, mas tenho certeza de que entendeu o amor de vocês recebendo nos braços o fruto desse amor. E olhe só o orgulho do seu pai: o neto mais velho dele formado em Direito, advogando seus negócios e representando-o como marquês! Elizabeth, como você falou um pouco de sua vida, vou falar um pouco da minha; não posso lhe contar todos os pontos porque a minha vida é uma peça que não terminou bem, ou nem sei se um dia vai terminar!

"Também me envolvi com alguém ainda casado, e pelo que você me contou pode compreender o que é a força do amor. Nunca havia amado ninguém, foi essa mulher que me ensinou a ser melhor como pessoa. Houve muitos acontecimentos dolorosos nesse meio-tempo; perdi o meu filho, que morreu em uma emboscada. Deus é testemunha que eu daria minha vida para salvar a dele, mas infelizmente sofremos um atentado que me afastou definitivamente de muitas pessoas a quem amava e continuo amando. Se não fosse por esse amor, certamente não estaria aqui falando com você; me uni com a mulher que amo, estamos juntos, temos três filhos, ela é linda, maravilhosa e completa a minha existência; também é muito jovem, tem a sua idade. Nós nos amamos com a mesma intensidade dos primeiros dias."

– Eu entendo, senhor Salvatore, deve ter sofrido muito. E sua outra família, vive onde?

– Minha esposa faleceu e só ficou uma filha, infelizmente perdemos contato. Falo isso pra você com toda a sinceridade da minha alma: se pudesse voltar no tempo, faria tudo diferente; teria renunciado a tudo e ficado com minha mulher e filha, mas as coisas correram de forma diferente. Não tive escolha, Elizabeth. Ou faria o que era preciso naquela ocasião ou colocaria em risco a vida de outros inocentes. Desculpe, acho que já falei demais – disse o coronel.

– Não sei o que aconteceu, mas o senhor não acha que deve procurar sua filha? Ela sabe de sua nova família? Por que não aproximá-la dos irmãos? Imagino que ela deva se sentir só, e, tendo pai e irmãos de cuja companhia poderia usufruir, quem sabe não teria uma vida melhor? Ah! Quem me dera ter o meu pai, meu irmão, outros irmãos, sobrinhos. Sinto falta disso. Apesar de ter meu marido e três filhos, sinto falta de pai, mãe, irmãos, sobrinhos...

– É uma história complicada e muito dolorosa; não sei se a minha filha me perdoaria, ou se iria entender as minhas justificativas. O fato é que sofro muito com isso, a minha própria consciência me cobra a cada dia.

Os dois ficaram conversando sobre a vida espiritual e os milagres que Deus faz nas vidas das pessoas. Silviano chegou e ficou ouvindo o coronel falando do Evangelho de Jesus com tanta segurança e com tanta emoção, que os três em dado momento estavam com os olhos marejados de lágrimas. O coronel estendeu um livro para Elizabeth dizendo:

– Este livro vai ajudá-la a encontrar muitas respostas. Na próxima semana estarei embarcando, mas quero que saiba, Elizabeth, que parte do meu coração vai ficar com vocês;

aprendi a amar os seus filhos como netos e você como a minha filha que jamais saiu do meu coração. – Disse isso e desabou em lágrimas.

Elizabeth aproximou-se dele e abraçando-o falou:

– Meu marido tem toda razão, o senhor é um verdadeiro pai, e nesses dias em que estivemos juntos eu descobri que temos muitas afinidades. Eu te quero muito bem, te quero como um pai.

Silviano, emocionado, secou as lágrimas na manga da camisa.

Um grupo de escravos estava sentado nos bancos em torno da casa-grande. Um deles falou baixinho:

– Não sei o que é que está acontecendo por aqui; tem algo estranho no ar. Esse senhor que veio com o coronel Silviano ou é parente deles ou não sei o que que é não!

– Por que diz isso, Severino? – perguntou um outro companheiro, chamando atenção dos outros escravos, que estavam atentos esperando a resposta.

– Eu conheci o pai do senhorzinho que morreu, eu era menino, ele ainda era o senhor da casa-grande. O senhor que Deus chamou ainda estava lá para o estrangeiro estudando, esse quando chegou aqui era o melhor doutor em tudo, tanto que muita coisa aqui foi melhorada graças a ele, até a nossa vida como escravo, seja como for, foi melhorada. Mas então o pai dele era igualzinho a esse senhor que está aqui, usava até essas alças nas calças! Quando ele chegou, tomei um susto danado; pensei que estava vendo assombração.

– Ah! Lá vem você com essas ideias de gente doida! Primeiro, aquelas alças se chamam suspensórios! Isso eu aprendi com a lavadeira da casa-grande. E depois esses senhores brancos são iguaizinhos aos escravos: quando ficam velhos, são todos parecidos, com cabelos brancos, encurvados e gordos – respondeu um dos presentes.

– Não são todos! Tem muitos escravos que quando ficam velhos é tudo couro e osso! Os brancos também!

– Mas você entendeu, né? Eles são parecidos mesmo, e, se são amigos do coronel Silviano e da sinhá Elizabeth, com a gente é que não vão parecer, né?

Todos começaram a rir.

– Isso é bem verdade, e, como diz aquele ditado bem falado entre nosso povo: "São farinha do mesmo saco"!

O coronel se despediu de todos, mas deixou uma procuração assinada para Matheus, autorizando-o a contratar jovens interessados em trabalhar fazendo o comércio exterior, ampliando suas importações e exportações. Prometeu que viria a cada seis meses ao Brasil e um dia, quem sabe, aguardaria pela visita deles em sua casa.

Elizabeth entregou um pacote dizendo:

– Aí tem algo para sua esposa; por favor, convença-a a vir conhecer o Brasil; tenho certeza que ela vai gostar.

No caminho, a sós com o coronel, Silviano disse:

– Acredito nas palavras do tio João; fiquei apreensivo com a conversa entre você e Elizabeth, mas sabe o que ela me disse? Que vocês dois têm muitas afinidades e que ela não sabia explicar, mas sentia algo do pai em você.

– Pois é, meu amigo, a gente pensa que sabe de tudo nessa vida e a gente não sabe mesmo é de nada! Você acredita que fiquei sabendo que o meu neto Matheus não nasceu de sete meses, mas no seu tempo certo? E eu sempre acreditei no pai dele; tínhamos um trato de nunca esconder nada um do outro. Ainda bem que descobri agora; se fosse naquela ocasião, estava levando mais um peso na minha consciência: eu o teria matado, e meu neto estaria sem o pai, minha filha sem o marido, e eu em pecado diante de Deus.

Silviano empalideceu. *Como será que ele descobriu isso?* Ficou olhando para o sogro sem saber o que responder.

— Calma, Silviano, foi minha filha quem me confidenciou o segredo que a atormentava, e eu creio que tirei do coração dela esse remorso de não ter contado para o pai; quanto a você, acho que agiu bem não me contando a verdade. O mais importante foi o amor de vocês, que perdura e pude testemunhar com os meus próprios olhos. Carrego orgulho dentro do peito pelos meus netos maravilhosos.

— Me perdoa, coronel. Naquela ocasião tudo o que precisava era do seu consentimento para me casar com Elizabeth, a mulher de minha vida; não tivemos coragem de lhe contar a verdade. Mas agradeço por continuar confiando neste seu velho amigo e parceiro.

O senhor Salvatore Garcias chegou em sua mansão e foi recebido por todos os empregados com muita alegria. O filho mais novo o cercava com beijos e abraços; Josephine e sua princesa, agarradas a ele, não falavam nada.

Após o descanso da viagem, a sós com a esposa, já relaxado, Josephine, encostando a cabeça em seu peito, disse:

— Meu amor, tem algo que eu preciso te falar. Diz respeito a nossa filha. Você sabe que ela não é mais uma menina; é uma moça na flor da idade. Eu, na idade dela, já era mãe de Frederick, nosso primeiro filho. Lembra?

— O que você quer me dizer? Minha filha está namorando alguém? Conte-me logo; você sabe que não gosto de histórias com rodeios.

— Promete que não vai se alterar? Ela está namorando sim; é um rapaz de boa família, gente de nossas amizades, é o filho do embargador. Eles estudaram juntos, se gostam muito, e o rapaz quer vir falar com você.

— Pois então que venha! Até posso permitir, desde que ele respeite nossa filha, e quem sabe daqui a dois anos se casem.

MARIA NAZARETH DÓRIA ditado por LUÍS FERNANDO (Pai Miguel de Angola)

– Meu amor, você não entendeu. O rapaz quer vir acompanhado da família falar com você para acertarem o casamento; nossa filha está grávida!

Ele se levantou, andou de um lado para o outro e tomou um copo de água oferecido por Josephine. Sua cabeça martelava; estava se segurando para não agredir a esposa com palavras. Onde já se viu a mãe descuidar-se da filha de tal maneira que ela estava esperando um filho... Parecia que as palavras de Pai João lhe gritavam dentro da cabeça: *o seu filho vai voltar e desta vez você precisa ajudá-lo, ele não pode cometer os mesmos erros*. Então o seu filho estava chegando, voltava aos seus braços, seria o seu neto; Pai João o advertira. Sentou-se na cama e começou a chorar. Josephine o abraçou.

– Calma, meu amor, eu sei que você foi pego de surpresa. Tanto quanto eu, que tenho sofrido e me recriminado. Aconteceu, brigue comigo, mas, por favor, não faça nada com a nossa filha – pediu Josephine.

Ele abraçou a esposa e permaneceram em silêncio. Levantou-se, secou os olhos e, pegando a mão de Josephine, disse:

– Vamos receber nosso neto de braços abertos e com muito amor! Vá chamar nossa filha, não a deixe nervosa. Acalme-a e diga-lhe que apenas quero conversar com ela em particular.

– Você promete que não vai maltratá-la? Por favor, não faça nada com ela! Eu fui a culpada, acho que me descuidei – falou Josephine nervosa.

– Calma, não fique assim. Vamos nós três conversar e marcar o encontro com a família do rapaz; não se desespere, vamos resolver tudo com tranquilidade – respondeu o coronel.

A filha foi trazida até ele, que pediu:

– Sente-se, filha, vamos conversar? Fique calma, para não causar mal ao seu bebê. Primeiro me fale: você ama o pai do seu filho, ou simplesmente aconteceu algo entre vocês e veio a gravidez? Se não amar o rapaz ou não tiver certeza de

CULPADOS *ou* INOCENTES?

que quer ficar com ele, não vou obrigá-la a se casar por causa da gravidez. Cuidaremos do seu filho com muito amor.

Josephine ficou sem fôlego; esperava ouvir tudo de Frederick, menos aquelas palavras! O que será que estava acontecendo com ele?

– Papai, eu amo Pierre, nós estamos dispostos a assumir nosso amor. Cometemos um erro nos entregando antes do casamento; ele está envergonhado, a família dele o senhor bem conhece, só estavam esperando pelo senhor para acertarmos nosso casamento o mais breve possível.

– E você, minha filha, está grávida de quanto tempo?

– Segundo o médico, que é tio de Pierre, de seis semanas – respondeu a filha.

– Ótimo! Vamos correr atrás do seu casamento, mas, se não quiser se apressar também, não tem problema de casar com a barriga aparecendo no vestido. E ai de quem olhar de lado cochichando sobre sua gravidez! – Abraçou a filha e disse: – Vamos fazer um belo jantar para recebermos seu noivo e a família, e oficializarmos o casamento de vocês.

Os olhos de Josephine se encheram de lágrimas ao dizer:

– Você me surpreende, meu marido! A cada dia conheço algo muito melhor que vem de você. Obrigada por sua compreensão comigo e com nossa filha.

Ele, abraçando a esposa, respondeu:

– Você me fez o homem mais feliz do mundo! Deus me enviou você para iluminar meus caminhos, me fazer ser feliz e ajudar outras pessoas a encontrar o caminho da paz e da felicidade plenas.

Pegando a mão da filha, falou, olhando-a nos olhos:

– Só tenho algo para lhe pedir... é muito importante para mim.

– Pode pedir, papai, o que é? – falou a filha.

– Se você ganhar um menino, que ele receba o nome de Gilbert, em memória do seu irmão que se foi.

– Tenho certeza de que Pierre não se oporá. Engraçado que nós já combinamos o seguinte: menino, eu escolho o

– 365 –

MARIA NAZARETH DÓRIA ditado por LUÍS FERNANDO (Pai Miguel de Angola)

nome, menina será ele! Posso marcar para amanhã o jantar com a família dele? Tudo bem, mamãe? Ou a senhora tem outra sugestão?

– O seu irmão vai chegar sexta-feira; poderíamos marcar o jantar e, com a presença das duas famílias, marcar o seu casamento. O que acha?

– Como sempre, mamãe, você tem ideias maravilhosas. Papai já está sabendo que Andrés, ou o barão Frederick, vai chegar sexta-feira?

– Sim, seu pai já está sabendo. Vamos então aproveitar que seu pai chegou e ficarmos todos juntos, abraçadinhos, perto da lareira?

À noite, após o jantar, Frederick estava com a esposa e os filhos. Conversaram sobre muitos assuntos, e o caçula então falou orgulhoso:

– Eu acho que vou me casar primeiro que Andrés; depois que ele passou a ser o barão Frederick, só trabalha e viaja, não tem mais tempo de namorar. Já eu estou trocando de namorada toda semana. Mas pode ficar tranquilo; eu não vou fazer nada de errado, são só beijinhos e abraços mesmos.

– Marcus, o que é que você está me dizendo? Anda correndo atrás das mocinhas?

– Não, papai! São elas que correm atrás de mim! Não tenho culpa de ser bonito, ser seu filho e irmão do barão Frederick, um dos homens mais ricos do mundo. Todas elas, claro, sonham em se casar comigo! Mas eu sou esperto! Nada de intimidades que me comprometam. Mas esse assunto eu quero falar em particular com o senhor, longe das duas.

A irmã, então falou:

– Está vendo, papai? O meu irmãozinho não é mais um garotinho; acho que podemos contar a novidade pra ele!

– Que novidade? Que você vai ter um bebê? – respondeu o rapaz calmamente.

Os três se entreolharam, e o pai perguntou:

– Como você ficou sabendo?

– Fácil! Minha irmã chorando pelos cantos, minha mãe conversando com ela, o namorado vindo aqui todos os dias com flores e chocolates. E outra coisa que me deu certeza: todas as manhãs, minha irmã levanta e sai correndo para vomitar;, o médico veio até nossa casa, ficou sozinho com ela, mamãe e o namorado. Agora ouvi que vamos ter um jantar superespecial reunindo as duas famílias, para tratar do casamento de minha irmã. Só se eu não raciocinasse!

– Tudo bem, sabidão! É verdade sim. Você vai ser tio, está feliz?

– Estou feliz sim! Já escolheram o nome do bebê? Eu acho que você vai ter um menino, e eu, quando me casar, e vou casar primeiro que o Andrés, vou ser pai de uma menina, a minha filha vai se chamar Sophia, que era a mãe de minha mãe, e eu acho esse nome bonito.

– O meu filho se chamará Gilbert! Não é um nome lindo?

– Esse nome era do nosso irmão que morreu, mamãe me contou que papai ficou muito triste, muito triste mesmo, então eu acho que você vai alegrar nosso pai chamando o seu filho de Gilbert.

Ao se recolher aquela noite, abraçado a Josephine, o coronel lhe contou todas as novidades do Brasil. Falou que esteve nas fazendas, contou sobre Elizabeth e a visita que fizera à choupana de tio Mané, e que o que ouvira da boca dele estava ali se realizando.

– Fico arrepiada, tenho medo dessas coisas, mas, vou lhe dizer de todo meu coração, se eu pudesse iria até Elizabeth, pediria perdão a ela por tudo, lhe apresentava os meus filhos, que são irmãos dela, e tenho certeza de que Josef superou todo o passado, tudo o que houve entre eles. Meu irmão ama Gina e é muito feliz com ela, os dois deram uma educação invejável para o filho de Gilbert, se pudéssemos virar as páginas do livro e escrever um novo capítulo sobre nossas vidas, poderíamos encontrar a paz que tanto buscamos. Já pensou, Frederick, ela poder abraçar o pai, saber da

MARIA NAZARETH DÓRIA ditado por LUÍS FERNANDO (Pai Miguel de Angola)

verdade, que você tentou salvar Gilbert e não morreu também porque mudou sua identidade e foi proibido de procurar qualquer pessoa ligada ao seu passado?

– Josephine, você ficaria do meu lado caso eu tivesse coragem de abrir esse doloroso processo de nossas vidas?

– Quando nos unimos na dor aprendemos a amar com mais intensidade e segurança, eu estarei sempre do seu lado, assim como você ficou do meu lado nos momentos mais arriscados de minha vida, você salvou o meu filho, me salvou e tentou salvar o barão, infelizmente não conseguiu.

O coronel vivia tempos de tranquilidade ao lado de sua esposa, preparando-se para receber mais um neto. Olhando-a, ele disse:

– Estive no Brasil, andei livremente pra lá e pra cá, ninguém me reconheceu; nem eu mesmo quando me olho no espelho não me reconheço! Com barba branca, esses cabelos ralos e brancos, óculos que parecem um fundo garrafa, engordei e criei uma invejável barriga. Já você, minha Josephine, seria reconhecida em qualquer lugar; você continua linda, perfeita – disse ele abraçando-a.

– Pois eu acho que você está precisando trocar esses óculos! Dá uma olhada nos meus cabelos! Na minha pele! Olha a minha cinturinha! Mas, quer mesmo saber? Sou muito feliz como sou agora, e vivo ao lado do homem que amo. Agradeço a você por toda a felicidade que tem me dado nestes anos todos. Pelos filhos maravilhosos que me deu e pelo neto que vamos receber.

Depois de um tempo, nasceu o neto do coronel: um lindo menino que recebeu o nome de Gilbert. Este ficava parado olhando dentro dos olhos de Frederick. Emocionado, o avô chorava, e algumas vezes, em voz alta, pedia perdão ao filho:

– Novamente estamos juntos! Desta vez, meu filho você vai conseguir cumprir sua missão! Eu o ajudarei até quando Deus permitir.

Quatro meses depois do nascimento de Gilbert, o coronel partia para o Brasil; dessa vez ele iria preparar Elizabeth;

CULPADOS *ou* INOCENTES?

contaria toda a verdade. Foi recebido por Silviano e a família com muita alegria e muita festa.

O neto, o marquês Matheus, apresentava os resultados obtidos naquele primeiro ano de trabalho unindo as empresas das quais o senhor Salvatore Garcias era o sócio majoritário; ele estava investindo no Brasil, dando oportunidades de trabalho aos brasileiros e estrangeiros. O avô biológico, que era apresentado nos escritórios como senhor Salvatore Garcias, estava muito orgulhoso do neto; ele de fato era um nobre. Foi levado juntamente com Silviano para conhecerem o gerente--geral; há alguns meses fora contratado por Matheus e cuidava de área de importação, tendo realizado um magnífico trabalho. Ao ser apresentado, Frederick ficou parado olhando para o rapaz e trocou um olhar com Silviano, que estava tão perplexo quanto ele. Era o próprio Gilbert em pessoa! Até uma pinta ao lado da sobrancelha direita ele tinha.

– Este é o Hernandez, nosso gerente. Ele é o responsável pela pasta de todos os produtos que adquirimos de vários países do mundo – disse Matheus, com orgulho de sua escolha.

– Prazer, senhor Salvatore e senhor Silviano, é uma honra poder fazer parte dessa grandiosa empresa que se espalha por vários países, levando e trazendo muitos benefícios a todos os negócios que fechamos – disse o rapaz com desenvoltura.

– O Hernandez é muito competente, fala várias línguas. Sendo holandês, fala e escreve o português melhor do que eu – disse o neto do coronel rindo.

– Então, você é holandês. Mas estudou onde?

– Estudei na França, fiz estágio em Portugal e vim parar no Brasil a convite de meu amigo Matheus; nos conhecemos na verdade em Portugal, eu estava estagiando e ele terminava seu último ano em Direito.

– É advogado também?

– Sim, também sou advogado, mas gosto mesmo de administração e fiz faculdade de Administração na França e aproveito o conhecimento entre as duas áreas para aplicar no meu trabalho.

MARIA NAZARETH DÓRIA ditado por LUÍS FERNANDO (Pai Miguel de Angola)

Silviano olhava intrigado para o rapaz. Como podia ser tão parecido com Gilbert? Como estava se sentindo o coronel diante daquela situação?

Aproximava-se a hora do almoço, e o coronel então, em um ímpeto, convidou a todos para irem almoçar. O rapaz ficou um tanto indeciso entre ir ou não ir; claro, dependia mais do olhar de aprovação do Matheus. Este, animado, respondeu:

– É uma honra para nós almoçarmos com nossos ilustres chefes! Vamos lá, Hernandez?

Foram a um restaurante muito bem-conceituado, claro, cuja comida o coronel conhecia bem, e também os vinhos, que eram tradição naquela casa.

– Posso escolher um vinho para comemorarmos esse dia de hoje?

Hernandez respondeu:

– Estamos em horário de almoço, e dentro do nosso expediente de trabalho. Fica a critério de vocês três que são meus superiores.

– Hoje é um dia especial; eu estou liberando você a nos acompanhar em uma taça de vinho! Me comprometo diante de Silviano e do doutor Matheus.

– Sua palavra é lei, senhor Salvatore, e uma taça de vinho nunca fez ninguém se perder pelos caminhos. Vamos brindar com o senhor este dia, que realmente é muito especial – respondeu o neto.

Na segunda garrafa de vinho, Hernandez já estava mais descontraído, e o coronel então aproveitou para saber um pouco mais de sua vida:

– Sua família mora no Brasil ou no exterior? Me fale um pouco de você.

– Na verdade, minha história de vida é um tanto louca! Eu sou reconhecido e registrado e me eduquei na Holanda, porém nasci em uma fazenda em Minas Gerais, depois fui para uma fazenda no Ceará, norte do Brasil, e aos cinco anos de idade minha mãe, que foi uma escrava liberta, conheceu um holandês e os dois se casaram e foram embora para a Holanda,

CULPADOS *ou* INOCENTES?

levando-me. Meu pai tinha um filho do seu primeiro casamento; ele era viúvo, e eu amava muito aquele irmão, ele me adotou como irmão. Eu era um menino, ele era um rapagão inteligente que deixou a Holanda para estudar, e logo abraçava grandes postos de trabalho. Chamava-se Dinozeth; faleceu alguns anos atrás, e eu ainda era um rapazote. Faleceu na Inglaterra, segundo meu pai, ele estava a serviço, deixou-nos sem saber o que aconteceu de fato. Meu pai, até hoje, não superou a sua morte. Minha mãe teve mais dois filhos com o meu pai, eles estão estudando em Portugal; eu sinceramente acho que as faculdades em Lisboa superam as da França.

O coronel sentiu as faces corando; algo lhe dizia que devia prosseguir perguntando mais.

– Então seus pais vivem na Holanda?

– Sim! Em uma fazenda que meu irmão, Dinozeth, deu a eles de presente; é uma fazenda-modelo, produzimos de tudo!

– E como se chamam seus pais?

– Meu pai se chama Lorenzon, e tanto eu quanto a minha mãe, quando deixamos o Brasil, ganhamos novos nomes. Minha mãe se chamava Luziara e eu me chamava Francisco; segundo minha mãe, meu pai biológico nos mandou para longe, deu-lhe a liberdade e nos ajudou a viver com dignidade; com a ajuda do meu pai holandês, recebi um novo nome e sou o que sou graças a ele.

– Então você é brasileiro! Nasceu em Minas Gerais.

Silviano ouvia a conversa e estava desesperado; aquele rapaz era o filho do coronel, eis a semelhança dele com Gilbert. Sempre tinham sido parecidos. Então haviam sido enganados; o menino não morrera!

Ao se despedirem ficou acertado que Matheus e Hernandez assumiriam toda a responsabilidade comercial das empresas do senhor Salvatore Garcias e de Silviano. Matheus deixou claro que conhecia a competência e o caráter de Hernandez;

MARIA NAZARETH DÓRIA ditado por LUÍS FERNANDO (Pai Miguel de Angola)

eram amigos íntimos e não poderia confiar mais em alguém que não fosse ele; eram como irmãos.

– Ele é meu irmão mais velho – disse.

A sós com Silviano, o coronel emocionado perguntou:

– Você me disse que o meu filho com Luziara tinha falecido, e de repente fico frente a frente com ele. E olha só o que é o destino: é o melhor amigo do meu neto. O sangue uniu os dois.

– Isso é muito comum, se torna cada vez mais frequente a saída do Brasil de escravos libertos. A fiscalização aumentou, pois muitos filhos de escravos libertos foram dados como mortos, e assim eles deixavam o país com outros nomes. Foi o caso de Hernandez. Você vai querer abrir o processo de posse e reaver o seu escravo, Frederick?

– Pare de falar tolices, Silviano! Deixando os meus sentimentos de lado, vamos olhar pelo lado comercial; o que me renderá mais: tê-lo como nosso gerente comercial ou como um escravo na fazenda?

Silviano rindo bateu de leve nas costas do coronel dizendo:

– Pois é, meu amigo, quem poderá nos dizer o que é certo ou o errado diante de tantos fatos verdadeiros que chegam até nós. Acho que Deus está nos dando uma mãozinha para criarmos coragem e tomarmos algumas atitudes; precisamos começar a fazer justiça e assim retirar um peso da nossa consciência.

– Você tem razão, Silviano. Há coisas que não podemos mudar, mas podemos agir de forma justa, como fizemos hoje. Viu a felicidade nos olhos do meu filho? Meu Deus! Você nem imagina como me deu vontade de abraçá-lo; estou preocupado é quando Elizabeth conhecer Hernandez, porque isso vai acontecer em breve. A minha filha é tão forte, e está tão espiritualizada, acho que mais do que eu; o meu coração vem me pedindo para lhe contar toda a verdade, e Hernandez será uma dessas verdades. É o irmão dela, ela tem direito de saber e de conhecer toda a verdade sobre os meus erros; só assim

CULPADOS *ou* INOCENTES?

terei uma chance de receber o seu perdão aqui mesmo em terra. Assim que terminarmos de fechar nossos negócios aqui na cidade gostaria de ir à fazenda; preciso ir agradecer aqueles dois pretos velhos, eles foram os faróis que iluminaram a minha mente. Sabiam do meu filho Gilbert, e sabiam do meu filho Hernandez; quero ir tomar uma bênção e poder agradecer.

– Eu estou precisando me deitar naquela rede, tomar um café de pilão e receber o alimento da minha alma, que são as orações de tio Mané e tia Chica – respondeu Silviano. – Não tenho ido lá, porém não me descuido de saber notícias deles e não deixar que nada lhes falte.

– Quero me aconselhar com o tio Mané sobre como devo proceder para contar toda a verdade para Elizabeth. Meu coração pede que eu faça isso; eu sei que corro o risco de ser rejeitado por ele, e até mesmo você vir a ter problemas no seu casamento por ter guardado os meus segredos por tanto tempo.

No final da semana, foram todos para a fazenda. Os filhos de Silviano tinham uma afeição verdadeira pelo senhor Salvatore, e Elizabeth dizia que não sabia explicar, mas sentia algo em seu coração quando estava perto dele, lembranças de seu pai.

Os dois amigos foram até o casebre de tio Mané e tia Chica e, como sempre, foram recebidos com muitas guloseimas, redes e roupas confeccionadas com tecido do saco de açúcar, alvinhas e perfumadas. Eles comeram e descansaram por um tempo, disseram que não estavam com pressa e, ali mesmo deitados em suas redes, começaram a ouvir os conselhos que vinham ao encontro de suas necessidades: tio Mané, sentado em seu banquinho feito de um toco, preparado por ele mesmo, começou falando:

– Meu senhor, vamos conversar como dois irmãos e não como um escravo e um coronel – disse o ser de luz. – Ouça o que tenho a lhe dizer: quando ouvimos na mente os conselhos e o desejo que vêm do coração, é porque nossa alma

MARIA NAZARETH DÓRIA ditado por LUÍS FERNANDO (Pai Miguel de Angola)

está pedindo, então é o momento certo. Para que isso seja feito, o senhor teve tempo e sua filha também, se prepararam; confesse diante de Jesus Cristo sem esconder nada, abra o seu coração, revele o que está guardado dentro dele por tanto tempo! Não tenha medo, tenha coragem! Quando sentimos medo de fazer algo, é porque não estamos preparados para enfrentar o porvir; entregue-se ao Senhor, a sua consciência está pronta para receber o perdão. Não tema, lembre-se de que apenas o Senhor, nosso Pai Criador, julgará nossos pecados, Ele é quem dá o veredito sempre, se somos culpados ou inocentes. Mesmo que de imediato o senhor não seja entendido por sua filha, continue orando e seja persistente em suas orações; ela precisará de um tempo para se refazer, depois que ouvir suas revelações.

– Quanto a você, Silviano, também esteja preparado para compreender sua esposa; a reação dela ao descobrir que você sempre soube do grande segredo relacionado ao seu pai vai lhe trazer tristezas; tenha paciência e não desista de sua mulher. Todas as pedras que serão remexidas voltarão aos seus devidos lugares; é uma questão de tempo.

E assim os amigos deixaram o casebre espiritualmente revigorados e animados em recomeçarem uma nova história de vida, tirando um peso gigante da consciência.

O coronel procurou ficar mais próximo de Elizabeth; falaram muito sobre a doutrina espírita e as mudanças benéficas que o espiritismo trouxe na vida dele. O coronel contou para Elizabeth que tinha certeza absoluta da reencarnação do seu filho em seu neto que acabara de nascer.

Elizabeth ficou admirada e quis saber mais.

– Senhor Salvatore, que fantástico. Fale-me qual foi a sua emoção ao pegar o pequeno em seu colo, o que sentiu? E como pode ter tanta certeza de que é o seu filho? Perdoe-me, mas só de ouvir fiquei arrepiada, meu Deus! Que felicidade recebermos um ente querido duas vezes na vida.

– Nesta vida, minha filha, corremos o risco de cometer muitos erros, especialmente quando nascemos com determinadas regalias; mas recebemos de Deus grandes oportunidades e todas as chances de corrigir em terra mesmo muitos destes pecados. Eu estou no Brasil para me reconciliar com Deus e com pessoas importantes em minha vida.

Elizabeth olhou para ele sem entender nada. Ficou observando aquele rosto sereno e que transmitia tanta bondade.

– O senhor não é brasileiro? Tem parentes no Brasil?

– Não sou brasileiro, porém a minha alma é brasileira; toda minha vida começou aqui, as minhas raízes estão fincadas nesta terra. Os meus filhos mais velhos nasceram aqui no Brasil, hoje tenho uma filha e três netos que vivem neste país.

– Eu não sabia! Que estranho, Silviano nunca me contou que o senhor tinha família aqui no Brasil; sempre soube da grande afeição que ele nutre pelo senhor, fala que o senhor é como o pai dele. Aprendi a gostar do senhor ouvindo meu marido falar de sua pessoa e quando o conheci dei razão a ele. Onde moram sua filha e seus netos?

– Elizabeth, é uma longa história, que envolve muita dor e sofrimento. Você está disposta a me ouvir?

– Sim senhor! Pode abrir o seu coração comigo; vejo no senhor o meu pai. Assim como ouviria o meu pai, eu o ouvirei – respondeu a moça.

– Precisamos de um chá, por isso, tomei a liberdade de pedir a sua velha escrava para nos preparar um chá; posso servi-la?

Elizabeth pegou a xícara de chá e levou à boca; ele também tomou o chá em silêncio. Logo após recolheu as duas xícaras, colocando-as na bandeja. Sentando-se em frente da filha, começou a falar:

– Fui um respeitável coronel no Brasil há trinta e poucos anos. O sucesso e as minhas condições financeiras me fizeram alcançar e galgar muitos degraus, envolvido por esse mundo onde nasci, cresci e vivi, o mundo das glórias, fama, dinheiro. Muito jovem, recém-formado lá fora, assumi uma grande responsabilidade: substituir o meu pai, fazendeiro e

MARIA NAZARETH DÓRIA ditado por LUÍS FERNANDO (Pai Miguel de Angola)

senhor de escravos bem-sucedido e respeitado por todos. Casei-me com uma moça de uma família rica e somamos nossa fortuna, que nos trouxe muito prestígio. Ela foi educada para se tornar esposa e mãe, era uma mulher exemplar, fina, requintada e muito equilibrada, me deu segurança e tranquilidade. Ela me fez feliz; eu, de minha parte, acho que não consegui fazê-la feliz. Tivemos dois filhos, um menino e uma menina. Eram a razão de nossas vidas, e ainda pequenos levamos nossos filhos para estudar fora; insistência minha, nenhuma mãe quer ficar longe de seus filhos. Aqui não tinha escolas à altura deles, foi o que sempre imaginei. Visitávamos nossos filhos uma ou mais vezes por ano, eles cresceram e se prepararam para voltar ao Brasil. Foi aí que aconteceu o maior erro de minha vida... não deveria ter insistido em trazer os meus filhos, toda a nossa estrutura familiar veio abaixo. Fui buscar os meus filhos e a noiva do meu filho, que deveria retornar a sua família e se preparar para tornar-se esposa dele, e também minha filha, que estava comprometida com o irmão dela, que voltaria em breve. Porém, antes de colocarmos os pés em terra firme, nossas vidas mudaram dentro de um navio no balanço do mar...

E assim ele relatou todos os acontecimentos de sua vida, o que ela conhecia e o que ela desconhecia. Quando terminou de falar estava cansado e ofegante; tudo o que estava guardado dentro de si foi colocado para fora; sentia como se um espinho fosse sendo arrancado de suas entranhas. Estava sofrendo, mas o peso ia diminuindo dentro de sua consciência.

Silviano juntou-se a eles e, em silêncio, serviu uma xícara de chá para a esposa e para o coronel, que chorava como uma criança.

Elizabeth virou-se para o marido e perguntou:

– Todos estes anos você dormia comigo, me abraçava, ouvia meus lamentos, via as minhas lágrimas, me acompanhava à igreja; todos os anos na missa em memória do meu pai e irmão, e não sentia remorso? Aliás, o morto e o amigo estiveram lado a lado assistindo a uma missa em sua memória.

CULPADOS *ou* INOCENTES?

Como se sentiu, senhor Salvatore, ouvindo o nome do coronel Frederick sendo tão exaltado no altar? Santo Deus! Com quem estive casada todos estes anos? Você não é diferente dele; realmente se merecem! Quanto ao senhor Salvatore Garcias, tem a esposa que merece! E pensar que a minha mãe sofreu tanto por sua causa! Nos traiu, nos enganou, e com o apoio desse que se diz meu marido! Em quanta sujeira, em quanta mentira vocês dois se envolveram para atingir o que queriam; estão no meio desse lixo todo e ainda deve ter muita podridão. Quer dizer, senhor Salvatore, que tenho um irmão quase da idade do meu filho? Ele sabe que tem uma irmã e tios no Brasil? Sou tia de um garotinho que leva o nome do meu irmão? E quem diria: tenho uma irmã, um irmãozinho e uma madrasta que um dia se dizia ser minha amiga. E Josef é cúmplice de tudo isso? E o filho de Gilbert, criado por Josef? é seu neto, convivendo com os seus filhos, acreditando que o avô está morto; e o senhor Salvatore Garcias, o bom e amado senhor, é marido de Josephine.

Elizabeth, transfigurada pelo sofrimento, se levantou e olhando para o coronel disse:

– O que esperava de mim? Que me atirasse em seus braços, chamando-o de papai? – E, virando-se para Silviano, falou: – Nesse momento gostaria de ter a minha mãe aqui presente para lhe pedir perdão e dizer-lhe o quanto ela tinha razão a seu respeito. Traidor! Dormi com o meu maior inimigo!

Silviano tentou abraçá-la, mas ela o empurrou dizendo:

– Nunca mais toque em mim! Não quero mais olhar para você, desapareça de minha vida e não tente se aproximar nunca mais; vou conversar com o meu filho Matheus e pedir que ele devolva esse título sujo herdado do avô falecido! Estou indo embora agora mesmo! Não quero ficar olhando para vocês dois, sinto nojo! Vou mandar arrumar tudo o que é seu, mande retirar suas coisas o mais rápido possível, ou eu mandarei queimar. Tenho muita pena desse pobre rapaz, o Hernandez; vou contar tudo para Matheus; ele decidirá o que fazer, se vai contar a verdade a ele ou não. Pensando bem, acho que não devo envolver meus filhos nessa sujeira. E quanto ao Hernandez? Melhor ele continuar sendo feliz longe de vocês dois.

Silviano pediu para as mucamas acompanharem Elizabeth e convencêla a ir no outro dia. Já estava tarde e as estradas andavam perigosas à noite. Assim foi feito, com Elizabeth à base de chás calmantes.

A sós com o coronel, Silviano falou:

– Fomos avisados de que passaríamos por isso. Vamos rezar e pedir ajuda de Deus e deles para acalmar o coração de Elizabeth; ela está sofrendo muito, e nem eu nem você somos as melhores pessoas para confortá-la nesse momento. Vamos pedir às velhas mucamas que fiquem ao lado dela, conversem; elas são pessoas esclarecidas na vida espiritual, e o remédio será o tempo, que irá conduzir o desfecho desse dia de hoje. Vamos ficar juntos, atentos, buscar ajuda para nos fortalecer, e não abandonar Elizabeth mais uma vez.

– Antes de vir ao Brasil, conversei com Josephine. Acertamos que eu só voltaria para casa quando tivesse certeza de que deixaria minha filha bem; não poderia mais viver carregando esse peso dentro de mim e forçando-a a viver uma história que não era sua. Você é muito mais que um amigo, muito mais que um sócio; você é um verdadeiro filho. Muito obrigado por tudo, Silviano, você foi um anjo que Deus colocou em meus caminhos. Vamos lutar juntos para reconquistar o amor e a confiança de Elizabeth.

Silviano conversava com as pretas velhas que sempre cuidaram de Elizabeth, para não deixá-la sozinha nem por um minuto, e que a aconselhassem a continuar orando e estudando o Evangelho de Jesus Cristo para acalmar seu coração. E assim era feito por aquelas bondosas e amorosas mães pretas.

Três meses se passaram, e Silviano e o coronel semanalmente iam à casa de pai Mané e tia Chica. Recebiam o conforto

CULPADOS *ou* INOCENTES?

da espiritualidade e se sentiam bem e mais fortalecidos para sustentarem as suas cruzes.

Silviano insistia em falar com Elizabeth, mas ela se recusava a recebê-lo. A conselho de tio Mané, ele então resolveu escrever-lhe uma carta dizendo que estava indo embora definitivamente do Brasil, que deixaria todos os bens da família e nada levaria consigo, apenas a certeza de que conseguira tirar das costas um peso imenso, e que entendia o comportamento dela, que a amava muito e a levaria em seu coração, mas que, diante de tantos erros, ele fizera tudo por amor para salvar um amigo e que jamais o abandonaria. Dizia também que, se precisasse ajudá-lo mil vezes, mil vezes ele o ajudaria, e que ela refizesse sua vida, quem sabe encontrando alguém que fosse melhor do que ele em tudo.

Elizabeth leu a carta e um desespero começou a tomar conta do seu coração; ela bem conhecia Silviano. Ele realmente estava partindo para sempre e ela não viveria sem ele. Desesperada, começou a gritar por Nana e pedir.

– Mande chamar Silviano, por favor, agora, antes que seja tarde!

Meia hora depois, o mensageiro retornara dizendo que Silviano já havia embarcado, porém um dos empregados do senhor Salvatore ia em outra embarcação tentar alcançá-lo e transmitir o recado dela.

Elizabeth debruçou-se na mesa e chorava copiosamente; as amas a consolavam dizendo:

– Calma, sinhá, o coronel Silviano vai receber o seu recado e com certeza virá ao seu encontro.

– Ele viajou sozinho? – quis saber Elizabeth.

– Não senhora, o senhor seu pai embarcou com ele – respondeu Nana.

– Meu pai? – Aquela frase soou de forma tão estranha e ao mesmo tempo tão familiar. Seu pai...

– Sim, o coronel Frederick, seu pai! Ele estava muito abatido; nunca vi alguém se acabar tão depressa. Acho que emagreceu mais de dez quilos; aquele homem forte e vigoroso que conheci no passado vivia agora encolhido e cabisbaixo, era de dar pena.

– Nana, você acha que eu devo perdoar meu pai?

– A senhora já perdoou seu pai e seu marido, e também já se perdoou. Aproveite, minha sinhá, esse tempo de Deus; é tão precioso. Volte para os braços do seu marido, volte para os braços do vosso pai. Não deixe que os erros do passado impeçam a sua felicidade.

Aquela noite, Elizabeth não dormiu, apesar de todos os chás que suas mucamas lhe ofereceram. De manhã logo cedo, levantou-se e não quis se servir de nada; foi para o jardim e andava de um lado para o outro. Ela estremeceu vendo uma carruagem de luxo se aproximando. Quem seria?

Era Silviano. Ela correu ao seu encontro, jogou-se em seus braços soluçando, e ficaram abraçados, sem falar nada. Olhando para o marido, ela perguntou:

– Onde está o meu pai? Por que ele não veio com você?

– Seu pai ficou me esperando, ainda não embarcou; eu jamais deixaria de atender a um chamado seu. Esperei muito tempo por esse momento; quero ouvir de você se me perdoou e perdoou o seu pai; se ele não puder voltar eu seguirei com ele, apesar de estar deixando parte de minha vida, você e nossos filhos.

Elizabeth reparou que Silviano estava magro e com profundas olheiras. *Meu Deus! O que fiz com meu marido?* Abraçando-o, ela respondeu:

– Eu me perdoei em primeiro lugar e quero abraçar meu pai, meus irmãos, todos os que fazem parte de minha vida. Em meio a tudo o que aconteceu, apenas um pode dar a sentença de se somos culpados ou inocentes: DEUS! Por favor, meu amor, mande buscar o meu pai; quero abraçá-lo, olhar dentro dos seus olhos e matar as minhas saudades.

Um mensageiro levando uma mensagem escrita por Elizabeth pedia: "Coronel Frederick, volte para sua casa que aqui tem pessoas saudosas esperando pelo senhor".

Silviano, atendendo a um pedido de Elizabeth, mandou chamar Matheus e pediu que trouxesse Hernandez. Os dois filhos mais novos de Silviano estavam estudando em Lisboa, mas iriam ter conhecimento dos fatos. Não havia mais motivo de se esconderem; iriam abrir as cortinas do tempo e deixar a luz entrar.

O coronel Frederick estava cabisbaixo; insistiu em partir, mas Silvano implorou que o esperasse; ele se assustou quando avistou o mensageiro que trabalhava com Silviano. Este entregou a mensagem e ficou de lado aguardando.
— Vamos, meu rapaz, vamos pegar as minhas malas e regressar imediatamente!
De repente, o coronel sentiu que dentro dele algo maravilhoso começava a acontecer; era como sair da escuridão para a luz! Não via a hora de poder abraçar sua filha, olhar dentro dos olhos dela e dizer: "eu te amo, minha filha".

Na cozinha era uma correia só; as amas e todas as serviçais começavam a preparar as guloseimas preferidas de casa; o coronel iria chegar para o lanche. Elizabeth estava transbordando de felicidade, eram os comentários que se ouviam pelos corredores.
O marquês Matheus e Hernandez chegaram, e Elizabeth veio recebê-los. Ela ficou parada olhando para o rapaz; ele ficou sem graça, sem entender a reação dela. O filho lhe chamou atenção, perguntando:
— O que foi, mamãe?
— Meu Deus! Como você me lembra alguém! Por uns instantes pensei que fosse outra pessoa. Sente-se e, por favor,

MARIA NAZARETH DÓRIA ditado por LUÍS FERNANDO (Pai Miguel de Angola)

quero que se sinta em sua casa. Logo vai chegar alguém muito especial para dividirmos um lanche especial em família.

– Alguma data especial, mamãe? Ultimamente não conseguia mais sentar com vocês dois, estavam sempre ocupados; eu já estava ficando preocupado – disse o filho.

– Hoje será um dos dias mais especiais de nossas vidas. Você, meu filho, é um rapaz inteligente e aberto ao novo mundo, e por isso mesmo conto com o seu apoio e sua compreensão. Convidamos o seu amigo Hernandez porque você sempre se referiu a ele como um irmão. Peço desculpas ao seu amigo por não tê-lo recebido em nossa casa antes; andei atarefada e preocupada com algumas coisas que já foram bem resolvidas, e fiz questão de tê-lo entre nós. Mas acho que tudo tem o seu tempo, não é mesmo, Hernandez?

– Sim, senhora. Nada acontece sem a vontade e a permissão de Deus; aprendi isso com a minha mãe, e tenho sido testemunho de que é a mais pura das verdades – respondeu o rapaz.

Matheus, olhando pela janela, apontou para a rua dizendo:

– Vejam só, é o senhor Salvatore! Vamos lá recebe-lo, Hernandez?

Silviano abraçou a esposa dizendo:

– Acho que não vou suportar tantas emoções; estou tentando segurar o meu pranto.

– Olha só, mamãe! Nosso amigo do peito, senhor Salvatore! Vocês estavam esperando por ele ou foi uma agradável obra do destino? – disse Matheus.

Elizabeth não respondeu, estava com a voz embargada pelas lágrimas. Abrindo os braços, se atirou nos braços do pai, falando:

– Papai! Papai!

O único que não demonstrou surpresa foi Silviano; os dois rapazes se entreolharam sem entender o que estava acontecendo.

O coronel, respirando fundo, respondeu:

– Minha pequena! Minha filha amada, como esperei por esse momento...

CULPADOS *ou* INOCENTES?

– Sentem-se, por favor – pediu Silviano; estava emocionado, e as lágrimas desciam dos seus olhos, encharcando sua barba. – Lamentamos pelos outros membros da nossa família que não presentes, porém em breve o que vocês ouvirão hoje eles também vão tomar conhecimento.

– Vamos dispensar nossos serviçais, assim podemos conversar com mais tranquilidade. – Virando-se para o coronel, perguntou: – Quer ir tomar um banho para se refazer da viagem?

– Não! Prefiro ficar sentado aqui, já tomei um copo de água e estou me sentindo bem; peço licença a todos e quero começar a falar.

Sem fazer nenhuma pausa, o coronel foi direto ao que já estava determinado em seu coração, sua filha esteve o tempo todo de mãos dadas com ele.

Assim que terminou, suspirou fundo e, olhando para Hernandez, disse:

– Foi a mão Deus que assim quis, e assim será feito. Nós dois mudamos de nome, porém estamos aqui, lado a lado, e somos pai e filho.

Matheus estava perplexo diante de tudo; abraçou Hernandez e disse-lhe:

– Eu sempre soube que tínhamos algo muito especial que nos unia. Então somos tio e sobrinho? – Abraçou o coronel dizendo: – O senhor não é apenas o meu patrão, é o meu avô! Nunca imaginei que essas histórias pudessem acontecer entre pessoas como nós, sempre achei que tudo fosse romance e criações de mentes inteligentes que gostavam de distrair as pessoas com suas histórias inventadas, sem fundamento nenhum.

– O que me diz, Hernandez, de tudo o que acabou de ouvir? – perguntou Elizabeth.

– Fui pego de surpresa e, enquanto ouvia o senhor Salvatore falando, me vinham na lembrança pedaços de minha infância, um rico senhor que me levava doces e brinquedos e me suspendia no ar; tenho vagas lembranças, mas foram momentos agradáveis que me fizeram feliz. De repente sou

MARIA NAZARETH DÓRIA ditado por LUÍS FERNANDO (Pai Miguel de Angola)

surpreendido com alguém me dizendo: "sou aquele homem, sou seu pai".

Elizabeth o abraçou.

– Meu querido irmão – falou –, quando o vi entrando por essa porta, pensei que estava tendo uma alucinação, Você é a cópia fiel do nosso irmão Gilbert! Por favor, perdoe nosso pai; cada um viveu aquilo que precisava viver para se tornar melhor, e nada é por acaso; se Deus nos aproximou, foi nos oferecendo uma chance de sermos felizes.

Hernandez, com os olhos marejados de lágrimas, se aproximou do coronel e, abrindo os braços, disse:

– Abençoe-me, meu pai!

Matheus, colocando o braço sobre os ombros do coronel, pediu:

– Vamos tomar um banho, meu avô? Essa novidade de família me deu muita fome! Mamãe, mande preparar a mesa; nós voltamos logo.

Saboreando o delicioso lanche, a família brindava o reencontro do coronel Frederick com sua família. Este então pediu:

– Gostaria de aproveitar este momento e fazer um convite a todos: quero que vão nos fazer uma visita e conhecer a casa de vocês na Colômbia! Vamos nos reunir com todos os membros de nossa família: o barão Frederick, o filho de Gilbert que hoje é um conde italiano, Josef e família, aliás, considero Josef um filho; ele cuidou do meu neto, fez dele um homem. Quero todos trocando um abraço, inclusive a Rossana e o marido; graças a Deus ela refez sua vida; com a morte do meu filho ela sofreu muito e graças a Deus com ajuda de Josef e Gina, hoje ela vive feliz e teve outros filhos.

Silviano comentou:

– Isso será de suma importância, e também estamos abrindo nossas casas para receber a senhora Josephine e todos os seus. E quanto a você, Hernandez, gostaria que viesse morar conosco; essa casa é muito grande e acredito que Matheus vai ficar muito feliz em dividir mais tempo com o seu tio/amigo.

– 384 –

CULPADOS *ou* INOCENTES?

– Venha sim, meu irmão! – pediu Elizabeth. – Vamos ser uma família de verdade; você não imagina como eu sofria. Sempre lamentei não ter parentes perto de mim; agora que descobri que não sou órfã de pai e tenho irmãos e sobrinhos, quero tê-los mais perto de mim. Não vejo a hora de conhecer o meu sobrinho-neto, o novo Gilbert.

Hernandez, virando-se para o coronel, falou:

– Como devo chamá-lo e tratá-lo em público? Nunca me passou pela cabeça que um dia eu fosse encontrar o meu pai biológico. E, pelo que ouvi de minha mãe, pelas leis brasileiras ainda sou seu escravo; ela recebeu carta de alforria, mas eu continuei escravo.

– Deve me chamar de pai e me tratar como seu pai – respondeu o coronel. – Estamos aqui, meu filho, para recebermos nossas cartas de alforria assinadas por Deus.

Hernandez respondeu:

– Tenha paciência até me acostumar, e pelo que vejo não sou só eu que estou assim; fomos pegos de surpresa, não é mesmo, Matheus? Mas acho que não será difícil, porque estamos cercados por uma família disposta a amar e ser feliz. E quanto à minha mãe, devo contar a ela que o encontrei?

– Acho que você deve contar a verdade; sua mãe pode e deve saber que nos encontramos e que estamos tentando reparar alguns erros do passado. Aliás, eu errei muito com sua mãe e com você; se houver ocasião e uma oportunidade, gostaria de pedir-lhe desculpas pelos transtornos que causei em sua vida.

– Minha mãe nunca falou mal do senhor; sempre me disse que o senhor a ajudou muito, deu a ela condições de viver muito bem e, se quisesse, poderia ter me tirado dela. No entanto, o senhor não fez isso e, além de dar-lhe uma boa quantidade em dinheiro, também lhe deu os dois maiores amigos, aqueles pretos velhos que jamais serão esquecidos por nós. Ela me disse que planejou e inventou a minha morte, me dando um novo nome e assim recebendo a minha identidade holandesa.

MARIA NAZARETH DÓRIA ditado por LUÍS FERNANDO (Pai Miguel de Angola)

O meu pai adotivo é uma pessoa maravilhosa e me proporcionou tudo de bom, e faz a minha mãe feliz. Eu tenho outros irmãos.

– Eu agradeço muito a Deus por Ele ter amparado vocês e tê-los colocado nas mãos de alguém como seu pai, pois ele é o seu pai verdadeiro; eu fui apenas o pai biológico. Porém, quero reparar um pouco dessa minha culpa, se você permitir.

E assim aquele dia terminou em um velho e conhecido restaurante, em um jantar especial, regado a bons vinhos, boas risadas e muitos planos.

Alguns dias depois, a fazenda estava em polvorosa. Pelos cantos e nas rodas de trabalho, nos cafezais, nos celeiros e nos currais, o assunto era um só: teria mesmo o velho coronel Frederick ressuscitado? Alguns diziam que era verdade, outros diziam que tudo não passava de conversa. Até parece que depois de mais de trinta anos ele iria aparecer do nada!

Seis meses se passaram, e o sonho do coronel Frederick se realizava: toda a família reunida. Os jovens se encontraram, se conheceram e estavam felizes e agradecidos. Josef e família, o pequeno Gilbert sendo a atenção de todos; Josephine não lembrava mais a menina orgulhosa e mimada do passado, agora era uma senhora bela e recatada, simples e educada com todos; o neto era apegado a ela.

O coronel Frederick, batendo no ombro de Hernandez, disse:

– Eu sinto muito, filho. Fiquei sabendo da morte de seu pai; que Deus o tenha junto Dele. Espero que sua mãe se recupere dessa grande perda, sabemos que não é fácil. Os seus irmãos estão com ela?

– Não senhor! Meus irmãos estudam fora; eu tentei convencê-la a vir morar no Brasil, e não pretendo voltar para a Holanda; estou me enraizando, ou melhor, acho que sempre estive enraizado no Brasil. Como o senhor está sabendo, em breve me casarei com uma brasileira que ama seu país, minha bela mulata. Vou tentar trazê-la ao meu casamento, e Elizabeth faz

CULPADOS *ou* INOCENTES?

questão de que ela fique hospedada na casa da nossa família. O senhor e a senhora Josephine também deverão me levar essa alegria.

– Eu irei, só se Deus assim não permitir. Estarei ao seu lado no dia mais importante de sua vida. Quanto a levar Josephine, vamos ver; ultimamente ando muito preocupado com sua saúde. Apesar de termos bons médicos, me preocupa o estado dela. Emagreceu muito, e não é de se entregar. Mas percebo que ela não está melhorando.

– Seu irmão, sendo o caçula, também vai se casar em breve; conheci a moça que ele escolheu para ser sua esposa. Além de muito bonita, vem de família de aristocrata; é uma italiana. Não que a posição dela venha ao caso, quero que os meus filhos se casem com aquela que tocar seus coração; ele desde garoto dizia que se casaria primeiro que o irmão e é exatamente isso que vai acontecer; Frederick ainda não encontrou sua alma gêmea.

– É, eu estou querendo ir ao casamento do meu irmão; faremos o possível para irmos ao casamento dele. No momento não está sendo fácil nem para mim nem para o Matheus se afastar das empresas; atravessamos uma crise de muitas mudanças – respondeu Hernandez.

– Fiquem tranquilos, eles irão entender a falta de vocês, nós estaremos lá, representando a família – falou o coronel.

Os meses se passaram. Josephine não foi ao casamento do filho nem ao do enteado; Frederick esteve representando a família. Josephine tentava esconder as violentas dores que tomavam conta do seu abdômen. Os médicos foram claros: os remédios e o tratamento eram para aliviar as dores; não tinham muito o que fazer por ela. Frederick estava desesperado; ajoelhava-se e implorava para que ela melhorasse, daria tudo o que tinha, daria sua vida para vê-la bem.

O inverno chegou na Colômbia, terra que Josephine escolhera para viver e ter os seus filhos. Ela estava acamada; há uma semana dois médicos se revezavam, e enfermeiros não saíam do seu lado. Os filhos chegaram. Frederick estava desesperado; não era Josephine que estava morrendo, era ele! Como iria sobreviver longe dela?

Josephine estava pálida; fez um gesto para Frederick, que chegou mais próximo do seu rosto. Ela pegou sua mão e balbuciou:

– Obrigada, meu amor, sempre te amei e te amarei eternamente. – Suas mãos estavam frias. Josephine fechou os olhos e deu o último suspiro.

A tristeza tomou conta do coração de Frederick; ele não queria mais falar com ninguém. Os filhos se reuniram e pediram que os irmãos viessem até a Colômbia ajudar o pai; eles sozinhos não estavam conseguindo.

Hernandez, Matheus, Silviano e Elizabeth foram para Colômbia e, com muito amor, carinho e palavras da filha e do seu maior amigo, o coronel aceitou vir com eles para o Brasil. Ele insistia em dizer que sua vida estava enraizada na Colômbia, pois sua amada estava enterrada ali.

Dois anos se passaram. Os filhos vinham visitar o pai sempre que podiam; ele quis ficar na fazenda, e era uma luta para levá-lo à cidade. Silviano e Elizabeth ficavam com ele na fazenda, e uma vez por mês iam à cidade; não ficavam mais que três dias por lá.

Hernandez conseguiu trazer sua mãe para morar no Brasil. Ela não quis morar nas casas dos seus antigos senhores; Hernandez então comprou uma casa confortável e a instalou.

Silviano a convenceu a ir até a fazenda, pois lá ainda se encontravam muitos amigos, e que iriam se sentir felizes em revê-la. Ela aceitou, pois em seu coração nunca deixara nenhum deles para trás. Que saudade de sua amiga Rosário... Silviano disse-lhe que ela vivia lá e que estava bem.

CULPADOS *ou* INOCENTES?

Luziara pediu para ir à fazenda onde nascera e crescera. Era lá que Rosário e outros amigos continuavam morando. Foi uma alegria misturada com lágrimas. O clarão da noite de lua cheia iluminava o chão da fazenda, e os seus amigos contavam como fora a passagem dos mais velhos que não estavam mais ali, tendo partido para o verdadeiro lar.

Luziara revivia sua vida naquela fazenda; lembrou-se do dia em que a sinhá Sophia a procurou na oficina de costura e depois como a ajudou, acreditando que ela fosse irmã de Silviano, e sinhá Lise... tão linda, fina e bondosa. Sentia-se culpada por ter amado tanto o marido dela. Graças a Deus que tudo já havia passado; iria se entregar aos cuidados de Deus e ajudar os seus irmãos. Não percebeu que chegou alguém perto dela, chamando-a pelo nome. Ela virou-se e não reconheceu aquele senhor; quem seria? Aquele perfume era o mesmo que no passado apressara a sua saída daquela fazenda. Não era possível.

– Frederick?

– Sim, Luziara, sou eu; não me pareço com o que fui no passado, mas agradeço a Deus pelo meu presente. Estou diferente no físico e melhorado na alma. Posso me aproximar de você? Podemos conversar um instante?

Ficaram sentados em um banco debaixo de um ipê-amarelo, as suas flores caíam forrando o chão e também sobre eles. Frederick rindo disse:

– Olha só, nunca tinha prestado atenção nesse espetáculo. Estão caindo flores sobre nós e suas flores cheiram a mel. Perdoe-me, Luziara, por todo o sofrimento que lhe causei no passado; você veio como uma luz em minha vida, mas, na minha cegueira, não enxerguei a sua luz e continuei cometendo muitos desatinos. Magoei Lise, uma mulher extraordinária, e só descobri que era humano e tinha um coração capaz de amar quando me envolvi com Josephine. Começamos como uma brincadeira e fomos surpreendidos pelos laços do amor que envolveram nossas almas. Josephine foi um anjo que Deus colocou em meu caminho; com sua partida, perdi a vontade

MARIA NAZARETH DÓRIA ditado por LUÍS FERNANDO (Pai Miguel de Angola)

de viver. Os meus dias são longos, minhas noites uma eternidade; parece que o mundo parou de girar a minha volta.

– Vi Josephine nascer aqui nesta fazenda e ainda tão pequena foi embora para a França estudar; ela e o irmão, um menino lindo, bondoso. Sinhá Sophia era um anjo de bondade.

Os dois ficaram falando de suas alegrias e de suas dores. O tempo passou tão depressa que eles nem perceberam que o sol já se escondia.

– Meu Deus! Depois de tanto tempo posso dizer que não vi a hora passar – disse o coronel.

– Tem razão, vamos entrar, já está ficando tarde, Daqui a pouco vão pensar que nos perdemos por aí – falou Luziara.

– Silviano e Elizabeth me disseram que ficaremos todos na casa "Dois", como é conhecida depois que as duas fazendas foram unificadas. Estão caiando a casa 'Um". Então, isso significa que vamos ficar no mínimo uma semana por aqui e fazer as refeições juntos. Você se incomodaria se, depois do jantar, conversássemos mais um pouco?

– Não sei se teremos mais assuntos para falarmos, mas, se não houver problemas, não me incomodará em nada – respondeu ela.

Frederick encontrou Silviano na entrada da casa e este se aproximou dele e falou bem baixinho:

– Estava observando vocês dois sentados no jardim em um bate-papo de dar gosto. Lembrei-me de que um dia fizemos um negócio em que os dois saíram ganhando: troquei Luziara pelo Brilhante, um boi de raça que me rendeu muito. Naquela ocasião você enlouqueceu de paixão por ela, levou-a para sua fazenda em Minas Gerais e tantas coisas se passaram entre vocês dois. Quem diria, depois de tantas voltas... Nem acreditei que estava vendo os dois sentados e conversando como dois seres livres e independentes.

Uma semana depois do encontro entre Luziara e Frederick, ele não parecia mais aquele homem velho e abatido; tirou a barba, cortou o cabelo e parecia dez anos mais jovem. Os

CULPADOS *ou* INOCENTES?

dois amigos saíram para dar uma volta a convite de Frederick. Já afastados da casa-grande, o coronel então disse:

– Preciso do conselho de um amigo; é a primeira vez que não tenho coragem de tomar uma decisão em minha vida – disse ele.

Silviano respondeu:

– Se é a respeito de Luziara, acho que você deve assumir o que está acontecendo aí dentro de você, isso chama-se amor. Já faz dois anos que você está viúvo, não é segredo para ninguém que Josephine tomou conta de sua vida por completo, fez você muito feliz e foi feliz também, mas ela partiu e você está aqui; tenho certeza de que ela quer vê-lo feliz, tendo alguém do seu lado, e não poderia ser alguém melhor que Luziara. Se quer meu conselho, case-se com ela!

– Tenho medo de me declarar e receber um não! Você acha que tenho chance? Não estou muito velho pra ela? – disse o coronel.

– Você só vai saber se declarando, e saiba que vamos dar todo o apoio à sua união com Luziara. Tenho certeza de que Elizabeth vai ficar muito feliz. Só de pensar que você vai ter uma companheira e reparar um erro do passado, pelo que conheço de sua filha, ela vai chorar de felicidade.

– Hoje à noite vou tomar um drinque duplo para me encorajar; antes do jantar vou fazer o pedido de casamento e, se ela aceitar, no jantar já vou comunicar a todos a nossa decisão e marcar o casamento para o mais breve possível. Já perdemos tanto tempo que cada minuto de minha vida agora é precioso.

Naquela noite foi anunciado o casamento de Frederick e Luziara. Elizabeth ficou muito feliz com a notícia e pediu:

– A semana que vem vamos à cidade dar as boas-novas para Hernandez e todos os membros da família, e vamos acertar todos os detalhes. Vamos, papai, fazer um casamento à altura da espera de Luziara pelo senhor. Faremos uma bonita festa, deixe que nós cuidamos de tudo.

– E onde vocês pretendem morar? Na cidade, em alguma fazenda, na praia, na Colômbia, na Holanda, onde? – perguntou Silviano.

– Já tenho algumas ideias, mas preciso falar a sós com Luziara sobre isso; assim que acertarmos, se ela concordar com o que desejo fazer, eu te comunico imediatamente.

Naquela noite, o céu estava completamente estrelado. Não se via uma nuvem no céu.

Frederick e Luziara estavam sentados na varanda da casa--grande, e três espíritos de mãos dadas observavam os dois.

Josephine, abraçando a mãe, disse emocionada:

– Estou tão feliz, mamãe. A senhora me perdoou pelas loucuras que cometi em terra; obrigada, senhora Lise, por ficar ao lado de minha mãe e pela força que está me oferecendo nessa nova fase de minha vida.

Lise, abraçando as duas respondeu:

– Olhe a mão de Deus fazendo justiça, Josephine, olhe a felicidade nos olhos dos dois; graças a Deus nós vencemos, encontramos amparo na luz. Vamos orar e agradecer a Deus por eles, que receberam do Pai mais uma chance.

Sophia, olhando para Lise, comentou:

– Todos nós recebemos essa chance abençoada; obrigada, minha irmã querida. Você me ajudou muito em minha caminhada. A maior bênção que recebi de Deus é poder ficar com você e Josephine; estou muito grata e feliz por tudo e por todos.

– Olha lá – disse Josephine, apontando em direção a Silviano e Elizabeth –, formam um casal de luz.

– Sim, eles são abençoados. Amam-se não apenas na matéria; são espíritos que vêm de muito longe batalhando e ajudando outros irmãos a se ajustarem. Devo muito a eles dois – disse Sophia.

– Tem toda razão, Sophia. Olhando para Frederick e Luziara, só posso agradecer a eles dois por terem me proporcionado momentos tão preciosos para o meu crescimento e entendimento espiritual; que Jesus os abençoe e que eles sejam o "farol" que vem iluminando todos os nossos seres amados – disse Lise.

Josephine chamou a atenção das duas dizendo:

– O nosso querido mentor está dando sinal; é hora de partirmos. – E, assim, elas se elevaram na velocidade da luz.

Luziara, apontando para o céu, perguntou para Frederick:

– Você viu? Me pareceu um raio, mas o céu está tão estrelado! Não tem nuvens no céu! Foi tão rápido, mas me pareceram raios de luz.

– Pode ter sido o reflexo de uma estrela cruzando o céu de um lado para o outro – respondeu o coronel. – Mas vamos continuar nosso assunto: de hoje em diante não quero dar um passo sem você não estiver do meu lado. Vamos construir a escola, a casa de oração onde ficavam aqueles velhos benzedores. Tive a oportunidade e o merecimento de ser abençoado por eles, e acredito que aquele chão é sagrado. O que você me diz? Ah! E vamos lotear parte desta fazenda e doar a cada família com uma condição: eles deixarão de ser escravos para ser nossos amigos. Quero que eles plantem e zelem pela terra, formem um pequeno rebanho para o próprio sustento, quero vê-los felizes e vivendo em paz com suas famílias. Fiz tantas coisas erradas nesta minha vida, que não posso partir deste mundo sem ter feito alguma coisa boa, da qual valha a pena me lembrar quando chegar na pátria espiritual.

– Frederick, meu amor, eu concordo e vou te ajudar a construir esse sonho; o meu sonho. Sempre sonhei não apenas com a minha liberdade, mas com a dos meus irmãos, que são discriminados pela cor de sua pele. Só discordo de uma coisa – disse ela, olhando dentro dos olhos dele.

– Pelo amor de Deus! Me fale do que é que você discorda.

– Quando você disse que só fez coisas erradas em sua vida, não é verdade! Você me ensinou e despertou em mim a capacidade de amar e perdoar, sei que ajudou muitas pessoas; todos nós erramos, não vamos colocar na balança quem errou mais ou quem errou menos, não estamos autorizados a fazer nenhum julgamento. O mais importante em nossas vidas é o que está acontecendo: estamos conscientes do que queremos e podemos seguir pelos caminhos da luz. Vamos conversar com Silviano e com os seus filhos, vamos ouvi-los; a opinião deles deve ser somada a nossa.

– Vamos conversar sim, mas não posso responder por todos os meus filhos. Porém, tenho certeza de que Silviano aprovará cem por cento nossa ideia. Caso não haja impedimentos, ficaremos com a parte das duas casas, as pastagens, os cafezais e muitas terras de plantio, e lotearemos do nosso lado direito, depois da curva do rio. Construiremos a casa de oração, a escola e a vila de casas que serão doadas às famílias. Lavraremos cartas de alforria para todos eles e vamos contratar os escravos livres que vivem por aí batendo a cabeça aqui e ali atrás de trabalho; não quero mais escravos nesta fazenda. Eu me libertei e, assim como fui libertado, darei liberdade a todos os escravos de minhas fazendas. As correntes que aprisionavam a minha alma foram quebradas por aqueles dois pretos velhos, é o mínimo que posso fazer em memória deles para retribuir todo o bem que eles me fizeram.

– Isso vai dar muito o que falar, muitos coronéis não vão aprovar o que você vai fazer; converse com Silviano sobre isso antes de comunicar aos seus filhos.

Silviano e Elizabeth aplaudiram a ideia dele.

– Nós temos tanto dinheiro, papai, que isso não vai nos tornar pessoas pobres, mas vai enriquecer nossas almas diante de Deus.

Silviano ficou emocionado; abraçando o coronel disse:

– Eu sempre soube da grandeza dessa alma que habitava em seu ser, apoio sua ideia e tenho certeza de que todos os outros membros da família vão apoiá-lo.

CULPADOS ou INOCENTES?

– Filha, eu possuo um terço das boas terras da Colômbia, tenho mais bois dentro de minhas propriedades que os habitantes humanos da região; abastecemos um terço do planeta com produtos da minha propriedade, os meus filhos colombianos cuidam dos nossos negócios, que triplicam ano a ano. Tenho dinheiro reservado que vai dar para fazer tudo o que desejo aqui no Brasil e ainda sobra dinheiro que garantirá o meu sustento e da Luziara pelo resto de nossas vidas.

Dois anos depois, um povoado bem planejado foi erguido em volta da fazenda; um grande salão foi construído exatamente onde ficava o casebre onde viveu Silviano, passando depois a ser a morada dos pretos velhos. Aquele sagrado local passou a ser a casa de oração; todos iam receber bênçãos e bons conselhos.

Frederick e Luziara, Silviano e Elizabeth estavam sempre nas sessões abertas para brancos e negros. E os filhos destes, quando podiam, apareciam por lá; eles cuidavam do patrimônio das famílias, que se espalhou pelo mundo.

Frederick e Silviano eram aclamados por todos; os escravos diziam entre si:

– Foi graças a dois anjos escravos que nasceram nestas fazendas que nós obtivemos nossa liberdade. – Tratava-se de Silviano e Luziara, o orgulho daquele povo, que foram libertados na alma e em cartório.

Crescia dia a dia o movimento de libertação da escravatura no Brasil; muitos escravos caíam de joelhos diante dos dois coronéis implorando que eles comprassem seus filhos e os levassem para suas fazendas. Silviano e o próprio Frederick compraram dezenas de famílias oferecendo a eles a liberdade. Os dois passaram a ser perseguidos por esses atos, pois os outros senhores os acusavam de traição. E assim

MARIA NAZARETH DÓRIA ditado por LUÍS FERNANDO (Pai Miguel de Angola)

começaram muitos movimentos em vários estados brasileiros, pelas influências dos netos de Frederick e suas ligações com o Ceará. Ali também aconteceu a libertação de muitos escravos, chegando ao ponto de não haver mais escravos no Ceará. Isso aconteceu antes da abolição e da assinatura da Lei Áurea; os registros provam isso: a libertação dos escravos no estado do Ceará é um marco de nossa história que ficou registrado, e não apenas contado como história.

Como é costume entre os humanos, carregamos nossas histórias boca a boca, de geração a geração. As histórias apenas vão tomando novas formas, pois quem conta vai aumentando ou modificando alguns trechos, mas tem o lado bom, que é saber que essas histórias terão continuidade ao longo do tempo.

Anos e anos mais tarde, quando os descendentes dos ex-escravos se reuniam, especialmente em dias de festas, e alguém trazia as histórias antigas dos senhores falando dos seus erros, sempre alguém interferia a favor deles:

– Nós temos que pedir perdão a Deus pelos nossos pecados, e nenhum de nós aqui pode dizer se eles foram culpados ou inocentes. Se eles tiverem que pagar alguma coisa, não é para nós, e sim para Deus.

Todos concordavam.

E sempre tinha entre os mais jovens e os mais velhos aqueles que não falavam nada, mas pensavam: *Aqueles filhos de Deus que plantaram tanto sofrimento colheram em tempo todo o sofrimento que plantaram, e receberam uma nova chance. Tiveram tempo de plantar e de colher ainda em terra os bons frutos germinados pela luz de seus corações.*

A nova geração deixada por Silviano e Frederick guardava deles o melhor, e assim faziam o melhor por todos. As novas gerações se orgulhavam dos seus ilustres e nobres ancestrais; a memória deles era cultuada com todo o respeito e admiração. Enfim, os homens passam por este mundo e suas histórias são lembradas e contadas, ora como dramas, ora como romances, despertando em cada um sentimentos diversos.

E assim encerro esta obra lembrando aos irmãos que somos responsáveis por nossas escolhas. O que vamos plantar é uma opção nossa, porém a colheita é obrigatória; mais cedo ou mais tarde colheremos os frutos do nosso plantio.

Deixo a minha bênção e o meu agradecimento a todos vocês.

Pai Miguel de Angola.

OUTROS LIVROS DA MÉDIUM
MARIA NAZARETH DÓRIA

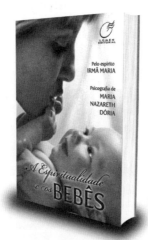

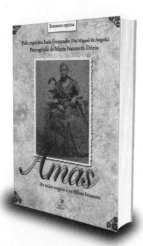
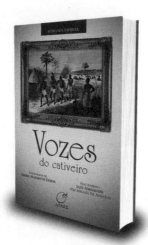

Rua dos Ingleses, 150 – Morro dos Ingleses
CEP 01329-000 – São Paulo – SP
Fone: (0xx11) 3207-1353
visite nosso site: www.lumeneditorial.com.br
fale com a Lúmen: atendimento@lumeneditorial.com.br
departamento de vendas: comercial@lumeneditorial.com.br
contato editorial: editorial@lumeneditorial.com.br
siga-nos no twitter: @lumeneditorial

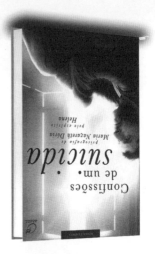